제국의 게임

KB154319

GAMES OF EMPIRE : Global Capitalism and Video Games
Licensed by the University of Minnesota Press, Minneapolis, Minnesota, U.S.A.
Copyright ⓒ 2009 by the Regents of the University of Minnesota
All rights reserved

Korean translation copyright ⓒ 2015 by Galmuri Publishing House
Korean translation rights arranged with the Regents of the University of Minnesota through EYA (Eric Yang Agency)

 아우또노미아총서50

제국의 게임 Games of Empire

지은이 닉 다이어-위데포드·그릭 드 퓨터
옮긴이 남청수

펴낸이 조정환
책임운영 신은주
편집부 김정연
홍보 김하은
프리뷰 손보미·윤신영

펴낸곳 도서출판 갈무리 등록일 1994. 3. 3. 등록번호 제17-0161호
초판인쇄 2015년 5월 5일 초판발행 2015년 5월 15일
종이 화인페이퍼 출력 경운출력·상지출력 인쇄 중앙P&L
라미네이팅 금성산업 제본 일진제책

주소 서울 마포구 서교동 375-13 성지빌딩 101호 [동교로 22길 29]
전화 02-325-1485 팩스 02-325-1407
website http://galmuri.co.kr e-mail galmuri94@gmail.com

ISBN 978-89-6195-090-9 94300 / 978-89-6195-003-9(세트)
도서분류 1. 사회학 2. 문화연구 3. 대중문화 4. 게임 5. 정치철학 6. 사회운동 7. 미디어론 8. 언론학
          9. 현대사회문화론
값 25,000원

이 도서의 국립중앙도서관 출판예정도서목록(CIP)은 서지정보유통지원시스템 홈페이지(http://seoji.nl.go.kr)와 국가자료공동목록시스템(http://www.nl.go.kr/kolisnet)에서 이용하실 수 있습니다. (CIP제어번호 : CIP2015011975)

Games of Empire

제국의 게임

닉 다이어-위데포드 · 그릭 드 퓨터 지음

Nick Dyer-Witheford · Greig de Peuter

남청수 옮김

전 지구적 자본주의와 비디오게임

일러두기

1. 이 책은 Nick Dyer-Witheford and Greig de Peuter, *Games of Empire : Global Capitalism and Video Games*, Univ Of Minnesota Press, 2009를 완역한 것이다.
2. 인명과 고유명사는 혼동을 야기할 수 있다고 생각되는 경우를 제외하고는 본문에 원어를 병기하지 않고 찾아보기에 병기했다.
3. 단행본, 전집, 정기간행물, 보고서에는 겹낫표(『』)를, 논문, 논설, 기고문 등에는 홑낫표(「」)를 사용하였다.
4. 게임명, 콘솔명, 단체명, 법령, 조항, 규약 등은 꺾쇠(⟨ ⟩) 안에 넣었다.
5. 저자의 대괄호와 옮긴이의 대괄호를 구분하였다. 〔 〕 속 내용은 저자의 것이며, [ ] 속 내용은 옮긴이가 첨가한 것이다.
6. 지은이 주석과 옮긴이 주석은 같은 일련번호를 가지며, 옮긴이 주석에는 [옮긴이]라고 표시하였다.
7. 문헌들의 한국어판은 참고문헌에 수록했다.

차례

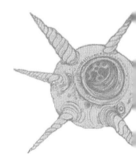

　　세계 다른 나라의 수많은 사람들과 마찬가지로, 우리도 한국의 '삼성 화이트' 팀이 서울의 상남 월드컵 경기장에서 개최된 2014년 〈리그 오브 레전드〉 세계대회에서 우승을 하는 모습을 인터넷으로 지켜보았다. 이것은 e-스포츠의 현장에서 한국의 우월함을 확인시켜 주는 장면이었다. 이 사건은 우리들에게는 또 하나의, 상당히 다른 〈리그 오브 레전드〉의 경험을 떠올려 주었다. 2011년 월스트리트의 붕괴 이후 자본의 위기가 정점에 이르고 있을 때, 우리 중 한 명은 '토론토를 점거하라' 시위 현장에 있었다. 초저녁이었고, 총회가 절정에 이르고 있었다. 네 명의 청년이 그 현장에 도착하였는데, 분명히 거기에서 벌어지는 일에 관심을 갖고는 있었지만 조금은 얼떨떨해 하고 있었다. 총회의 절차에 대해 이들에게 설명하는 것은 어렵지 않았는데, 이를테면 연사의 제안에 대해 동의 혹은 동의하지 않음을 나타내기 위한 수신호 따위였다. 이런저런 대화들이 오고 간 뒤, 그들은 자신들이 온라인에서 〈리그 오브 레전드〉의 팀 멤버들로부터 '점거하라' 운동에 대해 들었다는 얘기를 해주었다. 북미를 휩쓴 점거의 물결에 대해 알게 되면서 몇몇 게임이용자player들은 자기 지역의 '점거하라' 사이트가 어디에 있는지 열심히 찾아보았고 실제로 거기로 가기도 하였다. 그 네 명의 청년 〈리그 오브 레전드〉 게임이용자들은 토론토 외곽의 철강 산업 지역인 해밀턴 출신이었다. 20년 전이었다면 그들은 아마도 '점거하라' 같은 정치적 행사에 대한 정보를 노조 회의 같은 데서 알게 되었을 것이다. 그들이 만약에 제철소 노동자였다면 말이다. 그게 아니라면, 동네 술집이나 마을 회의 같은 곳에서였을지도 모른다. 하지만 2011년에 그들은 디지털 게임을 통해서 정보를 얻었다. 가상 놀이 문화와 반자본주의 행동 간의 이러한 교차는 우리가 『제국의 게임』에서 탐색해 보고자 하는 주제이다.

『제국의 게임』을 쓰기 전에 우리는 동료 스테판 클라인과 함께 『디지털 놀이 : 기술, 문화, 마케팅의 상호작용』을 썼는데, 그 책은 비디오게임의 상업화와 그 과정을 특징적으로 보여 주는 모순들에 관한 역사 연구였다. 반세계화 운동, 9·11, "테러와의 전쟁", 그리고 비디오게임 매체의 확산 등이 태동하던 시기에, 우리는 게임행위에 대한 우리의 비판적 참여를 확대하고자 하였다. 이와 관련해 우리는 마이클 하트와 안또니오 네그리의 지각변동급 역저, 『제국』(2000)과 그 책을 둘러싼 치열한 논쟁들로부터 영감을 얻었다. 『제국의 게임』에서 우리는 단지 하트와 네그리가 제국으로 이론화한 권력 시스템 안에 비디오게임을 위치시키는 데 그치는 것이 아니라, 동시에 자율주의적 맑스주의의 개념 필터를 통해 가상 놀이에 더욱 넓게 접근하고자 하였다. 『제국』은 자율주의의 용어들을 활동가와 학자들 간에 전례가 없는 수준으로 공유시켰다. 그리고 『제국의 게임』은 자율주의의 이론적 도구와 디지털 문화 간의 관계를 찾으려는 학술 작업의 보다 큰 흐름에 기여하고 있다.

비디오게임을 소위 놀이의 "마술동호회"[1]에 격리시키기보다, 우리는

---

1. [옮긴이] 네덜란드 역사가 요한 하위징아(Johan Huizinga)가 중세 시대 '놀이터'의 사례 중

게임을, 2000년대 이후 전지구적으로 통합되고, 디지털 네트워크로 연결되어 있으며, 초군사화되기도 한, 행성 전체에 걸친 자본주의 질서라는 정치경제 속에 위치시켜 보고 싶었다. 하트와 네그리의 제국 개념을 특별하게 만든 ― 또한 당연히 그것을 논쟁적으로 만들어 버린 ― 것은 이러한 복합체의 통제가 단일 국가의 능력 밖에 있다는 점이다. 그들은 제국을 세계시장과 같은 외연을 가진 탈중심화된 네트워크 지배로 보았다. 지구적 자본주의에 의한 거버넌스, 제국의 다층적인 제도적 대리자들이라는 범주에는 민족국가도 포함된다. 그렇지만, 제국은 여기에 머무르지 않고 더욱 확장하여 다국적기업, 〈세계무역기구〉 같은 세계 경제기구, 〈유엔〉 같은 국제기구들을 상호 강화하는 것으로 나아간다. 이들 모두는 인터넷 기간시설에 의해 보강되고 있다. 하트와 네그리의 주장에 따르면, 이러한 요소들 간의 상호작용이 만들어 내는 것은 그 이전의 어느 제국보다도 더욱 총체적인 지배 영역이다. 그들의 제국은 지리적인 범위에 있어서만 전지구적인 것이 아니라 사회적인 범위에 있어서도 전지구적이다. 그들의 주장에 따르면, 제국은 생체권력biopower의 체제이고, 자본주의 확대와 강화라는 미명하에 그 총체성 안에서 사회적 삶을 통제한다.

이런 이유로 우리는 어떻게 비디오게임이 그러한 체제를 지원하는지를 살펴볼 계획이다. "매체 효과"에 관한 피하주사 이론들에 의존하지 않고, 어떻게 게임 내 활동이 실생활의 활동에 연계될 수 있는지, 가상 놀

하나로 제시한 것으로, 이 공간에서는 의식(ritual)과 놀이(play) 간의 경계가 불분명하며 한시적으로 현실에서의 규범이 영향을 미치지 못한다(이와 관련해, 그의 저작인 『호모 루덴스』를 읽을 것). 저자들은 이 개념을 미디어 이론에서 차용하여, 온라인 게임의 사이버 공간과 같은 가상세계를 지칭하는 데 사용하고 있다.

이가 어떻게 실제 병영과 전장에, 투자은행과 주식 거래에, 도시와 국가들에, 디지털 스웻샵[2]과 막장remote mines에 연계되고 투사되는지, 어떻게 게임과 게임 문화가 주체들을 사회화시켜 사이버 자본에 의한 새로운 깊이의 전지구적 포섭에 복종하도록 할 뿐 아니라 때로는 반란으로 가는 길을 열어줄 수 있는지 등을 말이다. 그러한 물음에 대한 답을 찾아가면서, 우리의 책이 내놓은 종합적인 논지는 게임 플랫폼, 수사修辭들, 기업들, 노동자들, 이용자들이 제국을 상징하고 그것에 영향을 미치고 있다는 점이다.

아쉬웠던 것 중 하나는 우리가 이 책을 쓸 당시에는 한국의 독특한 게임행위 환경에 대해 충분한 지식을 갖고 있지 못해 적절한 검토를 할 수 없었다는 점이다. 연이어서 중국에서 나타난 가상 문화의 구축에 한국의 온라인 게임행위가 갖는 선구적 역할에 대한 짧은 언급들과는 별개로, 우리의 책은 한국이라는 한 나라가 세계 게임행위에 미친 막대한 영향에 대해 조금의 언급만 담고 있다. 이런 측면에서 『제국의 게임』은 영어권 게임 연구에서 더욱 일반적인 격차를 그대로 답습하였다.

그렇지만 그로부터 일 년 후 이러한 누락은 진달용의 저서 『한국의 온라인 게임 제국』에 의해서 시정되었다. 이 연구는 "디지털 한국"에 대한 소개와 한국 온라인 게임 산업의 정치경제에 대한 분석, 그리고 e-스포츠와 텔레비전에 대한 논의들을 담고 있으며, 한국 게임 산업과 미디어

---

2. [옮긴이] 스웻샵(sweatshop)은 노동조건이 매우 열악한 작업장을 뜻한다. 특히 다국적기업이 저개발국의 아동 등 저가 노동력을 착취하여 고가 제품을 제조 판매하는 경우에 자주 이용된다. 이와 관련된 가장 유명한 사례로는, 스포츠 용품 다국적 회사인 나이키(Nike)에 대한 불매운동인 스웻샵 운동이 있다.

세계화의 관계에 대해서도 다루고 있다. 진달용의 책은 우리가 『제국의 게임』을 통해 한국의 독자들에게 보내고자 하는 질문에 대한 몇 가지 생각을 떠오르게 하였다.

이 질문들은 한국의 특별한 가상 놀이 문화와 이에 버금갈 만큼 놀라운 노동권, 학생 자유, 시민 자유와 정치적 자유 등을 위한 투쟁의 역사 간의 관계에 관한 것이다. 한국의 문화와 역사의 이런 두 개의 강력한 물줄기 간 수렴도와 거리감은 어느 정도일까? 한국의 온라인 게임 문화는 정치활동가들이 편하게 느끼는 곳일까, 아니면 탈정치화 세력을 위한 진정제의 모습으로 받아들여지고 있을까? 한국에서 지적 재산권과 불법 복제 이슈들에 관해서는 국내적으로나 국제적으로 어떠한 투쟁들이 일어나고 있으며, 조금이라도 있다면 이러한 투쟁들은 어떻게 다른 이슈들에 투사되는가? 한국 게임 산업 내의 노동 문제는 어떤 것이며, 그것들은 더 넓은 범위의 한국 노동운동과 연관성을 찾았는가? 한반도 전체에 존재하는 고도의 군사화를 고려할 때, 한국의 게임 산업과 군산복합체 간의 연관성은 어떠한가? "중독" 이슈를 둘러싸고 게임 산업을 규제하려는 한국 정부의 구상은 어떻게 나타나는가, 그것은 게임이용자뿐 아니라 더 넓은 범위의 시민사회운동에도 적용되는가?

북미와 유럽의 비판적인 게임연구자들은 디지털 놀이에서의 소비지상주의, 군사주의, 인종주의, 성차별주의 등의 만연을 구체화하는 데 천착하여 왔다. 반면에 어떻게 게임이용자와 개발자 들이 이런저런 지배적 경향과 권력의 구성에 이의를 제기하였는지에 대해서는 상대적으로 적은 관심이 주어졌다. 따라서 우리는 우리의 책 속에서 이런 질문을 하고자 하였다. 우리는 또한 제국적 게임 문화의 에너지와 반대로 작동하는 대립적 에너지들(예를 들어서 다중의 게임들)에 대해서 책에서 살펴보겠다.

이 질문에 관해서, 우리의 책은 하트와 네그리의 다중multitude 개념, 제국의 적대자로서의 다중을 차용한다. 만일 제국의 게임이 있다면, 다중의 게임들도 있는 것인가? 이러한 개념은 우리의 책 속에서 또 하나의 중심적인 자율주의 개념과 손을 맞잡고 움직인다. 바로 비물질노동imma-terial labor이라는 개념이다. 이 개념은 문제가 없는 개념은 아니지만, 우리들에게 어떻게 노동자의 욕망과 역량과 생산물들이 자본의 통제범위를 초과하는지에 대해 알려 준다. 이런 상황을 염두에 두고, 우리는 이 책이 게임 연구자들과 게임 제작자들로 하여금 대항행위counterplay적인 질문들을 가지고 더욱 많은 개입을 하도록 부추길 수 있길 희망한다. 즉 게임 이용자, 게임행위, 게임개발자, 게임기술 들이 주류 게임들이 제공하는 보편적인 게임 이용, 서사들, 구조들, 주체위치들에 문제를 제기하거나 갈등을 일으키는 다양한 실천들을 하는 데 이 책이 도움을 주기를 바란다.

거의 10년 전 쯤의 저작에서 미디어 이론가인 알렉스 갤러웨이(2006)는 게임업에 종사하는 디지털 미디어 작가들이 "대안적인 알고리즘"(125쪽)에 의해 작동하는 새로운 디지털 게임을 만들어야 하는 도전에 아직 충분히 응하지 않고 있다고 주장하였다. 하지만, 최근 몇 년간 북미와 유럽에서 바로 이러한 지향점을 가진 실험들이 이루어졌다. 이 책에서는 "전술적tactical 게임"이라고 명명한 것인데, 이것은 활동가 지향적인 독립형 게임으로 비전통적인 게임 주제, 구조, 응용프로그램 등이 실험되고, 시스템에 대한 비평, 활동가의 방법론, 사회 변혁에 대한 급진적 비전 등에 대해서도 열려 있다. 또 많은 경우 무료로 온라인에서 유통되고 있고, 개인, 집단, 독립 제작사 등 기업 제작사에서 상업적 배포 시스템에 이르기까지 다양한 자율성의 층위에서 설계되고 있다.

　우리의 책이 처음 출간된 이래로, 대항행위의 영역에서 희망적인 개발이 진행되어 왔다. 출시된 전술적 게임들로 〈월스트리트를 점거하라:더 게임〉 같이 경찰과 시위자 간의 바리케이드 전투 시뮬레이션 게임도 있었다. 베를린의 한 갑부 개발자가 에드워드 스노든을 변호하기 위해 만든 〈에디스 런:더 프리즘 프리즌〉이라는 게임은 미국 국가안보위원회의 내부고발자가 추격을 피해 도주하는 테마로 이루어져 있다. 〈하키 1:쉴드 앤 디펜드〉는 케냐에서 만들어진 게임으로 게임이용자는 불법 벌목으로부터 숲을 보호하는 사람의 역할을 부여받는다. 〈폰 스토리〉는 급진적 게임 프로젝트의 선구자인 〈몰레인더스트리아〉Molleindustria에 의해 만들어졌는데, 이 게임은 스마트폰 조립과 관련된 착취적인 노동 과정을 시각적으로 구현하였다. 〈데이터 딜러〉는 오스트리아에서 만들어진 게임으로 개인정보경제를 다루고 있고 이용자는 데이터 거물로 게임에 참여한다. 〈네오콜로니얼리즘〉은 세계금융자본의 파괴적 효과에 대해 체계적인 관점을 통해 실험을 하는 게임이다. 〈왓 더 프랙〉은 제어장치 없는 착취적 자본주의의 결과들을 시연해 보기 위해 환경론자들의 예측기술을 전술적 게임에 통합시키고자 하는 약속을 지향한다. 〈커뮤니티플랜잇〉은 게임의 인터페이스를 이웃 기반의 활동들과 혼합하여 지역공동체 개발 프로젝트에 관한 의사결정에 지역주민의 참여를 증진시키고자 한다.

한국의 반자본주의운동, 생태운동, 시민자유운동 등은 경제적 정의, 지적 자유, 지구별의 생존을 위한 전지구적 투쟁들에 기여하기 위해 과연 어느 정도까지 적용되고 변경될 만한 형태를 디지털 게임으로부터 찾게 될까? 한국에는 상업화된 문화의 지배 규범들에 반대하는 게임을 통한 개입의 사례가 있는가?

게임 연구에서 개조modding와 같이 대항행위와 연계된 활동들은 산업의 "공짜 노동" 착취나 아니면 상호이익적인 "공동 창작"의 증거로 제시되어 왔다. 이러한 이분법을 넘어서 우리는 대항행위가 디지털 놀이를 위한 대안적 비전으로 나아가는 길을 열어 준다는 점에서 매우 중요한 진입로라는 점을 제시한다. 만일 경쟁, 군사주의, 성차별주의 등이 상용 게임 사업에서 가장 많은 이익을 발생시키는 영역으로부터 나온 산물 내곳곳에 존재한다면, 대안적인 설계 가치들이 적극적으로 모색되는 곳은 대항행위의 영역 내부이다. 만일 비디오게임 산업이 거대 기업이나 같은 포맷을 재탕하는 프랜차이즈, 결과지상주의 등으로 진행되는 경향이 있다면, 더욱 다양화된 생산 문화들이 독립 제작사에서 비영리기관, 활동가 그룹, 게임 번개 모임, 공공의 지원을 받는 개발, 오픈소스 원칙3, 크리에이티브 커먼스4 라이선스 등의 범위로 진화하는 곳도 대항행위의 영역 안이다. 여러 가지 방식으로 대항행위는 제국의 게임 속에 있고, 그것에 반하기도 하며, 잠재적으로는 그것을 넘어서는 실험실로서 이해될 수

---

3. [옮긴이] 소프트웨어나 하드웨어 등에 대한 재산권은 유지하지만, 프로그래밍을 위한 기본 소스코드를 누구나 열람하도록 하는 라이선스.
4. [옮긴이] 2001년에 미국 샌프란시스코에 근거를 두고 저작권의 부분적 공유를 목적으로 설립된 비영리단체.

있다. ("마술동호회"로 후퇴하거나 제국의 정치경제에서 배제되지 않으면서) 대항행위를 추구하는 것은 급진적인 게임 연구자들이나 제작자들이 당면한 과업이다.

우리는 이 책『제국의 게임』이 새로운 독자들에게도 읽힐 수 있도록 한국어판을 준비한 출판사와 편집자, 그리고 번역자에게 감사를 드리고 싶다. 이 책의 서두에서도 밝히고 있듯이, 우리가 이 책을 쓴 목적은 무엇보다도 특정한 도발적 개념들을 동원하여 그것들이 게임이용자나 활동가들에 의해 사용됨으로써, 가상 놀이와 전지구적 자본 간의 관계에 관한 핵심 쟁점들을 드러내고 탐구하는 데 도구로 쓰일 수 있도록 하는 데 있다. 우리는 이 책의 이러한 정신이 한국의 독자들에게도 변화를 일으킬 수 있길 기대한다.

2014년 12월

닉 다이어-위데포드·그리그 드 퓨터

제국 시대의 게임들

유희자본주의Ludocapitalism, 밀리테인먼트[1], 그리고 디지털 저항

백만 개의 아바타들이 이 군도에 거주한다. 항상 수천 개의 아바타가 별난 섬들을 탐사하고 있고, 시원한 바다 위를 날아다니며, 로코코 양식의 건축물 사이를 헤매고 있고, 파티에서 술을 마시고 있고, 자신들의 성性을 바꾸고, 친구들과 잡담을 나누고, 록 콘서트에 참석하고, 에로틱한 만남을 즐기는 등 그 밖에도 많은 것을 하고 있다.[2] 당신도 그들 중 하

---

1. [옮긴이] 밀리테인먼트(militainment)는 군대(military)와 엔터테인먼트(연예/오락)(enter-tainment)의 합성어이다.
2. 정확한 인구 산정에 대해서는 논란이 있다. 린든 랩[미국 샌프란시스코의 IT 기업으로 가상현실 게임 〈세컨드 라이프〉의 운영사이다 ― 옮긴이]은 "거주민"을 "〈세컨드 라이프〉에 로그인하고, '린든 달러'를 거래하며, 커뮤니티 사이트에 방문할 수 있는 권리를 갖고 있는, 고유한 이름이 붙은 아바타"라고 정의 내리고 있으며, 2003년 게임 출시 이후 생성된 거주민의 총인구가 1천 1백만 명에 이르는 것으로 보고 있다. 그러나 이들 중 상당수는 자주 게임을 하지 않는 이용자들로 실이용자 수는 이보다 훨씬 적을 것이다. 이 글을 작성하던 당시에는

나이다. 샌프란시스코의 린든 랩에 의해 만들어진 가상세계인 〈세컨드 라이프〉를 둘러싼 엄청난 관심에서 촉발된 호기심을 충족시키기 위해 당신은 돈을 지불했다. 이 새로운 사회에서, 당신의 반복되는 일상생활의 주기로부터 도망치기를 기대하면서 말이다. 하지만 곧 당신은 그 출발이 결코 상쾌하지 않았음을 발견하게 된다.

〈세컨드 라이프〉에서 "기본 플레이"는 무료이다. 하지만 린든 랩은 토지 소유에 대해서는 월 회비를 부과한다. 그리고 이 온라인 영역에서 가상 건물의 판매와 임대는 부유층의 주요 수입원이다. 당신은 또한 자동차부터 우주선에 이르는 탈 것들과, 가구·예술작품·기계 들을 만들고, 풍경들과 동물군, 식물군을 설계하고, 당신의 디지털 인물의 피부와 몸짓들을 정교하게 만들 수 있다. 이러한 창조물들은 법적으로 당신의 소유이다. 린든 랩은, 게임-세계 경제학에 있어서의 큰 발전으로서, 게임 이용자가 생성한 콘텐츠에 대한 이용자의 지적 재산권을 인정했다. 그러한 재산은 〈세컨드 라이프〉의 다른 거주민들에게 공식 통화인 "린든 달러"를 받고 판매될 수 있다. 하지만 이러한 거래들은 현실의 시장으로 더 많이 이어진다. 이 책을 쓸 당시에 〈세컨드 라이프〉의 공식적인 외화 린덱스LindeX 환율 기준으로 미화 1달러를 가지고 250 린든 달러를 구매할 수 있었다. 가상의 상품을 실제 이익으로 전환하는 기회들을 염두에 두고서, 많은 기업가들이 〈세컨드 라이프〉에 모여들었고, 몇몇은 실제로 많은

조사일 이전 7일 동안 459,614명의 거주자들이 로그인을 한 것으로 나타났고, 이전 30일 동안에는 914,202명, 이전 60일 동안에는 1,497,749명으로 나타났다(Second Life 2007). 이런 가상 정체성들 뒤에 있는 실제 인간의 수는 알 수 없다. 한 사람이 여러 개의 아바타를 갖고 있을 수 있기 때문이다.

돈을 벌었다. 하지만 〈세컨드 라이프〉에서의 소득 분배는 이상하리만치 익숙하다. 즉 주민의 약 20퍼센트가 소수의 린든 달러 부유층이고, 나머지는 가상의 가난으로 고통을 겪고 있다.

　　물론 가상의 가난은 실제의 가난과 같지 않다. 〈세컨드 라이프〉를 하려면 컴퓨터와 광대역 연결망이 필요한데, 이것 자체가 세계에서 상대적으로 부유한 계층으로만 게임의 접근성을 제한하는 것이다. 〈세컨드 라이프〉의 인구 중 대다수는 20대이고, 남녀의 비율은 비슷하며, 유럽이나 미국, 일본에 거주한다(그러나 가장 활발한 게임이용자들은 미심쩍은 자금들의 피난처로 악명 높은 케이먼 제도[3]에 있다. 이는 린든 달러가 돈 세탁의 수단이 되었다는 점을 암시한다.)(Au 2007a, 2007b). 〈세컨드 라이프〉 인구의 60퍼센트 이상이 대졸자이고, 대부분 4만 5천 불 이상의 연봉을 받고 있으며, 40퍼센트는 매년 9만 달러 이상을 벌어들인다(Au 2007a). 이것은 기업 홍보담당자들을 끌어들이고 〈세컨드 라이프〉의 거리를 익숙한 로고들로 채우게 하는 인구 통계이다. 애플, 아디다스, 나이키, 닛산, 폭스바겐, 도요타, 아메리칸 어패럴, 씨비에스, 델, 썬 마이크로시스템즈 등 많은 실제 회사들이 길거리 광고판이 아니라 게임 안에서 존재하고 있다. 그곳에서 당신은 오프라인 매장의 물건에 해당하는 가상의 등가물을 구매할 수 있다. 이것은 아마도 실제 판매를 활성화시키면서도, 분명 자산에 대한 수수료는 린든 랩의 계좌로 꾸준히 흘러들어

---

3. [옮긴이] 카리브해 서부, 쿠바 남쪽이자 자메이카 북서부에 위치한 세 개의 섬으로 이루어진 영국령의 군도. 소득세 등 직접세를 물리지 않는 곳이어서 검은 자금의 조세회피처로 유명하다.

가게 함으로써, 자본금 2천만 달러짜리인 그 회사[린든 랩]의 현재를 가능하게 했을 것이다. 아마도 당신은 〈세컨드 라이프〉에 참여하라는 지시를 받았을 것이다. 고용주들은 이것을 직원들을 교육시키고 모임을 수행하는 데 있어서 "흥미유발용" 플랫폼으로 환영하고 있다. 예를 들면 아이비엠IBM은 작업그룹용 "민간 소유 섬들"을 보유하고 있다(Whyte 2007). 당신이 이러한 새로운 차원으로 들어갔다 할지라도, 당신의 개인화된 아바타는 마우스 클릭에 의해서가 아니라 컴퓨터 서버에 의해 동력을 얻는다. 하나의 추정에 따르면, 〈세컨드 라이프〉 아바타 주민당 매년 약 1,752킬로와트의 전기를 사용하게 되는데, 이는 평균적인 브라질 사람 한 명이 실제 소비하는 전력과 같은 양이며, SUV 차량으로 2천 3백 마일을 운전하는 것과 같은 양의 이산화탄소를 배출한다(Carr 2006).

달리 말해서 〈세컨드 라이프〉의 주민들은 철저하게 자본주의적인 질서의 주체들이다. 그들은 계급이 분할되어 있고, 자산을 소유하고 있으며, 상품을 교환하고, 통화를 거래하고 있고, 네트워킹되어 있으며, 에너지를 소비하고 있다. 당신의 두 번째 인생에 오신 것을 환영한다. 첫 번째 인생과 매우 비슷하지만 말이다.

이것만으로는 당신에게 충분치 않다. 당신은 더 모험적이고 더 도전적인 가상의 삶을 원한다. 당신은 당신이 할 수 있는 모든 것이 되고 싶어 한다. 당신은 탈옥 미수에 그쳐 좌절했기 때문에 또 다른 네트워크 게임인 〈아메리카스 아미〉에 가입한다. 이제 당신은 아프가니스탄의 산 속에 있고, 한밤중이다. 당신의 분대는 테러리스트 훈련 캠프를 공격하고 중요한 기밀 정보를 저장한 컴퓨터 단말기를 안전하게 확보하라는 임무를 부여받았다. 22보병연대 2대대 소총수로서 적군 부대를 뚫고 들어가면서 이 과정에서 받게 되는 모든 저항을 제거하는 것이 당신의 임무이다. 당신은 야간투시경을 착용한다. 무전기에서는 공습경보 해제 신호가 흘러나온다. 적진을 향해 돌격한다. 당신이 거의 입구에 도착했을 때, 예광탄들이 당신의 머리 위로 날아오르기 시작한다. 당신 왼편에서 수류탄이 터지고 동료 한 명이 죽는다. 큰 바위 뒤로 몸을 숙인 당신은 이층 창문에서 나오는 총구의 불빛을 발견한다. 당신은 M16-A2 자동 소총을 들어 세 차례 발사한다. 한 명의 테러리스트가 헝겊 인형처럼 창문 밖으로 떨어진다. 당신은 첫 번째 사살이 성공한 데 기운을 얻어 다시 앞으로 돌진한다. 당신이 문을 통과할 때 또 다른 총격이 발생한다. 갑자기 당신이 총에 맞는다. 당신은 실제 전투에 들어가기 전에 계속해야만 했던 지루하리만치 반복적인 "기초 훈련"을 충분히 철저하게 수행하지 않은 것이 틀림없다.

2002년 7월 4일 출시된 이래 7백만 번 이상 다운로드된(Verklin and Kanner 2007, 90) 〈아메리카스 아미〉는 온라인 1인칭 슈팅 게임으로, 미국이 고용한 3백만 명에 이르는 현역 군인과 재향 군인의 일부가 수행하는 병역 업무를 게임이 가능한 형태로 바꾼 것이다. 〈아메리카스 아미〉에서 돈은 문제가 안 된다. 온라인에서 게임을 하는 것은 무료이다. 미국 국방성이 출자한 수백만 달러의 공적 자금 덕분이다. 최근 〈아메리카스 아미〉 웹사이트에 추가된 것은 "실제 영웅들"이다. 여기에는 이라크와 아프가니스탄에서 무공훈장을 받은 군인들의 공적 목록이 포함되어 있다. 게임이용자들은 군인들의 프로필을 읽거나 인터뷰를 보면서 군인들이 어린 시절과 군생활의 경험에 대해 이야기하는 인터뷰를 본다.

당신이 로그인하여 〈아메리카스 아미〉의 홈페이지에서 작은 전투를 하다가 로그아웃할 때, 미국 육군 웹사이트goarmy.com로 직접 연결될 기회를 얻게 된다. 〈아메리카스 아미〉를 방문하는 사람들의 28퍼센트가 클릭해서 미국 육군 웹사이트를 찾아간다(Au 2002a). 그것은 미국 육군의 대표적인 신병 모집 사이트이다. 보도된 바에 따르면 이것이 다른 어떤 방법보다도 입대를 유도하는 데 가장 성공적이라고 한다. 당신이 카타르시스적 피바다cathartic bloodbath로서 약간은 흥미롭게 경험한 그 전투는 논쟁의 여지가 필요 없는 세계의 군사 초강대국을 위한 중요한 홍보 수단이다. 이 장치는 게임이용자 세대를 목표로 하면서, 테러와의 전쟁의 최전방에 필요한 신병 배치 목표량을 채우는 데 어려움을 겪고 있는 군대의 위기를 해결하려는 의도를 갖고 있다.

〈세컨드 라이프〉와 〈아메리카스 아미〉는 모두 엄청난 성공을 거둔 게임들이다. 하지만 최근 이 가상의 영역에 몇 가지 문제들이 생겨났다. 〈세컨드 라이프〉의 경우에는 상용화 측면에서, 그리고 〈아메리카스 아미〉의 경우에는 신병 모집을 위한 미끼로 사용하는 데 있어서 발생한 문제들이었다. 린든 랩의 초대로 이루어진, 〈세컨드 라이프〉로의 기업의 유입은 게임이용자들의 반발을 샀다. 게임이용자들은 이 상황을 "자신들만의" 가상세계를 특징짓는다고 생각했던 자유주의 윤리를 침해하는 것으로 보았다. 아이비엠의 최고경영자가 게임에 등장한 날에 영향력 있는 엘프 족의 군주인 엘프 왕이 저항의 표시로 왕위에서 물러났다. 반기업적 풍자와 조롱, 사보타지의 행동들은 널리 퍼졌다. 지적 재산권에 대해 광분하는 카피봇 프로그램[4], 저작권 있는 품목들을 풍부한 광기로 복제하기, 핵무기로 리복^Reebok 상점을 날려 버린 게릴라 해방군 등이 그러한 예들이다.

린든 랩이 종종 〈아메리카스 아미〉로부터 작은 도움을 얻을 수 있던 것처럼 보인 반면에, 국방부의 게임 자체는 중단되었다. 2006년 3월 이라크 침공 3주년이 되는 날에, 네바다 대학의 교수이자 예술가인 조셉 델라페는 "이라크에서의 죽음"^dead-in-Iraq이라는 사용자명으로 접속해서 이라크 점령하에서 사망한 실제 군인들의 이름, 나이, 부대명, 그리고 사망일을 전송하는 데 대화 채널을 사용하기 시작했다(Clarren 2006). 한편, 〈세컨드 라이프〉에서는 엘프의 저항이 빅 블루[5]를 막지는 못했지만 사실상 사태는 더 나빠지고 있었다. 2007년 9월 25일 〈세컨드 라이프〉에 있는 아이비엠의 "회사 캠퍼스"는 이탈리아 아이비엠 노동자 파업을 지지하는 국제 노동조합에 의해 조직된 디지털 시위의 장소였다. 그리고 이것은 〈세컨드 라이프〉의 한 저널리스트가 "아바타 노동자들이 노조를 만든다고?"라고 묻게 했다(Au 2007c). 이러한 것들은 단순한 가공의 풍요로움이 아니라, 전시 자본주의에 내재된 가상세계의 가장자리에서 나타나는 소용돌이였다.

이런 점들이 우리를 이 책의 논의로 인도한다. 〈아메리카스 아미〉의 "밀리테인먼트"와 〈세컨드 라이프〉의 "유희자본주의"는 제국의 맥락에서

---

4. [옮긴이] 카피봇(CopyBot) 프로그램은 〈세컨드 라이프〉에 접속하기 위해 오류를 제거하는 도구이다.
5. [옮긴이] Big Blue. IBM의 별명.

가상 게임과 실제 권력의 상호작용을 보여 주는데, 이때 제국은 군대와 시장이라는 두 개의 축을 가진 장치이다(Burston 2003; Dibbell 2006). 〈세컨드 라이프〉의 가상성들이 린든 달러의 매개를 경유하여 자본의 실제성들로 되돌아오는 것을 생각해 보라. 그리고 〈아메리카스 아미〉의 가상성들이 미국 육군 홈페이지로 연결되는 웹을 경유하여 전투의 실제성들로 환류되는 것을 생각해 보라. 게다가 두 게임은 서로 연결되어 있다. 예를 들어, 〈세컨드 라이프〉의 고에너지 소비와 소비재는 〈아메리카스 아미〉가 군인들을 모집해서 전투를 치르고 죽게 만드는 이유이다. 두 게임들은 노동자–소비자와 군인–시민이라는 제국의 가장 중요한 두 쌍의 주체성들을 거듭 주장하고, 반복하고, 재강화한다. 〈세컨드 라이프〉는 전 지구적 자본주의에 결정적인 온라인 쇼핑, 소셜 네트워킹, 그리고 디지털 노동의 양식들을 개괄하고 있다. 〈아메리카스 아미〉는 자본의 군사화된 국가들 ― 그중 미국이 출중하다 ― 이 자신들의 힘을 보호하기 위해 의존하고, 컴퓨터화된 전쟁터에서 치명적인 작전들을 장려하고, 준비하고, 선제적으로 실행하기 위해 사용하는 모의실험 장치의 무기고 가운데 하나일 뿐이다(Blackmore 2005). 하지만 〈세컨드 라이프〉와 〈아메리카스 아미〉에서의 디지털 저항의 예들은 제임스 데어 데리안(2001)이 "마임–넷"MIME-NET(군–산–언–연예 네트워크)이라고 부른 것의 통치가 모든 게임이용자들에 의해 용인된 것은 아니라는 점을 보여 준다. 이 저항들은 소수이지만, 게임의 가상성들로부터 다른 종류의 실제성actuality으로 가는 길을 제안하고 있다. 그것은 제국에 대한 대안을 구성하려는 21세기 급진주의의 수많은 행동주의들을 가리킨다.

그렇다면 우리의 가설은 비디오게임들이 제국 – 전지구적이고 군사화된 초hyper자본주의 – 의 패러다임을 전하는 매개media이면서, 또한 그 제국에 현재 도전하는 어떤 힘들의 매개라는 것이다. 하지만 이러한 주장에 대한 연구는 지적 토대의 설정을 필요로 한다.

놀이 공장Play Factory

거대한 군사용 컴퓨터를 돌보면서 지루한 시간을 보내던 국방부 프로그래머들에 의해 디지털 게임이 발명된 지도 어느덧 40년이 흘렀다. 그들은 당시에 심야 해킹 작업을 하는 과정에서 핵전쟁 준비에 사용되던 전자 스크린을 기발한 놀이터로 변형시킴으로써 디지털 게임의 시초를 만들었던 것이다. 그로부터 몇 년 되지 않아 최초의 상업 게임 회사인 아타리가 컴퓨터 해방에 관한 이 대담한 실험을 오락 상품으로 전환시켰다. 이후 몇 십 년에 걸쳐서 닌텐도·세가·소니 등 전설적인 게임 회사들이 이 상품의 하드웨어와 소프트웨어를 완벽하게 대중화시켰는데, 2000년 즈음에 새롭게 출시된 〈플레이스테이션 2〉 콘솔이 공개되자마자 첫 주에 1백만 개 이상 팔린 사실은 게임이 젊은 세대들의 미디어 소비에서 중요한 상품이 되었음을 확인시켜 주었다. 오늘날 디지털 놀이는 거대한 산업이라 할 수 있다. 마이크로소프트의 〈할로 3〉가 판매 첫 날에 1억 7천만 달러라는 판매고를 올림으로써 역사상 상업적으로 가장 성공한 미디어 엔터테인먼트의 등장을 예고했다거나(BBC 2007a), 혹은 전 세계 약

1천 2백만 명의 사람들이 대규모 다중접속이 가능한 〈월드 오브 워크래프트〉에서 오크, 엘프, 트롤, 그리고 팔라딘이 되어서 즐겁게 놀았다거나 (Caoili 2008), 두 개의 대형 게임 회사인 블리자드와 액티비전의 합병이 대략 189억 달러의 시장가치를 산출해 냈다는 등의 2007년 뉴스들은 곧 가상 놀이의 상업적 승리를 알리기 위한 여러 소식들 가운데 하나였다 (*Economist* 2007a, 2007b). 비록 〈세컨드 라이프〉와 〈아메리카스 아미〉 같은 네트워크 기반 가상세계들이 빠르게 팽창하고 있고, 대중 오락으로서 텔레비전을 계승할 것이라고 종종 예견된다 하더라도(Castronova 2005a, 2007), 이것들은 훨씬 더 방대한 디지털 게임의 영역에서 겨우 한구석을 차지할 뿐이다. 그 무엇보다 이용자가 많고 수익성이 좋은 영역은 비디오게임 콘솔들의 경쟁이 벌어지는 곳이다. 이 게임 콘솔들은 아타리에서 개발한, 텔레비전에 연결해서 사용하는 초기 형태 게임기의 "7세대" 후예들이라 할 수 있는 마이크로소프트의 〈엑스박스 360〉, 소니의 〈플레이스테이션 3〉, 닌텐도의 〈위〉 등이다. 이보다 규모는 작지만 여전히 중요한 영역은 개인용 컴퓨터를 기반으로 한 게임들이다. 실제로 지금은 닌텐도의 〈디에스〉와 소니의 〈피에스피〉로 계승된, 닌텐도의 〈게임보이〉에서 시작된 포켓용 콘솔에서부터 게임이 가능한 휴대폰에 이르기까지 모바일 게임은 이제 프로그램화된-놀이 문화를 24시간 언제든지 이용이 가능하도록 하고 있다. 종합해서 보자면, 디지털 게임 기계들과 게임 행위들의 이러한 조합 ― 우리가 "가상 게임"virtual game이라고 약칭하는 총체 ― 은 가공할 만한 범위와 깊이의 기술-문화-상업 연쇄에 도달하게 된다.

가상 게임에 대한 가장 흔한 호언장담은 가상 게임들이 이제 "할리우드 산업보다 더 크게 성장했다"라는 것이다. 이 호언장담은 보다 복잡화된 사실들을 숨긴다. 비록 전 세계적으로 보았을 때는 여전히 게임 판매의 실적은 영화에 비해 미미하지만(Lowenstein 2005; BBC 2007b), 북미에서의 게임 판매 실적은 영화 박스 오피스를 위협할 만하다. 그러나 게임들은 영화가 가지고 있는 여러 가지 부수적인 소득창출 경로들, 광고에서부터 디브이디와 케이블 텔레비전으로의 출시 등이 부족하다. 이런 상황은 "에드버게이밍"[6] 실험이 점점 힘을 더해 가면서 바뀔 수 있지만, 아직까지는 영화가 여전히 상업적인 면에서 더 큰 이익을 창출하는 분야로 남아 있다. 그에 반해 게임 산업은 전체 매출에 있어서 음악산업을 뛰어넘었다(Andersen 2007).

하지만 이러한 비교들보다도 더 중요한 것은 게임들이 점점 영화, 음악, 그리고 다른 미디어들과 통합되고 있다는 사실이다. 치열한 흥정이 이루어지는 문화적 자산들의 세계에서 영화와 만화, 그리고 비디오게임들 사이에 제목과 테마가 거래된다. 〈스파이더맨〉은 게임이 되고, 〈월드 오브 워크래프트〉는 영화가 되고, 〈심슨〉은 텔레비전부터 비디오게임과 영화까지 움직인다. 콤팩트디스크 형태의 음반 판매가 쇠퇴기에 접어든 상황에서, 디지털 게임용 음악은 이제 가장 중요한 수익 창출의 원천이 되고 있으며 음악 밴드들이 자신들을 노출시키기 위한 가장 중요한 방법이 되고 있다. 〈기타 히어로〉의 성공은 가상 게임들이 단순히 다른 구식 미디어들과 경쟁을 할 뿐만이 아니라, 동시에 융합 엔터테인먼트 복합체 속

---

6. [옮긴이] advergaming. 판촉을 위해 일반 상품에 게임을 무료사은품으로 제공하는 홍보방식.

에서 다른 미디어들과 융합하고 변형하는 방식을 보여 준다.

십 년 전만 하더라도, 게임을 통한 이익 창출이라는 것은 여전히 청소년 혹은 청소년기 이전의 아이들에게만 국한된 것이었다. 그러나 이러한 인구학적인 측면은 변화하기 시작했다. 〈오락소프트웨어협회〉는 2008년에 북미 사람들의 대략 60퍼센트가 가상 게임을 즐긴다고 발표했다(ESA 2008a). 디지털 게임 행위의 이러한 변화된 양상은 게임을 하는 사람들의 연령대의 변화를 통해서 극명하게 나타난다. 게임을 하면서 자라난 사람들은 이제 성인이 되어서도 여전히 게임을 즐기기 때문에, 게임 이용자들의 평균연령대는 거의 30대 이상이 되었다. 젠더Gender는 더욱더 문제시되었다. 북미 지역에서 남녀의 게임 이용비율이 거의 비슷하다는 다소 과장된 주장을 했던 과거의 산업 조사도 이제는 게임이용자의 약 60%가 남성이고 여성이 40%라는 것을 인정하고 있다(ESA 2008a). 남성 중심적 게임들이 1990년대 초부터 하락세를 나타내고 있지만 완전히 사라지지는 않고 있다. 하지만 닌텐도 〈위〉 같은 여성친화적인 게임 장치들의 성공은 더 나은 변화를 가리킨다. 더구나, 향후 아마도 가장 빠른 속도로 디지털 게임 이용이 증가할 것으로 예견되는 아시아에서는 성별에 따른 이용 유형이 북미와는 상당히 다르게 나타나고 있다. 서구보다는 동양에서 여성의 온라인 게임 참여가 보다 높은 것이다(Krotoski 2~4; Maragos 2005a). 그래서 비록 남성보다는 적은 수의 여성들이 가상 게임들을 이용하고 있으며, 그것도 종종 [남성들과는] 다른 방식으로 이용하고 있지만(Kerr 2006을 볼 것), 게임 문화는 성별 면에 있어서도 점점 더 보편적인 양상을 띠어 가고 있다.

전 세계 게임 산업의 매출이 2009년에 570억 달러에 이를 것으로 예상되었다(Androvich 2008c). 그러한 수치들로 인해 종종 가상 게임들은 "전지구적 미디어 산업"으로 규정된다(*Economist* 2007b). 전지구적 미디어로 가정되는 것들의 대부분의 판매가 이루어지는 곳은 북미·유럽·일본 등이고, 여기에서 미국은 여전히 가장 큰 단일 시장이다. 그래서 게임 문화는 선진 자본주의의 발달되고 부유한 지역에 집중되어 있다. 그러나 디지털 게임의 아시아로의 급격한 팽창은 게임업계에 새로운 영토적 차원을 제공했다. 게임 산업은 세계에서 가장 활발한 게임 문화를 보여 주는 나라인 한국에서 중국으로 이동하고 있는데, 피씨방이라는 집단 문화를 통한 온라인 게임에 초점을 맞춘 게임 산업이. 엄청난 규모의 새로운 게임이용자 인구에게 문을 열고 있는 것이다. 그럼에도 불구하고, 전세계 대부분의 게임이용자들의 입장에서 본다면, 4백 달러라는 가격표가 붙어 있는 〈엑스박스 360〉은 말할 것도 없고, 저렴한 포장의 〈할로 3〉조차도 소수를 제외한 나머지에게는 사치품으로 남아 있다. 그렇다고 해서 게임이 완전히 대중들의 손에 닿지 못한다는 의미는 아니다. (전지구적 미디어 산업의 관계자들이 전력을 다해 없애려고 하는) 대량으로 불법복제된 소프트웨어라든가 구식 콘솔들과 게임 장치들이 존재하는 시장은, 지구의 풍요로운 지역 바깥으로, 즉 남미와 중동, 남아시아 지역으로 게임을 유통시키고 있다. 우리는 카이로의 구시가지 길거리에 있는 나무로 만든 임시 점포에서, 그리고 인도 델리 중심부에 있는 암시장의 게임 노점상(신상 "원본" – 이를테면, 원본을 복사한 것 – 이 5달러에 팔리며, 복제본을 복제한 것은 훨씬 싸게 팔리고 있다)에서 스포츠 게임을 즐기는 사람들을 보았고, 멕시코 시티의 슬럼가에서 휴대용 〈게임보이〉를 즐기는 사람들을 보았다.

디지털 게임의 국제화에 또 다른 측면이 있다. 소비뿐만 아니라 생산 영역도 전지구화되고 있다. 다른 산업들만큼이나 비디오게임 사업은 초대륙적인 가치사슬을 통해 움직인다. 마이크로소프트, 소니, 그리고 닌텐도 같은 미국과 유럽의 콘솔 제조사들은 남미와 동유럽, 특히 최근에는 중국 남부 지방(기숙사형의 단지 안에 노동자들을 가두어두기 위해 여가도구의 하나로 비디오게임을 제공하는 공장) 등 역외 지역에서 새로운 기계들을 조립하고 있다. 북미와 유럽, 일본의 게임 퍼블리셔[7]들은 방갈로와 부쿠레슈티, 호찌민[8]에서 소프트웨어 위탁생산을 함으로써 점차 비용을 절감해 가고 있다(Gallaugher and Stoller 2004; Johns 2006). 그리고 궁극적으로 게임기의 부품들은 콩고의 채굴장 같은 곳에서 나온 광물들로 출발해서, 인도와 나이지리아의 전자제품 쓰레기 더미에서 최후를 맞는다. 생산과 소비, 놀이와 일이라는 측면에서 모두, 게임 산업은 지구 전체에 편재하고 있는 반면, 그 즐거움과 고통은 불평등하게 분배되고 있다.

이러한 파편화된 경제 질서는 결코 안정적일 수가 없다. 서브프라임 위기부터 주식시장 급락과 신용 경색, 급격한 불황에 이르기까지 2008년에서 2009년 사이에 일련의 복합적인 위기들이 시장 경제를 뒤흔들었

---

7. [옮긴이] 퍼블리셔는 영화산업의 배급사와 유사한 기능을 하는 곳으로 게임제작사에 개발 자금지원, 마케팅 등을 전담하고 제작사와 수익을 분배한다.
8. [옮긴이] 방갈로(Bangalore)는 인도 남부의 도시, 부쿠레슈티(Bucharest)는 루마니아의 수도, 호찌민(Ho Chi Minh)은 베트남 남부의 경제중심도시이다.

다. 그러나 진행 중인 격변의 한가운데에서 전지구적 자본주의는 증가하는 절망의 주체들을 위해 남겨진 단 한 가지 위로를 주었다. 이를테면 이런 것이다. 당신은 일자리를 잃었을 것이며(혹은 절대로 퇴직을 할 수 없을 것이다), 외출할 만큼의 여력이 없을 것이다. 하지만, (만약 집을 계속 소유한다면) 항상 집에 있으면서 비디오게임을 할 수 있다. 리먼 브라더스와 베어 스턴스, 메릴 린치는 망했으며, 제너럴 모터스와 포드, 크라이슬러[9]가 자신들의 무덤가에서 비틀거리고 있을 때, 북미 지역의 게임 하드웨어와 소프트웨어의 판매는 2008년에 사상 최대를 기록했다. 예측 전문가들은 가상 놀이가 불황의 증거이며 집에서 게임만 하고 있는 성인들은 〈위〉나 〈엑스박스 360〉, 〈플레이스테이션 3〉 주변에 또아리를 틀고 있거나, 〈월드 오브 워크래프트〉나 〈세컨드 라이프〉로 이주해서 경제적 재앙에서 벗어난 삶을 찾으려 할 것이라고 주장했다. 게임 비즈니스의 탄력성에 대한 그러한 평가들은 낙관적인 것이었음이 밝혀졌다. 2009년에 이르자 소니와 일렉트로닉 아츠 같은 게임 산업의 대표주자들이 일자리 감축과 공장 폐쇄를 발표했기 때문이다.

디지털 놀이 산업의 중요성을 논할 때 이러한 양적 척도들에 질적 척도가 추가되어야 한다. 가상 게임은 한 사회의 주요 생산 기술의 직접적 파생물인데, 한 사회의 주요 생산기술이 직접적으로 파생된 정도가 책을 제외한 그 어떤 미디어보다 강력하다. 모의 핵실험에 기원을 둔 게임들이

---

9. [옮긴이] 리먼 브라더스와 베어스턴스, 메릴 린치는 미국 소재의 대형 금융회사였으나, 2008년 미국 서브프라임모기지 사태로 인해 모두 파산하였다. 제너럴 모터스, 포드, 크라이슬러는 미국의 3대 자동차 제조사이다.

전후 자본의 권력과 이익에 있어서 중심이 된 기계시스템 – 컴퓨터 – 에서 탄생했다. 개인용 컴퓨터와 인터넷을 만들어낸 것과 동일한 연구 매트릭스에서 태어난 가상 게임은, 여전히 디지털 기술에서 가장 미래적인 실험을 하기 위한 시험장이 되고 있다. 즉 온라인 게임 세계는 인공 지능을 배양하고, 콘솔들은 그리드^{grid} 컴퓨터 시스템[10]에 연결되며, 게임들은 감정적 자극에 대한 신경생물학적 실험을 위한 선택 매개이자 두뇌 활동만으로 작동되는 염력 작용에 의한 디지털 장치가 된다. 이보다 더 흔한 경우는, 점차 기업 관리자와 정부 관리자들이, 일은 안 하고 시간이나 낭비하게 하는 범인으로 한때 인식되던 게임을, 디지털 작업의 연습장에서 디지털 작업과 통치가능성을 실습해 보려는 목적으로 사람들을 훈련시키는, 공식적이자 비공식적인 수단으로 인식하는 것이다(Beck and Wade 2004). 한때 오직 재미만을 추구하는 것 같던 매체가 점차 그 자체로 노동 학교, 통치의 도구, 그리고 발달한 기술자본의 판타지에 대한 실험실로 나타나고 있다. 이러한 것들은 제국^{Empire}을 핵심개념으로 하는 이론적 관점을 통해 가상 게임들을 정치적 비판의 대상으로 삼게 하는 가장 중요한 이유가 된다.

제국 이론

　"제국"은 아주 오래된 피의 계보학과 관련된 용어이다(개괄을 위해

---

10. [옮긴이] 모든 컴퓨터망을 연동하여 대규모 연산이 가능한 차세대 인터넷망.

서는 Pieterse 2004 and Colás 2007를 보라). 이 용어를 가상 게임과 연결하는 것은 멀리 동떨어진 우울한 일을 아무 걱정 없는 게임의 세계로 들여온다는 의미가 아니다. 게임 자체는 "제국"을 전략 장르에서의 테마 중하나로 보고 있다. 전략 장르는 1970년대 초반의 프리웨어[11] 문화에서 중요한 게임이었던 텍스트 기반의 〈함무라비〉에서부터 마이크로소프트의 〈에이지 오브 엠파이어〉 프랜차이즈, 나아가 아예 노골적으로 이름을 붙인 〈제국〉, 그리고 가장 최근작으로 크리에이티브 어셈블리사[註]의 〈토털 워〉에까지 이르고 있다.[12] 만약 누군가가 비즈니스 왕조들과 관련된 몇몇 게임들(〈카지노 제국〉, 〈레스토랑 제국〉, 〈서커스 제국〉)을 포함시킨다면, 제국에 관한 게임들의 총체적 연구가 가능할 것이다. 하지만 이것은 우리의 목표가 아니다. 대신에 우리는 실제의 전지구적 제국에 관한 더욱 큰 분석과 논쟁 내에 가상 게임들을 위치시킬 것이다.

　　우리의 출발점은 마이클 하트와 안또니오 네그리(2000)의 『제국』이

---

11. [옮긴이] 프리웨어(freeware)는 무료로 이용할 수 있는 소프트웨어이다.

12. 제국 게임의 본류들은 최근 디지털 역사의 안개 속에서 길을 잃었다. '제국'이라는 이름이 최초로 붙은 게임은 1970년대에 미국의 에버그린 주립 대학에서 HP2000 소형컴퓨터를 이용해 해독한 베이직 프로그래밍 코드에서 기인했던 것으로 보이는데, 이것의 이름은 〈문명〉이었다. 호스트 컴퓨터가 작동을 멈추자, 그 소스코드 역시 사라졌다. 하지만 그 게임을 만들었던 피터 랭스턴과 벤 노튼은 각각 독자적으로 〈제국〉이라는 이름의 새 버전을 만들었다. 또 하나는 1972년에 플라토 네트워크 — 가상 대학 강의 시스템의 초기 형태 — 를 위해 만들어진 〈제국〉이었는데, 이것은 종종 최초의 네트워크형 다인용 액션 게임으로 간주된다. '제국' 게임의 혈통에서, 다른 초기 형태들로는 캘리포니아 공과대학에서 1977년 경에 포트란 피디피-10 컴퓨터[1966년부터 1980년대까지 미국 디지털이큅먼트사에서 제조된 대형컴퓨터 — 옮긴이]로 만들어진 〈클래식 엠파이어〉, 1986년에 '제트엑스 스펙트럼'[1982년 영국에서 만들어진 8비트 체제 개인용 컴퓨터 — 옮긴이]와 '코모도어 64'[1982년 코모도어사에 의해 개발된 8비트 체제 개인용 컴퓨터 — 옮긴이]를 위해 만들어진 〈제국!〉, 1991년에 출시된 위기대응형 거대 전략 게임인 〈월드 엠파이어〉 등이 있다.

라는 책에서 제시된 가장 최근의 논쟁적인 정의이다. 저자들은 "그 어떤 것도 외부에 두지 않는" 권력 시스템을 창조하기 위해서 경제적·관료적·군사적·의사소통적 구성 요소들을 결합시키는 새로운 지구적 체제의 출현을 우리가 목격하고 있다고 주장한다(Hardt and Negri 2000, xii). 고대 로마, 19세기 스페인, 혹은 19세기 영국과 같은 초기 제국주의의 사례들은 그 당시의 세계 지도를 지배하는 특정한 민족들에 뿌리를 두고 있다. 하트와 네그리의 제국이 이들 제국주의 초기의 제국들과 구별되는 점은, 그것이 어떤 단일 국가에 의해 통치되지 않는다는 점이다. 오히려 그것은 칼 맑스(1858)가 "세계 시장"이라고 부른 것에 의해 분명해지는 지배 체제라고 할 수 있다. 제국은 전지구적 자본주의에 의한 통치governance이다. 하트와 네그리는 그러한 지배가 "네트워크 권력"을 통해 작동한다고 말한다(2000, 167). 제국의 탈중심화되고 중층적인 제도적 장치들은 민족국가들을 포함하면서도, 마이크로소프트와 소니 같은 다국적 기업들, 〈세계무역기구〉와 〈국제통화기금〉 같은 세계 경제기구들, 〈유엔〉 같은 국제기구들, 그리고 심지어 〈적십자〉 같은 비정부기구들을 포함하는 것으로까지 확장된다. 이러한 접속들의 상호작용에서 도출되는 것은 선행하는 어떤 것보다도 더 포괄적인 지배권이다.

그러나 이것은 국제 관계에 대한 분석만이 아니다. 하트와 네그리는 더 엄청난 것을 제시한다. 노동 조건들에 대한 포괄적 설명, 주체성의 형성들, 그리고 현대 자본에서의 투쟁 형태들 등이 그것이다. 제국은 지리적 범위뿐만 아니라 사회적 영역의 조건이라는 측면에서도 전지구적이다. 오늘날 자본은 다양한 지점에서, 즉 노동자(노동력)로서뿐만 아니라 소비자(마케터들의 목표가 된 "마인드 셰어"[13])로서, 학습자(직업 준비를 위한 대학의 학위)로서, 그리고 심지어 원료의 원천(유전 공학을 위해 추출된 생체가치bio-value)으로서 주체들의 에너지를 뽑아낸다. 따라서 제국은 그 전체에서 사회적 삶을 착취하는 "생체권력" – 철학자 미셸 푸코(Foucault 1990, 135~45)로부터 빌려온 개념 – 의 체제이다.

이 체계 내에서 하트와 네그리(2000, 289~94)는 특별히 중요한 장소를 그들과 다른 학자들이 "비물질노동"이라 지칭하는 것으로 설명한다(Dowling, Nunes, and Trott 2007; Lazzarato 1996; Virno and Hardt 1996). 비물질노동은 정보와 의사소통을 수반하는 작업으로서, "상품의 정보적인, 문화적인, 혹은 정동적인 요소를 생산하는 노동"이다(Virno and Hardt 1996, 262). 하트와 네그리의 입장에서 비물질노동을 동시대 자본주의에서 핵심 활동으로 만드는 것은, 즉 제국에 있어서 비물질노동의 중요성은, 비디오게임 같은 새로운 상품을 창조하는 것뿐만 아니라, 상품을 생산하는 작업장을 관리하는 것과 상품을 구매하는 소비자의 흥미를 끄는 데 있어서 미디어, 마케팅, 의사소통, 그리고 감시가 얼마나 중요한지를 생각함으로써 알아챌 수 있다. 비즈니스의 덩굴들은 지구 전체에 뻗어 있는데, 이는 로마 시대에 시저의 지배와 함께했던 그 제국의 길들에 대한 현재의 등가물이다. 그리고 이 덩굴은 비물질노동에 의해 작동하는 디지털 네트워크의 광섬유 케이블과 무선 연결을 통해서 가능하다.

---

13. [옮긴이] 마인드 셰어(mind share)는 상품이나 광고메시지에 대한 소비자의 지명도 점유율(share) 혹은 이미지 점유율이다.

그러나 만약 이렇게 자본이 삼켜 버린 세계의 모습이 제국의 전부라고 한다면, 그것은 친숙한 형태의 기업 지배에 대한 또 다른 설명이 될 뿐이다. 사람들의 이목을 끄는 것은 『제국』이 자본주의에 대한 반대를 말하고, 심지어 자본주의의 대안을 말하고 있다는 데 있다. 바로 그러한 점이 우리 시대의 신경을 건드린 것이다. 그 책은 치아파스[14]의 정글에서부터 시애틀의 거리에 이르기까지 지구 전역에서 전개되고 있는 반세계화 투쟁의 정점에서 출간되었다. 하트와 네그리는 새로운 혁명 권력, 즉 "다중"의 등장을 알리는 행동주의activism의 새로운 물결을 선언했다(2000, 393~414). 사실, 자본이 점차 모든 곳에 존재하고 모든 것을 점점 포섭해 왔기 때문에, 자본에 저항하는 폭동은 많은 지점에서 일어나고 있다. 일터에서 학교로 그리고 여가활동에서, 노동자들과 노동조합을 포함하는 많은 단체들뿐만 아니라 토지 소유권과 맞서 싸우는 토착 커뮤니티들에서, 기업 대학에 반대하는 대학생들, 최저 생계비를 위해 싸우는 반빈곤 집단들, 경계의 억압과 싸우는 이민자들, 생태적 보존을 주장하는 환경주의자들, 지식공유를 주장하는 오픈소스 주창자들, 그리고 그 외 다른 많은 사람들에게서 이러한 저항이 일어나고 있다. 그래서 다중은 전지구적 자원의 더욱 민주적인 배치를 위해 싸우는 수많은 지지자들로 구성된다. 하트와 네그리는 초국가적 연결들, 문화적 혼종성, 그리고 새로운 기술들을 다중을 위한 엄청난 가능성의 영역으로 본다. 결정적으로, 그들은 반세계화anti-globalization가 아니라 또 다른 세계화, 즉 자본으로부터

---

14. [옮긴이] 치아파스(Chiapas)는 멕시코 남부 과테말라와의 접경지역의 주로, 사빠띠스따(Zapatista) 민족 해방군의 본거지이다.

의 "대탈주"exodus를 위한 운동을 언급했다(210). 좌파가 지닌 독특한 우울함과 비교할 때, 그들의 책은 한 모금의 희망을 품고 있었다.

『제국』은 학문연구자들뿐만 아니라 행동주의자들과 저널리스트들에 이르기까지 폭넓은 관심을 끌었다(Eakin 2001). 이것은 이례적인 일이다. 왜냐하면 그 책이 고도의 추상적인 수준에서 쓰였으며 급진적이고 반자본주의적인 입장을 공공연하게 천명하고 있기 때문이다. 책의 성공의 일부는 그 시의성 때문이었다. 제노바·서울·워싱턴의 거리를 뒤덮은 최루가스 연기가 책 사이로 피어오르는 듯했다. 그러나 『제국』은 또한 지적·정치적 증명서를 갖고 있다. 그 배경에는 이탈리아 아우또노미아autonomia 운동의 투사로서의 네그리의 역사가 놓여 있었다(개괄을 위해서 Cleaver 1977; Dyer-Witheford 1999; Wright 2002를 보라). 이로 인해 그는 투옥과 망명생활을 겪어야 했다. 그는 철학자 질 들뢰즈, 펠릭스 가따리, 그리고 미셸 푸코의 작업에 관여하였고 신자유주의 정부에 저항하는 투쟁에서 고립되었던 파리 좌파Parisian Left 내에서 일련의 논쟁들에 참여했다. 따라서 『제국』은 맑스주의의 전투성과 포스트구조주의의 이론을 더욱 광범위하게 실험적으로 융합시켜 요약했다. 그것은 세계화 연구자들과 세계화에 불만을 가진 연구자들 사이에 생체권력, 비물질노동, 다중, 대탈주 등 새로운 개념들을 유포시켰다. 그 과정에서 상당한 흥분을 촉진시키기도 했다. 그것은 적어도 부분적으로 컴퓨터게임에 영감을 불어넣었던 것으로 보인다. 예를 들면, 세르비아의 디지털아트 개발자 집단이 〈문명 IV : 에이지 오브 엠파이어〉를 만들었는데, 이것은 하트와 네그리가 묘사한 전지구적 자본의 고도로 중층적인 권력 장치를

보여 준다.[15]

　『제국』은 또한 날카로운 비판을 받기도 하였는데, 그중에 가장 신랄한 몇몇은 좌파 측으로부터 나온 것이었다(Balakrishnan 2003; Boron 2005; Passavant and Dean 2004을 보라). 제국 이론가들과 "제국주의" 분석가들 사이에 치열한 논쟁이 있었다. 많은 맑스주의자들은 탈중심화된 초국가적 제국 개념이 자본주의 권력에 대한 민족국가의 지속적 중요성을 너무 과소평가했다고 생각했다(Wood 2003). 특히, 이 책은 세계화를 추동하는 힘으로서 미국 패권의 중요성을 경시했다는 치명적 문제점을 갖고 있을 뿐 아니라, 북반구 자본에 대한 남반구의 영구적 종속을 대수롭지 않게 생각했다(Arrighi 2003; Seth 2003). 하트와 네그리의 작업에 대한 또 다른 반대들이 있었는데, 그것은 전통적인 좌파적 시각에서 나온 것만은 아니었다. 그들의 "비물질노동"이라는 개념은, 오래되었음에도 여전히 남아서 작동하고 있는 고역과 착취 형태들을 희생시키면서 정보 노동의 중요성을 강조하였다는 비판을 광범위하게 받았다. 이를테면, "중국의 수많은 공장들과 아프리카의 광산들은 어떻게 할 것인가?"와 같은 비판이었다(Dunn 2004; Dyer-Witheford 2001; Moore 2001) 그리고 하트와 네그리가 노동계급을 대체하기 위해 제안한 것처럼 보이는 "다중"이라는 개념은 너무 모호하고 낭만적인 것으로 비난을 받았는데, 그 개념이 아무렇게나 흩어져 있는 이질적인 자원들이 자발적으로 자기

---

15. 이 게임은 〈이스트우드 실시간전략그룹〉이 만들었는데, http://www.kuda.org/eastwood 에서 다운로드가 가능하다. 이 집단에 대한 하트와 네그리의 영향력에 대해서는 Lukic 2005를 보라.

조직화하는 봉기에 대한 장밋빛 자신감을 내보인다는 것이었다(Laclau 2004; Rustin 2004).

비판들은 2001년 전지구적 정치학의 극적 전환으로부터 힘을 얻었다. 『제국』이 출간된 지 불과 1년 후에 일어난 세계무역센터와 미국 국방부 건물에 대한 공격과, 연이은 소위 테러와의 전쟁은 『제국』이 다양한 방식으로 해석하려고 했던 바로 그 기업 세계화의 기획을 끝내는 것처럼 보였다. 부시 정권의 열광적 국수주의supernationalism, 이라크 전쟁, 그리고 미국과 유럽 동맹국들 사이의 균열은 통합된 국제 자본주의 체제라는 개념을 의심스럽게 만들었다. 바그다드를 둘러싸고 기름 때문에 벌어지는 전쟁은 모든 사람들에게 자본이 규칙 위에서 작동하는 것만은 아니며 어떤 필수 자원들은 결국 비물질적이지 않다는 것을 상기시켜 주었다. 그리고 9·11 테러 이후 전시 정치의 오싹함 - 〈애국자법〉을 생각해 보라 - 은 하트와 네그리가 언급했던 시애틀 시대의 적대적 낙관주의를 압도하고 말았다. 이 시대는 "새로운 제국주의" - 본질적으로 국가, 특히 미국에 기반을 둔 기업들의 자원 획득에 기반한 구 제국주의들의 지속 - 에 대한 데이비드 하비(2005)의 설명과 같은 분석에 더 도움이 되는 것처럼 보였다(Chomsky 2003; Lens 2003 또한 보라).

이러한 논의의 맥락을 어느 정도 유지하면서, 하트와 네그리가 2004년에 『제국』의 후속으로 발간한 『다중 : 제국이 지배하는 시대의 전쟁과 민주주의』는 자본주의 질서를 유지하는 데 있어서 군사적인 힘의 역할을 강조하였고, 행동하는 다중의 사례로서 이라크 전쟁에 반대하는 전지구적인 다중의 동원을 언급하였으며, 지배 연장의 실패가 미국의 "독불장군식"go-it-alone 군축론이 사실은 지속될 수 없음을 설명하는 것이라고 주장했다. 다른 학자들은 제국과 제국주의의 충돌하는 설명들을 통합하려고 노력했고 그 분석을 위해 새로운 요소들을 내놓았다. 〈리토르트〉Retort(2005, 5, 4)라는 집단이 쓴 『권력을 괴롭히기』는 석유자본과 군산복합체에 의해서 움직이는 호전적인 "아메리카 제국"을 묘사하였는데, 이 제국은 한편으로는 지하드라는 반동세력에 대적하고 다른 한편으로는 하트와 네그리가 이론화한 "다중적인" 진보적 세력들과 대치하고 있다. 〈리토르트〉는 미디어 스펙타클의 중요성과 이 투쟁들 내의 다양한 "감정 기계들"을 강조한다(Anderson, Retort 2005, 21에서 인용).

우리 역시 중간적 입장을 취하고 있다. 우리의 관점에서 볼 때, 냉전 이후의 자본주의가 새로운 사회적인 형성이며, 나아가 이 분석이 비판적인 정치적 사유의 많은 범주들의 재조정을 요구한다고 제시한 하트와 네그리의 생각은 옳았다. 하지만 또한 그들은 몇 가지 요점들을 과장했고, 부상하는 장면의 몇몇 중요한 특징들을 누락했다. 그래서 우리는 제국에 대해 수정되고 완화된 버전으로 작업하고자 한다. 제국이라 칭할 때, 우리는 20세기 초 세계 자본주의의 지배권, 즉 경쟁적이면서 협력적인 신자유주의 국가들 간의 컨소시엄이 지배하고 통제하는 시스템을 의미한다. 이러한 신자유주의 국가들 중에는 미국도 있는데, 지금은 군사력의 덕을 보고 있지만 점점 그 효과가 의심스러워지고 있는 우월성에 기대고 있다. 이것은 전지구적 금권정치Plutocracy의 지속적인 확장을 위해 임금이 지불되건 아니건 무수히 다양한 형태의 노동에 대한 기업의 착취에 기초하는 생체권력의 체제이다. 이러한 많은 것들 중에서 미디어와 같은 정보와 의사소통 시스템에서의 비물질노동이 항상 가장 중요한 것은 아니다. 그러나 그것은 분명 전략적 위치를 차지한다. 왜냐하면 시스템의 다른 측면들을 통해 지적으로 그리고 정동적으로 주체성을 구성하는 데 있어서 나름의 역할을 수행하기 때문이다. 이러한 제국은 엄청난 범위와 깊이를 갖고 있는 질서이다. 하지만 그것은 또한 불안한 상태이다. 그것은 일련의 연동된 위기들 — 생태적(지구 온난화), 에너지(피크 오일), 전염병학적인(HIV/AIDS와 그 외의 다른 유행병) — 에 직면하고 있다. 제국의 통치는 쇠퇴하는 미국과 부상하는 중국 사이의 갈등에 의해 위협받고 있다. 이 갈등은 제국을 공고히 하는 초자본주의로 이어지거나, 세계를 쪼개서 동양과 서양의 제국 사이에 전쟁을 일으킬지 모른다. 이러한 심각한 불평등은 아래로부터의 저항을 촉진시킨다. 알-카에다 같은 이들은 불행하게도 퇴행적이다. 다른 것들, 이를테면 전지구적 정의 운동과 같은 것은 더 나은 대안의 씨앗들을 내포하고 있는데, 이 운동의 복합적 다양성에는 어느 비평가들보다도 하트와 네그리의 다중 개념이 가장 근접해 있다. 제국은 권력과 부로 가득 차 있지만 혼돈에 근접해 있다. 이것이야말로 우리가 가상 게임을 다루고 있는 맥락이다.

놀기 좋아하는 학자들

학술적인 게임 연구의 증가는 이 책의 방향을 설정하는 관점을 위한 통찰뿐만 아니라 동시에 장애물도 제공한다. 도식적으로 학자들은 이 젊은 매체에 대해 비난, 찬사, 비판이라는 세 가지의 입장 중 한 가지로 응해 왔다고 말할 수 있다. 이 세 입장들의 인기와 영향은 대략 연대기적 순서를 따라왔다.

(아타리의 설립연도인) 1972년부터 2000년까지, 첫 번째이고 가장 길었던 비난의 시기는 게임을 악의적으로 무시하던 때였다. 가상 게임들에 관한 연구물이라고 할 만한 게 거의 없었다. 대부분의 저작들이 새로운 매체에 대해 당시 세대가 느낀 "도덕적 공황"이라는 특정한 현상을 나타내는 것이었다. 저자들은 비디오게임들과 그 문화에 익숙하지 않았고, 선험적인 혐오감을 나타냈다. 그들은 비디오게임 놀이의 "문제", 즉 실제 생활에서 범죄를 유발시키는 데 있어 폭력적인 게임이 갖는 역할에 대한 근거 없는 주장에 노골적으로 초점을 맞추고 있었다(Dominick 1984). 심리학적 연구들은 종종 지나치게 단순화한 "매체 효과"라는 모형에 근거를 두었는데, 이 모형은 실제 세계의 맥락이나 변수와는 분리된 실험실 조사를 통해 뒷받침되었다(Gunter 2004를 볼 것).

그 밖의 다른 관점은 찾아보기 힘들었다. 신문, 텔레비전, 라디오, 영화 등의 연구와 비교할 때 비디오게임에 대한 비판적인 정치경제학자들의 중요한 연구는 없었다. 적어도 닌텐도가 북미 어린이들 사이에서 성공을 거두기 전까지는 비디오게임의 내용에 대한 문화적 분석은 거의 없는 것이나 마찬가지였다. 마샤 킨더의 『권력을 갖고 놀기』(1991)는 상품화된 아이들의 장난감과 미디어의 폭넓은 네트워크 내에서의 비디오게임 놀이에 대한 미묘한 분석을 제공하였다. 비디오게임의 여성혐오적 폭력에 대한 강력한 고발을 다룬 유진 프로벤조의 『비디오 키즈 : 닌텐도 이해하기』(1991)는 그것이 담고 있는 적대감과 지식의 근거 모두에서 이 시기의 대표작이라 할 수 있다. 그러한 노골적인 비난의 관점들은 지금까지도 지속되고 있는데, 특히 1999년 콜럼바인 고등학교 총기난사 사건 이후에 비난이 물밀듯이 나왔다. 이 사건의 범인은 〈둠〉이라는 게임에 열광한 10대 청소년 이용자들이었는데, 기자들은 이 이야기를 절대 빼먹지 않았다. 이러한 연관성은 『우리 아이들에게 살인 훈련을 시키지 마라』 같은 제목의 책들에 의해 견고해졌다(Grossman and DeGaetano 1999).

이 시기의 연구들은 지속적인 중요성을 갖는 쟁점들을 제기하였다. 우리 또한 게임 폭력에 관한 논쟁에 참여할 것이다. 그 연구들이 기반하고 있는 심리학적 이론들의 협소함은 우리가 기여하기를 바라는 사회의 권력에 관한 넓은 수준의 분석에 대해서는 제한적인 연관성을 갖고 있고, 그 연구들의 비난 방식은 가상 게임들의 즐거움과 가능성들 − 양가성 − 에 대한 찬사를 이 매체에 대한 분석에서 핵심적인 것으로 보는 관점과는 반대된다.

결국, 많은 경우 콘솔과 함께 성장한 연구자들이 게임 논평의 주류를 차지하게 되었다. 새 천 년으로 바뀌는 시기에 즈음하여 게임 논평의 두 번째 단계가 나타났는데, 이것의 대표 입장은 찬사였다. 이러한 변화는 학계 바깥의 게임평론가, 게임 기자들, 아마추어 게임 역사가들에 의해 출간된 연구들로 이루어진 진지한 저작들이 증가하면서 본격적으로 시작되었다(Herman 1997; Herz 1997; Kent 2001; Poole 2000). 이전의 관점들과 확연하게 대조적으로, 이러한 논평가들은 적어도 잠재성의 측면에서는 게임을, 문학이나 영화처럼 풍요로운 매체로 소개하였고, 게임의 미학과 서사구조의 질을 진지하게 받아들였을 뿐 아니라, 게임 문화에서 (소외isolation보다는) 복잡성, 유쾌함, 협력을 발견하였으며, 도덕적 권위에 의한 낙인찍기에 대해서는 회의적이었다.

학계 역시 이러한 보다 우호적인 평가에 기여했다. 선두주자는 매사추세츠공대의 비교미디어연구 프로그램의 교수 헨리 젠킨스로서, 그는 게임의 미학적 장점과 문화적 중요성에 대해 다작을 해온 사람이었다(Jenkins with Fuller 1995; Jenkins 2005). 그는 또한 "걸 게임스"girl games 운동을 지원하였고(Cassell and Jenkins 1998), 미국 상원 청문회에서 게임에 "살인 모의실험기simulators"라는 책임을 지우려는 데 맞서 게임을 변호하였다(Jenkins 1999). 또 "개조"mods(게임이용자가 상업용 게임에 수정을 가한 것)나 "머시니마"machinima(게임에서 만들어진 영화) 같은 자가 自家 게임제작 행위들을 참여적 팬 문화라는 더 넓은 맥락에 위치시켰다(Jenkins 2006a). 비디오게임 문화에 대한 젠킨스의 평가는 비판을 완전히 배제하지 않으면서도 전반적으로 낙관적이다. 젠킨스의 이러한 입장은 게임 회사들이 그의 영향력 있는 프로그램인 〈컨버전스 컬처 컨소시엄〉에 기부하도록 자극했다. 이것은 학계가 게임에 대해 더욱 진지해질수록 기업들도 학계와의 연대에 더욱 지혜로워졌음을 보여 주는 것이었다(Young 2007을 볼 것).

게임이라는 매체에 대한 긍정적인 재평가들은, 게임연구가 인정받는 학문 영역으로 출현할 수 있는 기반을 마련해 주었다. 그리고 이러한 인정의 과정은 자체적인 학술지(『게임과 문화』), 컨퍼런스(다이그라DiGRA), 선집들(Raessens and Goldstein 2005), 희곡 이론의 권위적인 텍스트들에서의 인용(Caillois 1958; Huizinga 1944), "서사학연구자들"(게임을 책이나 영화, 텔레비전과 같은 방식으로 분석해야 할 텍스트 혹은 이야기로 보는 사람들)과 "유희연구자들"ludologists(게임을 규칙과, 목표, 전략에 의해 구조화된 스포츠로 논하고자 하는 사람들) 사이의 논쟁과 같은 집안 싸움 등으로 완성되었다(Aarseth 2001; Wardrip-Fruin and Harrigan 2004).

이런 문헌들의 상당수는 매체로서 게임의 특정한 속성들을 기술하고, 그 장르와 관습들을 묘사하며, 그것들을 기술하는 데 필요한 용어들을 만드는 데 관심을 기울인다. 문헌들이 더 큰 맥락에서 게임들을 관찰할 때, 그 평가는 종종 긍정적이며 방송 매체의 청중들과 비교했을 때 게임이용자들이 더욱 창의적으로 활력화empowerment되어 있음을 확증해 준다. 롭 커버는 이러한 정서를 다음과 같이 포착했다. "쌍방향성inter-activity이라는 것은 전자 게임을 통한 이용자의 참여라는 민주화의 새로운 단계에 도달하게 해주었다."(2004, 173). 만일 이전의 비난 단계에서 게임이용자들이 나쁜 주체이고 범죄자이거나 혹은 희생자였다면, 이 두 번째의 더욱 열광적인 시기의 이용자들은 포스트모던적인 매체환경에서 활력화된 거주민으로서, 즐겁게 게임을 해옴으로써 디지털 업계에서의 일할 준비를 갖춘 이들이다. 스티븐 존슨의 베스트셀러 『모든 나쁜 것들이 당신에게는 좋다 : 어떻게 오늘날의 대중문화가 실제로 우리를 더 똑똑하게 만드는가』(2003)는 이러한 전도inversion를 전달한다.

그러한 열정적이고 수준 높은 게임 연구들이 대중문화에 대한 학문적 열광의 폭넓은 흐름에 올라탔고, 이전 단계의, 소위 잘 알지 못하는 상태의 비난을 수정했다. 그러나 이 매체에 이미 늦은 존경심을 보내면서, 그들은 다른 방향을 가리키곤 하였다. 때때로 그들은 게임의 정치적이고 경제적인 맥락을 무시하였고, 게임 생산에서의 임노동 및 무임노동의 조건에 관해서는 슬쩍 지나치기도 하였다. 게임이용자들이 자기 스스로를 훈련시킨다는 식의 정보화 시대의 일자리에 대한 상투적 표현들을 다시 울궈먹었지만, 이제는 게임이용자들이 활력화된 참여자의 새로운 모델이 되는 전지구적 질서에 관한 물음들을 제기하지는 못하였다.

하지만 학술적 게임 연구의 등장과 함께 얽힌 것은 세 번째 입장이다. 이것이 바로 우리가 이 책 속에서 살펴볼 부분이다. 이 입장은 가상 게임에 대한 조건반사적 비난이나 찬사로 넘치는 모든 열광을 매체에 대한 비판적인 정치적 분석으로 진정시킨다. 다시 말하면, 그 추진력은 순수한 학문적 목소리에서 온 것일 뿐만 아니라, 미디어 아티스트, 독립 게임 디자이너, 미디어 정보해독력 옹호자들에게서 나온다. 이들은 모두 해킹 기술, 대안적인 소형게임, 공식적인 게임 문화의 규범들에 문제를 제기하고, 그 규범들을 파헤치고, 그것들로부터 벗어나는 방법론의 개발에 참여하고 있다(Bogost 2007; Ochalla 2007; Schleiner 2002, 2004).

이들 이론가들은 게임에 대한 비판적인 글을 쓴다. 하지만 그것은 게임을 묵살하기 위해서가 아니라 오히려 반대의 상황이 될 수도 있을 것이라는 희망에서 쓰는 것이다. 그들은 디지털 놀이를 사회 권력의 구성체 내에 위치시키고, 다양한 수준으로 대부분의 게임 이론이 갖는 형식주의와 거리를 둔다. 이러한 연구는 디지털 놀이의 독특한 속성들을 부정하지 않지만, 그것들이 이데올로기와 정치적 통제라는 "기존 미디어"의 문제들을 초월한다고도 가정하지 않는다. 그리고 개인의 심리학을 강조했던 매체효과 관점을 가진 초기 세대와는 달리, 새로운 연구는 사회적 구조, 집합적 맥락, 제도적 힘들을 언급한다. 결국, 게임행위의 교육적 장점에 대한 지지자들과는 대조적으로, 새로운 연구는 지배적인 사회 질서를 위한 사회화가 이롭다고 가정하지 않는다. 그 대신에 게임을 관찰한다. 그리고 경쟁하는 이익들과 의제들의 벡터들로서, 그리고 기존의 규범들에 호응할 수 있으며, 잠재적으로는 그 규범들을 전복시킬 수도 있는 기술들을 심어주는 것으로서, 게임을 둘러싼 담론들을 관찰한다.

이러한 흐름 가운데는 젠더, 인종, 군사주의, 기업권력 등을 다루는 내용들도 있다. 아마도 가장 한결같은 것은 가상 게임을 남성적 영역으로 보는 학술적 페미니스트들, 게임 산업의 여성 노동자들, 여성 게임이용자와 여성 해커들, 여성 디지털 예술가들의 비판일 것이다(Alloway and Gilbert 1998; Flanagan 2002; Laurel 2001). 처음에 "남자애들의 장난감"이라는 식의 비판들은 게임 회사의 고용 불평등과, 여성들이 "순정녀와 악녀"virgins and vixens 이미지 이외로는 나타나지 않는 가상세계에 남겨진 흔적들에 초점을 맞추었다(Buchanan 2000). 가장 근래에는 더욱 흔해지는 라라 크로프트 류의 액션 쉬어로[16]의 모호성이 인식되고 있다 (Deuber-Mankowsky 2005; Richards and Zaremba 2004). 게임 문화의 젠더 조합에 있어서 – 게임 행위에 있어서 느리지만 중요하고, 게임 생산에서는

---

16. [옮긴이] 쉬어로(sheroes) : 페미니즘에서는 영웅을 지칭하는 영단어 'hero'가 남성지칭 대명사인 'he'를 기반으로 해서 본질적으로 영웅의 남성성을 담고 있다고 주장한다. 이를 대체하기 위해 'he' 대신 여성대명사인 'she'를 사용한 'shero'를 제시한다.

거의 인지불가능할 만큼 미미한 — 최근의 변화가 어떻게 페미니스트의 비판이 가시적인 상태로 남겨지는 데 영향을 미칠 수 있을까. 한편, 비판적인 인종이론이 게임에 적용되는 데에는 좀 더 오랜 시간이 걸렸음에도 불구하고, 〈그랜드 테프트 오토 : 산 안드레아스〉 같은 게임 속에서의 종족성의 묘사들은 그 화면과 작업실이 흰색으로 넘쳐나는 새로운 매체에 대한 분석을 모의실험해 왔다(Chan 2005; Everett 2005; Leonard 2003, 2004, 2005, 2006; Marriott 1999; Ow 2000).

사회적 행동주의에 관한 최근의 두 가지 흐름은 이러한 비판적 게임 정치에 새로운 요소를 부가하였다. 첫째는 대항세계화 시위의 물결로 시애틀과 제네바에서 그 정점에 이르렀고, 둘째는 이라크 전쟁에 반대하는 국제적인 운동이다. 둘 다 정치적인 영혼으로 채워진 대안적 게임 문화와 그에 수반하는 분석적 문헌들을 생산하였다. 우리가 이미 언급한 바 있는 기업과 군부의 권력 둘 모두로부터 나온 그런 종류의 디지털 저항은 앤-마리 쉬라이너가 스스로 수행한 해킹hacks에 관한 글, 알렉산더 갤러웨이의 "대항게임행위"countergaming 전통에 대한 연구(2006a, 107~26), 그리고 정치적 사안을 위한 "설득적 게임"의 설계에 관한 이안 보고스트의 작업(2007)에서 논의되고 있다. 언덕의 다른 편에서 그 상황을 바라보면, 군대의 게임과의 연관에 대한 연구는 9·11사건에 앞서긴 했지만(Lenoir 2000), 테러와의 전쟁에 의해 가속화되었다(Der Derian 2001; Halter 2006a; Herbst 2005; Stockwell and Muir 2003).

이 모든 것들에서, 우리가 제국이라 명명한 군대와 자본주의 권력의 조합과, 게임행위 간의 관계는 무시되어 왔다. 그러한 분석을 위한 중요한 기반은 보다 이전에 줄리안 스탈라브라스(1993)가 자신의 책 『가르강튀아:제조된 대중 문화』(Stallabrass 1996)에 수록한 뛰어난 논문인 「그냥 게임하기」에서 마련되었다. 프랑크푸르트 학파의 관점에서 글을 쓰면서, 스탈라브라스는 컴퓨터게임이 전쟁에 열광하는 것과 시장 구조의 세계 안에서 끊임없이 재생산하는 것에 관해 논하였다. 그리고는 "그 구조와 콘텐츠에 있어서 컴퓨터게임은 자본주의적이고 심각하게 보수적인 문화의 형태이다"(1996, 107)라고 결론을 내렸다. 이 논문은 반게임anti-game의 비난섞인 외침에 가까운 쪽으로 방향을 선회한 조롱 섞인 경멸로 가득 차 있었다. 그러나 스탈라브라스는 "가상 거래" 같은 사안에 관심을 집중하였는데, 이것은 몇 년 후에는 엄청난 관심을 끌게 되는 것이었다. 스탈라브라스가 가상 게임행위 내의 갈등과 모순의 요소들을 정리하였음에도 불구하고, 우리는 그의 설명이 게임과 자본주의 간의 상호작용을 이해하려는 우리들의 시도에 중요한 어려움을 주고 있다는 점을 발견하였다.[17]

더욱 최근에 매킨지 워크의 『게임행위자 이론』(2007)은 비록 다른 결론에 도달하기는 했지만 바로 이 영역에 대해 다루었다. 그의 주장에 따르면, 비디오게임은, 그 자의적 권력이 우리의 삶을 규율하는 "군산복합체"

---

17. 스탈라브라스는 자신의 책에서, 선진 자본주의에서는 "정말로 가르강튀아적인 산만함의 문화가 지배를 하는 반면에, 이러한 문화는 그 참여자들 대부분이 망각해 버린 사회적·자연적 힘들에 취약한 상태로 남겨져 있다고 말한다. 세계 인구의 대다수는 우리의 건망증과 겸손함을 영원히 참아 주지 않을 것이다"라고 결론지었다(1996, 231). 빌 게이츠에 의해 2001년 9월로 예정되었던 마이크로소프트 〈엑스박스〉의 출시 기념 파티가 쌍둥이 빌딩의 붕괴로 연기되었던 것을 기억한다면, 이러한 전조적인 연결선들을 찾아내는 것이 어렵지 않을 것이다.

에 의해 지배되는 실생활 "게임공간"으로부터 "아토피아적인"atopian 18 피난처를 제공한다. 그는 또 가상 게임 행위가 신자유주의적 자본주의의 헛된 약속에 대한 계시적인 해독제라고 말한다. "디지털 게임에서는 게임공간이 단지 흉내만 낼 뿐인 모든 것을 할 수 있다. 이를테면, 공정한 싸움, 평탄한 경연장, 구속이 없는 경쟁 등이다"(Wark 2007, para. 21). 이것은 냉소적인 시대에 게임행위가 주는 보상적인 즐거움에 대한 설득력 있는 설명이다. 비록 우리가 강조하고자 하는 지점은, 무장한 신자유주의의 세력들이 〈아메리카스 아미〉와 〈세컨드 라이프〉 같은 네트워크 게임을 통해 얼마나 깊이 이러한 유희적 피난처에 침입했으며, 그로 인해 비판적 게임행위 이론이 아토피아로의 이주보다 더 급진적인 대응들을 모색하도록 했음을 밝히는 데 있지만 말이다.

우리는 지금까지 부족했던 부분을 구성하기 위해 비판적 게임 분석의 기존 실사례를 발판으로 삼고자 한다. 그간 전지구적 소유권, 사유재산, 강압적인 계급 관계들, 군사작전, 급진적 투쟁이라는 체계system 내에서 가상 게임을 분석하는 것이 부족하였다. 우리는, 포스트산업적이고 포스트-포드주의적인 자본주의의 부상하는 한 측면으로서 비디오 게임 산업을 검토한 이전의 공동 저작에서 이 작업을 시작했다(Kline, Dyer-Witheford, and de Peuter 2003). 이제 우리는, 우리가 "제국의 게임들"이라고 부르는 것에 대해 좀 더 직접적으로 정치적인 관점을 제시하고자 한다.

---

18. [옮긴이] 영토적 경계가 없는 사회.

제국의 게임들

가상 게임들은 제국의 모범적인 매체이다. 가상 게임은 전형적인 방식으로 그 구성과 갈등을 구체화시킨다. 18세기 소설이 중상적 식민주의가 요구하는 (또 그것을 비판할 능력도 갖춘) 부르주아적 인격을 생산하는 텍스트 장치였으며, 20세기 영화와 텔레비전은 산업적 소비주의에 필수적이었던 (그러나 가장 어두운 부분의 묘사는 가려 버렸던) 것처럼, 가상 게임도 마찬가지로 21세기 전지구적 초자본주의를 구성하는 그리고 아마도 그것으로부터의 탈출 인계선을 구성하는 매체이다.

왜 가상 게임이 제국의 바로 그 매체, 그것도 그 어떤 것과도 비교할 수 없을 만큼 본질적이고 표현적인 매체인가? 가상 게임은 미국의 군산복합체, 즉 자본의 세계적 지배라는 핵으로 무장한 핵심에서 기인했으며, 지금도 그 핵심적인 부분과 아주 밀접하게 연관되어 있다. 가상 게임은 자본주의의 새로운 팽창 국면에 활기를 주는 새로운 형태의 지식노동자라고 할 수 있는 비물질노동자의, 통제가 어려운 해커지식에 의해 만들어졌다. 그 국면에서 게임 기계들은, 생산과 커뮤니케이션의 가장 발달된 힘들을 위해 어디에나 존재하는 일상의 인큐베이터로서 기능했으며, 디지털 기술과 네트워크화된 커뮤니케이션을 모든 세대들에게 가르치고 있다. 게임 산업은 지적 재산권, 인지적 착취, 문화적 잡종화, 대륙을 관통하는 하청계약의 고된 노동, 세계 시장의 상품들에 기반한 축적 방법들을 선도했다. 게임 제작은 생체권력의 경계 없는 행사를 예시하는 방식을 통해, 노동과 놀이, 생산과 소비, 자발적 활동과 위태로운 착취 사이의 경계를 모호하게 만든다. 동시에 게임 자체는 세계의 빈곤층들이 오직 불법적으로만 접근할 수 있는 값비싼 소비재가 되어, 현재 체제의 대규모 불평등을 드러낸다. 가상 게임은 시민-병사, 자유계약 노동자, 사이보그 모험가, 기업 범죄자 등의 정체성을 모의실험한다. 가상 놀이는 유연한 직업을 위해 유연한 인격을 훈련시키고, 군사화된 시장을 위해 주체를 형성하며, 신자유주의적 주체가 되는 것을 재미있는 일로 만든다. 그리고 게임들은 제국을 예증하는데, 왜냐하면 게임 문화가 출구를 모색하는 전복적이고 대안적인 실험을 내포한다는 점에서 게임은 또한 다중의 모범이 되기 때문이다.

『제국』의 도입부에서, 하트와 네그리는 그 책을 "개념의 공구상자"로 보고 있다고 말한다(2000, xvi). 우리는 이미 몇 가지 개념들 – 생체권력, 비물질노동, 다중, 대탈주 – 에 대해서 언급하였다. 그러나 그들의 사고의 선상에 함께 있는 다른 생각들도 있다. 이것은 유사한 관점을 갖고 있지만 구별되는 목소리를 가진 저자들에 의해 면밀히 검토된 것들로 인지자본주의cognitive capitalism, 기계적 주체성machinic subjectivity, 미래적 축적futuristic accumulation, 냉소 권력cynical power, 탈주선lines of flight, 일반지성general intellect 등이 그것이다(Lazzarato 2004; Vercellone 2007; Virno 2004). 이것들은 우리가 제국의 게임을 살펴볼 때 사용하는 지적 도구들이다. 질 들뢰즈와 펠릭스 가따리는 이렇게 적었다. 유용한 개념은 "우리로 하여금 새로운 변형과 미지의 공명을 인지하도록 한다"(1994, 28). 새로운 사고의 길을 열며, 개념들은 "강고한 손 안의 쇠지렛대가 호기심의 에너지를 봉하는 방식으로 잠재성을 봉합한다"(Massumi 2002a, xv). 우리가 자율주의적 맑스주의와 탈구조주의적 급진주의(그리고 이 둘에 대한 비판)로부터 개념을 취하고 그것들로 하여금 가상 게임 행위에 기반해 작업하도록 하는 것, 그리하여 이론적 개념들과 게임 활동 사이에 우연한 마주침을 계획함으로써 각각 서로의 장점을 비추면서 비판을 하도록 하는 그것이 바로, 이러한 호기심 어리고 실용적인 방식에 의해서 이루어진다.

이 책의 나머지 부분은 3부로 이루어져 있다. 1부는 "게임 엔진 : 노동, 자본, 기계"로 기업 게임복합체의 주요 구성물을 살펴본다. 우리는 1장을, 비물질노동에 초점을 맞추어 디지털 게임행위의 아래로부터의 역사를 통해 시작한다. 그것은 펜타곤에 의해 동원된 기술인력들이 활기 있는 프리웨어 문화의 일부로서 40년 전에 시작한 비디오게임이, 어떻게 상품화되고 거대한 기업복합체로 변형된 기업에 의해 갇히게 되었는지를 보여 준다. 게임 산업의 지속적인 동력은 상업적 구조 내에서 게임이용자–생산자의 혁신에 닻을 놓는 것에 의존해 왔다. 오늘날 이러한 과정은 가상 게임이 "작업장으로 돌려"보내지는 상황에서, 즉 그것이 자본의 모든 영역에 걸쳐서 비물질노동의 새로운 세대를 훈련시키는 수단으로 사용되는 상황에서 최고조에 이른다.

게임 산업이 지적·정서적 창조에 대한 재산권에 매달려 있는 새로운 형식의 인지자본주의의 전면부에 있다고 주장하면서, 2장에서는 이러한 영역에 있는 거대 제작사인 일렉트로닉 아츠Electronic Arts, EA[이하 이에이]에 대한 사례 연구를 수행한다. 이에이의 게임 개발사는 같은 행위를 반복rinse and repeat하는 형태의 게임 브랜드로서, 고강도의 마케팅과 광적인 기업문화, 그리고 미국 기반이지만 초국적으로 분배된 생산망들이 디지털 게임행위로부터 어떻게 수십 억 달러를 벌 것인가에 관한 최첨단의 사례를 제공한다. 그러나 이에이 노동자의 과로에 관한 예상치 못한 추문 사건은 가장 온건하게 운영되는 흥밋거리 공장에서조차도 어떻게 문제가 발생할 수 있는지를 보여 준다.

3장은 게임이용자의 몸에 연결된 채 기업 게임 복합체에 힘을 주는 게임 기계들로 눈을 돌린다. 여기서는 마이크로소프트의 게임기인 〈엑스박스〉의 최신형 모델인 〈엑스박스 360〉에 초점을 맞추어 살펴본다. 그리고 그것의 경쟁제품인 소니의 〈플레이스테이션 3〉와 닌텐도의 〈위〉도 함께 살펴본다. 게임기는 하드웨어일 뿐 아니라 기술-사회적 조립품으로, 기계적 주체성을 나타내는 조립품이기도 하다는 것이 우리의 주장이다. 그것은 기업의 기계로 작동하며, 소프트웨어에 대한 지속적인 지출을 끌어낸다. 타임머신으로서 관심의 시간을 이용하고, 생체기계로서 게임이용자, 인공지능, 네트워크화된 집단들과 긴밀한 관계를 형성한다. 또 때로는 유목적인 전쟁기계로서 작동하기도 하는데, 이 기계는 독점적인 통제에 도전하고 기업의 재정흐름을 공격하는 해커와 해적들에 의해 적정화되었다. 이 모든 것들은 제국의 더 큰 생체정치적 기계 안에서 일어난다.

2부 "게임행위 : 가상적인/실제적인"에서는 게임과 실제reality, 육체와 아바타, 화면과 거리, 1차적 삶과 2차적 삶 간의 관계를 살펴본다. 여기서는 게임의 가상들이 어떻게 시장, 전장, 공장, 법정 등의 사회적 실제로부터 나타나서 그곳들로 다시 돌아가는지를 검토한다. 게임과 게임이용자 간의 모든 특정한 상호작용은 개별적singular이고 예측불가능한 채로 남겨진다. 반면에 거기에는 트래픽이 규칙적으로 이동하는 경로도 있는데,

때로 이것들은 규격화되어 있기도 하고, 때로는 은밀하게 존재한다. 우리는 가상 게임행위가 물질화하는 경로들을, 디지털 가상과 제국의 실재reality 안에서 조합된 신체적 실제actuality들을 통해 추적한다. 우리가 다룰 ― 전쟁을 위해, 작업을 위해, 그리고 수익 면에 있어서 회복이 가능한 수준의 반란을 위해 형성된 주체성들의 ― 사례들은 가상게임 문화 모두를 섭렵하려 하지 않는다. 단지 그중 상당수를 다루겠다.

우리는 4장에서 게임과 전쟁 간의 깊은 연관성을 검토할 것이다. 〈풀 스펙트럼 워리어〉라는 민군 합작 게임인데, 우리는 미국 육군의 시가전 훈련과 재래식 사격게임에 "재미"를 가미한 이 게임에 대해 깊이 있게 살펴볼 것이다. 이라크와 발칸에서의 대학살을 탈색된 정상상태로 만든 채로, 〈풀 스펙트럼 워리어〉는 전쟁의 일상화에 있어 가상 게임의 역할, 시민과 "아군"의 습관적 동일화, 그리고 테러와의 전쟁에 의해 주어진 범주를 통해 세계를 인식하는 무장된 시야armed vision의 수용 등을 상세하게 보여 준다. 그러나 우리는 이 사례를 통해, 최선의 가상 계획들도 집에 있는 반대자들이 첨단 군대의 장비 계약의 사소한 부분들에 의문을 품게 됨에 따라, 그리고 다른 나라의 적들이 가상 훈련과 세뇌에 동일한 기술을 적용하기 시작함에 따라 어떻게 일이 틀어질 수 있는지 보여줄 것이다.

5장은 대규모 다중접속 온라인 게임인 〈월드 오브 워크래프트〉를 살펴본다. 여기서 우리의 핵심 개념은 **생체권력**과 **미래적 축적**이다. 우리는 자본주의 생체권력의 두 체제 ― 비벤디/블리자드[19]의 〈던전 앤 드래곤〉

19. [옮긴이] 이 책의 출간 당시인 2009년에 액티비전-블리자드 사는 프랑스의 미디어 그룹인 비벤디 사가 의결권의 52%를 소유하고 있었으나, 2013년 비벤디사가 주식의 대부분을 매

스타일의 가상세계와 중국의 시장화 간의 상호작용을 살펴본다. 이 둘은 "골드 경작"gold farming – 가상의 물건을 실제 화폐를 받고 판매하는 것 – 행위를 통해 연계된다. 이것이 지금은 수천 명의 노동자로 이루어진 중국의 디지털공장 산업을 유지시키고 있다. 이 노동자들 중 상당수는 컴퓨터와 가상 게임을 위한 게임기를 생산하는 바로 그러한 전자제품 제조공장이 들어서면서 고향 공동체가 마구잡이로 파괴됨에 따라 이주하게 된 사람들이다. 주장 강[20]의 시초축적과 기업 게임 세계의 미래적 축적 간의 연계는 제국의 서쪽과 동쪽 간의 상보성과 잠재적 분쟁 모두의 징후를 나타낸다.

가상적인/실제적인 상호작용의 복합적인 나선은 악명 높은 〈그랜드 테프트 오토〉에 의해 제공되는데, 이것은 6장에서 다루어질 것이다. 일단 가장 찬사를 받으면서도 가장 욕을 많이 먹은 비디오게임 〈그랜드 테프트 오토〉는 록스타 게임즈에서 개발하고 테이크-투 인터랙티브가 제작하였는데, 가상세계에서의 폭력(그리고 약간의 선정성)에 관한 지난한 논쟁의 중심에 서 있다. 그러나 우리가 생각하기에 이 게임은 "살인 모의실험기"로서가 아니라 "도시 모의실험기"로서 더 중요한 기여를 했다. 즉 가상적으로 제국의 핵심지역인 거대도시의 중심 지역을 재창조한 것이다. 여기서 우리의 논의는, 〈그랜드 테프트 오토〉가 보편적인 도시의 방식만이 아니라 특징적인 제국의 방식을 통해 도시 공간의 정치학을 구성하는

각함에 따라 독립법인이 되었다.
20. [옮긴이] 중국 남부를 흐르는 큰 강. 강 유역에는 중국의 대표적인 산업 단지가 형성되어 있다.

방식을 추적하고 있다. 샌드박스 게임[21]의 하나로서 〈그랜드 테프트 오토〉는 세계 자본의 세계 도시 창조라는 특정한 시점에서 나타났으며, 그 이후로 계급과 인종의 제국적 영토화를 재생산한다는 것이 우리의 생각이다. 우리는 록스타의 유명한 게임 시리즈에서 벌어지는 가상과 실제의 도시 건설의 나선 속에서 세 번의 전환기를 살펴본다. 〈바이스 시티〉를 통해, 우리는 〈그랜드 테프트 오토〉에서 마이애미가 어떻게 게임의 규칙으로, 자유시장 논리에 의해 작동되는 "신자유주의적 도시주의"의 전형적인 가상공간으로서 구성되는지를 살펴볼 것이다. 〈그랜드 테프트 오토:산 안드레아스〉에서는 게임 속 도시의 외형이 미국 도시 공간의 인종화를 반복하고 재강화하는 방식을 검토한다. 리버티 시티 - 〈그랜드 테프트 오토 IV〉 상의 가상적인 뉴욕 시 - 로 돌아가면, 우리의 초점은 〈그랜드 테프트 오토〉라는 게임의 이용뿐만 아니라 그 생산도 어떻게 제국적 도시풍경에 기여하는지로 옮겨지며, 이를 통해 미디어 산업이 전지구적 도시를 그 본부로 재건하는 임무에서 테이크-투의 역할이 어떻게, 그것이 묘사하는 범죄 자본주의의 세계로 "미끄러져 넘어지는지"를 보여 주고자 한다. 마지막으로 우리는 〈그랜드 테프트 오토〉가 재현하는 도시의 부패에 대한 통찰, 그리고 그것과의 공모가 지닌 복합적이고 상호모순적인 혼합에 대해 고찰해 보고, 냉소적인 이데올로기라는 범주가, 록스타의 가상적 도시에서 오는 "핵심어구"가 종국에는 왜 제국 야만성의 핵심어구인지를 설명한다는 점을 주장할 것이다.

---

21. [옮긴이] sandbox game, 게임이용자의 마음대로 무엇이든 할 수 있는 시스템이나 플레이 방식을 가진 게임.

가상 게임의 제국으로의 통합에 대해 검토하면서 우리는, 3부 "새로운 게임"에서 우리의 관점을 뒤집어 봄으로써 지배적인 질서에 도전하거나 아니면 전복하는 대안적 게임행위 문화의 측면들을 살펴볼 것이다. 우리는 제국 내에서 이루어지는 가상적인 것과 실제적인 것the actual의 상호작용을 참조해 왔다. 가상적이라 함은 디지털 세계가 컴퓨터나 게임기를 이용해 위조되었음을, 그리고 실제적이라 함은 화면 밖에서 육체적으로 체화된 실제의 세계임을 의미한다. 그러나 우리의 논의와 관련해서 "가상적인 것"이 갖는 의미는 이외에도 또 있다. 존재론 – 존재의 속성 – 에 관한 최근의 철학적 논의에서, "가상적"이라는 말은 잠재성을 의미한다. 즉 기존의 세력들의 배치가 어떠한 구체적 상황에서든 발전될 수도 있는 다양한 방향들을 의미한다(Deleuze and Parnet 2002; Levy 1998; Massumi 2002b; Shields 2003을 볼 것). 기술적이고 존재론적인 가상의 디지털화와 잠재성은 차이가 뚜렷하다. 그것들은 결코 융합하지 않는다. 그러나 여기에 애매한 관계가 있다. 컴퓨터는 잠재적 우주들에 대한 강렬하고 역동적인 디지털적 묘사를 만들어 낸다. 컴퓨터의 모의실험은, 환상적이거나 혹은 그럴듯하게, 그러한 것what is에서 그럴 수도 있는 것what might be을 추론한다. 어떤 면에서, 모든 게임이용자의 슬로건은 "또 다른 세상이 (일시적으로) 가능하다"이다. 이것에 관해서는 어떠한 반대도 필요하지 않다. 많은 – 아마도 대부분의 – 디지털 가상들은 제국적 실제들을 증폭하고 강화한다. 이것은 우리가 논의한 바와 같다. 그리고 상상의 세계로의 비행은 막다른 길로 가는 탈출일 수도 있다. 그러나 게임행위의 측면들은 급진적인 사회적 잠재성들과 연계될 수 있고 때때로 그렇게 된다. 우리가 하트와 네그리의 주장, 즉 "새로운 사회적 가상성"이 다중의 "생산적이고 해방적인 역량"의 요체라는 주장을 디지털 게임에 적용하는 것도 이러한 맥락이다(2000, 357).

그래서 우리는 묻는다. "다중의 게임"이 있을 수 있는가? 이에 따라 7장은 디지털 게임 문화가 어떻게 역량을 이식하고 또한 그것 자체의 상품화된 주변을 뛰어넘고 어지럽히는 궤적들을 어떻게 따라가는지를 살펴본다. 이러한 탈주선은, 때때로 이데올로기가 장전된 게임들의 취향에 맞지 않는 놀이를 종종 수행할 수 있는 게임이용자들의 능력을 포함한다. 그리고 여기에는 일단의 주류 게임 제작사들의 불협화된 개발, 반세계화와 반전 활동가들에 의해 만들어진 전술적 게임, "기능성 게임"[22]의 양가적인 사회계획적 잠재성, 온라인 가상세계에서의 급진적인 자기조직화 실험, 정보자본의 지적 재산 체제에 도전하는 소프트웨어 공유지의 등장 등도 포함된다. 이러한 가상적 구상들이 평범하기는 하지만, 그럼에도 불구하고 그것들은 제국에 대항하는 투쟁과 연결되는 길을 따라가는 유희적 실천의 재생을 향해 열려 있다.

우리의 결론에 해당하는 8장에서는 가상 게임의 두 가지 상호모순적인 측면들을 대비시킨다. 점차 복잡해지고 있는 게임 "메타버스"[23]의 실제적인 놀라움은 가상적으로 대안적 세계들과 사회적 가능성들 – 제

---

22. [옮긴이] serious game. 게임의 통상적인 주목적인 오락성보다는 특별한 목적을 두고 의도적으로 설계한 게임. 교육과 홍보에 게임 형식을 차용하고자 할 때 많이 활용된다.
23. [옮긴이] metaverse. 초월을 뜻하는 'meta'와 우주를 뜻하는 'universe'의 합성어로, 정치·경제·사회·문화의 전반적 측면에서 현실과 비현실 모두 공존할 수 있는 생활형/게임형 가상 세계(위키백과 참조).

국으로부터의 대탈주를 모색하는 급진주의자들이 분명한 관심을 가질 만한 역량 ‒ 을 인식하고 탐색할 수 있는 매체의 잠재성을 보여 준다. 그러나 동시에 가상 게임들은 전지구적 자본에 깊숙이 뿌리박고 있다. 이 지점은 콘솔 생산 가치사슬의 시작과 끝에 놓여 있는 아프리카 콜탄 광산과 아시아 전자 쓰레기장의 노동 조건을 반영하는 것으로서 우리가 강조하는 것이다. 우리의 결론은 디지털 놀이의 해방적 가능성에 대한 평가는 게임의 이러한 상반되면서도 또한 동시에 존재하기도 하는 측면들을 고려해야 한다는 것이다.

"핏빛으로 물든 하늘"

게임은 언제나 제국에 봉사한다. 검투사 경기는 로마가 요구했던 무인의 덕을 함양했다는 키케로의 주장에서부터, 워털루 전투가 이튼의 벌판에서 승리로 이어진다는 웰링턴 공작의 묵시록적 확언이나 1차 세계대전 당시 프러시아 장군 크리스피엘의 쉴라이펜 계획의 시연에 이르기까지 그래 왔다. 그러나 게임은 또한 제국에 등을 돌리고 반대하기도 했다. 스파르타쿠스 반란의 피바다에서부터 식민지 영국의 위정자를 물리친 서인도인 크리켓 선수들의 좀 더 점잖은 복수에 이르는 방식으로 말이다 (James 1966).

가상 게임에 관한 오늘날의 학술 문헌들은 게임 행위의 그러한 갈등적이고 충돌적인 측면들로 시작하기보다는, 보수적 중세 역사가인 요한 하위징아와 그의 명저『호모 루덴스』(1944, 10)에서 제안된 "마술동호회" 같은 개념 등의 작업으로 시작하는 것을 선호한다. 유희[놀이]play를 유사–성스러운quasi-sacred "자기충족적" 행위로 본 하위징아의 유명한 설명에서 놀이는, 의식에 따라, 일상생활로부터 분리된 시공간 안에서 자체의 목적을 위해서만 수행되는 것이었다. 근래 게임 연구에서 유희[놀이]는 가장 인기 있는 주제이다. 이러한 관점은 디지털 놀이에 대한 형식주의적 접근에 동의하는 경향이 있으며, 게임 콘솔, 디스플레이 화면, 세계시장, 선제적 군사주의, 가두시위 등의 부침에서 분리된, 마법에 걸린 공간의 경계를 표시하는 소개장면 등을 통해 이루어진다.

그러나 하위징아 자신은 1차 세계대전이 종료되고 얼마 후, 결국엔 자신의 목숨을 앗아간 유럽 파시즘의 등장으로 인한 음영 속에서 글을 쓰면서, 이안 보고스트가 "마술동호회 속의 격차"라고 묘사한 것을 적절히 인지하였다. 즉 "완전한 고립 속에서 세상의 바깥에 서 있는 것이라기보다, 게임은 게임이용자들이 주관성을 게임 공간 안으로 들여오거나 가지고 나갈 수 있는 두 가지 길을 제공한다"(Bogost 2006a, 135)는 것이다. "마술동호회"와 "물질적 권력" 간의 이러한 불가피한 관계에 대한 인식은『호모 루덴스』에서 상세하게 나타난다. 하지만, 그것은 썩어 가는 봉건 권력에 대한 하위징아의 조금은 덜 알려진 연구인『중세의 가을』에서 가장 잘 나타난다. 여기서 그는 마상대결[24]과 토너먼트 같은 게임이 어떻게 기사 엘리트들의 기술을 배양시키는지를 보여 준다. 그의 설명에 의하

---

24. [옮긴이] 말에 탄 두 명의 기사가 양쪽에서 달려와, 들고 온 긴 창으로 상대를 공격해 말에서 떨어진 사람이 지는 경기.

면, 그들의 우월성은 낭만적이긴 하지만 군사적 야만주의와 무력에 의한 징발에 기반한 것이다(Huizinga 1921, 90~97). 중세 마술동호회는 그것의 모든 시각적으로 화려한 행사와 세밀한 규칙들에도 불구하고, 역병과 전쟁, 농민 봉기 등에 발작에 가까운 반응을 보이며 쇠퇴하고 있는 제국이라는 맥락에 분명히 놓여 있다. 또한, 이는 그 게임이론가인 하위징아의 눈을 "핏빛으로 물들고, 위협적인 납빛의 구름으로 적막하며, 구리의 거짓 반짝임으로 가득하기도 한 저녁 하늘의 심오함에 훈련되도록 하였다"(xix). 우리가 오늘날 제국의 시대에 가상 게임을 검토하는 것도 이와 유사한 맥락이다.

1부

게임 엔진

노동, 자본, 기계

1장

비물질노동

비디오게임과 노동자의 역사

노동계급 영웅

세계적으로 가장 유명한 비디오게임 시리즈의 주인공 마리오는 노동자이다. 멜빵바지를 입고 납작한 모자를 쓴 채, 여러 명의 사악한 보스들로부터 독버섯 공주를 구출하는 기술자이다. 마리오는 길에서 흔히 볼 수 있는 "키 작은" 인물이다. 이것에서 볼 수 있듯이, 마리오는 커다란 성인들의 세계를 두려워하는 모든 아이들을 대변하는 것으로 이해될 수 있다(Kinder 1991). 그러나 마리오의 모험은 변덕스럽고, 강력하며, 좌절하게 만드는 시스템을 이겨내고자 애쓰는 모든 임금 노예들의 역경을, 그리고 때론 노동자들에게는 불만족스러운 사회시스템을 타파하려고 갖은 노력을 다하는 모든 임금 노예들의 역경을 떠올리게 한다. 마리오의 "노동계급 영웅"(moviebob 2007)으로서의 지위는 또한 좀 더 복합적이고 대위법적인 관점에서 중요하다. 마리오 게임의 매력 중 하나는 두 요소 간의 과장된 대조라고 할 수 있다. 즉 우리의 영웅이 표면적으로 하는 사업인 배관(운송방식으로서 수도관들의 탁월함에 의해 빛을 발하는)의 무겁고 산업적인 물질성^{materiality}과, 경박스럽고, 뛰거나, 달리고, 이리저리 뛰어오르며, 묘기를 부리며, 게임이용자의 기술만 충분하다면 이쪽 플랫폼에서 저쪽 플랫폼으로 잽싸게 옮겨 다니면서 보여줄 수 있는 풍부한 탐험이 갖는 가벼움 간의 대조이다. 마리오의 원래 이름은 "점프맨(뛰는 사람)"^{Jumpman} 이었다. 그 대조는 두 시대 사이의 문화적인 전환을 보여 주는 것이다. 하나는 종종 포드주의로 널리 알려진 대량생산 작업의 시대이다. 즉 남녀노소 모두가 여러 방식으로 제조업 생산, 공장들, 그리고 중공업, 생산라인들의 세계에 전념할 때이다. 또 다른 시기는 컴퓨터, 네트워크, 가상성 등으로 매개된 포스트산업주의, 혹은 포스트-포드주의적인 직업의 시대이다.

이러한 전환은 북미, 유럽, 그리고 일본에서 마리오가 유명해지던 바로 그 시기, 즉 〈동키 콩〉이 출시된 1981년부터 〈슈퍼마리오 갤럭시〉가 출시된 2008년까지 이루어졌고, 좀 더 넓게는 1960년대부터 현재까지 비디오게임이 부상하던 시기에 일어났다. 마리오 게임은 부모들이 당황해서 어찌해야 하는지 파악도 하지 못하는 동안, 어린 자녀들이 게임 콘솔 조작에 숙달이 되어 "체득한" 활동이라는 점에서 구조적인 변화의 증상이었다. 이 게임들이 제공하는 가상적인 삶의 기쁨은 새로이 나타나고 있는 포스트-포드주의 노동자 세대에 대한 즐거운 약속이었다. 즉 그것은 그들의 선조·부모 세대가 겪은 고되고 영혼 없는 포드주의적 노동으로부터 디지털 자유와 가능성의 세계로의 도피에 대한 약속이다. 이 가상의 약속이 현실에서는 배반당하고 만다는 점에 대해서 우리는 뒤에 많은 이야기들을 준비해 두었다. 그것이 바로 우리의 분석에서 핵심이라 할 수 있다. 우리가 여기서 강조하고 싶은 것은 가상 게임과 새로운 종류의 일, 즉 비물질노동과의 연결이다.

비물질노동은 이 용어를 사용한 이론가들에 의하면, 지식, 정보, 커뮤니케이션, 관계 혹은 정서적인 반응 등과 같은 비물질적 생산물들을 생산해 내는 일을 의미한다(Hardt and Negri 2004, 108; Lazzarato 1996, 2004; Virno 2004). 그것은 생산라인에서 차를 조립해서 차를 달리게 하거나, 광산에서 석탄을 캐는 식의 물리적인 작업과 근본적인 연관성을 갖고 있지는 않다. 오히려, 비물질노동은 손에 잘 잡히지 않는 상징적이고 사회적인 상품의 차원을 담고 있다. 비물질노동은 다양한 하위 목록들을 가지고 있다. 즉 컴퓨터와 네트워크가 작동하는 코드들을 조작하는 첨단기술, 사람들의 마음을 편안하게 하거나 흥분시켜 주는 따위의 감정 생산, 그리고 광범위한 새로운 관리neomanagerial 업무에서 조정과 소통을 담당하는 작업 등이 이에 포함된다. 비물질노동은 물건의 생산과는 비교적 덜 관련되어 있고, 그보다는 주체성의 생산에 더욱 관련되어 있다. 그리고 아마도 그보다는 주체성과 사물들의 생산이 현대 자본주의에서 서로 깊숙이 관련되어 있는 방식에 관한 것이라고 보는 것이 더 나을 수도 있다. 하트와 네그리(2000)는 비물질노동이 제국의 전지구적 자본주의에서 나타나는 선도적 혹은 "헤게모니적" 노동 형태라고 말한다. 이러한 우위는 양적인 것이 아니라 – 그들은 모든 사람들이 컴퓨터를 이용해 일을 하거나 창조적 산업에 종사하는 것은 아니라는 점을 인식하고 있다 – 질적인 것이다. 즉 비물질노동은 선진^{advanced} 자본이 가장 역동적이고 전략적인 분야에서 의존하고 있는 바로 그러한 활동이다.

비물질노동 이론가들이 종종 자신들의 사례를 너무 과장하는 경우가 있기는 하지만, 우리는 기술적이고 정서적인, 소통적인 노동의 새로운 배열이 21세기 자본의 한 가지 특징이라는 데 동의한다. 비디오게임은 그러한 비판적 탐사를 위한 효과적인 장소를 제공한다. 마리오 게임의 개발이 하드웨어와 소프트웨어를 만드는 데 있어서 필수적인 기술적 역능과 정동적 역능들을 포함한다는 것만 생각해 보아도, 비디오 게임이 왜 21세기 비물질노동에 대한 효과적인 탐사 주제인지가 분명하다. 그리고 여기에 협업적인 제작팀을 통한 이 모든 활동들의 조정을 포함함으로써 그러한 작업이 비물질노동의 정의에 얼마나 밀접하게 부응하는지를 살펴보는 것 등이다. 의심할 바 없이, 이러한 비물질노동의 궁극적인 생산물은 물질이다. – 한때는 게임 카트리지였고, 지금은 디스크이다. – 그러나 상품으로서 그것의 성공 혹은 실패의 여부는 관계의 창조에 있다. 즉 게임이용자가, 달리고 점프하는 이 빨간 모자의 조그마한 배관공과 자기 자신을, 아마도 몇 시간 아니면 일생에 걸친 기간 동안 동일시하고 싶어 하는 의지에 달려 있는 것이다. 디지털 게임들을 만들고 이용하는 것은 기술적인, 의사소통적인, 그리고 정서적인 창조성을 종합해서 주체성의 새로운 시각화된 형태를 만들어 내는 일이다. 이러한 것들이 게임을 만드는 데 필요한 작업의 전부는 아니지만 – 나중에 우리는 게임제작사와는 멀리 떨어진, 전자제품 공장들, 전자폐기물들, 콜탄 광산 등에서의 지나치리만치 물질적인 노동들과 조우하게 될 것이다 — 그것은 그것들의 창조에 있어서 매우 중요한 요소이다.

이런 이유로 이번 장에서 우리는 비물질노동이라는 관점에서 비디오게임의 짧은 역사에 대해 알아볼 것이다. 비물질노동을 포스트산업주의에 관한 이론들, 지식노동, 아니면 창조계급과 구별시키는 점은 그것이 자율과 투쟁 같은 사고들에 연계되어 있다는 데 있다. 비물질노동이라는 개념은 이윤이라는 미명하에 삶을 통제하는 기업들의 권리와 권력을 강조하는 것이 아니라, 노동자의 욕망이 그러한 통제를 넘어서고, 그것에 도전하며, 그것을 벗어나는 방식을 강조하는 사상과 같은 선상에서 나타났다(Dyer-Witheford 1999를 볼 것). 이러한 자율을 이윤창출의 틀 안에 가둬 두려는 자본의 시도는 반복되는 투쟁의 순환을 야기한다. 실제로 자본을 새로운 지평으로 끌어가는 것도 이러한 투쟁들이다. 자본은 저항을 부수어 버리거나 아니면 흡수하거나 생포해 버리려는 시도들을 하는데, 여기에는 새로운 기술을 선보이거나, 새로운 조직 형태를 시도해 보거나, 미래로의 광란의 탈주 안에서 새로운 전지구적 위치들을 모색하는 일 따위가 포함된다. 그러나 이러한 시도들은 새로운 갈등의 조건들을 만들어낼 뿐이다.

비물질노동은 그러한 투쟁의 순환 중 하나에서 나타났다. 노동운동, 학생 운동, 그 외 1960년대와 1970년대의 사회운동 등의 투쟁에서 말이다. 이 전 세계적인 격동은 새로운 주체성, 욕망, 거부, 역량 들의 분출로 특징지어졌다. 즉 교사에게 복종하지 않으려 하는 학생들, 베트남에서 싸우지 않으려 하는 군인, 자신들의 삶이 조립대 위로 지나쳐 가는 것을 보고자 하지 않는 공장 노동자들, 지겨운 집안일들에서 탈출한 여성들 등이다. 그것은 또한 새로운 기술문화적 형식들 – 음악, 마약, 낯선 디지털 기계들 – 에 대한 실험의 시기였다. 이와 같이 서로 밀접히 연결된 저항들은 권력을 불안정하게 만들었다destabilized. 그것들은 조립대를 로봇과 네트워크로 대체하면서, 기업들로 하여금 새로운 기술들을 재구조화하도록 이끌고, 일과를 지나치게 단순화하기보다는 (제한적인) "참여"를 권장하는 식으로 관리기법을 대체하도록 하고, 외부의 착취가능한 곳들을 찾기 위해 오래된 산업지구들을 떠나도록 하며, 많은 급진적 대항문화counterculture의 주제들을 새로운 상품으로, 기업의 스타일로, 정치적 야심으로 복구시키도록 하였다. 이러한 재구조화는 산업자본에서 정보자본으로의 변화, 포드주의에서 포스트-포드주의로의 변화로, 혹은 (공장에서의) 물질노동 중심성에서 (네트워크상에서의) 비물질노동으로의 초점 변화 등의 모습으로 다양하게 묘사된다.

어떤 점에서 충분히 인정을 받지 못하는 경우가 많기는 하지만, 가상 놀이는 1960년대와 1970년대의 급진적인 대항문화의 발명품이자 그 문화의 구성요소였다. 가상 놀이는 오로지 극적인 대실패를 겪은 이후에야 거대한 영리 게임제국으로 성장하는 사업모델에 동화되었다. 그러나 상품의 형태를 가지고 있음에도 게임들은, 새로운 비물질노동 부대의 자율 능력을 실체화하는 자가게임이용자–생산자do-it-yourself player-producer 문화로부터 에너지들을 항구적으로 주입받음으로써 생명을 지속적으로 유지하여 왔다. 따라서 기업이나 기술, 혹은 예술가 개인들을 게임의 역사에 관한 우리의 짧은 서술에서 주인공이라고 할 수는 없고, 그 대신에, 비물질노동의 창조적 모임들이 주인공이라고 하는 것이 더 나을 것 같다. 이를테면 펜타곤으로부터 게임을 해방시킨 1960년대 해커들의 모임이나, 1970년대 게임의 황금기에 화이트칼라들을 화나게 만든 장발의 노동자들, 또한 1980년대의 탈진한 미국의 산업을 일본이 부활시키는 데 활력을 부여한 일본만화manga 작가들, 1990년대 늙은 소년들의 게임 네트워크에 도전하는 아웃사이더 여성 게임이용자와 개발자들, 미시혁신가micro-innovator, 개조자modders, 다중접속 온라인MMO, massively multiplayer online 게임 인구들, 2000년까지 게임 문화를 이끄는 주요 세력이었던 – 그리고 게임 회사의 주요 수입원이기도 했던 – 머시니마 예술가가 그 주인공들이다. 우리는 2010년에 다가가는 시점[1]에 게임들이 어떻게 점점 더 무수히 많은 종류의 비물질노동을 양성하는 데 적용되어 왔는지를 검토하기로 했다. 우리가 제시하려는 것은 삶에서와 마찬가지로 가상 놀이에서도 어떻게 "제국이 다중의 생명력에 기생하는 단순한 포획 장치"가 되는지이다(Hardt and Negri 2000, 62).

자정 현상Midnight Phenomenon

1972년에 저명한 미래학자 스튜어트 브랜트는 『롤링스톤』에 스탠포드 대학의 인공지능 실험실에서 "억누를 수 없는 자정 현상"이 일어난다고 썼다(Brand 1972). "컴퓨터 과학을 설계하는 괴짜들freaks" 중 "밤 시

---

1. [옮긴이] 이 책의 원서는 2009년 12월에 출간되었다.

간이라면 언제든" 수백 명이, "생사가 갈리는 우주전투에 열중하고 있고 …… 아주 즐겁게 자신들의 친구를 죽이고 자신들의 고용주가 제공한 귀한 컴퓨터 이용시간을 낭비하고 있다." 그들은 컴퓨터게임 — 초기 모델 중 하나로, 레이더의 오실로스코프 화면을 통해 게임이용자들은 기본적인 우주전함의 깜빡이는 신호를 볼 수 있고, 서로에게 가상의 우주 어뢰를 발사할 수 있다 — 을 하고 있는 것이다. 〈스페이스워〉는 어떤 "거창한 계획의 일부"도 아니었고, "대단한 이론"을 뒷받침하고 있는 것도 아니었다. 브랜트가 관찰한 바와 같이, 그것은 "이단이었고, 초대받지 못했으며, 환영받지 못했다." 그러나 컴퓨터게임 이용에 있어서 그것은 동시에 "다가올 미래를 볼 수 있는 무결점의 수정 구슬"이기도 했다. 이를테면 "실시간 상호작용이 이루어지고", 그래픽 기반이며, 이용자의 프로그래밍을 부추기고, "자발적인 창조와 인간 간 상호작용의 풍요로움과 곤궁함"을 약속하는 "유쾌한" "의사소통 기기"로서의 모습이었다. 〈스페이스워〉는 "인간에 대한 컴퓨터의 힘"을 만천하에 보여 주었다.

이러한 급진적인 혁신은 예상치 못한 곳에서 일어났다. "비디오게임의 아버지"라고 불리는 모든 사람들 — 1958년에 아날로그 방식의 간단한 테니스 게임을 만든 윌리엄 히긴보텀, 1961년에 〈스페이스워〉를 만든 스티브 러셀, 1966년에 처음으로 텔레비전과 컴퓨터를 연결한 콘솔을 고안한 랄프 배어 — 은 모두 미국 군사 산업체에서 근무하는 사람들이었다. 이 사람들은 아마도 비물질노동자의 초기 모습이었다고 할 수 있는데, 고학력의 기술과학자로서 직간접적으로 소련과의 핵전쟁에 대비하기 위해 고용된 사람들이었다. 그들의 작업장은 스탠포드 대학이나 매사추세츠 공과대학^{MIT}, 그리고 다른 대학에 있는 학술 연구기관들이었는데, 이곳들은 국방부가, 〈고등연구사업청〉, 로렌스 리버모어·로스 알라모스·브룩헤이븐 등지의 〈국립핵연구소〉, 정보통신분야에서 아이비엠이라든가, 제너럴 일렉트릭·벨텔레폰·스페리 렌드·레이씨언·알씨에이 같은 미국의 거대 공룡기업들이 운명의 날을 준비하는 대규모 방위계약 시스템 등의 채널을 통해서 군사 자금을 대주는 곳이었다(Edwards 1997; Halter 2006a; Lenoir 2000). 이러한 군산학 복합체들 속에서, 2차 세계대전의 암호해독, 탄도궤적의 계산, 원자력 프로그램을 통해서 탄생한 컴퓨터 과학은 "모든 사건이 강대국들 간의 기술 투쟁의 일부로 해석되는 폐쇄된 세계" 안에서 성장하게 되었다(Edwards 1997, 44).

이러한 폐쇄된 세계에 컴퓨터 모의실험은 필수적인 요소이다. 그것은 핵전략의 여러 가지 가능한 옵션들을 계산해 내고, 예기치 못한 혹은 발생할 수 없다고 생각하는 변수들을 계산해 내는 데 중요한 역할을 한다. 〈레드 대 블루〉라는 게임은 1960년대부터 대용량 대형 컴퓨터의 기능을 본격적으로 이용하는 과정에서 만들어진 게임으로, 핵전쟁뿐만 아니라 냉전을 둘러싼 여러 가지 갈등들을 배경으로 한다(Allen 1987; Edwards 1997; Halter 2006a). 그러나 이러한 모의실험들이 만일 진지한 응용들로부터 벗어나게 된다면, 도구적인 목적들 없이 단순히 기술적인 "달콤함"과 괴팍함을 위해서만 그것들을 즐기게 된다면, 그리고 그것들이 놀이로 변형된다면, 그 모의실험들은 대량살상을 위한 작업으로부터 벗어날 수도 있었을 것이다. 그러한 일탈은 군이 비물질노동자들에게 다양한 선택의 자유를 허락했기 때문에 가능했다. 컴퓨터 공학자들과 엔지니어들은 새로운 디지털 기계를 이해했던 유일한 사람들이었다. 기존의 정규화된 절차들에서 벗어나 컴퓨터를 가지고 노는 것은, 이러한 방법이 새로운 용처와 선택지 들을 발견할 수 있는 유일한 방법이었기 때문에 허용되었다(Kline, Dyer-Witheford, and de Peuter 2003). 그리고 관습에 대한 이러한 도전을 통해서 오늘날의 게임들이 만들어졌다.

모든 초기의 가상 게임들은, 비공식적이었고, 어느 정도는 은밀히 행해졌으며, 혹은 즉흥적인 프로젝트들이었다. 브룩헤이븐의 〈국립핵연구소〉 지부의 대표가 되기 전에, 초기에 원자폭탄 제조를 위해 일했던 사람들 중 하나였던 히긴보텀은 (그는 나중에 〈평화를 위한 과학〉[2]에서 뛰어난 업적을 남기게 되었다), 연례 방문행사에서의 전시용으로 〈테니스 포 투〉를 만들었는데, 그 옆에는 형식적으로 마련된 "방사능으로부터의 보호법" 전시도 함께 있었다(Poole 2000, 29). 〈테니스 포 투〉는 행사가 끝난 후 방문객들이 떠나자 신속하게 문서보관서로 보내졌으며 이내 잊혀졌다. 랄프 배어는 〈샌더스 협회〉라는 대형 군사 전자회사의 수석 엔지니어로 근무할 당시 자신이 지휘하던 5백 명 규모의 부서에서 여러 정보들을 몰래 빼내 콘솔을 제작하였다. 충성스럽게도 그는 특허권자로는 자신의 고용주의 이름을 올렸지만, 자신의 상사에게는 아무것도 말하지 않았고, 그 프로젝트가 완결될 때까지 완벽히 비밀을 유지한 채 작업을 하였다. 러셀의 〈스페이스워〉는 디지털 이큅먼트 코퍼레이션이라는 업체에 의해 제작된 소형컴퓨터 피디피-원[PDP-1]으로 만들어졌다. 이 회사는 군사

---

2. [옮긴이] 세계의 평화 증진을 목적으로 과학자, 공학자, 사회과학자 등으로 구성된 모임으로, 캐나다 토론토에 근거를 두고 있다.

용 인공두뇌에 특화된 회사로 엠아이티 내에 있었으며, 항공방위 시스템과 관련된 기금의 수혜를 흠뻑 받은 곳이었다.

히긴보텀의 게임은 러셀의 게임보다 먼저 만들어졌다. 그리고 배어의 발명은 상업적인 면에서 그 중요성이 더 크다. 그러나 "당신의 비디오게임"ur-video game으로 인식되는 것은 다름 아닌 〈스페이스워〉이다. 그 이유는 말할 것도 없이 그 게임이 컴퓨터과학 "괴짜들"의 문화에 대한 본질적인 표현이기 때문이다. 그리고 그 문화란 것은 바로 자신들에게 기금을 대준 군사연구소들과는 맞지 않는 것이었다. 엠아이티에서 피디피-원에 대한 접근은 엄청난 감시하에 있었다. 이 컴퓨터에 접근하는 것은 〈기술모형철도클럽〉의 목표이기도 했었다. 여기에 모인 학생들은 자신들이 하는 일을 "해킹"hacking이라고 부르기 시작했다. 〈기술모형철도클럽〉의 학생들은 정치적인 활동가와는 거리가 멀었지만, 그럼에도 불구하고 "협동적인 사회와⋯⋯ 사람들이 때때로 재산권과는 상관없이 정보를 공유하는 유토피아적인 세계를 믿었다"(Kent 2001, 17). 인터넷의 선조격인 군대의 아르파넷ARPANET을 통해서, 〈스페이스워〉는 대학 캠퍼스와 통신선이 연결된 연구실들 등을 통해 확산되었고, 여기에서 러셀의 영향권 안팎에 있는 사람들이 기능, 그래픽 등을 추가하면서, 참여적 설계, 프리웨어, 오픈소스 개발 등의 초기 모습을 갖추게 되었다.

이러한 디지털 실험은 환각제, 그리고 정치적인 반대를 표방하는 대항문화와 깊은 관련성을 갖고 있다. 베트남 전쟁 반대 대학 시위가 켄트 주립 대학교 총기난사 사건과 더불어 점점 심각한 유혈사태로 이어짐에 따라, 정부에 대한 적개심은 거의 혁명 수준에 이르렀다. 군의 컴퓨터 실험실들은 전자전 프로젝트들을 지원하였는데, 여기에는 이글루 화이트 작전처럼 B-52 폭격기를 원격조정해서 호찌민 시의 골목길들을 폭격하는 일들이 포함되었다. 그럼에도 그 연구실의 연구원들은 그 전쟁에는 반대하고 있었다. 브랜드가 스탠포드 대학에서 〈스페이스워〉를 보았을 때, 그는 베트남 전쟁과 리차드 닉슨에 반대하는 성명서들이 실린 대자보들이 잔뜩 붙어 있는 연구실에서 그 게임을 하는 학생들의 "반체제주의"anti-Establishmentarianism 또한 목격했다고 이야기했다. 〈스페이스워〉는 "달빛모드" 상태로 이루어지는 "대항-컴퓨터" 운동의 한 사례에 불과하다. 이들이 이 운동을 위해 채택한 다른 방식들에는 전쟁에 반대하는 파업을 지지하는 프로그램화된 서한들을 만드는 것이나, 시위를 컴퓨터로 조직하는 것, "기업을 조사하거나 무료 진료소와 지역의 컴퓨터 교육을 지원하는 것 등"이 포함되었는데, 브랜드는 이를 "연합군들의 심장에 다이너마이트를 심는 것"이라고 묘사하였다.

이런 이유로 가상 게임의 기원에는 두 개의 적색 공포가 있었다. 하나는 크렘린이라는 외적인 위협으로, 이것은 미국 국방부로 하여금 점점 더 디지털 연구에 많은 돈을 쏟아붓게 하였다. 다른 하나는 해킹이 신좌파들과 조우하는 공간으로서, 반체제 문화에 의한 내적 전복이었다. 존 마코프(2005)는 해킹과 정치적 급진주의 간의 이러한 얽힘들을 추적했다. 그가 추적한 사례들 중에는 테드 넬슨의 1974년도 『컴퓨터 해방』(이 책의 표지에는 검정색 바탕 위에 대중에게 권력을 주는 꽉 움켜쥔 주먹이 그려져 있고, "당신은 이제 컴퓨터를 이해할 수 있고 또 해야만 한다"라는 문구가 적혀 있다)이라든가, "당신은 소프트웨어를 무료화시켜서 그것을 가지고 누구나 하고 싶은 것을 할 수 있게 만든다'라는 사상을 가진, 〈버클리 자유발언〉과 〈전쟁반대자연맹〉 등의 조직에서 활동하던 프로그래머들에 의해 만들어진 단체인, 〈샌프란시스코 대중 컴퓨터 기업〉 등이 포함되어 있었다(Markoff 2005, 262). 〈샌프란시스코 대중 컴퓨터 기업〉의 설립자들은 자가제작 게임 설계 설명서의 초기 버전 중 하나를 작성하였고, 수많은 〈스페이스워〉의 계승자들 — 〈허클〉, 〈스노크〉, 〈머그웜프〉, 〈스타트렉〉의 디지털 버전, 그리고 가장 유명한 사례인 〈헌트 더 웜퍼스〉 — 이 고안되고, 이용되며, 정치적 조직화가 신속하게 진행되는 곳과 동일한 공간에서 무료로 교환되기도 하는 "게임의 밤"을 개최하였다.

스탠포드 대학 컴퓨터 과학 학생들의 행동을 주시하면서, 브랜드(1972)는 "기초적인 무언가가 진행되고 있다"라고 생각했다. 현재의 많은 사회학 이론가들도 브랜드가 〈스페이스워〉를 관찰한 해인 1972년을, 편의상 포드주의에서 포스트-포드주의로 그리고 산업주의에서 포스트산업주의로 넘어가는 시기로 정하는 데 동의하였다(Harvey 1989). 하트와 네그리는 "경제 생산과 관련된 헤게모니가 공장에서 더욱 사회적·비물질적 영역들로 이동하는" 특징을 갖는 군사적, 통화적, 경제적 위기가 발생한 해를 바로 이 때로 꼽았다(2004, 39). 그들에 따르면, 이러한 과정에서 "대규모 산업의 기술과 형식을 채용하고 확장하는 데 있어서, 그리고 그것들에 사회적·비물질적 생산의 새로운 혁신을 부가하는 데 있어서, 이 모든 것들을 기본적으로 정보통신 기술들을 통해서 이루는 데 있어서" 군사 권력은 필수적이었다(40).

그러나 이러한 혁신들은 통제가 불가능한 것으로 드러났다. 정부를 보호하기 위한 군사 비밀 체제를 위해서 만들어진 정보통신기술들은, 그것들을 창출해 내는 비물질노동자들의 손을 거치면서 그 본래의 목적을 잃어버리고 디지털 놀이로 바뀌어 버렸다. 그러나 아이러니한 것은 게임과 컴퓨터를 펜타곤으로부터 해방시키고 핵 위협의 세계에서 그것들을 "탈영토화"deterritorializing 시킴으로써, 해커들은 의도치 않게도 순수하게 상업적인 형태를 띤 자본주의에 의해서 발생하는 "재영토화"reterritorialization를 위한 무대를 다시 만들어 주게 되었다"는 것이다 (Deleuze and Guattari 1987).[3]

당신은 이제 곧 잡힐 것이다

비디오게임의 황금기로서, 고전적인 아케이드 게임이 세상의 문을 두드리고 첫 번째 콘솔 게임 중독자들을 만들어 낸 시기가 바로 1972년이다. 그중 한 프로그래머는 벌써 이러한 아케이드 게임들에 싫증을 느끼기 시작했다. 그는 이미 갖은 노력을 통해서 텍스트를 바탕으로 한 어드벤처 게임을, 무시무시한 적들과 마술 전리품 등이 만들어져 있는 가상 형태의 게임으로 변환시키려고 노력 중이었는데, 그의 상사는 이러한

---

3. [옮긴이] "가타리는 들뢰즈와 함께 영토성, 영토화 개념을 사용하며 탈영토화와 재영토화라는 하위개념도 사용한다. 다양한 흐름을 특정한 방식으로 만들어 가는 것을 코드화라고 하며 이러한 코드화 작용이 현실 속에서 다양한 제도 속에 펼쳐 나가는 것을 영토화라고 한다. 영토의 틀을 벗어나는 과정을 탈영토화라고 하고 탈영토화된 것을 다시 영토화하는 것을 재영토화라 한다."(네그리·하트, 『제국』, 윤수종 옮김, 용어설명, 536쪽)

작업들이 불가능한 것이라고 공언해 왔다. 하지만, 그는 어쨌든 성공했고 게임이 완성되었다. 그러나 성공이라는 것이 그에게는 어떠한 보상이나 명예도 가져다 주지 못했다. 그가 일하는 회사는 새롭게 성장하는 비디오게임 산업에서 가장 유명하고 수익을 많이 내는 회사 중 하나였다. 그리고 최근에는 거대 미디어 대기업에 의해서 인수합병되었다. 그 회사는 게임 제작자에게 디자인 로열티를 주는 것을 거부했고, 심지어는 제작자의 이름을 게임에 포함시키는 것조차 거부했다. 이것은 관리자들은 거의 이해할 수 없는 낯선 기술 권력을 가진 직원의 협상력을 줄이기 위한 단호한 움직임이었다. 그 프로그래머는 이 상황을 반추해 보고는 마지막 마무리 작업을 가하였다. 그는 회색 지하묘지 안에 게임의 배경과 같은 색깔로 아주 자그마한 점을 코드화해 삽입했다. 만약 게임이용자가 게임을 하던 중 그 점을 발견하면, 그는 프로그래머가 만든 비밀의 방으로 인도된다. 오랫동안 어느 누구도 그 점을 발견하지 못했고, 그 점이 가진 의미를 알았을 때는 이미 너무 늦어 버렸다. 그 프로그래머는 비밀의 방의 벽 중간에 반짝이는 글씨로 "이 게임은 워렌 로비넷이 만들었다"고 썼으며, 그러고 나서 회사를 그만 두었다.

아타리사社의 〈어드벤처〉에 대한 로비넷의 첨가는 게임이용자가 플레이를 하는 도중에 발견할 거라는 기대를 갖고 만들어진 최초의 "이스터 에그"[4]이다(Connelly 2003; Gouskos with Gerstmann 2008). 이러한 깜짝 기능은 곧 게임 설계에서 약방의 감초처럼 쓰이게 되었다. 이러한 현상이 저항 행위에서 기원했다는 점은 자신이 유발한 저항들로부터 자

---

4. [옮긴이] 이스터 에그(Easter egg)는 게임 속 숨은 기능을 말한다.

본이 어떻게 최고의 아이디어들을 얻어 내는지를 보여줄 뿐 아니라, 좀 더 넓게는 새로운 유형의 임금노동자에 의해서 운영되는 영리 자본주의로 해커 게임들이 융합되는 문제들을 보여 주는 것이기도 하다.[5]

〈스페이스워〉가 나온 지 십 년이 지났을 때, 비디오게임은 당시에 유망했던 음악산업의 새로운 라이벌로서 그리고 막대한 이익을 창출해 내면서 약 육십억 달러가 넘는 돈이 오가는 사업으로 발전했다. 군산 복합체에 저항해온 대항문화는, 자유시장 열병과 혼합된 디지털 유토피아주의의 "캘리포니아 이데올로기"[6]가, 로널드 레이건을 대통령으로 선출하려고 하는 미국에 부드럽게 융합된, 사이버문화로 변형되는 중이었다 (Barbrook and Cameron 1996). 이러한 변화과정에는 많은 중요한 순간

---

5. 구스코스(2008)는 젤다사(社)의 게임인 〈링크 투 더 패스트〉에 있는 비밀의 방들, 〈디아블로 2〉의 "시크릿 카우 레벨"[Secret Cow Level, 실재한 것은 아니고 루머로 밝혀짐 - 옮긴이], 〈모탈 컴뱃〉에 나오는 사악한 녹색의 닌자, '세가 마스터 시스템'에서 구동할 수 있는 〈스네일〉 게임의 보너스 게임 등 많은 유명 '이스터 에그'들에 대해 기술한다. 1980년대 아케이드 회사들은 이러한 숨겨진 방들이 꼬마들로 하여금 게임기에 계속 동전을 넣도록 하는 좋은 방법이 된다는 것을 알게 되었고, 어떤 어드벤처 게임들은 거의 완전히 '이스터 에그'를 기반으로 설계되었다. 닌텐도의 비디오게임인 〈슈퍼 마리오 브라더스〉에는 셀 수 없을 만큼 많은 '이스터 에그'가 있었다. 닌텐도는 요금제 기반의 상담전화와 유료 게임잡지인 『닌텐도 파워』를 시작해 보려는 중이었는데, 이 두 가지 모두 보물과 비밀의 방을 찾는 방법, 새로운 게임 레벨로 이동하는 방법들에 관한 내용들을 다루었다. 그러나 몇몇 '이스터 에그'들은 로비넷에 의해 시작된 전복적 전통을 지속했다. 1996년에 프로그래머인 자크 세르빈은 비디오게임 문화에서 이성애 관점이 얼마나 지배적인가를 보여 주기 위해 맥시스사의 〈심 콥터〉의 목욕신에 등장하는 '헐벗은' 여성 캐릭터를 남자로 바꾸었다. "이런 비게임이용자 캐릭터들은 지나치리만큼 친밀한데, 만나는 캐릭터들에 모두 키스를 해줄 정도다"(Gouskos 2008). 세르빈은 그런 변형된 캐릭터들이 우연히 - 이를테면, 13일의 금요일이라거나 자신의 생일날 - 나타나게 하려 했지만, "게이" 비게임이용자 캐릭터들이 통제가 안 될 정도로 확산되기 시작했고 결국 〈심즈〉를 만든 윌 라이트가 이를 발견하게 되었다. 세르빈은 공인되지 않은 콘텐츠를 추가시킬 수 없게 되었기 때문에 유명한 풍자활동가 그룹인 〈예스 맨〉의 회원으로 활동하게 되었다.
6. [옮긴이] 닷컴 신자유주의를 비판하기 위해 영국 미디어이론가들에 의해 창안된 용어이다.

들이 있다. 빌 게이츠가 자신의 마이크로소프트 제품 수백만 개를 가지고 가내 해커 문화를 전유appropriation한 것에서부터 스튜어트 브랜트의 웰WELL(전지구 전자 연결망) 같은 유토피아적 "가상 공동체"가 전지구적 비즈니스 네트워크로 융합되는 순간까지(Turner 2006, 7) 말이다. 게임에 있어서는, 아타리라는 이름의 기업이 이러한 변화과정을 관통하고 있는데, 이 기업의 이름인 아타리는 고Go라는 일본 놀이에서 "당신은 이제 곧 잡힐 것이다"라는 뜻을 갖고 있다.

　아타리는 가상 게임들의 미래를 예견하는 두 세계 – 컴퓨터 과학과 엔터테인먼트 산업 – 의 경계지점에서 나타났다. 아타리의 창립자인 놀란 부쉬넬은 당시 군이 기금을 지원하는 유타 대학의 그래픽-인터페이스 컴퓨터 프로그램 실험실을 뻔질나게 드나들던 공대생이었다(Lenoir 2000). 그러나 그는 솔트 레이크 시티[미국 유타 주의 주도]의 축제기간 동안에 잠시 아르바이트를 하면서, 공 던지기 게임이라든가 동전을 넣어서 하는 전자 게임기들에 익숙해졌고, 동시에 마구 넣어 대는 동전들로 값비싼 기계에서 수익을 얻는 사업모델에도 친숙해졌다. 〈스페이스워〉를 발견했을 때의 작은 놀라움에 관해 그는 "사업 기회를 보았다"고 말했다(DeMaria and Wilson 2002, 16에서 인용). 그는 자신의 친구와 일하는 공업사들에서 훔쳐온 부품들을 사용해서 독립형 아케이드 기계를 만들기 위해 1971년 캘리포니아의 밤을 지새우고 있었다(Kent 2001). 〈컴퓨터 스페이스〉는 많이 판매되지는 못했다. 그러나 그는 배어의 생각이 구현된 최초의 상용판 콘솔인 〈마그나복스 오디세이〉의 시연을 보면서 영감을 받아, 〈테니스 포 투〉를 떠올리게 하는 간단한 공-패달 조합 게임의 시험품을 제작하였다. 부쉬넬의 다음 게임은 〈퐁〉으로, 이 게임은 아케이드 게임에서는 최초로 상업적인 성공을 거두었다. 게임 산업을 특징짓는 지적 재산권 분쟁 중 하나로, 매그나복스사가 소송을 걸었지만 이내 1976년경 법정 밖에서 정리가 되었는데, 이 즈음에 부쉬넬은 세계 최고의 비디오게임 재벌이 되어 있었다(Festinger 2005).

그가 창립한 아타리는 수억 명의 북미 지역 젊은이들의 손에 조이스틱을 쥐어 주었고, 이들로 하여금 처음에는 아케이드의 세계로 빠져들도록 했으며, 나중에는 "2600"이라는 그 유명한 텔레비전 접속형 콘솔을 집안으로 끌어들이도록 했다. 10년도 되지 않아, 아타리는 "미국 역사상 가장 급속도로 성장한 회사"가 되었다(Kent 2001, 52). 자동차 산업 같은 전통적인 미국 사업들은 1970년 경제위기의 여파로 점점 쇠퇴하고 있었다. 자본은 이제 "보다 '똑똑하고' 혁신적인 기업가주의에 우선순위를 부여하는" 새로운 전략을 모색하고 있었다(Harvey 1989, 157). 아타리는 이제 막 떠오르는 실리콘밸리의 심장부에 위치한 기술 혁신 회사였다. 이제는 우리에게 유명해진 애플 컴퓨터의 창시자들인 스티브 잡스와 스티브 워즈니악도 개인용 컴퓨터 사업을 시작하기 위해 떠나기 전까지는 아타리에서 게임을 만들었다. 부쉬넬이 고용한 고학력 캘리포니아 기술자들은 새로운 노동시장에서 돌연변이였고, 기술과학적인 창조성을 지닌 새로운 계층이었다.

학생운동은 공장과 사무실에서 단조로운 일들을 하는 미래를 거부하는 움직임을 보이기 시작했다. 모순되게도 아타리는 이러한 "작업거부"를 자사의 상업적 성공에서 핵심으로 만들었다. "열심히 말고, 똑똑하게 일하라"는 철학, ("회사는 단지 사람들이 서로 뭉친 것이다"라는) 아쿠아리안 헌법Aquarian constitution, 전설이 될 만한 관료주의의 결핍, 자신들이 설계하고 싶어 하는(그 결과에 따라 보상을 받는) 게임들에만 "베팅을 하는" 소규모 개발팀들, 그리고 마약과 술에 절은 파티 등을 통해 아타리는 "작업으로서의 놀이"play-as-work를 약속하였다. 그러나 이러한 기업 자본주의와 대항문화의 혼합은 이내 모순점들을 드러냈다. 시작부터 부쉬넬은 일로서의 놀이 공식의 균형을 잡는 데 상당한 어려움을 겪었다. 아타리는 하드웨어와 소프트웨어 두 가지 모두 만들었다. 즉 이곳에는 게임 프로그래머들의 자유분방한 "비물질적" 기풍과, 아케이드 기계와 콘솔들을 조립하는 최저임금 노동자들의 단조로운 지루함 간의 긴장이 존재하였다. 조립노동자들의 노조 설립 시도가 실패한 이후, "도둑질이 믿을 수 없을 만큼 빈번해졌다"고 부쉬넬은 회상했다(Kent 2001, 52).

1978년에 아타리의 새로운 가정용 콘솔 시스템 제조에 필요한 현금 확보를 위해, 부쉬넬은 회사를 거대 미디어 기업인 워너 커뮤니케이션즈에 2천 8백만 달러로 매각하였다. 매각이 있은 후 얼마 지나지 않아, 무정부적인 노동자들을 확실히 훈육할 수 없었던 이 아타리의 설립자는 기업인수의 첫 번째 희생자 중 하나가 되었다. 그는 매니저로 강등되었고, 이전에는 방직업에 종사했던 경력을 가진, 워너사가 배치한 임원진들에 의해 대체되었다. 이러한 일들 이후에 나타난 것은 전통적인 관리직과 비물질노동자 간의 충돌, "정장족"suits과 "꽁지머리족"ponytails 간의 내전이었다(Cohen 1984). 새로운 체제는 보안을 강화했고 아타리를 산업의 비용–이득 실습에 이용하였다. 이것은 높은 수준의 자율성에 익숙해져 있던 프로그래머들의 분노를 일으켰다. 작은 수준의 반항들 – 풍자적인 자가제작 동영상에서 워너를 비웃는 티셔츠들까지 – 이 일어났다. 우리가 이미 보았던 것처럼, 로비넷은 급료와 인정에 대한 불만을 게임 자체에 심어 놓았다.

저항들은 비디오게임 사업의 확장이 다음 단계로 나아가는 데 촉진제가 되었다. 아타리에서 일했던 많은 게임 프로그래머들이 회사를 떠나 자신들만의 게임을 만들기 시작했다. 액티비전사의 한 프로그래머는 이전의 회사에서 사용하던 하드웨어를 이용해서 게임을 할 수 있는 게임 카트리지들을 만들었다. 아타리가 이전에는 하드웨어에서는 수익을 남기지 않고 소프트웨어에서만 이익을 남기는 정책을 썼기 때문에, 하드웨어를 사용한 게임 카트리지의 개발은 아타리를 위험에 빠뜨리기에 충분했다. 그 결과 아타리는 거의 6개월마다 한 번씩 액티비전을 고발하게 되었다. 그럼에도 불구하고 액티비전은 커다란 성공을 거두었고 비디오게임 산업 구조에 새로운 무기를 추가하게 되었다. 그것은 콘솔 제조와는 분리된 "제3의" 게임 개발 분야였다(Kent 2001, 227). 그러나 아타리의 더 큰 문제는 액티비전이 아닌 다른 데 있었다. 수백 개의 경쟁회사들이 게임시장에 뛰어들었다. 부쉬넬을 위해 그렇게 열심히 일했던 바로 그 해적질의 천재들은 시장을 급속하게 잠식해 들어왔다. 그 결과 1982년쯤에는 아타리의 콘솔 〈2600〉을 위한 게임을 만드는 게임제작사가 50개에 이르렀다(DeMaria and Wilson 2002). (해커문화에서 결코 없앨 수 없는) 해적판 소프트웨어는 통제가 불가능했고, 품질 관리 따위는 존재하지 않았다. 할리우드 영화사들이나 거대 장난감 회사들의 난립은 끔찍한 실패로 이어졌다. 스티븐 스필버그의 영화에 기반한 진부하기 짝이 없는 〈이티)^{ET} 비디오게임은 가장 유명한 실패 사례였다.

 1983년에 이르자 무능력한 경영관리, 피고용인들의 불만, 과잉생산, 그리고 무분별한 불법복제는 폭발할 지경에 이르렀다. 그리고 아타리가 목표했던 수익 창출에 실패했을 때, 회사의 주가는 곤두박질쳤고 매우 빠르게 파산으로 치달았다. 아타리의 파산은 이어 동반상승의 효과를 주어 왔던 동종업계에도 영향을 미쳤다. 1년 전까지만 해도 여러 가지 게임들로 발생하는 이익을 만끽한 장난감 회사들과 아케이드 놀이공원들은 갑자기 퇴물이 되어 버렸다. 방사성 폐기물질들이 트레일러에 의해서 매립장에 묻히듯이, 갈 곳 잃은 게임들이 트레일러에 의해서 매립지에 사장되어 갈 때, 북미의 게임 산업은 최근의 비즈니스 산업에서 가장 완벽하게 망한 패배자로 간주되었다. 이는 몇 년 후에 나타날 더 큰 규모의 닷컴^{dot-com}붐과 열풍에 대한 작은 규모의 전조로서, 신생 디지털 산업의 취약성을 드러내는 것이었다. 아타리와 그 모방자들은 비물질노동의 놀이적 천재성을 간파했으나, 그것을 봉쇄할 수 있는 조직적이고 훈육적인 형식들을 찾아내는 데는 실패했다. 그 발견은 다른 곳에서 와야 했다.

신인류의 미디어

 두 번째 진주만, 외국의 침입, 동양인에 대한 공포! 여러 가지 흥미진진한 스토리들을 바탕으로 하는 새로운 게임기들이 미국 사람들의 집에, 가슴에 그리고 정신에 파고들었다. 디지털 놀이는 아시아의 비물질노동에 의해서 구제되었다. 1980년대에 미국 자본주의자들(미국 아이들 사이에서는 아니었던 것이 확실했지만) 사이에서 보호주의자의 공포를 일으켰던 일본 비디오게임의 대강은 쉽게 요약될 수 있다. 1985년 미국 내의 아케이드들을 발판으로 한 일본 회사였던 닌텐도는 디지털 놀이는 죽었다는 종래의 조언을 거부하였고, 〈닌텐도 엔터테인먼트 시스템〉 콘솔을 뉴욕에서 출시하였다. 그 기기의 엄청난 그래픽과 〈마리오〉 플랫폼의 게임은 순식간에 성공을 거두었다. 이후 몇 년간, 닌텐도는 가상 놀이에서 다른 일본 게임 기업인 세가의 도전을 받기 전까지는 거의 독점적인 지위를 누렸다. 닌텐도와 세가 간의 "게임 전쟁"은 라이벌 마스코트(소닉 대 마리오)라든가, 더욱 강력한 성능의 콘솔을 쏟아내는 것이었고, 매우 돈을 많이 들인 홍보 등이 매개가 되어, 비디오게임이 중요한 오락 사업으로 다시금 일어설 수 있게 해주었다. 이 전쟁은 또 다른 제3의 일본 기업의 관심을 끌었는데, 그것은 바로 전 세계에 전자회사를 가지고 있고 다양한 소비자들을 구축한 거대 미디어 회사 소니였다. 1994년 소니의 〈플레이스테이션〉 콘솔의 발매는 3강 간의 짧은 전쟁이 시작되었음을 알리는 신호탄이었다. 세가는 재난 수준으로 몰락했으며, 닌텐도는 아동용 게임이라는 틈새시장에서 겨우 살아남았다. 반면에 소니는 남은 20세기 동안 세계를 지배하는 콘솔 제조사로 부상하였다.

　가상 게임의 부활에서 가장 놀라운 점은 이것이 미국이라는 나라의 바깥에서 온 것일 뿐만 아니라, 미국의 힘을 가장 파괴적인 형태로 경험한 나라에서 왔다는 데 있다. 비디오게임은 그것이 탄생한 군산복합체에 의해서 구조된 것이 아니라 핵폭탄의 피해자에 의해서 구제되었다. 닌텐도·세가·소니는 모두 일본의 히로시마 이후 "붕괴·패배·절망"이라는 조건에서(Allison 2006, 11), 그리고 미국의 점령이라는 강제된 국제화 속에서 스스로를 재건하였다. 원래는 일본의 게임카드를 만드는 회사였던 닌텐도는 전자게임으로 발돋움하기 전에는 미국의 디즈니 캐릭터들로 게임카드를 만들어 이윤을 추구해 왔다. 세가(서비스게임^{Service Game}의 약자)는 미군을 위한 아케이드 오락기를 공급하면서 미국인에서 일본인으로 소유주가 바뀌었다. 소니의 설립자들은 무기 연구자로서의 전시 업무를 끝내고, 폭격으로 무너진 자신의 도쿄 공장을 재건하였다. 처음엔 미군의 폭격이나 일본의 검열 등으로 망가진 라디오를 수리했고, 다음에는 전기밥솥을 만들었으며, 종국에는 미국 회사들이 군사용 트랜지스터에 대해 연구를 할 때, 소비재 전자제품을 만들게 되었다.

전후 미일 관계의 아이러니는 패배한 문화가 승리자의 기술문화의 핵심을 이용하여 결국은 승리자가 되었다는 것이다. 1970년대에 산업 재건이 늦추어지자, 일본은 "포스트산업사회"라는 개념을 정책 가이드로 삼고는, "5세대" 인공지능 연구를 지원했고 세계에서 가장 많은 로보트들을 생산해 냈으며, 전 세계적인 사이보그 실험에서 일본 자신을 선두의 반열에 올려 놓았다. 이러한 상황에서 비디오게임 산업도 급속도로 발전하기 시작했다. 남코^{Namco}와 타이토^{Taito}는 아타리로부터 콘솔 제작을 위한 라이선스를 구입했다. 그런 후에 일본 내의 게임개발자들이 등장하기 시작했다. 1970년대 후반이 되자 도쿄의 "볼링장, 빠찡고장, 그리고 심지어 작은 야채 가게들까지" 자신들의 진열장을 타이토의 〈스페이스 인베이더〉 동전오락기로 대체하였다. 게임이 인기를 얻기 시작하자

100엔 동전의 제조량이, 수요에 맞추기 위해 거의 네 배까지 증가하기도 하였다(Kohler 2004, 21).

일본 게임의 예술성은 새로운 미디어를 창출해 냈다. 기본적으로 컴퓨터 공학도와 기술자에 의해서 만들어진 미국 게임들은 막대처럼 생긴 발사기, 미로, 스포츠, 퍼즐들의 도표처럼 생긴 세계를 만들어 냈다. 그러나 처음으로 캐릭터의 모습을 알아볼 수 있는 게임인 〈패크맨〉이 출시된 이후부터, 일본 게임개발자들은 무언가를 덧붙이기 시작했다. 그래픽과 서사구조가 그것이다. 이러한 이미지와 스토리들은 망가 – 넓게 보면, 일본 만화 – 라는 독특한 전통으로부터 차용된 것이다. 망가 예술은 아이콘적인 인물들, 명확한 장르 전통, "작고 사실적인 세계에 관한 세부 묘사"로 채워진 강력한 스토리라인, "감성적인 표현들로 이루어진" 그래픽 효과 등이 특징이다(McCloud 2006, 216). 망가의 내용은 순수한 아동물에서부터 끔찍한 폭력물과 성적인 판타지에 이를 만큼 폭넓으며, 망가의 세계는 대개 비현실적이고, 환상의 생물체/기계, 동물/인간, 자연/초자연적인 혼종들로 가득 차 있다. 게임으로 만들기에는 완벽했다.

미국에서의 해킹처럼, 일본의 망가는 일종의 하위문화라고 볼 수 있다. 망가는 원래 아이들을 위한 미디어였지만, 전후 재건 시기에 태어난 일본 청년들, 히로시마의 트라우마로 인해 권위와 전통에서 떨어져 나온 신진류shin jinrui라고 불리는 "새로운 인류"들 사이에서 선풍적인 인기를 끌었다(Yoshimi 2000, 210). 이 세대는 1960년대와 1970년대에 맑스주의, 베트남 전쟁 반대, 그리고 핵실험 반대운동 등 학생 급진주의의 온상이었다. 망가는 "경계의 예술"이었으며, 문화 아마추어들이 접근할 수 있는 새로운 유형의 민주적 매체였다(Kinsella 2000, 5). 저렴하고 휴대성 높은 인쇄 복사 장치 덕분에, 도시로 이주해온 노동자들과 급진적인 학생들은, 급진적인 학생들은 망가를 일본 체제 내 "자만과 혐오"를 선동하는 "그림자 문화 경제"로 만들었는데, 이는 "미국의……극좌 정당·분파들"과 같은 종류였다(Kinsella 1998).

비디오게임들은 이러한 망가의 요소들을 흡수했다. 크리스 콜러의 관찰처럼, "미국에서는 컴퓨터를 취미로 하는 그룹에서 게임 설계자들을 찾았다면, 일본에서는 컴퓨터 수리공과 망가팬에서 그러한 집단들이 물색되었다"(2004). 망가의 아이콘 이용 관습은 저해상도 화면에 적합했다. "작고 귀여운 캐릭터들은 필요한 단위면적당 픽셀 수도 적다."(Herz 1997, 162). 그렇다고 하더라도, 수년 간 콘솔은 망가의 그래픽에 걸맞은 대우를 해줄 수 없었다. 하지만, 상품 포장이나 광고는 그럴 수 있었다. 망가는 게임설계자들에게 많은 영향을 주었다. 게임설계자로는 도루 이와타니(《패크맨》), 도모히로 니시카도(《스페이스 인베이더》), 아키라 도리야마(《드래곤 퀘스트》), 그리고 가장 유명한 인사로는 시게로 미야모토가 있었다. 시게로 미야모토는 이후 자신을 세계에서 가장 유명한 게임 감독이자 닌텐도의 최강자로 만들어 준 마리오와 젤다 시리즈의 설계자이다. 미야모토가 처음 망가라는 세계에 "눈을 떴을 때" 그는 학부생이었다 (Kohler 2004, 26). 그는 산업디자인 과목을 수강하고 닌텐도사에 들어갔는데, 유일한 이유는 프로 망가 작가가 되는 데 실패하는 게 두려웠기 때문이었다(Kohler 2004, 281). 미야모토의 작품들은 보다 어둡고 암울한 성인 망가보다는 어린이를 위한 망가의 영향을 받았다. 그러나 그의 게임은 망가의 환상적인 독창성을 나타냈을 뿐만 아니라, "매우 열심히 일하는 수작업자들"로 하여금 까다로운 "사장들"에 대항해 싸우도록 하는 마리오 게임의 대중주의적 감성도 나타내었다(Kohler 2004, 56).

민족주의 중흥 장치의 조력을 받은 일본의 미디어 기업들은 결국 "전후 일본 젊은이들의 미학적인 취향과 지적인 흥미들을 대변하는 시장을 만들어 냈다"(Kinsella 1998). 1980년대 중반부터, 망가는 반체제 지원에서 친체제 지원을 위한 매체로 바뀌었다(이러한 상업적 흡수 이후, 아마추어 망가는 다시 한 번 1990년대 일본을 휩쓴 "반사회적" 망가 오타쿠 혹은 "망가 괴짜"에 대한 공포 가운데서 의심과 검열의 대상이 되었다). 닌텐도 같은 회사들은 망가의 이러한 반사회적인 특질들을 정상화하고 회복하는 데 도움을 주었다. 이것은 고도로 규율화된 일본 게임 제작사에서 선정성이나 폭력성들을 줄임으로써 가능했다. 〈플레이스테이션〉의 설계자인 겐 구타라기는 소니에 처음 출근하였을 때 노동 투쟁의 상징인 "춘투"의 붉은 깃발을 보았는데, 망가의 이러한 상징의 사용에 대해 겐 구타라기는 당시에 이해하지도 못했고 혐오감마저 갖고 있었다(Asakura 2000).

그러나 일본 비디오게임 회사들은 비물질노동을 다루는 데 있어 미국의 상대 기업들보다 훨씬 더 세련된 모습을 보였다. 일본 기업들은 설계자의 창조성이 갖는 최고의 덕목이 게임으로 돈을 벌 만큼 혹은 그것보다 저렴한 비용으로 콘솔을 제공하는 면도기-면도날 모델7을 완성하는 데 있다는 인식을 가지고 있었다. 그들은 마리오와 소닉처럼 망가를

---

7. [옮긴이] 면도기 본체는 저렴하게 팔되 소모품인 면도날을 비싸게 팔아 이윤을 내는 방식.

바탕으로 한 마스코트가 대중들에게 더욱더 어필한다는 것을 깨달았고 이것을 마케팅 전략의 핵심에 두었다. 또 그들은 자신들의 가장 재능 있는 아티스트들에게 찬사를 돌렸는데, 예를 들어 워너가 아타리 게임제작자들의 이름을 넣는 일을 거부한 것과는 달리 닌텐도는 미야모토에게 그의 공에 걸맞은 지위를 부여하였다. 닌텐도는 또한 아타리의 실패를 반면교사 삼아 품질관리에 훨씬 많은 주의를 기울였는데, 이것은 설계자 위원회를 통해 게임에 대한 상세한 진단을 함으로써 이루어졌다. 이러한 태도는 북미 시장을 잠식하던 해적판에 대한 가차 없는 전쟁으로도 이어졌는데, 카트리지에 기술적인 잠금장치를 걸어 놓는 방법과 악명 높은 공격적 법무팀이라는 두 가지 무기가 이용되었다(Sheff 1999).

이렇게 해서, 망가의 스타일적인 활력성은 많은 일본 제작사의 생산에 지속적으로 자극을 주었다. 비록 북미 지역에서 "재패니메이션"Japanimation의 인기는 1990년대 〈아키라〉와 〈원령공주〉 같은 영화에 국한되었지만, "비디오게임은 [일본 애니메이션의 인기에 불을 지피는] 깡통 따개였다"(Kohler 2004, 11). 망가가 가상 게임에 주는 영향력을 좀 더 자세히 살펴보기 위해서 그리고 망가의 반체제적인 특징들의 잔재들을 눈여겨보기 위해서는 매우 잘 만들어지고 대중적으로도 성공을 거둔 롤플레잉 게임인 〈파이널 판타지〉 시리즈를 생각해 보아야 한다. 낭만화된 신봉건적인 환경 속의 아름답고 이상적인 캐릭터들로 이루어진 그 게임의 세계는 대기업형 게임제작사들에게 사랑받는, 볼거리가 많은 게임의 극단형으로 보인다. 그러나 그 게임의 유명한 일곱 번째 시리즈는 불만을 품은 일단의 젊은이들과 다국적 기업복합체인 신라Shinra("신 로마") 사이의 갈등을 바탕으로 전개된다. 다국적 기업복합체 신라는 무기 개발사인데, 세계 정부를 만들고자 행성의 핵심 에너지를 추출하지만, 이것은 동시에 대규모 생태 파괴의 원인이 되기도 한다. 이러한 무용담은 반항적인 신진류의 핵전쟁 이후 유산을 오늘날의 반기업 운동에 이상스럽게 연결시킨다.

게임은 전지구적 문화에 대한 미국의 2차 세계대전 이후 헤게모니가 좀 더 복잡하고 확산된 자본주의 질서로 탈중심화되는 첫 번째 미디어이다. 앤 엘리슨(2006)은 포켓몬에 대한 1990년대의 국제적인 열광을 다룬 글에서, "끊임없이 부서지고……다시 붙고 재조립되는 불사의 육체, 생명, 능력들"을 가진 포켓몬이라는 일본 망가에서 나온 장난감과 게임의 성공을 보며, 이러한 포켓몬의 특성을 하트와 네그리의 제국에 대한 설명과 연관 짓는다. 그녀는 망가의 다양한 변형성이 두 가지 요소에서 기인한다고 주장한다. 즉 원자폭탄의 여파로 발생하는, 문자 그대로이든 은유적이든, 돌연변이가 하나이고, 전후 황급하게 일어난 일본 첨단기술 발전이 다른 하나이다. 그녀는 이 두 가지가 "세계를 혼합하고, 몸들을 다시 만들며 정체성들을 변형시키는" 상상력을 촉발했다고 주장했다(Allison 2006, 11).[8] 그러나 20세기가 끝날 무렵, 이러한 상상은 "대중놀이의 미학 속에서 첨단의 속성을 띠게 되었는데," 이것은 그 대중문화가 "모든 것이 한꺼번에 유동적이고 경계가 없는……흐름, 분열, 이동성이 존재하

---

8. 고전적인 예는 데즈카 오사무의 〈철인 아톰〉으로, 과학성 장관이 사고로 잃은 아들을 대신해 만든 로봇 소년에 관한 이야기이다. 이는 원폭 재난으로부터 복구된 일본을 비유한 것이 틀림없다. 오사무가 디즈니의 영향을 깊이 받았기 때문에, 텔레비전 드라마인 〈아스트로 보이〉로 변안되기도 한 그의 작품은 종종 서구의 인식을 규정하였다.

는 세계"라는, 전지구적 기술자본의 새로운 "천 년"을 위한 조건에 관해서 거론하고 있기 때문이다. 이것은 비물질노동의 세계이고, 일본 비디오게임들을 첫 번째 초국화적transnationalized 표현으로 만든 세계이다.

여성되기?

가상 비디오게임 문화가 지구 전역을 둘러싸고 인기가 있었던 반면에, 가정 내에서는 여러 가지 문제점들이 발생했다. 1995년 오스트리아의 페미니스트 그룹인 〈비엔에스VNS 매트릭스〉(비너스 매트릭스Venus Matrix)는 〈올 뉴 젠〉이라는, 컴퓨터게임 프로토타입으로 제출된 온라인 예술작품이자 정치적 비판을 출시하였다(Galloway, n.d.; Breeze, 1998). "이식된 군산 제국의 데이터 환경에서", "레니게이드 디엔에이 슬럿"은 "빅 대디 메인프레임"과 전투를 벌였다. "오라클 스내치"의 인도를 받아, 그들은 "위험한 테크노–빔보"[9]로서 "써킷 보이"[10]를 극복해야 했고, 그 녀석[써킷 보이]

---

9. [옮긴이] 테크노–빔보(techno-bimbo)란 통상적으로는, 첨단기기를 자주 사용하기는 하지만 사용법을 잘 알지는 못하는 여성을 일컫는다.

10. [옮긴이] '레니게이드 디엔에이 슬럿'(Renegade DNA Sluts)을 직역하면 '변절자 유전자를 가진 매춘부'이다. 이어 나오는 '빅 대디 메인프레임'(Big Daddy Mainframe)은 직역하면 '거대한 아빠 본체' 정도가 된다. 페미니즘을 강하게 표방하는 게임의 성격을 고려할 때, 전자의 경우 '순결'이나 '순정녀' 등 남성에 순종적인 여성성에 대한 상징의 반대 개념으로서 자주 언급되는 '매춘부'의 이미지를 부각시킨 것으로 보인다. 한편, 후자의 경우에는 여성억압의 주요 상징으로서 '가부장성'이란 면에서 거대한 아버지를 뜻하거나, '거대한 성기'를 의미하는 것으로 이해할 수 있을 것 같다. '오라클 스내치'(Oracle Snatch)는 직역하면 신탁 탈취자이다. 페미니즘의 맥락에서 해석하자면, 기독교의 신이 통상 남성성을 가진 것으로 인식된다고 할 때[예를 들어, '성부'(아버지)] 이에 대한 반발의 의미로 신탁을 가로채는 역할을 하는 이의 인도를 받아 남성성에 대항하는 것으로 이해할 수 있다.

의 착탈식 성기를 떼어내 그것을 휴대폰으로 바꾸는 작업을 통해 무장해제시켜야 했다. 〈비엔에스 매트릭스〉의 「21세기를 위한 사이버페미니스트 선언」(1991)과 함께 나온 〈올 뉴 젠〉은 학계, 예술계, 그리고 새로운 미디어에서 여성들을 연계시키는 더 큰 범위의 디지털 저항 ― 1990년대에 가상 놀이의 남성 지배를 주요 표적 중 하나로 삼은 **여성** 비물질노동의 반란 ― 에 공헌했다.

〈스페이스워〉가 출시된 해에, 피임약 또한 북미 지역에서 발명되었다. 그로부터 10년 후에, 부쉬넬은 〈컴퓨터 스페이스〉를, 베티 프리단과 글로리아 스타이넘은 〈전국여성정치총회〉를 출범시켰다. 아타리와 잡지 『미스』Ms.는 그 다음해에 선을 보였다. 1세대 비디오게임과 2세대 페미니즘은 동시대에 존재했다. 가상 게임의 태동기부터, 여성 게임개발자와 여성 게임이용자가 존재했다.[11] 그럼에도 불구하고, 해커, 망가 작가, 그리고 게임개발자들에 관한 역사는 남성과 소년에게만 초점이 맞추어져 있었다. 들뢰즈와 가따리(1987)가 주장하듯이, 성적 주체성은 자연적으로 주어지는 것이라기보다는, 몸들과 사회 코드뿐 아니라 기술들을 조합하는 "되기"becoming의 과정에서 나타나고, 게임 콘솔은 "여성되기"가 아닌 "남성되기"의 장치에서 큰 부분을 차지해 왔다. 게임의 사회학에서 놀이의 성별화된 측면보다 더 많이 논의된 주제는 아직까지 없었다. 또 우리는

---

11. 브렌다 로렐 같은 프로그래머들은 아타리와 액티비전사에 근무했다. 한편, 로버타 윌리엄스 같은 다른 프로그래머들은 자신의 회사를 운영했다. 여성 게임이용자들은 초기 머드(MUD, 다중접속 게임) 게임 공동체를 구성하는 거주민 집단 중 하나였다. 여성들은 〈테트리스〉와 〈미스트〉를 즐긴다. 많은 남성 게임이용자들은 〈둠〉이나 〈스타팍스〉 같은 게임에서 난공불락의 여성 게임이용자 한 명 쯤은 기억하고 있다.

여기에서 성별화의 모든 차원에 대해 검토하지는 않을 것이고, 비물질노동의 측면에서 그것을 바라볼 수 있는 창문 몇 개만 열어볼 계획이다.

1960년대와 1970년대에, 이 세대의 여성들은 자신들이 이전에 보상받지 못했던 일로부터 떠났다. 아이를 가지고, 양육하고, 음식을 만드는 일, 세탁하는 일, 어린이, 아픈 사람 그리고 나이 든 사람을 보살피는 일 등으로, 이것들은 남성을 공장으로 가게 하고 여성은 집안에 붙잡아 두는 산업자본주의의 숨겨진 요구조건들이었다(Dalla Costa and James 1972; Federici 2006; Fortunati 1995). 레오폴디나 포르뚜나띠(2007)는 비물질노동의 "기계화"를 여성의 탈주와 연결시켰다. 그녀는 여성들의 가상노동이 물질적인 허드렛일과 관련이 있는 반면에, 그 일들 중 대부분이 "재생산적인 비물질노동" – 애정, 위안, 정신적인 응원, 섹스, 그리고 대화", 간단히 말해서 "돌봄 노동" – 과 관련이 있다고 주장한다(140). 아동과 관련해서, 그러한 일은 종종 미디어와 장난감들을 수반하기도 한다. 즉 "아이들을 재우기 위해서 읽어 주는 동화들, 아니면 놀이를 계속하기 위해 사용하는 장난감"을 수반하기도 한다. 선진 자본주의 국가에서는, 여성과 아이들과 관련되었던 이러한 활동들이 점차 기술적인 장치들로 전환되었다, "즉 비물질노동은 기계화되고 산업화되었다"(140). 포르뚜나띠의 주장에 의하면, 이러한 경향은 라디오와 텔레비전과 함께 시작되었고, 1970년대 페미니즘 운동에 의해 가속화되었다. 여성들이 가사노동을 하는 것을 거부하고, 그 결과로 여성들이 거부한 가사노동을 남성들 또한 거부함으로써 발생한 "경제 시스템의 커다란 갈등"이, "더 이상 남성들이나 여성들이 하지 않는 가사노동을 부분적으로라도 충당할 수 있는" 기계의 생산에 관심을 돌리는 계기를 만들었다(149). 비디오게임 콘솔은 이러한 "커다란 갈등"으로 만들어진 것 중 하나이다. 일하는 여성, 맞벌이 가정들, 그리고 한부모 가정들에게 이 기계는 아이들을 돌보아 주는 완벽한 장치였다.

이러한 보상받지 못한 가사노동의 기계화는 임금화된 일의 세계 내에서 새로운 젠더 분열을 동반했다. 공장제조업의 쇠퇴가 젊은이들을 컴퓨터 관련 산업으로 내몬 반면에, 여성의 가정 내 반란에 대한 자본의 대답은 여성들이 아무런 보수를 받지 못하고 행해 왔던 가사노동을 서비스 직종으로 변환시켜 이윤을 창출해 내는 것이었다. 서비스 직종과 첨단기술을 요하는 직업 둘 다 일종의 비물질노동으로 간주될 수 있다. 하트와 네그리(2000, 2004)에 의하면, 첨단기술을 요하는 직업은 인지와 지각을 동원하고, 서비스직은 종종 애정·돌봄·봉사 등 페미니즘 이론가들이 오랫동안 "감정노동"이라고 주장해 왔던 것을 포함한다(Hochschild 1983). 그러나 이 다른 종류의 노동들을 공통의 범주에 넣는 것은 실제의 차이를 불분명하게 만든다. 서비스 직종들은 정보를 다루는 일보다 그다지 돈을 받지 못했고, 그 노동에 대한 인식도 좋지 못하며, 종종 육체적인 ― 더 물질적인 ― 일을 요구한다. 그리고 첨단 직종과 서비스 직종에서의 성별에 따른 차이는 상이한 방식으로 나타난다. 불필요한 것으로 여겨졌던 전통적 의미에서의 남성의 생산 활동과 여성의 집안일 간의 구분은 비물질노동에서 다시 재구성되었다. 만약 패크맨이 실리콘밸리에 있는 프로그램으로 보내졌다면, 패크맨 여사Ms. Pac-Man는 결국 패크맨의 사무실을 청소하거나 안내 데스크에서 일하게 될 가능성이 높았다(Matthews 2003를 보라).

1970년대와 1980년대에, 일부 여성들은 첨단 기술 분야에서 어느 정도 경력을 쌓고 있었고 전문직 혹은 관리직의 자리에도 올라 있었다. 그러나 서비스 직종에 종사하는 대다수의 여성들은 새로운 정보 질서에 종속되었다. 그들은 아마도 디지털 네크워크에서 텔레타이프[12] 타자수나 콜센터 직원으로 일했을 것이다. 그것도 남성 프로그래머나, 시스템 운영자, 기술 개발자 등과 그다지 즐거운 관계에 있지 못한 상태였을 것이고, 디지털화를 "지휘하는" 것이 아니라 그 안에 "포위되었을" 것이다 (Menzies 1996). 이뿐 아니라, 여전히 집에서는 여성을 기다리는 엄청난 가사 잔업들이 남아 있었는데, 여기에는 남성이 아닌 여성만을 재촉하는 수천 년에 걸친 젠더 사회화가 수반되었다. 여성들은 코모도어 64[13]를 해킹하거나 〈세가 제네시스〉[14]를 정복하기에 남성들만큼의 자유시간이 없었다. 이러한 현상은 자신들의 엄마나 자매를 역할모델로 보며 자란 소녀들이 비디오게임을 의심할 나위 없는 "남자들의 놀이"로 여기게 되는 소녀들의 사회화에 반영되었다.

다른 곳에서 남성의 특권이 도전받고 있는 동안, 가상 게임은 이렇게 문화적 "재남성화"remasculinization의 영역으로 굳건히 자리매김하였다 (Kim 2004). 1999년대 말에는, 게임이용자의 80퍼센트가 소년이거나 성인 남성이었다(Cassell and Jenkins 1998). 군에서 기원한 모의실험, 나쁜

---

12. [옮긴이] teletype. 상표명. 부호 전류로 송신한 통신문을 자동적으로 문자로 변환시키는 기록장치. 텔렉스와 유사.
13. [옮긴이] Commodore 64. 8비트 체제 개인용 컴퓨터
14. [옮긴이] 1988년에 세가 사에서 개발된 세계 최초 16비트 체제 게임기. 한국에서는 '슈퍼겜보이'로 출시.

소년들이 모이는 아케이드의 분위기, 남성호르몬 테스토스테론을 자극하는 틈새 마케팅, 게임개발자들의 경험 많은 (따라서 남성인) 게임이용자 고용, 게임자본이 위험을 싫어하는 덕에 흥행을 보증하는 슈팅·스포츠·격투·레이싱 게임에 집착하는 것 — 이것들은 모두 조합되어 모든 휴대용 〈게임보이〉, 모든 〈듀크 뉴켐〉[15]의 이중어구, 그리고 모든 산업 컨퍼런스에서 부스를 지키는 아가씨들 등과 같은 성의 정치학sexual politics이 코드화된 자가복제 문화를 형성하였다. 이러한 문화에서 여성은 오로지 위험에 빠진 공주나 위험을 초래하는 악녀로만 나타나고, 남성 우두머리가 프로그램을 시작하는데, 이를 통해, 비물질노동 안에서 젠더 계층화가 구축되고 공고화된다(Haines 2004a, 2004b; Krotoski 2004).[16] 심지어 가상 게임이 여성의 존재를 인정했을 때조차도, 그것은 성별 고정관념을 기반으로 하였다. 1996년 마텔사의 〈바비 패션 디자이너〉라는 컴퓨터 게임에서, 그 게임의 유명한 인형들을 위해 컴퓨터로 인쇄된 드레스들은 2년 동안 거의 50만 부가 팔렸다. 소녀들은 아마도 이제 시장으로서 표적이 될 만큼, 새로운 매체에 관해 충분히 알게 되었을 것이다. 하지만, 닷컴 시장에서 백만장자가 된 것은 [남자 바비 인형인] 켄이라는 분명한 사실에는 변함이 없다.

　　〈비엔에스 매트릭스〉가 주도하기도 했던 1990년대의 사이버페미니

---

15. [옮긴이] 2D 액션 게임 시리즈의 하나. 마초성이 노골적으로 드러난 것으로 유명.
16. 미국 대학들이 여성들에게 수여하는 컴퓨터 과학 학사학위나 석사학위의 비율은, 1960년대 중반에 급작스럽게 상승한 이후, 1984년이 되자 감소하였고, 그 이후로 10년 정도 이러한 감소세가 지속되었다(Cohoon and Aspray 2006, x). 많은 관찰자들은 비디오게임이 이러한 역행의 증상이자 원인이라고 간주하고 있다.

즘은 젊은 여성들이 인터넷에 점차 친숙해지는 것에서 힘을 받았고, 기존의 운동들에 기반하면서도 또한 동시에 그것의 한계들에 대응하였던 "3세대" 페미니즘 운동의 일부이기도 했다(Fernandez and Wilding 2002, 17). 가상 게임의 세계에서, 사이버페미니즘은 두 가지 방향을 택했다. "걸 게임스"Girl Games(Cassell and Jenkins 1998)는 상업적으로 성공적이면서도 성차별적이지 않은, 소녀들을 위한 게임을 만들기 위한 여성 기업가정신 프로젝트였는데, 이것은 여성들도 동질감을 느낄 수 있는 "여성 친화적" 게임 속성이 존재한다는 믿음(때때로 안정적인 성정체성에 대한 생각을 강화한다는 비판을 받는 입장)에 기반하였다. 이 운동은 여성스러운 "스킨"17이나 아바타 신분(남성 및 여성 게임이용자 모두에 의한) 등을 만드는 아마추어 게임이용자 제작사를 통해, 온라인 슈팅게임이라는 극단적인 폭력의 모습으로 나타났고, 〈피엠에스〉PMS(미친놈 학살자Psycho Men Slayer)나 〈반항적인 아가씨들〉 같은 여성 클랜의 형성 등을 통해 표출되었다. [이러한] "그르를 게이밍"Grrl Gaming은 공격적이었고, 도발적이었으며, 자기과시적인 데다가, 가상적인 복장도착증transvestism과 분리주의, 폭력을, 반자본주의 핵티비즘18의 돌진과 무료 소프트웨어의 투척 등과 혼합하였다(Schleiner 2002).

이 두 가지 운동들은 게임 산업의 궤적을 바꾸었다. 비록 기대했던 방향과 꼭 일치했던 것은 아니었지만 말이다. "걸 게임스"는 여성의 여권

---

17. [옮긴이] 스킨(skin)이란 통상적으로는, 블로그, 홈페이지, 애플리케이션의 장식용 포장 혹은 벽지 등을 뜻하거나, 게임 등의 아바타에 입히는 옷을 가리킨다.
18. [옮긴이] 핵티비즘(hacktivism)은 해킹을 투쟁수단으로 삼는 행동주의이다. 그 예로 〈어나니머스〉(ANONYMOUS) 등이 있다.

신장에 힘을 쏟았던 브렌다 로렐의 퍼플 문[19]의 파산과 함께 실패했다. 그러나 젠킨스(2003)는 그 운동의 "젠더에 특화된" 목표들이 오랫동안 가장 인기 있는 게임 시리즈 중 하나인 〈심즈〉의 "성형평성"에서 간접적으로 실현되었다고 주장한다. 〈심즈〉가 보여 주는 인간관계, 가족 형성, 보육, 가계 소비 등으로 구성된 가정household 모의실험은 2000년에 등장했다. 〈심즈〉는 직원 대다수가 여성이라는 점을 자랑스러워 한, 맥시스 게임즈라는 제작사가 만들었는데, 그 게임의 이용자는 남녀 성비가 거의 같았다. 반면에, '그르를 게이밍'은 캐릭터 라라 크로프트를 창조해 냈다고 할 수 있다(Schleiner 2004). 에이도스 인터랙티브사가 1996년에 발매한 〈툼레이더〉는 "여성에게는 되고 싶은, 남성들에게는 함께 있고 싶은" 여성 캐릭터 라라 크로프트를 선보였는데(Deuber-Mankowsky 2005), 이것은 게임이용자 문화가 여성 전사를 사이버공간에 받아들인 직후에 나타났다. 라라 크로프트 이후 전투 준비가 된 한 무리의 여주인공들 ─ 사무스 아란, 아이야 브레아, 조안나 다크 등등 ─ 이 등장하였다. 새로운 세기가 도래할 즈음에, 게임 산업의 몇몇 분야들은 치명적인 여성영웅과 남녀 구별 없는 가정 일의 향연과 함께 가상적인 가부장제가 몰락했다며 축하를 하는 것처럼 보였다.

그러나 게임 산업에서 사이버페미니즘의 복구는 그것의 가장 급진적인 저항의 요소들도 함께 제거해 버렸다. "빅 대디 메인프레임"에 대항하는 "레니게이드 디엔에이 슬럿"의 전투 흔적 따위는 그다지 많이 남지

---

19. [옮긴이] Purple Moon. 8세에서 14세 사이의 소녀들을 타겟으로 사았던 미국 소프트웨어 기업. 1999년에 마텔사에 합병됨.

않았다. 오히려, 여성들은 전지구적인 군산 제국 데이터 환경 안에 포함되었다. 〈심즈〉의 성중립적인 세계는 상품 소비에 의해 움직였다. 다시 말해, 성적인 평등이란 보편적인 쇼핑을 뜻했다. 새로운 주류 게임의 "여성 영웅"sheroes들은 (Richards and Zaremba 2005) 기업-군사 전문가들이고, 치명적이며, 응징을 즐기는 사람의 전형으로, 카밀라 그리거스(1997)가 "살인하는 여성되기"becoming-women who kill라고 명명한 것 — 여성이 국가 안보수석[20]을 맡는 그리고 미국 육군이 여군에게도 남성과 동등한 전투 기회를 보장하는[21] 시대를 위한 아바타들이었다. "걸 게임스"와 "그르를 게이밍"의 저항은 군사화된 자본주의에 부합하는 제국적 페미니즘의 가성성들 안에 포획되었다.

이와 동시에, 비디오게임 문화에서 여성과 소녀 들의 위치는 적어도 유럽과 미국에서는 이상하리만치 애매모호했다. 〈오락소프트웨어협회〉(ESA 2008b)는 2003년부터 북미 지역에 있는 게임이용자의 대략 40퍼센트 가량이 여성이라는, 즉 게임이용자 중에서 여성의 비율이 지난 십년 간 2배가 되었음을 보여 주는 통계를 내놓았다. 그러나 다른 연구들은 콘솔 게임의 소유와 게임이용 시간 측면에서 남성이 여전히 여성보다 우위를 차지하고 있다고 주장한다. 또 여성의 게임이용은 "시간 날 때 하는 단순한" 구조의 게임들이나 온라인 카드 게임, 온라인 보드 게임 등

---

20. [옮긴이] 미국의 조지 W. 부시 1기 정부(2001~2005)에서 국가 안보수석을 맡은 콘돌리자 라이스(Condoliza Rice)를 일컫는 것으로 보임.
21. [옮긴이] 실전 경험은 군대에서 진급에 중요한 영향을 미친다. 여군들이 전통적으로 배치되던 정보병과나 참모병과보다는 전투병과에 배치하여 실전 경험을 쌓을 수 있도록 해달라는 주장이 미국 사회에서 제기되었다.

에 집중되어 있어, 게임 산업계의 주요 관심 대상은 아니었다(Kerr 2006, 106~28). 맥시스 같은 예외가 있기는 했지만, 게임 회사에 의한 여성의 고용 상황은 기술산업에서, 끝을 알 수 없는 여성의 극단적인 "과소대표성"을 보였다(Cohoon and Asprey 2006).

이런 계속되는 젠더 편견bias은 가상 게임들이 제국의 대표적인 매체라고 하는 우리의 주장에 의문을 갖도록 하는 것처럼 보인다. 게임들이 지배적으로 남성적인 영역에만 머물러 있다면, 어떻게 그것들이 제국의 대표적인 매개체가 될 수 있는가? 그러나, 가상 놀이를 전 세계 자본주의에 완벽하게 적합하도록 만드는 것은 바로 이러한 비대칭적인 성별 조합이다. 세계 시장은 사람들을 생산과 소비라는 순환 속에 빠뜨린 힘의 원동력이다. 그러나 그것은 사회적이고 생태적인 재생산 – 가정, 커뮤니티, 그리고 환경을 돌보는 것 – 은 재앙 수준으로 방기했다. 가상 놀이에서 계속해서 보이는 성차별은 이러한 불균형을 보여 주는 것이다. 물질적인 것과 비물질적인 것 둘 모두의 측면에서의 재생산 작업은 역사적으로 볼 때 주로 여성들이 담당했다. 그리고 심지어 연이은 페미니즘 운동의 파도가 몰아친 이후에도, 이러한 현상은 여전히 계속되고 있다. 가상 놀이 산업은 이상적인 남성 주체, 즉 많은 시간을 게임 이용과 게임 생산을 하는 데 할애하는 "디지털 보이"digital boy에(Burrill 2008, 15) 대한 대응에는 중점을 두었다. 반면에, 여성은 완전히 배제시켰고, 음식을 만들고 사교관계를 지속하면서 이따금 게임도 하는 부차적인 참가자, "변외의 성"이라고 판단한다. 가상 놀이가 제국의 징후를 갖도록 만드는 것은 바로 이렇게 사회적이고 생태적인 재생산보다는 소비와 생산에 우선순위를 두는 비보편성이다.

놀이노동력Playbor force

게임 산업보다 게임이용자들이 먼저 온라인 게임 속에서 여성 아바타를 만들었다는 것, 그리고 게임 산업이 연이어서, 또 이익창출에 충실해서 그 혁신을 채택했던 방식은, 가상 놀이에서 점차 확연해지고 있는 어떤 과정을 잘 보여 준다. 이것은 게임이용자 자체를 비물질노동에 동원하는 과정이다. 가상 놀이를 위한 콘솔 산업계가 보다 세심하게 보호받는 기업 독과점 상태가 되어감에 따라, 컴퓨터의 네트워크 연결과 공개된 설계양식은 무료로 게임을 개조하고, 배포하고, 다른 용도에 맞게 고치는 광팬들의 문화를 부추겼다. 청소년들의 실험문화와 비용을 줄이는 기술에서 태어난 이러한 자발적 활동들은 애초에는 매우 자율적이며 유사불법적인 행위였다. 그러나 그러한 "참여 문화"(Jenkins 2006a)는 이내 게임 자본에 의해서, 일종의 수확될 수 있는 아이디어의 원천으로 받아들여졌고, 새로운 세기가 도래할 즈음에 게임 자본은 점점 더 철저하게 이 밭을 털어내어 먹었다.

비물질노동의 이론가들은 지적이고 정서적인 창조의 특징들 중 하나가 일과 여가의 경계를 불분명하게 하는 것, 생산과 착취가능성이 연속선상에 있는 것으로, 이는 "측정이 불가능한" 것이라고 주장한다(Hardt and Negri 2000, 356). 자율주의 이론에 근거해 티지아나 테라노바(2000)는 팬들의 흥분과 이용자에 의해 생산된 콘텐츠에 의존하는 디지털에 기반한 문화산업 내에서 "공짜 노동"이 빈번하게 발생하고 있음을 지적했다. 가상 놀이만큼 이러한 현상이 더 잘 드러나는 곳은 없다. 줄리아 쿠크리치(2005)는 이러한 게임이용자의 자가제작 활동을 "놀이노동"playbor – 일과 오락의 혼종을 완벽하게 표현한 신조어 – 이라고 명명했다. 우리는 "놀이노동력"의 등장과 관련한 네 가지 측면들을, 그것들의 출현 연대기 순으로 – 소규모개발, 개조, 다중접속 게임, 머시니마 순으로 – 검토할 것이다.

가상 놀이는 해커들의 자유로운 발명 속에서 시작되었다. 디지털 게임 산업은 성장해 가면서, 자발적으로 만들어진 게임 프로토타입으로부터 혜택을 계속 받아 왔다. 한 가지 예가 바로 〈테트리스〉(Sheff 1999, 292~349)이다. 이 유명한 벽돌이 떨어지는 게임은 크렘린 정권하에 있던 1980년대에 나타났으며, 〈모스크바과학원〉에 근무하던 알렉세이 파지트노프가 쉬는 시간에 구식 일렉트로니카 60 소형컴퓨터를 이용해서 만들었다. 그의 16살짜리 해커 친구가 시각효과를 주고 아이비엠 컴퓨터에 적용함으로써, 이 풀기 어려운 수수께끼 같은 게임은 분열되어 가는 국가사회주의의 컴퓨터 연구실들을 자유로이 돌아다니게 되었다. 냉전시대가 이제 막 막을 내릴 즈음에, 〈테트리스〉는 투기자본의 노획물이 되었다. 헝가리인 암시장 브로커는 〈테트리스〉의 "판권"을 로버트 맥스웰의 영국 미디어 제국에 팔아 버렸고, 이것은 맥스웰, 아타리, 닌텐도 삼자 간의 지적 재산권 다툼으로 절정에 달한 연쇄적인 통상 소송을 촉발시켰다. 이 싸움의 승자는 일본 기업이었고, 닌텐도는 〈테트리스〉를 휴대용 게임기

〈게임보이〉에 탑재함으로써 이후 엄청난 수익을 얻게 되었다. 이 게임을 통해서 아무런 이득도 얻지 못한 파지트노프는 미국으로 이민을 가서 닌텐도에 취직하였다. 그러나 그는 그 이후 결코 〈테트리스〉만한 게임을 만들어 내지 못했다.

그러나 수백만 명의 젊은이들이, 파지트노프가 결국에는 얻게 된 명성을 성취하길 바란다. 게임을 만드는 것은 서비스 혹은 일반적인 산업노동에서 느끼는 지루함으로부터 탈출하기를 갈망하는 디지털 기기에 숙달된 젊은이들을 위한 탈주선이다. 닷컴 붐이 일기 전부터, 게임은 수중에 있는 어떤 수단이든 - 본업[으로부터의 고정수입], 신용카드, 대학 보조금 등 - 이용해 자금을 대는 벤처기업들을 몰려들게 했다. 그중 극소수는 1인칭 슈팅게임인 〈캐슬 울펜스타인〉, 〈둠〉, 〈퀘이크〉를 제작한 이드 소프트웨어, 〈미스트〉를 제작한 싸이언, 〈울티마〉 롤플레잉 게임을 제작한 오리진 등과 같은 유명한 회사가 되었다. 이 회사들의 대다수는 결국에는 대형 퍼블리셔들에게 매각되긴 했지만, 이런저런 게임들은 차고garage의 발명자들에게 부와 명예를 가져다 주긴 했다. 그러나 이러한 성공들은 비물질적 미시혁신[22]의 앞을 볼 수 없는 험난한 발효과정으로부터 나타난 것이었다. 이러한 발효 과정에서는 대부분의 프로젝트들은 무참히 박살나고 오로지 소수의 신생 산업만이 승자가 된다. 그 결과 대량의 공짜 창조물만 남는다. 성공한 기업들은 제작사나 급여를 받는 개발팀을 훌쩍 뛰어넘는 비물질노동의 연결망에 점점 더 의존하였다. 이러한 것을 보

---

22. [옮긴이] microinnovation. 기존의 발명품이나 사업모델을 채택, 수정, 커스터마이징하는 방법론.

여 주는 단적인 예가 바로 "개조"이다. 개발자들의 협력을 통해 혹은 협력 없이, 컴퓨터게임을 하는 게임이용자들은 캐릭터의 스킨을 바꾸거나 무기를 더하거나 좀 더 흥미진진한 게임 미션들을 만들거나, 심지어는 오래된 기계로부터 새로운 게임들을 만들기 위해서 프로그램 코드를 변환해 게임을 개조한다. 이 결과로 개조된 게임들은 무료로 배포되었다. 개조는 1990년대에 가장 급속도로 퍼졌는데, 그 첫 번째 성공사례가 바로 청소년기의 어린 소년들이, 이드 게임에서 나온 나치 사냥 게임인 〈캐슬 울펜스타인〉Castle Wolfenstein을 난장이 요정을 학살하는 패러디 게임 〈캐슬 스머펜스타인〉Castle Smurfenstein으로 바꾼 것이었다(Kushner 2003). 이후에 이드 사가 소름끼치는 내용으로 가득한 〈둠〉을 출시했을 때, 이 회사는 그 게임을 바꿀 수 있는 팬들의 검증된 능력을 고려하여, 팬들이 자신들의 시나리오를 만들거나 레벨을 조정하고, 인터넷에서 그 결과물을 공유할 수 있는 수정 도구들을 포함시키기도 했다. 이러한 전략은 이 게임 속에서 게임이용자들이 무궁무진한 흥밋거리를 창출해 낼 수 있도록 하였고, 이드에게는 자발적인 생산인재 풀을 제공함으로써, 인사담당자들이 이내 존경받는 개조자의 작업을 검토해서 그들에게 전화를 걸어 고용제안을 하는 방법을 배우게 하였다.

다른 회사들도 이러한 전략을 따랐다. 개조의 역사는 게임이용자가 개조한 게임이 원래의 게임보다 성공적이었을 때 만들어졌다. 벌브사의 〈하프라이프〉는 실험으로 인한 재앙의 유일한 생존자가 끔찍한 돌연변이들 및 사악한 보안경비 부대와 벌이는 사투를 다룬다. 베트남 전쟁을 피해 캐나다로 이민 온 부모 사이에서 태어난 캐나다인 컴퓨터 공학도민 레Minh Le는 〈하프라이프〉를 적용해서, 온라인 네트워크를 통해 테러리스트 대 반테러리스트 구도로 진행되는 게임인 〈카운터 스트라이크〉를 만들었다. 〈하프라이프〉는 공전의 히트를 거뒀다. 그러나 〈카운터 스트라이크〉는 세계에서 가장 인기 있는 온라인 게임이 되었다. 민 레는 자신의 게임의 판권을 구입한 벌브에 고용되었다. 10년이 되지 않아, 〈네버윈터 나이츠〉 같은 롤플레잉 판타지 게임들은 독립형 게임으로서의 경험만큼이나 많은 수정도구 킷으로서의 경험을 제공하였고, 게임이용자들에게 개발툴을 제공하지 못한 게임은 "게임을 하기보다는 게임잡지의 리뷰에서 논평하는 데다 쓸 만한 것"이 되었다(Edge 2003, 57). 게임 회사들은 정기적으로 성공적인 개조품들을 사들였고, 그것을 만든 팀을 고용했으며, 어떤 때는 아낌없이 상금을 걸어 놓고 개조 대회를 열기도 하였다(Todd 2003).

더욱 큰 규모이면서 더욱 복잡한 놀이노동력의 동원은 〈울티마〉, 〈에버퀘스트〉, 〈월드 오브 워크래프트〉 같은 다중접속 온라인 게임에서 일어났다(Castronova 2005a; Taylor 2006a; Dibbell 2006). 이러한 게임들의 프로토타입으로는 텍스트를 기반으로 한 인터넷 머드MUDs(다중사용자 도메인multiuser domains)와 〈던전 앤 드래곤〉 유형의 명령어를 타이핑해 넣는 (로비넷의 〈어드벤처〉 같은) 온라인 게임이 있다. 이러한 게임들은 자원활동가들의 생산물이며, 공짜로 할 수 있었고, 스스로 조직된 가상 공동체 안에서의 실험이었다. 1980년대에, 일부 머드 게임들이 시험적으로 그래픽 인터페이스를 개발하였는데, 이것은 비용이 많이 들기 때문에 요금을 물리기 쉬운 소프트웨어의 개발을 동시에 필요로 했다. 이런 흐름은 결국 게임을 통해 수익을 낳는 기업 활동의 기반을 만들게 되었다. 인터넷을 기반으로 한 상업화가 더욱더 증가하자, 머드 게임은 다중접속 온라인 게임이 되었다. 이 새로운 유형의 게임은 보다 섬세한 아바타들과 이국적인 배경을 가진 가상세계에, 네트워크를 통해 연결된 수만 명의 게임이용자들이 서로 소통하는 곳을 만들어 냈다.

최초의 상업적인 대규모 3D 다인용 게임인 〈메리디안 59〉는 1996년에 그 모습을 드러냈다. 그러나 이 게임을 기반으로 한 후세대 작품들 중에 〈울티마 온라인〉은 지속적인 문제점을 가지고 있었다(Kline, Dyer-Witheford and de Peuter 2003). 1997년에 〈울티마 온라인〉은 "농민 봉기"를 경험하였다. 초보 이용자들의 캐릭터들을 마구잡이로 죽이는 행위에 항의하기 위해 게임이용자들이 자신의 아바타를 이용하였는데, 이는 서버에 과부하가 걸리게 하였고 세계적인 규모로 재앙 수준의 충돌을 일으켰다. 수많은 농노들이 브리티시 경(지금은 게임 퍼블리셔인 일렉트로닉 아츠의 가신이지만 자기가 만든 게임으로 백만장자가 된 리차드 개리엇의 별명)의 가상의 성을 침공하고, 영주의 와인과 음식을 먹고 마시며, 홀에서 벌거벗고 춤을 춘다거나, 요란스레 자신들의 불만을 토로하며 영주의 창고를 훔쳤다. 이러한 행동들은 동시에 실제세계에서 일렉트로닉 아츠에 대한 집단소송으로 이어졌다(Brown 1998). 그로부터 3년 후에 또 다른 집단소송이 한 명의 〈울티마 온라인〉 이용자에 의해서 시작되었다. 그녀는 게임 내 커뮤니티의 리더로서 초보자들의 질문에 답변하고 안내를 해주는 자원활동을 하면서 자신이 의도치 않게 온종일 무보수 노동을 하게 되었다고 주장하였다(Brown 1998). 이러한 모든 도전들은 성공하지 못했지만, 이러한 행동들은 다중접속 온라인 게임의 관리가 놀이노동을 하는 사람들의 협력에 얼마나 의존하고 있는지를 잘 보여 주었다.

이후의 다중접속 온라인 게임, 그중에서도 특히 소니의 〈에버퀘스트〉는 끝을 알 수 없는 이익의 수맥으로 이러한 사람들의 에너지를 흡수하는 수익모델을 완성하였다. 게임이용자들은 처음에 게임을 구입할 뿐만 아니라, 매달 이용료를 지불하고, 확장판이나 부가 제품들을 구입하였다. 또 자신들의 사회적 상호작용을 통해서 상당량의 게임 콘텐츠를 공급하였다. 이런 이유로 다중접속 온라인 게임은 게임이용자 커뮤니티와 기업의 게임개발자들의 "공동창조"이다(Taylor 2006a, 155). 이 양립은 누가 실제로 그 세상을 "지배하는가"에 대한 진지한 논쟁으로 이어졌다. 어떤 사람들은 퍼블리셔들이 자사 게임의 흥미와 수익성을 유지하기 위해 게임이용자 집단에 의존하고 있다고 주장하는 반면에(Jakobsson and Taylor 2003; Lastowka 2005; Taylor 2006a), 다른 이들은 다중접속 온라인 게임을 공동이 염원하던 게임자본의 승리로 보며 게임자본이 가상거주민들의 "비물질적, 정서적, 집단적 생산"을 전유한다고 본다(Humphreys 2004, 4). 5장에서 〈월드 오브 워크래프트〉를 자세히 살펴볼 때 알게 되겠지만, 이러한 다중접속 온라인 게임의 놀이노동 역능playbor power의 활성화는 퍼블리셔들에게도 문제가 아닐 수가 없다. 그러나 그러한 게임들에서 일어나는 대규모의 불법적인 "골드 경작"gold farming 같은 현상은 게임자본이 다중접속 온라인 게임 활동으로부터 이득을 취하는 것에 대한 (반사회적일지언정 그럼에도) 논리적인 반응이다.

놀이노동의 고안품으로서 보다 최근에 발현된 것으로는 머시니마 – 게임으로부터 만들어진 영화 – 가 있다. 1990년대에 게임이용자들은 〈퀘이크〉 혹은 〈언리얼〉에 사용된 그래픽이나 엔진을 이용해서 짧은 시간에 저렴한 영화를 만들 수 있다는 것을 깨달았다(Lowood 2005). 디지털 카메라를 이용해 게임 속 캐릭터의 시점에서 작동하도록 프로그램을 만들 수 있었고, 그런 이후에 목소리와 음악을 입힐 수 있었다. 머시니아 중에 가장 유명한 것은 〈레드 대 블루〉인데, 마이크로소프트사의 과학전쟁 콘솔 게임인 – 전투를 기다리다 지친 병사들 간의 냉소적인 대화를 특징으로 했으며, 웹과 디브이디를 통해서 동시 발매된 – 〈할로〉를 기반으로 만들어졌다. 미국에서는 허가 없이 게임에서 영화를 만드는 머시니마 제작이 〈최종사용자사용권계약〉[EULA] 위반으로 기소될 수도 있었다. 그러나 많은 게임 회사들이 이러한 위험에도 불구하고 머시니마를 통해서 수익을 창출하고자 하였다. 마이크로소프트는 머시니마가 불경스럽기는 하지만 그러한 조롱들이 궁극적으로는 〈할로〉의 명성을 높여줄 것이라는 확실한 믿음을 갖고 〈레드 대 블루〉를 배포하였다. 이드[Id]는 머시니마 작가들에게 중요한 자원들을 제공하고자 〈퀘이크 II〉의 엔진을 오픈소스로 전환하는 데 동의하였다. 2000년 이후에는 〈심즈 온라인〉과 〈더 무비스〉 같은 게임들이 게이머들의 관심을 받기 위한 일종의 전략으로 머시니마로 제작되었고, 장편 머시니마가 영화제에 출품되었으며, 머시니마의 뮤직비디오들이 엠티비[MTV] 채널에서 방영되고, 머시니마 섹션이 케이블 게임 채널에서 방영되었다(Kahney 2003).

놀이노동은 게임을 탄생시킨 해커 문화의 전통을 유지했다. 해킹 문화를 난해한 기술에서, 자가생산, 네트워크를 통한 공조, 자가조직화 같은 보다 일반적인 역량으로 전환시킨 것이다(Himanen 2001; Wark 2004). 애초에 해킹은 디지털 문화에 대한 기업의 통제에 전복적인 위협이었지만, 게임 산업은 점차 [해킹과 같은] 자발적인 생산을 혁신과 수익의 원천으로 흡수하는 방법을 깨닫게 되었다. 우리가 나중에 2001년에 출시된 마이크로소프트의 엑스박스 콘솔을 검토할 때, 우리는 비디오게임 시장에 침투하기 위한 이 거대 기업[마이크로소프트]의 특성이란 것이, 자가제작 컴퓨터게임 행위를 콘솔 분야 사업으로 이식하는 것, 즉 라이벌인 소니를 우회공격하는 방식으로 네트워크를 통한 게임행위, 머시니마 제작, 가내에서 게임을 개발하는 것 등을 부추기는 것임을 알게 될 것이다. 오늘날 상용 게임 생산은 소규모 기업들의 프로토타입들을 도태시키고, 개조품mods을 사들이며, 머시니마를 자사의 게임들과 동화시키고, 다중접속 온라인 게임을 끊임없는 온라인 등록의 원천으로 만든다. 이러한 포획작업은 유려하게 진행되지는 않았다. 놀이노동을 그렇게 생산적일 수 있게 만든 역량들은 동시에 놀이노동을 문젯거리로 만들었다. 우리는 7장에서 불법복제, 다른 지적재산권 분쟁 사례들, 다중접속 온라인 게임 퍼블리셔들과 그 주민들 간의 논쟁, 활동가의 등장, 전술적 게임행위라는 반기업적 세계, 그리고 정치화된 머시니마 등 모든 것들이 탈출과 포획의 춤사위가 계속되고 있음을 의미한다고 주장할 것이다. 그러나 이러한 과정의 한 측면은 가상 놀이가 무한한 비물질노동으로 융합되는 것이다. 이 경향은 이제 새로운 차원들로 확장되고 있다.

다시 일터로 : 〈스페이스워〉에서 기능성^{Seriosity}으로

　　게임의 역사가 시작된 이래, 가상 게임은 일에 대한 거부였다. 게임들은 여가, 향락에 친화적인 반면에 시간을 엄수하는, 규율적이고 생산성을 중시하는 문화에 반항하는 무책임함의 특성을 띠고 있었다. 가상 놀이가 처음으로 상용화된 모습으로 나타나게 된 것은 노동으로부터 쫓겨난 정체가 모호한 남성 난민들 – 술집과 아케이드 – 에서였다. 그리고 그 이후 아이들과 청소년들을 위한 기계들, 무해한 활동과 근무태만 간의 경계에 위치한 장치들로서 콘솔이 가정 안으로 들어갔는데, 둘 중 어느 쪽도 사업적으로는 진지하게 볼 것이 아니었다. 관리자들의 눈에는 직장에서 게임을 하는 것이 컴퓨터화된 노동력을 가장 좀먹는 습관으로 보였다. 〈둠〉과 〈테트리스〉의 새로운 버전이 나왔을 때 미국의 경제적 생산성이 일주일 간 떨어졌다는 우스갯소리도 있었는데, 그 두 게임에는 "보스키"^{boss key}라는 새로운 메뉴가 있어서 "사무실 책상에서 게임을 할지도 모르는 사무직 노동자들을 보호하고 직장 상사가 걸어올 때 재빨리 그들을 곤경에서 구해줄 수 있도록" 화면 위로 엑셀 전표를 당겨올 수 있었다(Bogost 2006a, 108).

　　그러나 비디오게임 문화가 새 천 년의 시대로 접어들 즈음에, 이상한 역전 현상이 일어났다. 게임은 작업장의 훼방꾼에서 관리자의 고자질쟁이로 옷을 갈아입었다. 다시 전쟁이 시작되었다. 우리는 가상 놀이가 펜타곤의 계획에서 나온 부산물이라는 점을 보았다. 비록 〈스페이스워〉가, 가상 놀이를 이러한 음울한 목적들에서 해방시켜 주었지만, 게임은 한번도 완전히 자신의 근본을 떨쳐 버리지 못했다. 4장에서 우리는 미군이 어떻게 도주하는 가상의 노예들을 추적하여 멈추게 하며, 게임 문화를 효과적인 살인 기술을 훈련시키는 사업에 다시 입대시키는지를 보게 될 것이다. 1970년대에는 도시계획자에서부터 항공관제사에 이르기까지 정부의 다른 분야들도 역시 모의실험 훈련의 가능성을 타진하고 있었다. 1990년대까지, 정보시대의 자본은 모든 디지털화된 업무현장을 위해 모든 종류의 비물질노동을 준비하기 위한 수단으로 게임을 인식하였다.

이러한 게임의 요소를 가장 잘 살린 것이 금융 분야이다. 1997년에 독일 금융사에서 일하던 신참 거래사가 13만 파운드어치의 온라인 선물 계약 제안을 공지하였다. 게임과 같은 작업장 모의실험기에서 훈련을 하면서, 그는 가상 거래가 단지 연습이라고 믿었다. 그러나 그것은 진짜였다. 그는 "버튼을 잘못 눌렀다……거래사들에 따르면 저지르기 쉬운 실수였다"(Associated Press 1998). 계약에 따라 거래를 이행해야만 했기 때문에, 그의 회사는 미국 돈으로 1억 6천만 달러의 손해를 감수해야 했다. 비슷한 시기에, 증권중개사인 아메리트레이드는 고객들에게, 온라인 주식거래를 가르치기 위한 게임 〈다윈 : 적자생존〉을 만들어 무료로 배포하였는데, 이들의 이러한 행보는 2001년 닷컴 주식시장의 붕괴에 동참하는 것이었다. 2004년에 비비씨BBC 방송국은, 시카고에 기반을 두고 "원유[23]에서 귀금속이나 돼지 옆구리 살에 이르기까지 모든 것"에 투기를 하고 있으며 "빠르게 변하는 숫자들로 채워진 은행의 거래 모니터에서는 놓치기 쉬운 시장의 작은 변동들"을 감시하는 회사인 제네바 트레이딩이 비

---

23. [옮긴이] 원문은 브랜트유이나 맥락상 '원유'로 기술한다.

디오게임을 충분히 해본 지원자를 필요로 한다고 보도했다(Logan 2004). 제네바 트레이딩의 대표는 "우리는 〈게임보이〉나 온라인 포커게임, 기타 유사한 비디오게임에 능숙하지 않은 사람을 고용할 것 같지는 않다"고 말했다(Logan 2004에서 재인용).

2007년까지, 기업의 e-러닝[24] 시장이 대략 106억 달러 규모였다는 점을 보면, 게임을 업무에 접목시키는 작업 자체가 산업이 되었다고 할 수 있다(Michael and Chen 2006, 146). "기능성 게임 이니셔티브" 운동은 모의실험을 적용할 수 있는 광범위한 상황들을 탐색해 보는 것이었다(Michael and Chen 2006). 우리가 8장에서 다룰 게임 사회활동가 그리고 비판적인 정치적 입장을 가진 게임 또한 이러한 기능성 게임의 범주에 포함된다고 볼 수 있다. 그러나 대다수의 게임들은 다양한 종류의 업무 능력 향상에 목표를 두고 있었는데, 게임과 같은 모의실험은 전자채용 툴이나 심리인성 테스트, 인지능력 측정 등에 주로 사용되었다. 많은 회사들이 비디오게임의 모의실험을 통해서 지출을 상당히 줄일 수 있기 때문에 게임을 근거로 한 훈련시스템을 많이 사용했다. 산업적인 기준에서 본다면 간단한 게임들은 만드는 것도 저렴하고 이용하는 것은 더 저렴하다. "컴퓨터게임을 통해서 훈련할 수 있는데 왜 굳이 중앙 훈련 캠프에 들어가는 데 돈을 지불할까?"라고 『비즈니스 위크』지의 기자들은 질문을 던졌다. 나아가, "노동자들은 종종 혼자 있는 시간에 집에서 그러한 훈련게임을 즐기기도 한다"(Jana 2006).

가상 훈련 게임 프로그램은 모든 종류의 작업을 비물질노동으로 전

---

24. [옮긴이] 컴퓨터와 인터넷 등을 통해 교육을 제공하는 것.

환시킨다. 2000년도 이후, 패션 회사인 로레알은 온라인 게임과 같은 모의실험을 이용해 오고 있는데, 여기서는 게임이용자들이 경쟁적으로 28개국에 있는 로레알의 지사 중에 경영관리를 위한 후보를 선택해서 "연구개발에 투자하고, 마케팅에 얼마의 돈을 지출할 것인지에 관해 토론하며, 생산비용을 절감하기 위한 방법을 모색"한다. 이것은 최근에 텔레비전 게임 쇼에도 연결되었다(Johne 2006). 다국적 디지털 이미지 재현 기업인 캐논은 수리공으로 하여금 게임을 하도록 지시했는데, 그 게임 속에서 수리공들은 복사기 내의 정확한 위치에 부품들을 끌어다가 집어넣어야 했다. 만약 그들이 제대로 하지 못하면 불이 반짝이거나 "삑"하는 소리가 났다. 좀 더 혁신적인 사례로, 씨스코라는 업체는 가상의 화성에서 모래폭풍이 몰아치는 가운데 직원들이 전산망을 수리하는 게임을 하도록 함으로써 그들이 즉각적인 기업 위기관리에 대비하도록 하였다. 캘리포니아의 한 아이스크림 체인은 정해진 시간 내에 정확한 비율로 아이스크림을 뜰 수 있는 게임을 통해서 종업원들을 훈련시켰다. 그 회사는 ─ 전 직원의 30퍼센트에 해당하는 ─ 8천 명 이상의 직원들이 발매 첫 주에 이 게임을 다운로드했다고 발표했다. 한 매니저는 "너무나 재미있다. 나는 동료들에게 이 게임을 이메일로 전송해 줬다"고 말했다(Jana 2006). 지금은 미네르바 소프트웨어로 상호가 바뀐 싸이버로어는 고객상담일을 하는 직원들이 좀 더 고객의 감정에 공감을 하도록 훈련시키는 게임을 개발 중이다. 이 모의실험의 기반은 싸이버로어의 게임인 〈플레이보이 맨션〉인데, 사치스러운 휴 헤프너[25] 스타일의Hugh Hefner-esque 집이 배경

─────────────

25. [옮긴이] 미국 성인잡지 '플레이보이'의 사장. 자신의 펜트하우스에서 소속 모델들과 화려한

인 이 게임의 이용자들은 모델들에게 상반신을 노출한 자세를 취하도록 "설득"해야 한다. 새로운 작업실 버전에서는 매장 전시 상품들을 가지고 게임이용자들이 자신의 설득기술을 이용해서 물건을 팔아야 한다(Jana 2006).

그러나 가상 놀이에 대한 사업적인 열망은 훈련용 모의실험이나 기능성 게임을 넘어 확장된다. 이제는 모든 게임들 – 유치한 게임들, 시간 낭비만 하는 게임들, 환타지의 오크들을 도륙하고 외계인을 터트려 죽이는 게임들 – 이 비물질노동력에 득이 될 것으로 보이게 된다. 네덜란드의 보험회사에서 일하는 60명의 종업원들을 대상으로, 게임을 하는 것이 가져다 주는 효과에 대해서 연구를 한 과학자들은 "직장에서 단순한 게임을 하는 것은 직업 만족도와 생산성을 늘려 준다"라고 발표했다(BBC 2003 a). 『게임세대 회사를 점령하다』[26]에서 최신유행의 경영이론가인 존 벡과 웨이드 미첼(2004)은 하버드 경영학 석사과정 학생들을 대상으로 한 수십 여 건의 인터뷰를 토대로 게임의 콘텐츠는 차량을 강탈하는 것이든 용을 학살하는 것이든 상관없이 동시에 여러 가지 일을 처리하는 것, 유연한 역할 수행, 위험 평가, 실패에 대한 인내, 창의적인 문제해결, 빠른 의사결정 등의 기술을 집중적으로 습득하기 위한 기회에 다름 아니며, 이러한 기술들은 말할 것도 없이 바로 기업의 고용주들이 원하는 것들이라고 주장한다. 회사 컴퓨터를 가지고 게임을 하는 것은 한때는 작업에서 오는

파티를 하는 것으로 유명하다.

26. [옮긴이] 한국에 출간된 번역본의 제목을 따랐다. 존 벡·미첼 웨이드, 『게임세대 회사를 점령하다』, 이은선 옮김, 세종서적, 2006.

따분함에서 벗어나기 위한 대담한 행동으로 받아들여졌다. 이제는 〈스페이스 지라프〉에서 고득점을 얻는 것은 경력을 높이는 데 꼭 필요한 항목이 되었다. 한 기업 컨설턴트는 "〈월드 오브 워크래프트〉 길드를 운영하고 있다는 따위의 일들을 지원서 경력에 넣는 것은 이제 점점 흔한 일이" 되었으며, 고용주들이 "그러한 경험들이 가져다 줄, 조직원으로서, 관리자로서, 대인관계에서의 기술들을 인정하는 것도" 흔한 일이 되었다고 주장한다. "엑스박스 360 게임이용자 카드"처럼 개인블로그에 설치되어 게임 점수를 표로 만들어 주는 장치는 "미래의 고용주들에게 어떤 사람이 얼마나 많은 시간을 게임하는 데 쓰는지, 그가 얼마나 게임에 능숙한지, 어느 정도 집착하고 있으며, 어느 정도 협조적인지, 얼마나 결단력 있는지 등에 관한 상당한 양의 정보를 제공할 것이다"(Robertson 2008).

심지어 게임의 업무로의 더욱 더 완벽한 흡수에 대한 전망들이 아마존닷컴의 "메카니컬 투르크"Mechanical Turk 실험들 같은 계획들을 통해 제시되었다. 이 계획들은 팟캐스트에 자막을 달거나 사진에 제목을 붙이는 일 따위의 하루 벌이 일거리들을 위한 온라인 주문형의 불안정 노동자를, 전 세계 사람들을 대상으로 창출하는 데 목적을 두고 있다. 그 노동자들은 분당이나 건당 몇 백 원 단위로 계산되는 업무를 처리하게 될 것이고, 또한 제안받기로는 "그런 작업을 텔레비전을 보면서 혹은 마이스페이스를 기웃거리면서"(Hof 2007), 그도 아니면, 추정이지만, 게임을 하면서 "할 수 있을 것이다." 노동 과정의 요소들을 게임으로 통합시키는 것, 그 결과 작업이 놀이와 구별되지 않게 되는 과정은 이미 완료되었다. 소위 "이에스피 게임"[27]에서, 사람이나 컴퓨터를 상대로 게임을 하는 게임 이용자는 정해진 시간 내에 이미지에 맞는 단어를 찾는 데 열중하는데, 이 행위는 온라인 사진 콘텐츠들을 색인화하는 검색엔진의 수행능력을 최적화시키는 데 이용된다(Gwap 2008). 스탠포드 대학 스핀오프로서 음울한 이름이 붙은 시리어시티^{Seriosity}와 같은 벤처기업들은 "게임과 가상세계들의 감성들을 훔쳐내 사업에 각인시키겠다"는 포부를 공표한 바 있다(Hof 2007). 〈스타워즈 : 갤럭시즈〉 같은 온라인 롤플레잉 게임의 이용자들이 "많은 시간을 할애해서" 제국의 군대와 전투를 벌이는, "직업처럼 보이는 것을 주의 깊게 수행할" 뿐 아니라 "약품제조 작전을 수립하고 위생병으로 활동하는" 것을 보면서, 그 기업은 게임이용자들이 게임 속에서 암의 징후를 찾기 위해 실제 의료적 촬영을 하도록 할 수 있는 가능성에 대해서 실험해 보려 하였다. 이것은 그 기업의 소유주가 여러 번 확언한 것처럼 "실제 병리학자뿐 아니라 게임이용자들도 할 수 있는" 것이다(Hof 2007). 돌이켜 보면, 짧았던 어린 시절의 순진함과 청소년의 일탈처럼 보일 수도 있던 시기가 끝난 후, 가상 놀이는 다시 일터로 되돌려 보내졌다.

야간에 행해졌던 1960년대의 디지털 실험으로부터 21세기 거대 엔터테인먼트 복합체에 이르기까지, 가상 놀이는 비물질노동이라는 문화적 창의성을 위한 엄청난 디지털 기술과 새로운 역량들을 필요로 했다. 이것이 쉽게 혹은 저절로 상업화를 위한 추진동력으로 변환된 것은 아니

---

27. [옮긴이] ESP Game. 이미지 인식처럼 컴퓨터가 취약점을 보이는 문제를 해결하는 데 인간의 연산능력을 활용하기 위해 만든 게임형 프로그램.

다. 그것은 자주 탈출하여 일시적으로 다른 사회적 장치들을 자극하였다. 그중 몇몇은 정치적으로 급진적이었고, 많은 경우에 상품화된 문화의 한계에서 벗어날 방법을 찾고 있었다. 그럼에도 불구하고, 그 짧은 역사 동안, 비물질노동의 즐거운 에너지들은 자본에 의해 점점 포섭되었고, 가상 게임들은 저항적인 혁신에서 전지구적 노동 기계의 핵심적 연계 작업으로 변형되었다.

여기에서 "비물질노동"이라는 용어의 사용에 관련된 몇 가지 중요한 요소들에 대해서 다시 한번 짚고 넘어가는 것이 중요할 것 같다. 우리가 초기에 이야기했듯이, 비물질노동에 대한 견해를 소개했던 몇몇 자율주의 이론가들은 비물질노동에 대해서 자신들이 알고 있는 사례는 너무 과장하고 자본주의 생산이 여전히 의존하고 있는 물질노동은 과소평가하였다(4장과 8장을 볼 것). 그들의 주장이 갖고 있는 문제점과는 별개로, 게임 제작사에서 행해지는 노동과 공장 조립라인에서 행해지는 노동 사이에는 중요한 차이점들이 존재한다. 생산과정과 생산되는 상품들의 인식적인 그리고 정서적인 측면들로 정의된 비물질노동은, 독특하게 다음과 같은 것들을 포함한다. 예를 들면, 고도의 의사소통 협력, 네크워크로 연결된 기술들의 이용, 그리고 노동시간과 여가시간의 희미해진 경계들 등이다. 하트와 네그리의 가설에 의하면, 이러한 형태들의 비물질성들은 벌써 헤게모니화되고 있는 중이다. 무슨 뜻이냐면, 비물질노동들의 특징들이 이미 벌써 사회생활의 보다 넓은 측면들뿐 아니라 노동의 전통적인 형식을 다시 변형시키고 있다는 것이다. 최근 몇 년 동안 네트워크의 언어가 어떻게 사회성에 침투해서 그것을 재구성해 왔는지 생각해 보

라. 특정한 엘리트의 냄새를 풍기는 "지식 노동자"라는 용어들과 달리 비물질노동은 보다 폭넓은 영역에 있는 사람들의 활동으로 해석되고 있는데, 단지 임금을 받는 고용상태에만 한정되지 않고, 생산적이지만 그럼에도 급여를 받지 못하는 매일의 일상적 활동으로 확장된다.

하지만 비물질노동의 개념은 단지 현대 자본주의하의 생산과정만을 의미하지 않고 이보다 더욱 중요한 의미를 갖는다. 그것은 유사한 영역을 설명하기 위해서 사용되는 "지식 작업"knowledge work, "창조계급"creative class, 혹은 "디지털 노동"digital labor 같은 주류 용어들로는 바로 이해되지 않는 – 자본주의를 향한 적대감과 대안에 관한 – 정치적 질문들과 연결되어 있다. 비물질노동이라는 범주에는 저항이 적극적으로 자본주의의 발전 경로를 바꾼다는 전제가 공고하게 고정되어 있다. 이러한 유형의 노동과 상품에 대한 자본의 의존성이 깊어질 때, 자본은 (우리가 개조 현상을 통해서 본 것처럼) 무의식적으로 자율을 위한 도구를 만들어 내고, (불법복제에서 보이듯이) 공격에는 더욱 취약해진다. 비록 그 성과가 순수하게 의도된 바에 의해 얻은 것이라고 보기는 어렵지만 말이다. 이 책의 전반을 걸쳐서 우리는 다시 제국과의 전쟁을 위해 필요한 함의들을 논하게 될 것이다. 하지만, 이번 장에서는 게임의 역사를 보여 줌으로써 비물질노동에 내재하는 자율적 창조 역능과 자본주의적 염원 간의 갈등을 묘사하였다.

이러한 갈등은 게임활동의 역사에 있어서 크게 세 가지 과정으로 나뉜다. 첫째는 상품으로서 가상 게임을 생산하는, 국제화된 비디오게임 노동력의 기반을 제공하기 위해 해커의 창작력과 망가의 예술성을 기업이 채용하는 것이다. 둘째는 다양한 형태의 자발적인 비물질 놀이노동의 비중이 점점 더 높아지는 것으로, 이것은 놀이노동이 산업의 이윤을 회복시키기 위한, 비용이 들지 않는 수단으로 인식되는 데서 기인한다. 세 번째는 디지털 놀이를, 모의실험과 훈련을 통해 비물질노동행위를 위한 작업 준비의 일반화된 형식으로서뿐 아니라, 가상 기술의 일반적인 벤치마킹 사례로 사업들이 적용하는 것이다. 이 모든 단계들은 성별 간 비대칭gender asymmetries의 특징을 확연히 보여 왔다. 이러한 비대칭 상황에서는 여전히 재생산 노동의 부담이 큰 여성과 소녀들이 놀이–생산play-production과 놀이–소비play-consumption를 하는 새로운 기업 게임 기계로 남성들보다 훨씬 느리고 불균등하게 흡수된다. 그럼에도 불구하고, 자본에 의한 가상 놀이의 포획은 점점 더 통합적이 되었다. 뉴욕에서 도쿄, 모스크바, 베이징까지, 가상 놀이는 제국이 새로운 전지구적 노동력을 흥분시키고, 동원하며, 훈련시키고, 착취하는 매개가 되고 있다. 우리는 우리의 역사를 비디오게임 행위의 노동계급 영웅인 마리오에서 시작하였다. 그러나 이 게임에서 마리오는 자기 보스를 퇴치하지 못한다. 비물질노동의 마리오와 독버섯공주에게는 여전히 해방의 기회가 있을까? 이것은 우리가 책 뒷부분에서 돌아갈 질문이다. 우선 우리는 그 적대자들의 굴로 더 깊게 들어가 볼 것이다. 거대한 가상 게임 자본주의의 거처인 쿠파스[28]의 궁전으로 깊숙이 들어가 볼 것이다.

---

28. [옮긴이] Koopas. 슈퍼마리오 시리즈에 마리오의 적으로 등장하는 거북이.

2장

인지자본주의

일렉트로닉 아츠

"이에이 : 휴먼 스토리"

게임 산업의 내부자들이 최근 두 가지 놀랄 만한 발표를 했다. 첫째는, 해당 산업의 주요 고용인 조합인 〈국제게임개발자협회〉에 의한 것으로 〈삶의 질 보장을 위한 고용계약〉에 대한 것이었다. 인증된 게임 개발 스튜디오는 적어도 서류상으로라도 특정한 인도적 작업장 기준을 충족해야 했다(Hyman 2008). 두 번째는, 세계에서 가장 큰 비디오게임 업체 중 하나인 일렉트로닉 아츠[이에이]Electronic Arts(EA)의 최고경영자 존 리치티엘로에 의한 것으로, 그가 수장을 맡고 있는 회사가 최근 개발한 것들 중 다수를 포함해서, 가상 게임들이 점점 더 "창조적 실패"(Androvich 2008a에서 인용)로 인한 시련을 겪고 있다는 솔직한 시인이었다. 두 발표 모두 몇 년 전 발생했던 예상치 못한 작업장 분열과 관련이 있었다. 그 분열은 뉴-미디어 작업을 해방시키는 것이란 어떤 것인지에 관해 좀체 결론을 주지 못하고 있는 닷컴 시대의 신화뿐 아니라, 영역 확장 중에 있는 대중 디지털 문화의 한 분야로서 게임 분야의 명성에도 타격을 주었다. 블로그에 올라온 포스팅 하나가 분열을 촉발시켰다.

2004년 11월 10일, "EA : 휴먼 스토리"라는 제목의 글 한 편이 비디오 게임 산업이 갖는 놀이로서의 일이라는 이미지에 의문을 던졌다. "이에이의 배우자"ᴱᴬ Spouse라는 작성자에 의해 서명된 글의 도입부는 일렉트로닉 아츠에서 일하는 직원의 "영향력 있는 타인"이 작성한 공개서한이었다. "이에이의 배우자"(2004)는, 『포춘』지 선정 "가장 일하기 좋은 100개 회사" 중 하나에서 일한다는, 자신의 배우자가 입사 초 갖고 있던 열정이 주 7일, 85시간의 노동시간과 함께 어떻게 사라졌는지, 초과수당 또는 근무일 외 수당을 받지 못하는 상황이 어떻게 일상이 되어 버렸는지 설명했다. 이 글은 "원치 않으면 그만 두고 나가라는 식의 인적 자원 정책"에 대해 말해 주고 있었다. "이에이의 배우자"는 나아가, 이러한 사실이, 이 게임 제작사의 진짜 모습을 반영하는 것이라고 주장했다. 즉 EA의 진짜 모습은 "돈 농장"money farm으로, 창조성은 상업적으로 안전한 프랜차이즈 게임들의 급속한 격랑 속에서 해체되고 있다는 것이었다. 노동자들을 "신체적 건강의 한계"로까지 밀어 넣는 회사에 대해 설명하면서 "이에이의 배우자"는 "내 인생의 사랑은 가시지 않는 두통과 만성적으로 불편한 위장에 대해 불평하면서 밤늦게나 집에 돌아온다. 그를 지지하던 나의 행복한 미소도 함께 사라져 버리고 있다"고 썼다. 그녀는 일렉트로닉 아츠의 당시 최고경영자였던 래리 프롭스트에게 하나의 질문을 던지며 끝을 맺었다.

당신이 직원들에게 어떤 짓을 하고 있는지 정확히 알고 계실 겁니다, 그
렇죠?······ 당신이 우리의 남편들과 아내들 그리고 아이들을 사무실에
서 주당 90시간 동안 붙잡아 놓고, 그들이 녹초가 되고 정신이 반쯤 나
가며 자신의 삶에 대해 좌절한 상태에서 집으로 돌려보내질 때, 당신이
해를 가하는 대상은 단지 그들이 아니라 그들 주위에 있는 모든 사람,
그들을 사랑하는 모든 사람인 것을 아시겠습니까? 당신이 이익 계산과
비용 분석을 할 때 그 비용의 엄청난 부분은 인간의 존엄을 부당하게
대우하는 데 지불된다는 걸 아십니까?

이 글에 여러 코멘트들이 연달아 이어지고, 게임 개발 커뮤니티와 관련된
웹사이트들에 이 글이 링크되자, "이에이의 배우자"의 이야기는 한 사람
의 사례로 끝나는 것이 아니라 비디오게임이 만들어지는 제작사 내의 불
만 저장소를 표현하는articulate 것임이 분명해졌다.

　　이 같은 갈등의 계기들은 자본주의의 기저를 이루고 있는 권력 관계
들, 말하자면 노동과 자본 사이의 투쟁을 가시화시킨다. 이번 장은 "이에
이의 배우자"가 타겟으로 삼았던 고용주인 일렉트로닉 아츠 ─ 일부 자율
주의 이론가들이 "인지자본주의"라 칭했던 것의 기업적 표본 ─ 에 대한 면밀한
검토를 위한 출발점으로서 그녀/그에 의해 표출된 불만을 다룰 것이다.

인지자본주의

인지자본주의는 지식이 중심적인 역할을 담당하는 생산 체계를 가리킨다(Lucarelli and Fumagalli 2008; Morini 2007; Vercellone 2007a를 보라). 인지자본주의라는 개념의 주창자인 까를로 베르첼로네는 이 용어를 "지식기반 경제에 대한 자유주의 이론들"(2005, 2)과 세심하게 구분하고자 한다. 이러한 이론들과는 달리, 인지자본주의 개념은 "이익과 임금 관계의 추진 역할"의 지속과 같은 자본주의의 당면 과제들이 지속되고 있음을 강조한다. 베르첼로네(2007b)에 따르면 인지자본주의는 1970년대의 경제적 위기에 대한 반응으로 발생했고, 지식의 상품으로의 전환, 그리고 1장에서 기술된 비물질적인 작업 유형에 대한 의존을 규정적 특성으로 갖는 새로운 "자본주의의 배열"configuration of capitalism을 특징으로 한다. 기술결정주의적 시각들에 반하여, 베르첼로네는 인지자본주의가 "컴퓨터/정보기술 혁명으로 환원될 수 없다"(2005, 7)고 덧붙인다. 대신에 인지자본주의는 인간 주체성 자체 내에서 발생하는 변이들에 관련된 것이다. " '인지적'인 것은 노동이지 자본이 아니다."(8). 인지자본주의는 그러므로 자신의 근로자들의 생각 – 인지 – 에 대한 법인기업의 의존을, 그리고 "자본의 축적이 현 시대에 의존하고 있는 재산권〔즉, 지적 재산권〕의 형태들"의 뚜렷한 인지적 차원을 강조한다(2).

개발자들 및 관리자들과 진행한 일련의 인터뷰 과정에서 우리와 함께 이야기를 나눈 비디오게임 제작사의 한 임원은 자신도 모르는 사이 우리에게 인지자본주의의 본질을 요약해 주었다. 자기 회사의 인력을 구성하는 지성적이고 상상력 넘치며 열정적인 젊은 개발자들에 대해 이야기를 하면서 그는 "(우리의) 기계는 이처럼 위대한 아이디어들을 떠올리는…… 이 모든 사람들의 정신이다.…… 우리의 담보물들이 매일 밤 저 문 밖으로 걸어 나간다"라고 설명했다. 그는 걱정스럽게 그 "정신"mind이 저 문을 걸어 나갈 때 "그들이 월요일에 나타나 주기를 (당신은) 정말이지 바라게 됩니다"라는 말을 덧붙였다. 그러나 그는 재빨리 이 위험스러운 사업이 갖고 있는 엄청나게 괜찮은 면도 언급했다. "오전 5시에 작동을 멈추는 기계와는 달리, 우리의 기계는 아마 집에 있을 겁니다. (하지만) 그들은 거기서 새로운 아이디어들을 생각하고 있으며, 그들의 전체적인 삶의 경험이 새로운 아이디어들을 위한 잠재성을 만들어 내고 있습니다."[1] 인지자본주의는 이렇게 노동자들의 정신이 생산의 "기계"가 되는 상황이며, 노동자들의 정신은 임금을 지불해 자신의 생각의 힘을 구매한 소유주들에게 수익을 창출해 준다. 그러나 이 임원이 묘사한 정신적 기계는—그것이 또한 살아 있는 주체이기 때문에—그것을 고용하는 이들에게 지속적으로 통제의 문제를 야기한다. 이는 인지-자본주의적 관점의 또 다른 지점을 제기한다. 그것은 우리의 관심을, 이러한 경제 체제 내에서 형태를 갖추게 되는 갈등의 분출, 즉 "적대감의 새로운 형식들"로 이끈다 (Vercellone 2007a, 32).

물론 고용주들은 피고용인들의 지성에 항상 의존해 왔다. 심지어 최

---

1. 이 인용과 이 장에 수록된, 다른 참고문헌이 붙지 않은 인용구들은 필자들이 비디오게임 관리자들 및 개발자들과 진행한 인터뷰에서 가져온 것이다. 비밀유지 협약으로 인해 인터뷰 응답자들의 신원은 공개하지 않았다.

고도로 합리화된 산업자본주의의 조립라인들조차도 노동자들이 친절하게 제공하는 암묵적 지식을 운영하기만 할 뿐이었다(그리고 계속해서 운영하고 있다). 인지자본주의에 대해 말한다는 것은, 집단 지식의 고등화된 형태들의 동원, 추출, 상품화가 기반이 되는 일단의 산업들이 갖고 있는 탁월함이 최근에 부각되고 있음을 말하는 것이다. 컴퓨터 하드웨어와 소프트웨어 산업, 그리고 생명공학·의학·제약 분야, 금융분석 분야, 마케팅, 데이터 발굴을 비롯하여, 비디오게임을 포함한 일련의 미디어와 엔터테인먼트 기업들이 대표적인 예이다. 다음으로, 이 모든 산업들은 점차적으로 거대해지는 교육적 장치에 의해 발생된 사회적으로 "확산된 지성"을 전제한다(Vercellone 2007b).

인지자본의 개별 영역들이 자신만의 독자적인 특징들을 가지고 있다고는 해도, 몇 가지 기본적인 특성들은 공유하고 있다. 첫째, 기록, 관리, 조작, 모의실험, 그리고 인지 행동의 자극을 목적으로 하는 소프트웨어에 의존하고 또 종종 그러한 소프트웨어를 생산하고 있다. 둘째, 수익을 보장하기 위한 그들의 주된 기제로는 특허권, 상표, 카피라이트, 그리고 지식 "지대 경제"(Vercellone 2007b)에 기반을 둔 여타 도구들과 관련한 지적 재산권이 있다. 셋째, 개별 사업들이 규모 면에서 다양하긴 하지만, 인지자본의 영역들은 종종 세계 범위의 시장을 향해 나아가, 소비자 시장과 생산 설비라는 두 측면과 관련하여 광범위한 지리적 영토를 횡단해 작동한다. 넷째, – 앞서 말한 모든 것들이 작동하는 과정에서 – 인지자본은 어마어마한 기술적, 지적, 그리고 정서적 기술들을 이용한 비물질적 인력, 즉 프랑코 베라르디(2007)가 "코그니타리아트"cognitariat라 일컫은 인력의 조직, 훈육, 그리고 착취에 기반하고 있다. 인지자본 하에서 지식은 단순히 고정된 기계 속으로 포함되는 것만이 아니라 살아 있는 노동의 주체들로 통합되고 또 그들로부터 분출되어 나온다. 마지막으로 다섯째, "이에이의 배우자" 에피소드가 확인해 주었듯이, 인지자본은 노동자들과 소유주들 간 갈등의 영역이다.

기업들은 이 모든 특성들을 중재한다. 게다가 인지자본은 제너럴 일렉트릭[2]에서 일렉트로닉 아츠에 이르기까지 우리 시대의 가장 거대한 기업들을 다수 포괄하고 있다. 따라서 인지자본의 한 형식으로 비디오게임들을 분석하기 위해, 이번 장에서는 우리가 이미 간략히 개괄한 일련의 특성들 – 소프트웨어, 지적 재산권, 세계화, 코그니타리아트, 그리고 갈등 – 을 통해 일렉트로닉 아츠에 대한 논의를 진행해 보고자 한다.

소프트웨어 : 퍼블리셔 권력

1982년 캘리포니아에서 전직 애플 직원인 트립 호킨스에 의해 시작되었고, 일렉트로닉 아츠의 도움을 받아 창조된 쌍방향-엔터테인먼트[interactive-entertainment] 영역은 이내 이에이의 통제권 안에 놓이게 되었다. 일렉트로닉 아츠가 설립되었을 때, 당대의 주요 게임 회사였던 아타리는 불만이 가득한 디자이너들로 인한 내부적 문제에 직면하고 있었다. 이와 유사한 갈등들을 피하길 바라는 당연한 마음에서 호킨스는 "창조적인 재

---

2. [옮긴이] General Electric. 미국에 근거지를 둔 세계 최대 다국적 종합전기제품회사이다.

능을 가진 사람을 예술가로 대하겠다"는(DeMaria and Wilson 2002, 165 에서 인용) 약속을 하며, 음반 레이블이 자신의 밴드들을 홍보하는 것처럼 자사의 게임 설계자들을 홍보하고, 음반 표지 같은 형식으로 게임들을 포장하며, 게임 설계자들에게 전면 잡지 광고로 포토 크레딧을 제공한 데다가, 수익 공유 계획까지 제공했다. 이 같은 새로운 접근법은 비록 오래가지는 못했지만, 일렉트로닉 아츠가 최고 수준의 몇몇 게임개발자들을 데려올 수 있게 해주었고, 종국에는 20여 년 만에 기업을 "게임 산업의 거물"(Ross Sorkin and Schiesel 2008)이라는 평을 듣는 상업적 성공의 궤적에 오르게 해주었다.

당신이 게임을 한다면, 아마도 일렉트로닉 아츠의 제품을 구매한 적이 있을 것이다. 오늘날의 일렉트로닉 아츠는 나스닥 상장 기업으로서 거의 9천 명의 직원을 고용하고 있다(Hoover's Company Records 2008). 연간 매출은 2010년 기준으로 60억 달러로 추정되며(Wingfield 2008), 〈전미미식축구연맹〉NFL, 〈국제축구연맹〉FIFA, 〈해리 포터〉 같은 거대 브랜드에 대한 라이선스, 그리고 지구 전역에 제작사와 소비자 시장을 보유하고 있다. 일렉트로닉 아츠는 거의 모든 장르에 걸쳐서 매년 대략 70개의 제품을 출시하고 있으며(Takahashi 2000), 또 최다 판매 게임 목록을 자주 장악하고 있다. 일렉트로닉 아츠의 임원들은 자신들의 계획이 "세계에서 가장 거대한 엔터테인먼트 회사"(Frauenheim 2004에서 인용)를 건설하는 것이라고 말해 왔다. 비록 이러한 미래의 약속은 이 회사가 현재 점령하고 있는 산업만큼이나 불안정하긴 하지만, 분명한 것은 일렉트로닉 아츠가 제국의 "근간을 이루는 기본구조를 건설하는" "거대 초국적 기업" 클럽의 성실한 구성원이라는 점이다(Hardt and Negri 2000, 31).

일렉트로닉 아츠는 게임 산업의 보다 폭넓은 구조 내 사실상 거의 전 부문에서 자신의 가공할 만한 기업 권력을 행사하고 있다. 역사적으로 디지털-놀이 사업은 두 가지 주요 요소, 즉 비디오게임과 컴퓨터게임으로 구성되었다. 전통적으로 볼 때 오직 3개의 비디오게임 콘솔 제작사들만이 생존 가능했다는 것을 알 수 있는데, 이 생존자들은 언제나 게임 산업의 상업 거인이었다. 물론 이들은 현재의 마이크로소프트, 소니, 그리고 닌텐도이다. 컴퓨터게임 쪽은 상업적 측면에서 보았을 때 보조적인 위치에 자리하고 있지만 업계의 보다 다양한 일부를 담당하고 있는데, 가벼운 게임들에서부터 현재 급성장 중인 다중접속 온라인 분야에 이르는 온라인 게임 분야와 더불어 독자적인 개인용 컴퓨터게임들을 포괄하고 있다. 이 두 가지 요소들에 덧붙여 요즘 두각을 나타내고 있는 모바일 게임 부문이 있다. 일렉트로닉 아츠는 이 모든 분야에서 존재감을 나타내고 있으며 모든 주요 플랫폼을 위한 게임들을 만들고 있다.

게임 산업은 네 가지 핵심 활동을 중심으로 조직되어 있다. 개발은 개별 게임 소프트웨어의 설계를 의미한다. 퍼블리싱은 재정, 제작, 그리고 게임의 홍보를 담당한다. 만약 어떤 게임이 외부 기업이 소유한 지적 재산권을 통합하려 한다면 라이선스 분야에서 이 과정에 참여한다. 그리고 배급은 게임 하드웨어와 소프트웨어를 소매점에 공급하는 일을 말한다. 하나의 회사는 이 네 가지 활동 중에서 단지 하나 혹은 이 네 가지 활동의 조합을 수행할 수 있다. 다시 말하자면, 일렉트로닉 아츠는 독자적인 게임 개발 에서 자회사의 제품과 다른 제작사에서 만들어진 제품의 배급에 이르는 모든 활동들에 연계되어 있다.

이 모든 활동 중에서 게임 개발 은 해당 산업의 창조적 원천이자 게임 상품의 활력소이다. 소니·마이크로소프트·닌텐도 모두가 사내 제작사를 운영하고 있긴 하지만, 이 콘솔 제작자들은 자신들이 필요로 하는 게임 전부를 만들 수는 없다. 결과적으로, 이들은 써드 파티third party 개발자들로 알려진, 일렉트로닉 아츠 같은 외부 회사들에게 라이선스를 제공하여 자신들의 플랫폼을 위한 게임들을 제작하도록 하고 있다. 그 결과 업계의 개발 부문은 역사적으로 보았을 때 다양한 규모의 제작사들을 만들었다 : 아마도 콘솔 게임의 시제품을 만들거나 간단한 웹 기반 게임들을 설계하는 10인 이하의 직원들로 구성된 소규모 기업들, 통상적으로는 하청 업체로서 게임 하나 정도를 개발하지만 여전히 살아남기 위해 고군분투하는 50명 남짓의 직원이 있는 기업, 연간 2개의 게임을 출시할 수 있는 대략 200여 명의 직원을 보유한 중간 규모의 제작사들, 200명 이상의 개발자들을 고용하고 있고 동시에 몇 개의 제품 작업에 착수하는 대형 제작사들, 그리고 마지막으로 1천 명 이상의 사람들을 고용하여 적어도 10개 이상의 게임 제작에 참여할 가능성이 있는 다국적 제작사들(Alliance NumériQC 2003)이 그것이다. 라이벌 기업인 액티비전과 함께 일렉트로닉 아츠는 게임 산업 내에서 가장 거대한 두 개의 다국적 개발 제작사 중 하나이다.

하지만 이 다양한 규모의 기업체 시대는 거대 스튜디오를 선호하는 현 시대의 조류와 함께 점차 쇠퇴하고 있다. 이에 대한 근거로 종종 제시되는 한 가지 설명은, 최근의 플랫폼 세대가 콘솔 게임 개발의 평균 비용을 세 배까지는 아니라 하더라도 두 배로 뛰게 했다는 것이다(BBC 2005). 각각의 새로운 플랫폼은 그에 대한 제품을 개발하는 사람들을 급격한 학습곡선 위에 던져 놓는데, 이로 인해 그들은 새로운 기계를 위해 어떻게 프로그램을 만들어야 하는지, 그리고 최신 콘솔의 증가한 구입비용을 어떻게 최적화할 것인지 등을 배워야 한다. 이 같은 상황은 베르첼로네(2007b)가 일반적인 의미에서 소통기술들에 관해 말하는 것과 관련되어 있다. 소통기술은 "오로지 그것들을 활용할 수 있는 살아 있는 지식 덕분에 올바르게 기능한다 – 왜냐하면 데이터 처리를 통제하는 것은 다름 아닌 지식이기 때문이며, 정보는 노동 없는 자본과 마찬가지로 단지 무익한 자원으로 남아 있기 때문이다." 그러므로 콘솔 자본의 생산은 "훈련, 혁신, 그리고 지속적 변화의 역동성에 대한 적응과 관련된 능력을 최대화할 수 있는 노동력의 지식과 다재다능함에 의존하고 있다." 새로운 콘솔에 대한 지식 개발은 시간이 필요하고 따라서 게임 개발과 관련한 노동 비용을 증가시키는데, 이 비용은 더욱 큰 주머니와 더 많은 직원을 거느린 다국적 제작사들에 의해 쉽게 흡수된다(Nutt 2007). 새로운 기계들의 더욱 거대해진 저장 능력에 의해 가능해진 게임 이용시간의 확대 그리고 빨라진 프로세서들에 힘입은 보다 정교해진 그래픽 또한, 개발팀의 규모 확대에 기여하고 있으며, 인지자본이 이용하고 있는 지식의 점점 증가하는 사회적 특성을 잘 보여 주고 있다. 실제로, 일렉트로닉 아츠의 리치티엘로는 AAA급 게임제품의 개발은 현재 200명 정도의 팀을 요구한다고 추정하고 있다. "인력 집단의 덩치도 훨씬 커지고…… 그리고 그들에게 지불하는 급여도 훨씬 더 증가했다"(Androvich 2008a에서 인용). 그러므로 대학협력 부서를 통해 일렉트로닉 아츠가 여러 대학들과의 파트너십을 적극적으로 추진하는 것은 그리 놀라운 광경이 아니다. 대규모 고등교육은 인지자본주의의 등장이 요구한 "확산된 지성"을 창출했으며, 이제 이러한 값비싼 경제 체제의 기업들은 자신들의 연구개발비와 훈련비용을 보조하기 위해 고등교육기관으로 돌아가고 있다.

그러나 게임 산업의 전략적 통제를 위한 핵심 무대는 퍼블리싱이다. 퍼블리셔는 재정, 마케팅, 그리고 배급을 담당하며, 따라서 만들어지는 게임들에 막대한 영향력을 행사한다. 일렉트로닉 아츠처럼 많은 퍼블리셔들이 사내 제작사들을 운영하고 있는데, 이 제작사들은 밴쿠버 외부에 자리한 1,600명 규모의 일렉트로닉 아츠 캐나다 지점처럼 그 규모가 거대해질 가능성이 있다. 퍼블리셔들은 사내 개발에 머무르지 않고 다양한 써드 파티 개발자들과 계약을 체결하여 자체 상표를 붙인 게임들을 만든다. 퍼블리셔는 이들 독립 개발자들의 임금을 로열티 형식으로 선불 지급한다. 여타 문화 영역들에서와 마찬가지로 게임 분야에서는 이들 "'독립' 제작 회사들이⋯⋯ 거대 회사들이 가진 높은 수준의 생산 위험성과 노동비용을 상쇄하고 있다. 그리하여 거대 회사들은 재정과 배급의 핵심 영역들에 대한 자신들의 통제력을 유지하고 있다"(Mosco 1996, 109).

특별히 개인용 컴퓨터, 모바일, 그리고 휴대용 기기에서 사용되는 많은 가상 게임들이 중소 규모의 개발 회사들에서 지속적으로 만들어지고 있다. 이 같은 기업들의 경우에 비교적 단조로운 경영 구조는 아주 흔한 일이며, 협동적인 혼란의 수준이 창조성을 위한 전제조건으로 자주 유지되고 있다. 게임개발자들은 창조적 자유의 공간에 대해서 이야기할 때 종종 그것을 제작사의 "수평적인" 조직 구조와 연관시키는데, 이는 소규모에서 중간 규모에 이르는 제작사들에서 가장 흔한 구조이다. 우리가 밴쿠버에서 대화를 나눈 소규모 제작사 창립자는 이 같은 협력 모델을 "무정부적 작업"이라 이름 붙였다. "우리는 작업을 하는 데 있어 필요한 아주 조금의 위계와 아주 조금의 형식적 구조, 아주 조금의 '이해된' 방식만을 갖고 있다.…… 모두가 자신의 역할을 다소간 알고 있는 상황에서, 그것은 잘 작동된다. 모두가 일을 분담하고, 자신 몫의 일을 하며, 무엇을 해야 할지를 알고 있다. 일 처리에는 문제가 없다." 중간 규모의 제작사에 근무하는 또 다른 프로그래머는 자신의 개발팀 내에서의 의사소통을 이렇게 묘사했다.

> 모두가 다른 모든 이와 함께 길을 건너고 있다. 나에겐 의사소통에 어떠한 장벽도 존재하지 않는다는 것이 상당히 인상적이었다. 나는 우리 장비 관련 부서에 있는 누군가에게 가서 대화를 나눌 수도 있고 미술 부서의 누군가와도 이야기를 나눌 수 있다. 나는 나에게 나중에 "왜 나를 거치지 않았나?"와 같은 말을 할 "감독"에게 가지 않을 것이다. 우리는 서로가 서로에게 정보를 지속적으로 공유하고 있다.

따라서 보다 작은 규모의 게임 제작사들의 경우 협업에 대한 "관리"는 외부에서 부과되었다기보다는 점차적으로 게임노동자들에게 내재화되는 추세에 있다. 아타리의 "아쿠아리안"Aquarian 작업장의 유산은 게임 개발 부문에서 결코 사라지지 않았으며, 강력한, 향수 어린 신화 그리고 때로는 하나의 현실로서 변함없이 존재하고 있다(de Peuter and Dyer-Witheford 2005를 보라).

그럼에도 불구하고 오늘날 게임 개발 현장의 형태를 만드는 이들은 인지자본의 거인들이다. 해당 산업에서 소유구조의 공고화가 더욱 강력해짐으로써 거대 제작사의 보다 합리화된 생산 과정이 유리해지고, 이로 인해 "무정부적인 작업"의 은거지가 줄어든다는 것은 그렇게 중요한 점이 아니다. 더욱 중요한 것은 이러한 제작사들이 언제, 어디서, 그리고 얼마나 오랫동안 보다 무정부적인 은거지들이 존재할 것인지를 점점 더 많이 결정하고 있다는 사실이다. 장래의 게임 기업가가 자신이 직접 사업에 뛰어들기 전에 – 프로그래머, 디자이너, 심지어 어쩌면 게임 테스터의 신분으로 – 큰 제작사에서 자신(대부분의 경우 남자)의 경력을 시작하는 것은 관례적인 일이다. 규모가 큰 국제적 퍼블리셔들이 자사로부터 분리되어 나오거나 주변에 위치한 소규모 회사들을 게임 개발의 허브가 되고 있는 도시들에 확산시켜서, 그 도시들을 중요한 근거점으로 만들었다. 예를 들어 밴쿠버에서는, 1990년대 초에 일렉트로닉 아츠가 지역 회사인 디스팅티브를 인수하여 설립한 거대 제작사가 있는데, 이것은 수십 년에 걸쳐 밴쿠버를 국제적인 게임 개발의 중심으로 만들었다. 래디컬 엔터테인먼트·블랙박스·바킹 도그·렐릭 같은 보다 작은 규모의 제작사들은 바로 이 거대 기업으로부터 나온 탈주자 혹은 탈영자들에 의해 만들어진 것이다.

그러나 이러한 과정의 다른 쪽 끝을 보면, 성공한 신생업체들이 큰 규모의 퍼블리셔들에, 때로는 그들을 탄생시킨 동일한 퍼블리셔들에 매각되는 것은 흔한 일이다. 디미트리 윌리엄스가 강조하여 말한 바와 같이, "개발팀들은 과거에 주로 독립적인 업체였으나, 개발 기능을 사내에 수직적으로 통합시키려 노력하는 퍼블리셔들과 배급업자들에 의해 꾸준히 구매되어 왔다." "보다 요령 있는 퍼블리셔들은 개발자들의 노동을 구매하지만 그들을 전반적으로 기능적으로는 건드리지 않는 상태로 놓아 두어" 분자적 혁신의 혜택들을 얻으려 하는 한편, 이 반⁺자율성은 거대 소유주의 전략적 우선순위들에 의존하고 있다(Williams 2002, 46). 우리의 밴쿠버 사례로 다시 돌아오면, 2005년경이 되면 일렉트로닉 아츠로부터 떨어져 나오는 최초의 물결에 올라서 조금이라도 성공한 소규모의 캐나다 국내 제작사들이, 일렉트로닉 아츠에 의해 또는 비벤디, 티에이치큐^THQ, 혹은 테이크–투 인터렉티브 같은 여타 다국적 퍼블리셔들에 의해 재흡수된다(Dyer-Witheford and Sharman 2005). 이렇게 재흡수된 회사들로부터 나온 탈영자들이 자신의 회사를 직접 차려 소규모 회사의 자율성과 창조적 자유라는 꿈을 추구하게 되자 앞서와 같은 순환이 다시 나타나기 시작했다(Smith 2006). 하지만 일렉트로닉 아츠 같은 거대한 게임 자본 조직체들의 신진대사 리듬들, 즉 그들의 재정적이고 유기체적인 맥박과 주기적 발산, 그리고 비물질노동의 재흡수 등이 소규모 게임 제작의 허용 범위를 결정한다.

우리가 대화를 나눈 독립 개발자들은 가장 거대한 혹은 가장 유명한 개발자들조차도 사실상 창조적 통제와 지적 재산권을 포기할 수밖에 없게 만드는 퍼블리셔들과의 관계에서 자신들은 일반적으로 이익을 챙기지 못한다고 말했다. 전 제작사 관리자의 말에 따르면, 기록상 히트작이 없는 경우 개발자들은 "다윗이고, 퍼블리셔들은 골리앗이다." "계약서를 쓴 노예상태"는 또 다른 제작사 대표가 그와 같은 관계를 묘사한 방식이다. 그와 같은 문제제기에 대해, 퍼블리셔들은, 자신들이 히트작이 주도하는 사업이라는 딜레마에 직면하고 있으며, 출시하는 10퍼센트의 게임이 수익의 90퍼센트를 만들어 낸다는 점을 지적한다. 퍼블리셔들은 출시하는 게임의 종류에 어느 정도 구색을 갖춰야 하지만, 그중 대부분은 흔적도 없이 사라지곤 한다. 따라서 퍼블리셔들이 위험을 회피하는 것으로 악명 높은 것, 그리고 규모가 개발사들로 하여금 비용과 리스크를 분산시키는 데 도움이 된다고 믿는다는 점은 그다지 놀랄 일도 아니다. 추후 우리가 상세하게 논의하겠지만, 일렉트로닉 아츠는 그와 같은 위험 관리에서 수익을 낼 수 있도록 하는 데 능수능란해졌다. 2007년, 일렉트로닉 아츠의 게임 제품 중 20개 이상이 백만 개가 넘게 팔렸고, 휴대용 게임기용 제품은 500만 개가 넘게 팔렸다(Richtel 2008a).

이와 같은 모든 요인들 덕분에 최근 몇 년에 걸쳐 10여 개 정도의 다국적 슈퍼 퍼블리셔들 사이에서 소유권에 대한 강화가 이루어졌다(Wilson 2007). 여기에는 다음과 같은 기업들이 포함된다. 일본의 소니, 코나미, 남코, 캡콤, 유럽의 비벤디와 유비소프트, 그리고 액티비전, 아타리, 티에이치큐, 그리고 테이크-투 같은 미국 출신의 여타 업체들이다. 합병에 대한 강력한 의지라는 관점에서 보았을 때 나머지 업체들보다 합병에 대한 의지가 훨씬 높은 게임 소프트웨어 제국은 일렉트로닉 아츠이다. 지난 10년 동안에 걸쳐서 일렉트로닉 아츠는 블랙박스, 바이오웨어, 크라이테리언, 맥시스, 판데믹, 웨스트우드, 그리고 그 밖의 다수를 포함한 12개의 스튜디오들을 인수했으며, 2008년에는 테이크-투를 구매하려 시도했으나 실패했다. 일렉트로닉 아츠는 자신의 욕심 때문에 산업 내부자들은 물론 게임이용자들로부터도 거센 비난을 받아 왔다. "일렉트로닉 아츠는 호평을 받고 있는 개발사들을 인수하는 데 수억 달러를 썼으며 …… 그런 후에는 그 기업들을 망쳐놨는데, 왜냐하면 모기업이, 그 제작사들이 창조적 독립성을 유지하는 것을 허용하지 않았기 때문이었다"(Schiesel 2008a). 아이러니하게도 오늘날에는 일렉트로닉 아츠의 임원진들조차 그러한 견해를 공유하게 되었다(Wingfield 2007). 일렉트로닉 아츠가 이 같은 규모와 자기 성찰의 지점까지 어떻게 올 수 있었는지에 대한 질문은 인지자본의 또 다른 핵심 특징, 즉 지적 재산에 대한 고찰을 요구한다.

지적 재산 : "매든Madden은 어디에 있나?"

인지자본의 축적은 "살아 있는 지식"의 "죽은 지식"으로의 전환을 수반한다(Vercellone 2005). 인지자본 하에서 가장 일반적인 형태의 죽은 지식은 지적 재산이며, 일렉트로닉 아츠는 이를테면 지적 재산의 기업형 제국이다. 이는 직접적 구매, 라이선스 계약, 그리고 프랜차이즈 관리를 포괄하는 전략적 주춧돌로서의 지적 재산에 대한, 고도로 계산된 접근법을 통해 확장하는 제국을 말한다. 일렉트로닉 아츠의 리치티엘로가 한 발언은 이러한 정서를 가장 잘 보여 준다. "오늘날 개발자들은 이런 흐름에 상당히 최적화되어 있다. 온갖 방법을 동원해 히트작을 하나 만들어 낸다. 정말이지, 온갖 방법을 동원한다"(Androvich 2008a에서 인용).

구매 분야는 직설적이다. 이미 언급한 것처럼 1990년대부터 일렉트로닉 아츠는 인수에 박차를 가하기 시작하여, 소규모의 써드 파티 제작사들에 대한 통제권을 구매하거나 얻어 나가고 있다. 일반적으로 이러한 제작사들은 최소한 하나의 입증된 히트작을 개발했다. 일렉트로닉 아츠는 오리진사를 사들였는데, 이는 성공한 롤플레잉 게임인 〈울티마〉를 만들 수 있게 했다. 또한, 일렉트로닉 아츠가 인수한 맥시스는 윌 라이트가 만든 〈심즈〉 시리즈의 개발자이고, 미틱 엔터테인먼트 사는 유명한 〈다크 에이지 오브 카멜롯〉 다중접속 온라인 게임을 만들 수 있게 했다. 일렉트로닉 아츠는 또한 록스타의 〈그랜드 테프트 오토〉의 독점 판권을 구매하려는 시도도 했다. 그렇지만 일렉트로닉 아츠가 추구한 것이 단순히 게임의 지적 재산에 대한 구매는 아니었다. 다른 한편 게임 제작 기술 혹은 게임 관련 서비스의 형식에 있어서 혁신적 접근법을 구매하기를 원했다. 예를 들면, 2008년에 일렉트로닉 아츠는 게임이용자들에게 소셜 네트워킹 사이트의 시험판을 제공하기 위해 쓰리에스에프[ThreeSF](냅스터의 설립자에 의해 시작된 회사)를 사들였고(Jenkins 2008a), 또한 2007년에는 게임 고객 소프트웨어를 위해 슈퍼 컴퓨터 인터내셔널사를 흡수 합병시켰다(Alexander 2007). 살아 있는 지식이 이러한 가치 있는 자원들을 만들어 내고 있음에도 일렉트로닉 아츠의 경영진들은 그저 죽은 지식만을 인식하고 있다. 수상 경력이 있는 제작사인 바이오웨어와 판데믹을 사들이면서 "지적 재산을 위한 놀라운 수송관"이라고 언급한 것은 대표적인 사례이다(Gibeau, News Services 2007에서 인용).

직접 인수 외에도, 일렉트로닉 아츠의 지적 재산 수송관은 여타 엔터테인먼트 회사들, 즉 "비디오게임 산업과 여타 문화 산업 간 높은 수준의 상호접속"(Johns 2006, 177)의 주요 지점과의 라이선스 계약을 통해 확장되었다. 라이선스 준비를 통해 캐릭터, 스토리라인, 그리고 다른 매체들로부터 가져온 놀이 콘셉트이 여러 게임들 속으로 통합된다. 일렉트로닉 아츠는 이 분야에서 유일한 기업은 아니지만, 게임 개발시 라이선스에 기반한 접근법에 있어서는 유명한 선구자임과 동시에 전문적인 현역 회사이다. 최근의 사례로 일렉트로닉 아츠는 블록버스터 영화인 〈대부〉와 책 『반지의 제왕』에 기반한 게임들을 만들 수 있는 권리를 사들였는데, 모두 수백만 개가 팔렸다. 이뿐만 아니라 게임 판매가 지속적으로 박스 오피스 수익을 상회함에 따라 대형 할리우드 영화사들은 점점 더 퍼블리셔 측으로 하여금 그들의 지적 재산을 활용하여 기회로 삼을 수 있도록 조치를 취하고 있는 중이다(Jenkins 2008b). 그러나 라이선스 계약체결은, 예를 들면 일렉트로닉 아츠가 디즈니와 해즈브로 같은 어린이 문화 분야의 주축 기업들과 맺는 계약에 뛰어듦으로써, 영화의 범위를 뛰어넘고 있다.

타인의 지적 재산에 접근하는 것은 일렉트로닉 아츠로 하여금 사내 아이디어 창출 비용을 절감할 수 있게 해줄 뿐만 아니라 회사가 캐릭터, 서사, 그리고 타겟이 되는 대중들에게 이미 확실하게 인정받은 주제들, 예를 들어서 J. R. R 톨킨[『반지의 제왕』 저자]의 책, 해즈브로[미국의 장난감 회사] 보드게임, 데프 잼[미국의 힙합 음반제작사] 래퍼 등을 활용할 수 있도록 해준다. 일렉트로닉 아츠의 전 최고경영자인 래리 프로브스트는 "우리는 이미 근간을 이루는 이야기가 있는 라이선스를 찾는다. 사람들이 이미 그 이야기의 캐릭터와 이야기 전개에 익숙해 있기 때문이다"라는 말로 이러한 상황을 설명했다(Florian 2004에서 인용). "친숙함"에 대한 강조는 인지자본주의가 어떻게 공유된 문화 지식을 "직접적으로 생산적인"(Vercellone 2007b) 것이 될 수 있도록 하는지를 잘 보여 주고 있다. 소위 여가시간 중 발생하는 특정 엔터테인먼트의 소비는 더 많은 엔터테인먼트 상품들의 소비를 창출하는 조건을 만들어 내는데, 이는 인지자본주의가 "사회적 생산성 자체의 재정의가 필요하게 만든다"는 주장과 관련된 동학이기도 하다(Morini 2007, 54). 이 모든 것에 있어서 인지자본주의자로서 일렉트로닉 아츠는 이미 게임이용자들에게 익숙한 선수들의 얼굴, 이미지, 그리고 이름들에 대한 권리를 구매함으로써 생산 비용을 아끼게 된다.

일렉트로닉 아츠의 경우 라이선스 발행이 일회성이 되는 경우는 거의 없다. "우리는 다수의 반복이 있을 것임을 아는 적절한 연계지점을 찾아 나선다"(Probst, Florian 2004에서 인용). 프로브스트가 그러한 발언을 했을 때, 퍼블리셔들의 연간 출시품들 중 70퍼센트 이상이 "기존에 확립되어 있던 브랜드들에 기반을 두고 있었다"(Pomerantz 2003). 이처럼 세심하게 계획된 비독창성 전략은 일렉트로닉 아츠가, 실험보다는 검증된 히트작의 복제를 선호함으로써 위험 회피방법을 완성하는 데서 명확해진다. 한 논평자가 이 기업의 역사를 요약한 바와 같이, 일렉트로닉 아츠는 "해당 산업에서 현재 폭넓게 확립된 공식에 의지함으로써 세계에서 가장 거대한 비디오게임 제작자가 되었다. 소비자들이 제까닥제까닥 구매해 주는 친숙한 프랜차이즈 상품들을 연속으로 찍어 냄으로써 말이다"(Ross Sorkin and Schiesel 2008). 이 같은 투자자를 기쁘게 만드는 전략은 우리를 일렉트로닉 아츠의 지적 재산 제국의 세 번째 특징, 프랜차이즈 관리라는 특징으로 관심을 옮기게 한다.

프랜차이즈 관리 분야에 있어 일렉트로닉 아츠의 주종목인 스포츠는 가장 선진화된 사례이다. 설립 직후에 일렉트로닉 아츠는 농구 게임 〈닥터 제이와 래리 버드가 일대일 농구를 한다〉[이하 〈일대일〉]을 출시했는데, "실제 라이선스화된 최초의 스포츠 컴퓨터게임"이었다(DeMaria and Wilson 2002, 178). 라이선스를 기반으로 하는 게임 개발 접근법이 일렉트로닉 아츠의 기업 전략에, 그리고 게임 문화와 상업에 일반적으로 끼친 파급력은 엄청나다. 〈일대일〉 이후, 〈전미미식축구연맹〉[이하 〈엔에프엘〉]의 아이콘 존 매든과 일렉트로닉 아츠 간의 기념비적인 1986년 계약이 성사되기에 이르러, 〈존 매든 풋볼〉의 출시로까지 이어졌는데, 이 게임의 성공 기록은 오늘날까지도 깨지지 않고 남아 있다. 〈존 매든 풋볼〉은 일렉트로닉 아츠에게 놀라운 수익을 가져다준 "같은 포맷을 재탕하는" 게임 개발 모델의 시초이다(Florian 2004). 오늘날 이 회사는 의심할 나위 없이 스포츠 장르의 모든 경쟁자들 위에 군림하고 있다.

〈엔에프엘〉뿐만 아니라, 일렉트로닉 아츠는 〈전미아이스하키연맹〉[이하 〈엔에이치엘〉], 〈국제축구연맹〉[이하 〈피파〉], 〈미국프로골퍼인협회〉[이하 〈피지에이〉], 〈미국개조자동차경기연맹〉[이하 〈나스카〉], 그리고 〈미국메이저리그야구〉[이하 〈메이저리그〉]를 포함한 전문 스포츠 리그들과 다년간 라이선스 계약을 유지하고 있다. 이 같은 라이선스는 일렉트로닉 아츠에게 이 실제 리그들에 기반한 게임들을 설계할 수 있는 법적 권리를 부여한다. 또 이 회사는 매년 업그레이드 판을 출시하여 팀의 선수 명단과 선수에 대한 통계치를 업데이트하고 있다. "연봉에서 신체조건까지" 모든 것에 대한 정보를 수집한 데이터는, 일렉트로닉 아츠가 매년 이런 스포츠 게임들을 재출시하는 것에 대한 합리적 근거를 형성하는, 선수들의 상세한 차이점을 제공한다(Delaney 2004a). 이뿐만 아니라, 최신의 개발 기술들을 사용함으로써 "매년, 이 프랜차이즈 제품들은 몇 가지 새로운 '매력'을 가지게 된다." 예를 들면, 개인 사진을 〈타이거 우즈 피지에이 투어 08〉에 사용하여 골퍼 스타일의 당신 자신을 만들어 낼 수 있다(Pausch 2004, 9). 내재된 게임 코드의 많은 부분을 재활용할 수 있거나 그러한 코드를 다른 종목의 스포츠 게임들에도 사용할 수 있다면, 일렉트로닉 아츠의 게임들은 자본-효율적인 저위험의 대박 사업이 된다. 〈매든 엔에프엘〉[3] 같은 제품을 업데이트 하는 데 8백만 달러가 소요되었지만, 2003년 한 해에만 이 게임이 벌어들일 것으로 예상되는 금액은 2억 5천만 달러였다. 2008년 현재, 이 미식축구 프랜차이즈 게임은 6천만 개 이상이 판매되었다(Bulik 2007). 놀랄 것도 없이, 이러한 게임들은 퍼블리셔들의 주춧돌이자, 일렉트로닉 아츠의 가장 수익성 있는 상표인 이에이 스포츠의 주력 브랜드들이다.

　　그와 같은 게임들은 미디어 비평가인 숱 잘리[Sut Jhally](1989)가 "스포츠/미디어 복합체"라고 명명한 것을 다음 단계로 이끈다. 잘리가 분석하

───────────

3. [옮긴이] 〈존 매든 풋볼〉의 1993년 이후 명칭

였듯이, 스포츠는 수백만 명의 선수들과 팬들의 강렬하고 정서적인 투자를 상품화한 기반 위에 세워진 자본주의적 사업이고, 대규모의 광고주가 주도하는 미디어 스펙타클에서 정점에 이른다. 일렉트로닉 아츠의 가상 게임들은 복합적으로 이러한 복합체에 접합된다. 이 게임들은 이 복합체를 모의실험하고, 미디어에 의한 포획의 새로운 층을 창조함으로써 스포츠의 상품화를 배가시키며, 또 심지어는 그들이 모의실험화하는 게임들이 관람되고 플레이되는 방식을 바꿀 수 있게 된다.

〈매든 엔에프엘〉은 다시 말하지만 훌륭한 사례이다. "게임 속에 있다"It's in the game가 이에이 스포츠의 현재 슬로건이다. 처음부터 일렉트로닉 아츠는 자사의 게임들이 〈엔에프엘〉의 실제 경기들을 가능한 한 현실적으로 모방하기를 원했다. 이에이 스포츠 게임들의 중심에는 이 회사의 밴쿠버 지역 모션캡처 스튜디오인 "세계에서 가장 거대한 규모의 제작사"가 있는데, 프로 운동선수들이 경기를 할 때 나타나는 동작을 50대 이상의 카메라로 담아낸다(Zacharias 2008). 이뿐만 아니라 일렉트로닉 아츠는 "수천 시간 동안 오직 경기 영상들만을 관찰하기 위해, 선수들의 습관, 경기장의 상태, 그리고 코칭 전략을 기록하는 사람들을 고용하고 있다"(Ratliff 2003). 하지만 얼마 지나지 않아 축구 방송이 스포츠 비디오게임들의 카메라 앵글들을 모방하기 시작하였고, 일부는 심지어 방송 중 플레이 분석을 하는 데 〈매든〉을 사용하였다. 〈매든 엔에프엘〉은 현재 〈엔에프엘〉의 텔레비전 관객들을 증가시키는 데 핵심적인 요소로 인식되고 있으며, 일부 〈엔에프엘〉 선수들이 연습 도구로 이 게임을 사용하고 있다는 보고가 나와 있다(Ratliff 2003). 일렉트로닉 아츠 측이 실제 의도적으로 〈엔에프엘〉 선수들을 〈매든〉 비디오게임 행사들에 참여시킴으로써 가상 게임과 현실적actual 게임 사이의 혼란은 상승되었다. 예들 들어 〈매든 네이션〉(2005~7)에서 일군의 〈엔에프엘〉 선수들이 〈매든 엔에프엘〉을 하면서 버스를 타고 미국을 투어했다. 이 토너먼트 도로 여행에 십만 달러 상당의 상금이 내걸렸고, 타임스 스퀘어의 거대 스크린상에서 최종전이 방영됐다. 이 투어는 이에스피엔4의 리얼리티 텔레비전 프로그램에 해당 콘텐츠를 제공했다. 일렉트로닉 아츠는 또한 〈매든 엔에프엘〉 시리즈의 최신 게임을 사용하여 슈퍼볼Super Bowl[미국 프로미식축구 결승전]의 가상 모의실험을 운영하고 있는데, 이는 보통 우승팀을 정확하게 예견하고는 한다.

하지만 궁극적으로 가상 스포츠와 실제 스포츠 간 이 같은 공생 관계의 기반은 - 혹은 경기장에서, 텔레비전 방송에서, 그리고 디지털 놀이에서 성공적으로 매개된 스포츠의 순간들이라고 말할 수도 있겠다 - 상품 관계이다. 쌍방 이익을 주는 마케팅이, 이에이 스포츠가 전문적인 스포츠 협회들과 맺는 라이선스 계약의 중심에 자리하고 있다. 〈매든〉은 〈엔에프엘〉의 재원을 살찌우고 있으며, 해당 리그의 라이선스 수익에서 두 번째 자리를 차지하고 있다(Delaney 2004a). 상호적 관점에서 보았을 때 사내 제작사에서 만들어지는 스포츠 게임은 일렉트로닉 아츠 수익의 거의 절반을 창출하고 있으며, 이들 제품에 붙는 풍부한 수익 마진은 회사의 전방위적인 인수에 자금을 제공해 왔다(Ratliff 2003).

---

4. [옮긴이] ESPN, Entertainment and Sports Programmng Network. 미국의 오락·스포츠 전문 케이블 텔레비전 방송으로, 특히 스포츠 관련 방송사로 유명하다.

그러나 한 게임 기자가 말한 것처럼, 재정 분석가와 회사 내부자 들은 다음의 사실을 공개적으로 인정함으로써 게임이용자-비평가들의 발목을 붙잡고 있다.

최근 몇 년간 일렉트로닉 아츠 같은 회사들은 가상 놀이 생산 공장으로서 게임 제작의 과정을 다루게 되었다. 마케팅 자원 분야에서 Y 달러가 결합하여 그래픽 기술에 투자된 X 달러는 투자 부문에 Z 반환금을 제공해야 한다.……한때 거침없는 비전으로 유명했던 일렉트로닉 아츠는 창조적 측면과 재정적 측면 모두에서 정체되어 있으며, 스포츠 게임 속편들과 달리고-쏘고-때려 부수는 게임들의 무미건조한 설명들을 장황하게 양산하는 역할로 축소되었다.(Schiesel 2008a)

일렉트로닉 아츠는 기술적·문화적인 지식을 최적의 수준으로 착취하는 메커니즘으로서 지적 재산의 배치법을 익혔을 수도 있지만, 그것은 정체되고 있는 스포츠 게임 시장 내에서 친숙한 자본주의적 과제, 즉 지속적으로 생산품을 위한 시장을 확대해야 하는 필요라는 과제에 대응하는 방식으로만 이루어졌다. 스포츠 분야에서 축적된 지식의 주위에서, 일렉트로닉 아츠는 이 같은 시장 포화 상태에 맞서기 위해 새로운 수입원과 관련한 실험을 시작하고 있다. 전문적인 스포츠 지식에 대한 갈증을 느끼는 팬들에 의해 가능해진 이에이 스포츠는 현재 마이크로소프트 게임부의 전 사장 피터 무어의 리더십 하에서, 레이블을 "일반적인 스포츠 브랜드로" "전환하고자" 하는 계획을 가지고 있으며(Schiesel 2007

에서 인용), 잠재적으로는 스포츠 방송, 스포츠 캠프, 그리고 팬들을 위한 소셜 네트워킹 사이트와 같은 분야로 확장하려 하고 있다. 진정한 인지자본가처럼 말을 하면서 무어는 "내 생각에 우리는 정보를 모으고, 비디오 기술들을 사용하여 그 정보를 실제의 삶으로 가져올 수 있는 기회를 가지고 있다"고 말한다(Schiesel 2007에서 인용). 일렉트로닉 아츠가 추구하는 또 다른 길은 "역동적인 게임 속 광고"이다(Jenkins 2008c). 일렉트로닉 아츠는 최근, 이처럼 부상하는 산업에서 선도적 회사들 중 하나이자 마이크로소프트 계열사인 매시브 인코퍼레이티드와 계약을 맺었다. 〈매든〉이 상업 문화의 보다 폭넓은 순환에 미친 영향에 대해 말하자면, 매시브의 광고 운영진이 게임 속 광고의 개념을 광고주들에게 홍보할 때 그들이 "늘상 받은 질문"은 "매든은 어디에 있나?"였다(Bulik 2007). 〈매든〉의 참여는 다른 회사들이 이 새로운 광고 매체를 "진지하게" 바라보아야만 한다는 "확인"validation으로서 기능했다는 평을 듣는다(Bulik 2007). 그렇지만 자신의 수익을 증가시키고자 하는 일렉트로닉 아츠의 탐색은 지리적 기반 위에서도 벌어지고 있으며, 그런 이유로 우리는 이 지적 재산 제국의 세계화로 눈을 돌리고자 한다.

세계 시장 : 차이들의 놀이

일찍부터 비디오게임 시장은 구별되는 세 가지 지역적 허브들인 북미, 서유럽, 그리고 일본과 함께, 고도로 세계화된 외형을 가정하고 있었다. 일렉트로닉 아츠는 캘리포니아 레드우드 시에 본사를 두고 있긴 하였지만 이 모든 구역들을 가로질러 운영되어 왔으며, 게임들을 만들고 팔면서 점차 초국적인 존재영역을 발전시켜 나가고 있다. 이러한 관점에서 일렉트로닉 아츠는 "생산 네트워크들의 새로운 대륙들을 열심히 나누고 통제하면서 자신의 운영 범위를 확장해 나가는……하드웨어와 소프트웨어 제작자, 그리고 정보와 엔터테인먼트 기업" 중 하나이다(Hardt and Negri 2000, 300). 일렉트로닉 아츠의 세계 시장의 범위와 지리적 영토의 변별적 관리는 인지자본주의의 특징이 되는 이 같은 기업들의 부가적 면모가 되며, 퍼블리셔의 해외 판매 위탁, 아웃소싱, 그리고 게임-지역화 game-localization의 실천들에 의해 예증되고 있다.

　　일렉트로닉 아츠의 제작사들 대부분은 북미와 유럽에 집중되어 있는데, 이것은 95퍼센트의 게임이 이 지역들에서 팔리고 있고(Hoover's Company Records 2008), 숙련된 인지 노동자 풀pool이 최고 수준으로 준비되어 있기 때문이다. 일렉트로닉 아츠의 주요 제작사들은 미국에서는 로스앤젤레스, 레드우드 쇼어스, 그리고 플로리다 주의 티뷰론에 위치해 있고, 캐나다에서는 밴쿠버, 몬트리올, 그리고 에드먼튼에, 유럽에서는 마드리드와 독일의 잉겔하임에 위치하고 있다. 일렉트로닉 아츠는 종종 이러한 지역적 경계들 안에서 또 다시, 성공한 지역 개발 제작사들을 인수함으로써 몸집을 불려나가고 있다. 예를 들면 일찍부터 일렉트로닉 아츠는 캐나다의 디스팅티브 소프트웨어사를 인수하여 사내에서 - 그리고 세계에서 - 가장 큰 개발 제작사로 만들었으며, 또 영국의 크라이테리온 게임스와 독일의 페노믹을 사들임으로써 유럽 내에서 자신의 인지도를 넓혔다. 한 가지 예를 더 들자면, 2007년에 일렉트로닉 아츠는 자사의 〈나스카〉 게임 개발 사이트를 플로리다에서 노스캐롤라이나 주 모리스빌에 있는 리서치 트라이앵글 파크로 이전했다(Gaudiosi 2007). 이것은 단순히 이 게임의 〈나스카〉 라이선스 파트너의 노스캐롤라이나 사무실들과 지리적으로 가까워지고, 지역 최고 수준의 대학들과의 근접성을 갖고 있다는 차원에서뿐만 아니라, 리서치 트라이앵글 파크가 미국 내에서 "최고로 사업하기 좋은 분위기들" 중 하나로 일관되게 상위를 차지하고 있기 때문이었다(RTP 2008; 리서치 트라이앵글 파크에 대한 비판을 원한다면 Holmes 2007을 보라). 한 회사 운영진의 말에 따르면, 다수의 지역에 위치한 제작사들을 동시적으로 운영함으로써 일렉트로닉 아츠는 "세금 결과에 따라 손쉽게 여기 혹은 저기로 확장할 수 있는" 유연성을 가지게 됐다. 일렉트로닉 아츠가 주목하고 강화하고자 하는 세계는 부드럽지만 흠이 있으며, 다양한 "세금 관할권" 주위에 질서 지어져 있다(Wong, Hasselback 2000. 143에서 인용).

게임 생산 공간은 점점 더 초국적이 되어 가고 있다. 경제 지리학자 제니퍼 존스는 게임 "소프트웨어 생산 네트워크들이 3개의 주요 경제 지역들, 즉 서유럽, 북미, 그리고 아시아-태평양 지역 내에 연결되어 있음을 알게 되었다(2006, 151). 게임 생산 활동의 집중화 현상은 이러한 경계들 내에서 이동하고 또 그것을 뛰어넘어 확산되고 있는 중인데, 특히 아시아와 관련해서 더욱 그러하다. 비록 아시아가 현재에는 일렉트로닉 아츠 매출의 5퍼센트만을 차지하고 있지만, 일렉트로닉 아츠는 그곳에서 자신의 존재감을 확장시켜 나가고 있는 중으로, 해당 지역의 빠르게 성장하는 온라인 마켓의 이점을 취할 수 있도록 노력하고 있는 것이다. 일렉트로닉 아츠는 이미 그곳에서 활동 중인 개발 회사들과의 합작 투자를 통해 이 지역을 관통해 나가고 있는 중이다. 2007년에 일렉트로닉 아츠는 성공적인 한국의 온라인 게임 퍼블리셔인 네오위즈에 대한 투자액을 증가시키면서, 동시에 〈피파 온라인〉의 한국어 버전 작업을 이 회사와 공조하였으며, 그 결과 한국 내 온라인 게임들이 갖고 있던 이전까지의 모든 기록들을 눌러 버렸다(Dobson 2007). 하지만 일렉트로닉 아츠의 확장 계획에서 중심을 차지하는 것은 중국이다. 인터넷에 연결된 8천만 명의 사람들과 함께 중국은 세계에서 가장 사업성이 있는 온라인 게임 시장으로 자리매김하게 되었다(5장을 보라). 일렉트로닉 아츠는 이 나라 안에 그리고 주변국에 사무실들을 세우고 있는데, 상하이와 싱가포르에 있는 제작사들은 200명 이상의 개발자들을 고용하고 있다(Kiat 2008).

게임 생산의 세계화에 있어서 상대적으로 눈에 띄지 않는 측면이 아웃소싱이다. 여타 첨단기술 회사들(Ross 2006을 보라)처럼 일렉트로닉 아츠는 게임 개발 노동 절차의 요소들을 점차적으로 게임 자본의 지리적 중추 외부에 위치한 써드 파티 개발자들에게 하청을 주고 있다. 대부분의 경우에 맡겨지는 과업들은 기존의 게임들을 부가적인 플랫폼들에 "복사해 옮기는 것", 단순반복적인 프로그래밍, 주문형 제품 등이다. 한 통계수치에 따르면 아웃소싱은 게임 생산 비용을 20에서 40퍼센트 가량 절감시킬 수 있다(Graft 2007). 일렉트로닉 아츠는 인도와 중국 모두에서 다양한 판매 회사들과 협력하고 있는데(Carless 2006a; Reuters 2008), 아웃소싱 과정에서 유일한 장애물은 아마도 자격을 갖춘 인지 노동자들의 부족일 것이다. 하지만 일렉트로닉 아츠는 베트남을 포함한 더 많은 영역을 향해 나아가고 있기도 하다. 거기에서 이 회사는 개발 작업을, 호찌민 시에 기반을 둔 회사인 글래스 애그 디지털 미디어에 할당하고 있다. 글래스 애그는 연간 대략 4천 달러를 받는 현지 프로그래머를 고용함으로써 일렉트로닉 아츠에 엄청난 노동 비용 절감 효과를 가져다 주었다. 반면 "그와 비견할 만한 미국의 인력들은 7만에서 10만 달러를 받았다"(Gallaugher and Stoller 2004). 이러한 아웃소싱 경향은 전지구적 인지자본주의 내에서 "신-테일러주의적neo-Taylorist 기능들"의 부상을 보여주고 있는데, 베르첼로네(2007a)는 이를 "새로운 인지 노동 분업 안에서 불안정한 직업들"의 수가 증가하고 있는 현상과 연관시키고 있다. 하지만 우리가 잠시 뒤 다룰 장에서 볼 수 있듯이, 이것은 전통적인 남북문제의 분할선을 따르고 있지 않다.

게임 생산의 세계화는 또한 게임 진행 텍스트와 오디오를 비영어권 시장의 언어로 번역하는 것을 가리키는 용어인 지역화를 통해 달성되었다. 일렉트로닉 아츠는 세심한 조정을 통해 자사의 제품들을 지역화시킨다. 가령 첫 번째 〈해리 포터〉 게임은 "영화가 개봉한 당일에 20개 언어와 75개국에서" 출시되었다(Takahashi 2003). 일렉트로닉 아츠는 한편 오스트리아에서 남아프리카와 인도에 이르는 지역 판매 사무소를 운영함으로써, 지역적으로 제공되는 판매 작전들에 따라 결정되는 전지구적 시장 전략을 조정하도록 하고 있다. 지역화는 또한 게임이 개발되는 장소와 관련을 맺고 있다. 여기서 스포츠는 다시 한 번 주도적인 사례가 된다. 지역의 문화적 지식을 동원하는 일렉트로닉 아츠의 경주용 레이싱 게임은 앞서 언급하였듯이 노스캐롤라이나에서 만들어지는데, 이곳은 〈나스카〉의 사무소가 있는 곳이다. 반면에, 〈엔에이치엘〉 시리즈들은 캐나다에서 만들어진다. 예상치 못한 지역적 조합들이 있을 수 있는데, 일렉트로닉 아츠에서 매년 출시되는 럭비와 크리켓 게임의 경우가 대표적 사례이다. 이 조합들은 이에이 스포츠의 상표를 달고 출시될 것인데, 대서양 해안가의 작은 마을에서, 영국에서 온 이주민들에 의해 운영되는 한 제작사에 의해 만들어졌고, 남아프리카와 인도에서 각각 상당히 잘 판매되었다. 침체기를 겪고 있는 이에이 스포츠에 의해 완성된 "닦고, 기름칠하고, 반복하는"(같은 포맷을 재탕하는) 순환주기와 함께 일렉트로닉 아츠는, 그리하여 북미/유럽의 하키와 축구 게임들의 축으로부터 탈출하려는 중이다. 이는 확장을 통해 생존하고자 하는 시도이다. "우리는 아무도 관심을 두지 않는 스포츠를 수출하는 미국인이 되고 싶지는 않다." 이것은 일렉트로닉 아츠의 한 경영진이 뉴질랜드에서의 새로운 크리켓과 럭비 게임 제품 출시와 관련한 인터뷰에서 한 고백이다(Brown 2003에서 인용).

그러므로 일렉트로닉 아츠는 지역적 차이들, 즉 문화적 전통, 경제적 발전, 그리고 또한 여흥 기술의 차이들에 대한 세심한 관리를 통해 초국화transnationalization를 추구하고 있다. 문화적 전통의 관점에서 보자면, 세계 게임 시장을 건설하기 위한 일렉트로닉 아츠의 지역 스포츠 문화 활용은 제국의 문화적 복합체의 한 사례가 된다. 하트와 네그리는 단순한 이항대립 체계를 거부하면서, 자본주의적 동질화(예 : 대중문화)와 차별화(예 : 문화적 다양성)의 과정들은 상호 배타적인 것이 아니라 세계 시장 시대에 형태를 갖추어 나가고 있는 중인 문화적 풍경 내에서 공존하는 것임을 강조한다. 일렉트로닉 아츠가 분명 미국의 회사이긴 하지만, 이 회사의 사업 전략은 미국적 테마들을 부과하는 것을 넘어서야 하며, 지역화된 주제들을, "닦고, 기름칠하며, 반복하는" 순환주기를 위한 물질적인 것으로 만듦과 동시에 차이의 영역을 횡단하여 작동해야만 한다. 이런 측면에서, 이에이 스포츠의 접근은 "지역세계화"glocalization — 지역화를 통해 작동하는 세계화, 차별화하면서 동시에 동질화하는 세계화 — 의 고전적인 실천이다.

지역세계화는 다양한 시장을 횡단하는 소득과 기술 인프라의 차이점들에 대한 적응을 수반하기도 한다. 예를 들어, 게임 콘솔의 소유 비율이 낮은 다양한 아시아 시장들에서 일렉트로닉 아츠는 보다 저렴한 플랫폼인 모바일과 온라인 게임에 집중하고 있다(Herald News Service 2008). 일렉트로닉 아츠는 아시아 태평양 지역에서 지역 시장에 맞는 게임들을 개발할 스튜디오들을 직접 세울 계획을 가지고 있었다(Alexander 2008b). 한국의 네오위즈사와의 파트너십으로 지역화한 〈피파 온라인〉의 사례는 일렉트로닉 아츠의 세계화 전략들의 또 다른 단면을 잘 보여 주고 있다. "〈피파 온라인〉을 저작권 침해가 만연해 있는 나라에 판매하기가 불가능하다는 점을 깨달은 일렉트로닉 아츠는 2006년에 무료로 다운로드를 받을 수 있도록 하여 이 게임을 많은 사람들에게 나눠주기 시작했다"(Pfanner 2007). 불법복제는 일렉트로닉 아츠로 하여금, 이곳에서 엄청나게 수익성이 좋은 것임이 입증된 온라인 비즈니스 모델에 비중을 두도록 하였다(Pilieci 2008). 이 모델의 경우 핵심적인 사항은 소액거래이다. 일렉트로닉 아츠는 이용자들이 이 무료 게임에 빠지도록 만들었으며, 이를 통해 1달러도 되지 않는 돈으로, "스타 운동선수의 경력을 연장하는 것"(Pfanner 2007)에서부터 "특별한 가상 미끄럼 방지용 밑창과 운동 경기용 셔츠"(Pilieci 2008)에 이르기까지, "이 회사는 경쟁자들보다 우위에 놓일 수 있는 방법들을 제공하였다." 일렉트로닉 아츠는 이런 방식으로 매달 1백만 달러 이상을 벌어들이고 있다고 한다(Pilieci 2008). 이 같은 접근법에 이어 본격적으로 일렉트로닉 아츠는 〈배틀필드〉의 온라인판인 〈배틀필드 히어로즈〉의 최신 제품도 무료 다운로드 방식을 적용해 출시할 예정이다. 〈배틀필드 히어로즈〉는 또한 게임 산업 성장에 있어 또 다른 전통적 장애물, 즉 구입장벽 문제에 대처하려는 의지를 보이고 있다. 배후에서 작동하는 데이터베이스를 통해 〈배틀필드 히어로즈〉는 "일반 게임이용자들이 로그온하여 자신들만의 스킬 레벨 상태로 다른 이들과 게임할 수 있도록 하는 대전 성립 시스템match making system"을 사용할 계획이다(Pilieci 2008). 접근성이라는 문제와 관련하여 이 같은 대처법은 일렉트로닉 아츠가 간편한 게임들을 신규 이용자들을 위한 진입로로 사용하려는 보다 폭넓은 전략의 일부분이다. 퍼블리셔들은 이 신규 이용자들이 점점 더 많이 게임을 하고자 하는 욕구를 갖기를, 그리고 이를테면 이에이 스포츠의 게임 제품들을 이용하는 데 필요한 지식을 갖추어 나가길 바라고 있다.

일렉트로닉 아츠의 전지구적 범위에 걸친 활동은 제국을 확장하고 굳건히 하는 데 있어서 인지자본 역할의 대표적 사례가 되고 있다. 소비에 있어서, 이 회사의 접근은 제국 하에서 자본주의는 "하나의 기회로서 모든 차이"와 연관되어 있다는 하트와 네그리의 지적과 일맥상통한다

(2000, 152). 일렉트로닉 아츠의 차별적 관리는, 우리가 보았듯 상품화를 위한 다양한 가치의 가능성들과 동일시되는 지식의 무한한 가변성을 가진 기술로 확장된다. 생산의 영역에 있어서도 또한 마찬가지이다. 하트와 네그리는 "세계 시장이 다양한 영토들을 동질화하고 동시에 차이화하여, 세계의 지리를 다시 쓰고 있"음을 관찰하고 있다(310). 일렉트로닉 아츠의 치솟는 수익은 초국적 차이들의 조절 네트워크 – 임금 수준, 외환 시세, 그리고 정부의 인센티브에 있어서의 차이들 – 를 이용하여 자신의 이익을 최대화하는 데 기인한다. 이 같은 상황은 고임금의 제작사에서 같은 작업을 보다 낮은 비용으로 처리할 수 있는 여타 지역들로 점점 더 많은 생산지를 이동하도록 하고 있다. 이 점이 우리를 일렉트로닉 아츠의 게임 개발이 이루어지는 작업지역, 현재로서는 여전히 거의 대부분이 "전지구적인 생산 위계구조"(Hardt and Negri 2000, 288)에서 북쪽에 집중된 작업장으로 옮겨가게 한다.

코그니타리아트 : 일렉트로닉 아츠의 인력 구성

2007년 미국에서 디지털 게임 산업은 2만 4천 명의 사람들을 직접 고용했다(Siwek 2007, 5). 이들 중에서 일렉트로닉 아츠에 고용된 게임개발자들이 약 8천 명으로 상당한 비중을 차지한다(Hoover's Company Records 2008). 일렉트로닉 아츠에서 시간을 보낸 이들 – 특히 이 회사가 주로 인력을 채용해 오는 카네기 멜론 대학의 대학원 프로그램을 공동 창립한 컴퓨터 과학자 랜디 포쉬(2004) – 로부터의 보고서들과 비디오게임 산업의 고용 현황에 관한 일반적인 보고서 몇 편을 활용하고(Haines 2004a, 2004b; IGDA 2005), 여기에 일렉트로닉 아츠에 일정 기간 고용된 캐나다인 게임 노동자들에 대해 우리가 직접 수행한 인터뷰들을 보완하여, 우리는 일렉트로닉 아츠의 게임들을 만드는 코그니타리아트[인지노동자]의 구성과 이들이 참여하고 있는 노동 과정의 그림을 제시할 수 있다.

게임 산업의 탄생 이래로 이 분야에 종사하는 인력은 항상 젊었다. 오늘날에는 평균 나이가 31세로 연령대가 약간 높아지고 있지만, 현재까지는 게임 노동자의 가장 많은 수가 40대 이하이다(IGDA 2005). 일렉트로닉 아츠도 예외는 아니다. 포쉬는 "50세 이상의 피고용인은 드물며, 심지어 고위직의 경우에서도 그러하다"고 강조한다. 그는 일렉트로닉 아츠가 "약간 〈로건스 런〉5 같은 기분이 들게 한다"(2004, 8)며 농을 친다. 비디오게임 노동자들은 일반적으로 학사 수준의 정규 교육을 받았다. 이들 중 64퍼센트는 대학 혹은 전문대학 학위를 소지하고 있으며, 16퍼센트 이상이 학사학위를 갖고 있다(IGDA 2005, 20). 역사적으로 보았을 때 일렉트로닉 아츠는 이 분야에 종사한 경력이 있는 사람들을 고용하는 것을 선호해 왔지만, 신입 사원의 75퍼센트 – 연간 최대 750명 – 가 자본에 대한 인지역능cognition power의 상당 부분이 훈련된 대학 출신자가 될 것이라 예견하고 있다(Pausch 2004). "우리는 다음 세대의 인력과 관련해

---

5. [옮긴이] 마이클 앤더슨(Michael Anderson) 감독의 1976년작 미국 공상과학영화. 2274년의 미래를 배경으로, 돔 안에 사는 거주민들에겐 노동의 의무도 거의 없고 모든 삶의 쾌락을 누릴 자유가 있지만, 30세가 되면 죽임을 당하는 시스템으로 유지되는 사회를 그리고 있다.

대학을 주시하고 있다"고 전 일렉트로닉 아츠의 인력 자원 간부였던 러스티 루프는 말한다(Delaney 2004b에서 인용).

　보다 깊어지는 대학과의 파트너십뿐만 아니라[6], 국제적으로 일렉트로닉 아츠는 전자 인력채용기E-Recruiter라고 불리는 중앙집권화된 소프트웨어 프로그램을 사용하여 자사의 인력 충원 필요에 대처하고 있다. 2001년 즈음 일렉트로닉 아츠는 잠재적 신입사원들에 대한 3만 개 이상의 정보들을 담고 있는 데이터베이스를 만들어 냈다(Muoio 2001). 전자 인력채용기가 작동하는 방식들 중 하나는, 이에이 웹사이트의 고용 섹션을 방문하는 사람들로 하여금 개인 연락처와 고용 관련 개별 정보를 제출하고 또 일자리 공시에 관한 정보들을 받을 수 있도록 유도하는 것이다. 루프는 "나의 꿈은 이 데이터베이스가 계속해서 거대한 커뮤니티로 성장하여 매우 구체적으로 대상을 선정하고 …… 접근에 있어서도 매우 개인적으로 이루어지는 수준에 이르길 바란다. 또한 우리는 16세에 가입한 회원에게 메시지를 보내 '당신은 지금 18살이다. 당신은 지금 어떤 위치에 서 있는가? 당신의 인생에 있어서 새로운 것은 무엇인가? 내가 당신에게 일렉트로닉 아츠에서 지금 일어나고 있는 일들에 대해서 얘기해도 되겠는가?'라고 말할 수 있는 지점에까지 도달하고자 한다"라고 말했다(Muoio 2001에서 인용).

---

6. 2004년 일렉트로닉 아츠는 남가주 대학에 '일렉트로닉 아츠 인터렉티브 엔터테인먼트 프로그램'의 개시를 위해 8백만 달러를 기부하였는데, 이것은 프로그래밍, 시나리오 작성, 비디오게임 설계 등에 관한 석사 학위 과정이었다. 좀 더 일반적으로 봤을 때, 일렉트로닉 아츠의 대학협력 프로그램은 연구 협력의 운영, 일렉트로닉 아츠 제작사로 학술 연사를 초빙하는 일, 인턴십 프로그램을 시행하는 일 등을 담당하고 있었다.

대다수의 개발자들은 남성이다. 대부분 북미에서 추출된 4천 개의 표본으로 구성된 질문지들로부터 얻은 한 설문조사에서, 여성 응답자는 고작 11.5퍼센트에 불과했고, "남성 근로자들은 대다수의 핵심 콘텐츠 개발직을 차지하고 있으며," 또 여성과 남성 사이에는 대략 9천 달러의 임금 차이가 존재한다는 결과가 나왔다(IGDA 2005, 12~13; 또 Haines 2004a, 2004b를 보라). 게임 산업 내 다른 곳에서와 마찬가지로 일렉트로닉 아츠에서도 여성들은 행정, 인적 자원, 마케팅, 그리고 미술 분야에서 일하는 경향이 있다. 1990년대 후반, 게임 개발팀들이 거대해지고 생산 주기가 가속화됨에 따라 생산 직책에 여성들을 일부 고용하는 경우가 있었는데, 한 여성 생산자가 우리에게 말해준 바에 따르면, "그러한 팀들은 보다 많은 의사소통 기술을 필요로 했다⋯⋯ 왜냐하면 문제들은 단순히 비디오게임들을 만드는 것만이 아니었기 때문이다." 그러나 이러한 변화에도 불구하고 산업 내 성별 균형과 동료들의 성차별주의와 관련한 대다수의 여성 내부자들의 비판은 가차 없었다. 어떤 여성 게임 근로자가 "이건 정말이지 남성 클럽 산업이다"라고 말했다. 일렉트로닉 아츠도 예외는 아니었다. 앞서 언급된 포쉬는 주장한다. 〈반지의 제왕: 왕의 귀환〉 같은 게임의 제작팀에서 여성이 22퍼센트를 차지한다는 발표가 게임 제작 현장에서 "갈채를 받았다"는 사실은, 그것이 하나의 승리이기도 하지만 또 한편으로는 일렉트로닉 아츠도 전체 비디오게임 산업과 마찬가지로 절대다수가 남성으로 이루어진, 남성호르몬으로 가득 찬 문화라는 점을 상기시켜 준다고 말이다(2004, 10).

연봉은 직위, 부서, 경험, 그리고 위치에 따라 크게 차이가 난다. 게임 산업의 전반적 추세로 보면, 유명 설계자들은 최대 연 4십만 달러를 벌어들인다. 프로그래머들의 경우 평균적으로 7만 달러, 미술가artist들은 대략 6만 달러인 한편, 품질보증(테스트) 직의 경우는 훨씬 연봉이 낮은데, 하도급 게임 테스터들의 경우에는 종종 최저 임금 정도의 수준에 머물러 있기도 하다(IGDA 2005를 보라). 연봉은 종종 여타의 지급금에 의해 보조되기도 한다. 일렉트로닉 아츠는 또한 스톡옵션을 제공하는데, 이는 직원들을 회사에 묶어둘 수 있는 고전적인 실리콘밸리 전략이다. 우리가 대화를 나눈 한 개발자는 이를 두고 "황금 족쇄"Golden shackles라고 설명했다. 그러나 다수의 작은 비디오게임 회사들의 스톡옵션들과는 달리 일렉트로닉 아츠의 경우는 실제로 어떤 가치가 있다. 직장과 관련한 기존의 전통에 따르면, 어떤 높은 직급의 직원들은 돈을 위해 일할 필요가 없으므로 "자원봉사자"로 불리는데, 그들의 작은 방에는 "DFWMIFV:1992년 4월부터 근무하고 있음"과 같은 표지들이 붙어 있다고 한다. 이는 "나를 골탕 먹일 생각은 하지 마시오, 나는 충분히 자격이 있는 사람이야"Don't Fuck With Me, I'm Fully Vested(Pausch 2004, 7)라는 뜻이다.

또한 게임 산업에서 일하도록 하는 강력한 비금전적 매력도 존재한다. 다른 어떤 산업도 이보다 더 성공적으로 놀면서 일한다는 이미지를 발생시키지 못했다. 일렉트로닉 아츠의 신입사원들은 우리가 1장에서 기술한 열광적인 게임이용자들의 "한량 같은" 힘을 자신의 원천으로 하고 있다. "이 회사에서 명확한 것이 있다면, 고위직급과 일반직원들이 비디오게임을 만드는 데 정말이지 열정적이라는 것이다. 그들은 게임하는 것을 즐겨 왔으며, 또 대다수의 경우에 있어서 이것이 진정 자신들의 꿈의 직업이다.……대다수의 성인들은 그 같은 매력이 이쪽 직종에 있어서 얼마나 정서적으로 강력한 힘을 발휘하는지를 깨닫지 못한다"라고 포쉬는 말한다(2004, 9). 이러한 정서적인 매력은 세 가지 구성요소들, 즉 창조성, 협력, 그리고 쿨함cool으로 구분해볼 수 있다. 창조성은 일렉트로닉 아츠가 초창기부터 강조했던 예술적 기교를 가리킨다. 무언가를 흥미진진하고 아름답게, 또는 기술적으로 놀랍게 만들겠다는 희망이 사람들을 이쪽 산업으로 유도한다. 협력은 이러한 창조성의 집합적 본성으로부터 발생한다. 게임 제작사들은 몹시 복합적인 노동분업으로 구성된 장소이다. 이러한 노동분업에 참여하여 "거대한 프로젝트가 달려드는 가운데에서" 자신의 밀려오는 업무를 바라보는 것은 직책과 직위에 상관없이 많은 게임 노동자들이 자신들의 업무에서 가장 흥분되고 보상을 주는 측면이라고 말하는 부분이다. 세 번째 요소인 쿨함은 복합적인 분위기라고 할 수 있는데 일부는 급료 이외의 특전과 약속들 – 유연성 있는 시간, 완만한 복장 규정, 무료 식사, 체육 시설, 풍족한 파티들, 그리고 펑키한 인테리어 디자인과 같이, 이 화려한 산업의 문화적 특질들 – 로 구성되어 있으며, 또 다른 일부는 태도와 같이 측정하기 어려운 특질들로 구성되어 있다. 우리가 대화를 나눈 많은 게임 노동자들이 게임 개발 직장의 "반역성"rebelliousness을 언급했는데, 이는 그들이 "기업 세계"의 경직성과 합리성에 반대하고 있음을 뜻한다. 우리가 이후 보게 되겠지만, 아타리 시절의 유물인 이같은 무정부적 자기-이미지는, 소규모 게임 회사들에서는 여전히 유효할 수도 있지만, 일렉트로닉 아츠 같은 거대 기업에서는 거의 버텨내질 못하고 있다.

개별적 창조성, 집합적 협력, 그리고 쿨함의 아우라는 매력적인 조합을 이룬다. 많은 게임 노동자들에게 가상 제품의 생산은, 적어도 처음에는 신나고, 출근도 유연하고, 또 재미있다. 코그니타리아트로부터 나오는 다음과 같은 진술들을 고려하지 않고서 인지자본의 힘을 이해하기란 불가능하다. "보통 우리는 직장에 갈 때 '아, 나 일하러 가야 해'라고 하지 않는다. '나 일하러 갈 거야, 좋았어!'라고 한다." 또는 "들어와서 친구들을 만나고, 비디오게임을 만들며, 그리고 게임을 실행시켜 보는 것이다. 멋진 일이지. 여기에서는 사실 일처럼 느껴지지도 않아." 하지만 아이러니한 것은 비디오게임 고용직을 "일하는 것과는 전혀 다르게" 만드는 바로 그 매력들이 디지털화된 철창으로 돌변하여 꿈의 직업을 악몽으로 만들 수 있다는 것이다.

일렉트로닉 아츠의 주요 북미 제작사들은 모두, 매력적인 물리적 공간들을 가지고 있으며, 그런 이미지에 대한 홍보가 잘 되어 있기도 하다. 일렉트로닉 아츠가 북미 대학들에 채용 프로그램들을 뿌리내리게 함과 동시에, 자사의 생산시설들을 "캠퍼스"로 간주하고 공장 지대와는 전혀 상관없는 것처럼 보이는 학술적인 스타일의 환경을 약속하는 것이 바로 인지자본의 징후적 현상이다. 작업 공간은 칸막이형 방에 기반하고 있지만, 개방적인 콘셉트을 담은 디자인으로 팀원들 간 의사소통을 촉진시킨다. 이외에도 많은 편의시설들이 존재한다. "레드우드 쇼어스 캠퍼스는 사람들이 점심시간에 축구나 프리스비를 즐길 수 있는 높은 수준의 체육관, 4층짜리 안마당과 거대한 '학교 잔디밭'을 갖추고 있다"(Pausch 2004, 8). 밴쿠버의 외곽 지역에 자리 잡은 일렉트로닉 아츠의 스튜디오는 거의 2천 명의 개발자들을 고용하고 있고, 체육관, 당구대, 농구 코트,

지원을 받고 있는 고급 식료품, 그리고 심지어 견학 여행과 같은 특별한 환경을 갖추고 있다. 어떤 기자는 이를 두고 "일렉트로닉 아츠 마법의 공장"이라고 요약하기도 한다(Zacharias 2008).

이 공장 내부에는, 한 직원이 인터뷰에서 설명한 것처럼, "정말이지, 힘들면서도 매우 협력적인" 노동 과정이 존재한다. 1994년부터 2004년까지 10년 이상의 기간에 걸쳐서, 일렉트로닉 아츠에서는 통상적인 게임개발팀 하나의 규모가 20명에서 100명으로 증가했다. 한편 어떤 게임의 개발팀의 경우에는 250명 이상이 되기도 했다(Pausch 2004). 각 팀들은 설계자, 미술가, 프로그래머, 테스터[Tester], 그리고 제작자를 포괄한다. 설계자는 기본적인 게임 콘셉트, 캐릭터, 플레이 메커니즘, 그리고 미술을 구성한다. 미술가는 캐릭터, 레벨, 질감, 애니메이션, 그리고 특수 효과와 관련한 작업을 한다. 그래픽 아트가 가장 중요하긴 하지만, 사운드와 음악은 점점 그 중요도가 증가하고 있는 영역이다. 한편 엔지니어로 알려져 있는 프로그래머는 코드를 작성하고, 게임의 기능성과 미술작업이 기반을 두고 있는 디지털 도구들 – 게임 엔진 – 을 만든다. 테스터는 게임을 실행하여 버그와 실행가능성에 대한 평가를 매긴다. 제작자는 프로젝트 전체를 이끌고 개발 팀을 관리하여, 게임 디자인의 일관성 있는 전망을 유지하고 다양한 서브 팀들 간 의사소통을 촉진시키며, 인사 배정, 동기 부여, 품질 등의 이슈들에 대처한다. 팀 규모의 성장으로 인하여 게임개발자들은 게임의 특별한 요소들 – 채광, 무기, 명령, 제어 – 에 대한 전문화된 책임성을 가지고 팀을 작은 유닛들로 나누기 시작했다. 일부 회사들은 이러한 하위 팀들을 "습격 팀"이라 칭하기도 한다. 일렉트로닉 아츠는 이를

"팟"pods 또는 "세포"라 부른다(Svensson 2005).

　　게임 하나를 개발하는 데에는 그것의 규모, 장르, 그리고 플랫폼이 어떠한지에 따라 6개월에서 24개월 사이의 기간 이상이 소요되며, 일반적으로 네 개의 단계들이 포함된다. 사전제작 단계에서 개념적 하부구조의 개요가 잡히고, 스타일의 틀이 잡히고, 스케줄이 만들어지며, 자원들이 할당된다. 일렉트로닉 아츠의 사전제작팀은 "게임의 핵심 본질"을 그것의 "'X 요인': 개발과 마케팅 양쪽 모두에 초점을 맞추는 간결하나 압축적인 진술"로 증류해 낸다(Pausch 2004, 10). 프로토타입 제작에 있어서 프로그래머들은, 게임을 구축하는 엔진과 애니메이션 혹은 특수효과들을 반복하는 렌더링 도구들을 만들어, 창작자로 하여금 디자인하고, 검토하고, 편집하는 등등의 작업을 할 수 있도록 허용한다. 미술가들은 2~3차원의 모델들을 작업하여, 가상세계의 질감과 애니메이션을 개발하는 한편, 소프트웨어 엔지니어들은 게임의 기계기술적인 측면과 스토리의 코드화 작업을 한다. 세 번째 단계는 제작으로, 그 하부 단계로는 알파, 베타, 그리고 최종의 단계들이 있다. 게임 엔진이 완성되면, 캐릭터와 애니메이션은 반복되어 작업 중인 게임에 들어간다. 알파 단계에서 게임은 완전히 안정적인 상태는 아니지만, 게임의 모든 미술, 코드, 그리고 특징들은 존재하고 있다. 테스터들은 레벨을 평가하며, 교정을 위해 그것들을 개발팀으로 돌려보낸다. 베타 단계에서 게임은 그것이 실행될 플랫폼에 알맞게 완벽하고 안정적이어야 하며, 실행 테스트와 검토의 과정을 통과하게 된다. 최종 단계에서 생산품은 ─ 만약 그것이 콘솔 게임이라면 ─ 플랫폼 제조자에게 넘겨지는데, 플랫폼 제조사는 게임 출시를 승인

하기 이전에 독자적인 테스트를 진행하게 된다.

비물질노동을 논의함에 있어 하트와 네그리는 기술적·문화적 노동자들에 대한 통제가, "규율이 우리의 실천들을 독재적으로 지시하는 외부의 목소리가 아니라…… 오히려 우리의 의지와 분리될 수 없는 내적 충동과 같은 무언가"인 상황을 요구하고 있다고 주장했다(2000, 329). 이와 유사하게 랏자라또는 "업무의 처방과 규정이 주체의 처방으로 변형되는" 근무환경에 대해 말한다(1996, 135). 일렉트로닉 아츠가 원하는 주체성의 부류는 "EA의 비즈니스 철학의 핵심적인 주춧돌"이라 불리는 이 기업의 "A.C.T.I.O.N. 가치들"에서 잘 설명되고 있는데, 이것은 직원들에게 "가치 있는 존재가 되라. 문화를 현실로 만들라"라고 권고하고 있다(EA Academy 2005). A는 성취^{achievement}로서 "능력주의"를 포함한다. 고객^{customer} 만족을 의미하는 C는 "동료(들)"$^{co\text{-}worker}$를 포함한다. 팀워크^{teamwork}의 T는 "의사소통"과 "일렉트로닉 아츠의 세계를 생각하라"$^{Think\ EA\ World}$를 포함한다. I는 통합^{integrity}으로서 "개방"을 포함하고, 소유$^{own\text{-}ership}$로서 O는 "책임"을 포함하며, 현재로서 N은 "긴급 — 지금 당장 시행하라!"$^{Urgency\ -\ Do\ It\ Now}$를 포함한다. 한편에서 피고용인들은 자신들의 운명에 스스로 책임이 있다는 말을 듣지만(예를 들면, "주인의식"), 다른 한편으로 "우리는 하나의 계급으로 이루어진 사회라는 비전을 유지하고 있는" 집단의 일부분이라는 말을 듣기도 한다. 실제로 "A.C.T.I.O.N 가치"는 포쉬와 같은 공감능력이 있는 관찰자가 "무자비한 능력주의"라 묘사하는 것으로 변모하는데, 여기서는 기대에 부합하는 성과를 내지 못했을 때, 처음에는 신속한 경고로, 수정되지 않을 경우 그 다음에는 해고라는 결과를 낳게 된다. 이런 과정들은 "제작 중에 있는 각각의 제품들에 대한 상사의 주기적인 관리 행위가 포함된, 악명 높은 프로젝트 재검토를 통해 이루어진다"(2004, 7~8).

　　로스앤젤레스에 있는 일렉트로닉 아츠의 제작사 수장인 닐 영은 한 인터뷰에서, 회사 창립자인 트립 호킨스의, 게임개발자들을 향한 "록스타"rock star 전략에 대해 질문을 받았다. 그는 지극히 합리적으로 다음과 같이 대답했다. "그것에 지장이 생겼습니다. 스튜디오에 3천 8백 명의 피고용인들이 소속되어 있는 상황에서, 말하자면 …… 누가 록스타가 되어야 합니까?" 그러자 인터뷰어가 희망적으로 말했다. "수백 명의 숙련자들이겠지요." 잠시 말이 없다가 영이 대답했다. "우리가 가지고 있는 것은 기본적으로 대변인들입니다"(Sheffield 2006). 다수의 요인들이 일렉트로닉 아츠의 직원들이 실천하는 창조성을 억제하고 있다. 그 첫 번째이자 가장 중요한 것이, 명확히 예측 가능한 방식으로, 잠재적으로 생산 절차의 혼돈을 가져다줄 수 있는 복잡성의 결과를 통제하려는 관리팀의 결정이다. 포쉬는 "제작팀의 초기 업무"는 매우 분명하게도 "혁신을 제거하는" 것으로써, "개발자들이 혁신을 하려고 할 때 곤경에 빠지게 된다"는 가정을 가지고 이후 단계에서는 높은 생산성과 평균화된 방식을 지속해 나갈 수 있도록 하기 위해서다(2004, 9). 둘째가 회사의 전략에 있어서 라이선스와 위험을 감수하지 않는 제품들의 역할이다. 일렉트로닉 아츠는 "캐릭터와 스토리에 대한 지적 재산을 내부적으로 만들어 내기보다는 라이선스를 맺는 경향이 있"기 때문인데, 이로써 예술적 실험의 범위가 제한된다. 최종적인 결론은, 창조성과 혁신에 대한 이 모든 논의에도 불구하고 일렉트로닉 아츠의 제작 시설들은, 코그니타리아트의 신-포드주의적 neo-Fordist이며 재-테일러주의화된re-Taylorized 규율로 훨씬 더 기우는 경향이 있다는 것이다. 포쉬는 이와 같은 환경에서 "가장 큰 죄악은 납품시한을 맞추지 못하는 것이다"라고 말한다(8). 역으로, 관리에 있어서 "주된 덕목"은 예측가능성과 "과정의 통제"가 된다. 이는 비디오게임 사업이 극단적으로 시간에 민감해지기 때문에 중요하다. 게임은, 정말로 중요한 크리스마스 시즌에 맞추어, 그리고 스포츠 시즌이 개막하거나 영화가 개봉되는 시기와 일치하거나, 또는 프로젝트의 무차별적 물결 속에서 차세대 버전에 길을 내어줄 수 있도록 완성되어야 한다. 이와 같은 환경에서 "뛰어난 게임을 만들었다 하더라도 늦게 내놓게 되면 적당한 품질의 게임을 제 시간에 만드는 것만큼의 수익을 가져다주지 않는다."

놀랄 것도 없는 것이, 한 기자는 "회사 내에서의 일은 빨리 움직이며, 시종일관 자동 조립라인으로 돌아가는 것과 비슷하다"라고 보도했다(Wingfield and Guth 2004). 여기서 명확해지는 것은 일렉트로닉 아츠의 직원들이 A.C.T.I.O.N. 가치들에 복종하는 태도를 보이는 – 그리고 "유명하리만치 무자비한" 게임 실행 리뷰들의 부정적인 평가를 피하는 – 방법의 하나는 장시간의 노동을 통해서라는 것이다. 이는 우리를 일렉트로닉 아츠의 캠퍼스 환경들로 돌아오도록 만든다. 심지어 일렉트로닉 아츠 캐나다의 전 회장 글렌 윙은, 자신이 소유한 밴쿠버 지사의 웅장한 시설물들을 바라보면서, "사탕처럼 달콤"했다고 일전에 고백하기도 했다. "그래, 3시 30분, 눈부신 오후. 내 축구장은 텅 비어 있다. 하지만 오늘 오전 3시 30분이 되면 이 빌딩 안에 75명의 사람들이 정말이지 열심히 일하고 있을 것이라 자신 있게 말할 수 있다"(Taylor 1999에서 인용). 왜인가? "이곳을 멋진 곳으로 만들려 하는 용기야말로 여기 있는 사람들이 갖고자 원하는 것입니다. 노력하는 것은 멋진 것이고 실수하는 것도 괜찮습니다만, 결국에는 승리하는 것이 중요합니다." 윙은 이따금씩 솔직하게 털어놓기를, "매주 60시간 작업이 여러분의 최대치라면, 여기는 여러분이 있을 곳이 아닙니다"(Lazarus 1999에서 인용). "이 사람들이 21시간을 일하고 소파에서 잠을 자고 일어나서 다시 작업을 시작하는 것은 낯선 일이 아닙니다"(Littlemore 1998에서 인용). 그러므로 포쉬가 자신의 학생들에게 "일렉트로닉 아츠의 직원들은 아주 열심히 일할 의지가 있어야 한다"라는 경고를 보낸 것은 꽤 옳은 지적이었다(2004, 12). 그러나 그는 아마도 자신의 그러한 지적을 수정했을 것이다. 일렉트로닉 아츠의 "작업" 규범이 무임금 시간들을 작업의 예상된 부분으로 일상화시키는 것 ― 성취, 다른 말로 하자면, 착취의 고전적 정의 ― 에 의존하고 있다는 말을 덧붙여야 했기 때문이다.

갈등 : 크런치 타임[7]

이것은 우리 이야기의 시발점으로 되돌아간다 ― "이에이의 배우자"의 이야기가 네트워크를 통해 폭발적으로 확산되었던 사건, 그리고 비단

---

7. [옮긴이] Crunch time. 임박한 납기일이나 보고 등으로 인해 야근 등 노동강도가 급격히 높아지는 상황.

일렉트로닉 아츠뿐만이 아니라 전체 비디오게임 산업을 매우 곤란하게 만들었던 사안인 노동시간으로 말이다. 일반적으로 산업사회에서, 노동시간은 다음의 조건들에 따라서 다르다 : 회사에 따라서, 하나의 팀이 어떤 개발과정에 있는지에 따라서, 그 프로젝트에서의 근무자의 역할에 따라, 그리고 그런 위계질서에서 근무자들의 위치에 따라서. 그러나 한 인터뷰 응답자가 말했듯이, "디지털 놀이는 생물학적 주기의 리듬이 정기적으로 파괴되는 산업"이다. "크런치 타임"은 생산 일정에서 겉으로 보기에 특별한 위기를 보이는 시기를 일컫는 업계용어로서, 이 시간은 몇 시간 동안 강력하게 나타날 수도 있고, 종종 주당 65~80시간 정도에서 그 이상인 100시간에 이르는 경우도 없지는 않다(IGDA 2004a). 크런치 타임의 뿌리는 우리가 이미 앞서 언급한 시간에 대한 민감성에 있는데, 이를테면 판매 시즌이나 허가를 받은 미디어 이벤트의 마감 기한을 맞추려고 하는 것 등이 이에 해당된다. 소규모 제작사는 퍼블리셔에 의해서 정해진 개발 기간을 맞추기 위해서 그리고 그들의 설계 변경요구에 대응하면서, 부가적인 업무 압박을 경험한다. 그리고 모든 회사들에 있어서, 게임 생산에 있어서의 복잡함, 예상하지 못했던 버그들이 나타날 가능성, 그리고 보다 큰 팀들의 생산 주기에 맞추어야 하는 어려움들 등으로 인해 게임 산업에서는 갑작스런 비상사태가 발생할 가능성이 매우 많다.

그러나 크런치 타임이라는 용어는 예외적인 위기 상태를 나타냄에도 불구하고, 많은 사람들이 크런치 타임은 긴 시간으로 이루어진 생산과정에서 일반적인 일이 되는 경우가 빈번하다고 증언한다. 즉 그것은 [노동시간 계산을 위한] "공식에 포함되고" 있는 것이다(Hyman 2005; IGDA

2004a, 19도 참조하라). 그러나 "이에이의 배우자"(2004)는 자신의 배우자가 고생한 "위기"crunch에 관해 다음과 같이 썼다. "모든 단계를 통틀어서 그 프로젝트는 예정대로 진행되고 있었다. 위기만들기crunching는 이 과정을 더 빠르게 하지도 늦추지도 않는다. 그리고 실제 생산품에 대한 그것의 효과는 측정할 수 없다. 연장된 시간들은 신중하게 계획된 것이다. 전에도 그랬듯이, 매니저는 무엇을 하고 있는지 알고 있었다"라고 주장한다. "이에이의 배우자"에 의해서 촉발된 이러한 논의에서, 이에 대한 변명으로 제시된 것은 게임 산업의 근간에 있는 "차고 발명"garage invention 모델이 대규모 생산에는 잘 들어맞지 않는다는 것, 그리고 작은 제작사의 "무정부적 작업"이 아마도 창조성에는 긍정적일 수 있지만, 규모를 보장해 주지는 못한다는 것이었다. 이런 논리에서, 과로 이슈는 산업의 "성숙"에 관한 문제이고, 성공의 속도를 유지할 수 있는 충분한 관리 기술과 조직적 역량을 개발시키는 데 실패했다는 뜻이며, 함축적으로 보면 교육과정을 통해 대응을 할 수 있는 문제이다. 이런 주장은 어느 정도 타당성이 있다. 그러나 어떤 면에서는 그다지 신빙성을 주지는 못한다. 만약에 계속되는 크런치 타임이라는 것이 부족한 운영 경험에서 나왔다면, 그것은 신흥회사나 소규모 회사에서는 더욱더 심각해야만 한다. 그러나 이런 경우는 드물다. "이에이의 배우자"가 이런 주장을 했을 때, 그 회사가 규모나 운영적인 면에서 잘 운영되고 있는 제작사들을 가지고 있다는 것을 우리는 염두에 두어야 한다. 일렉트로닉 아츠는 1980년대 초부터 게임을 만든 회사이다. 이 회사가 만들었던 거의 대부분의 게임들이 정형화된 – 그리고 그런 이유로 계획을 세워서 만들 수 있는 – 것들이다. 만약 과로 예

방이라는 관리상 문제의 극복이 가능할 것으로 보이는 회사를 하나 꼽아야 했다면, 그것은 바로 일렉트로닉 아츠가 되었을 것이다. 따라서 일반화된 크런치 타임은 이제 기본적인 경제적 요소가 되었다. 이것은 게임 회사들에게는 좋은 일 — 사실상, 거저먹은 횡재 — 이다.

미국에서 〈공정근로기준법〉은 엄격하게 규정된 일련의 업무에 참여한 컴퓨터 전문가에게 시간 외 수당을 제공하는 것과 시간 당 초과 금액들을 지급해야 하는 책임을 기업으로부터 면제해 주었다. 이것은 게임 회사들에게는 유용한 방패막이 되었다. 그러나 각각의 주에는 그 주마다 가지고 있는 규제들이 존재한다 : 고용주는 직원에게 최대한의 보호를 제공하는 법과 규칙을 따라야만 한다. 일렉트로닉 아츠와 다른 중요한 퍼블리셔들이 제작사를 두고 있는 캘리포니아의 노동법은 소프트웨어 프로그래머들이 시간당 41불을 초과해서 받거나 창조적인 혹은 지적인 일을 할 경우에는 그들에게 시간 외 수당을 지불할 필요가 없다고 명시했다. 캐나다에서는, 브리티시 콜럼비아, 앨버타, 온타리오 등의 주가 첨단기술 노동자를 초과노동 대상에서 제외하였고, 브리티시 콜럼비아 주에서는 일렉트로닉 아츠와 다른 게임 회사들이 이러한 탈규제를 유지하기 위해 부단한 로비를 하였다.

"이에이의 배우자"가 작성한 블로그 게시글은 게임 산업 내에서 노동자가 일하는 근무 조건의 현주소를 보여 주고 있다. 이것들은 대형 제작사에서 일하는 노동자들에 의해 이루어진 법적인 소송들과 전문 노동자 조합에서 만들어진 근무 조건에 대한 보고서들을 포함한다. 이 모두는 우리가 지금까지 강조해 온 인지자본주의의 세 가지 면을 보여 주는 것이

다 : 첫째로 그리고 가장 명확하게, 코그니타리아트의 근무 조건들, 그리고 둘째로, 소유권과 지적 재산에 관한 질문들, 셋째로 세계화, 초국적 자본의 이동성, 세계시장 네트워크 등에 관한 질문들이다.

우리가 일단 노동–자본 간의 관계와 관련해 가장 눈길을 끄는 지점을 살펴보면, "이에이의 배우자" 블로그가 나타날 것이다. 이 블로그를 통해 몇 그룹의 게임 개발 노동자들이 자신들의 고용주에 대해 집단 소송을 제기하였기 때문이다. 하나는 캘리포니아의 법원에서 제기된 커쉔바움 대 일렉트로닉 아츠 간의 소송으로, 여기서는 일렉트로닉 아츠가 직원들을 부적절하게 분류했고 이를 통해 그들에 대한 초과근무수당 제공을 기피하였다는 주장이 제기되었다(Feldman 2004). 노동자 측 변호사는 이미지 생산 노동자라는 자신의 의뢰인들의 직업이 캘리포니아 주의 초과근무수당 제외 대상이 아니라는 점을 주장하였는데, 그 이유는 그들의 직업은 독창적인 작업을 포함하고 있지 않다는 것이었다(Takahashi 2004). 2005년에 법원은 일렉트로닉 아츠가 시간 외 수당 1천 5백 6십만 달러를 노동자들에게 지불하라고 선고했다. 앞으로 일렉트로닉 아츠에 들어올 노동자들은 초과근무수당으로 회사 내의 스톡옵션이 아닌 돈을 받을 수 있다는 것을 명시해 주는 이러한 결정은 실리콘밸리 문화에서 일종의 혁신으로 받아들여졌다. 이러는 동안에 이와 유사한 두 번째 법적인 소송절차가 진행되고 있었다. 이 소송은 엔지니어인 레안더 헤이스티에 의해 시작되었다. 그는 나중에 "이에이의 배우자"이자 에린 호프만으로도 알려진 사람의 남편이라는 것이 밝혀졌는데, 결국 승소해서 1천 4백 9십만 달러를 받았다. 세 번째 소송은 탐 수^{Tam Su}에 의해서 플로리다에서 진행되었다. 2005년에는 시간 외 수당을 지불받지 못한 데 대한 소송이 소니 컴퓨터 엔터테인먼트사를 상대로 제기되었다. 2006 년에도 이와 유사한 소송이 일렉트로닉 아츠의 경쟁사인 액티비전을 상대로 제기되었다(Sinclair 2006).

그와 동시에 〈국제게임개발자협회〉(IGDA 2004a, 2004b, 2005)는 게임 산업에서의 "삶의 질"에 대한 보고서들을 발간했다. 협회의 결론은 극명했다. 대부분의 노동자들이 그들의 일이 흥미 있다고 생각하였지만, 다른 한편 게임 산업은 "강요된 일중독"으로 특징지어졌다(IGDA 2004b, 1). 절반 이상의 응답자들이 "경영(진)은 사업을 하는 데 있어서 크런치 타임을 당연하거나 정상적인 과정으로 보고 있다"라고 말했다(IGDA 2004a, 19). 응답자 중 절반에 약간 못 미치는 사람들이 초과근무에 대해 보상받지 못했다 – 그리고 보상이 있었다 하더라도, 이것은 노동자들에게 직접적으로 돈을 주고 보상하는 것이 아니라 프로젝트가 다 완성된 후에 휴가를 준다든지, 로열티를 제공하거나, 혹은 이익을 공유하는 방식으로 이루어졌다. 회사들 중 4퍼센트만이 노동자들에게 시간 외 수당을 현금으로 지불했다. 그 보고서는 스트레스와 건강문제를 더욱 심도 있게 다루었다. 노동자들에게 긴 시간의 크런치 타임을 경험한 후에 어떻게 느꼈냐고 묻는 설문에 대해서, 노동자들은 "너무 지쳤다"에서 부터 "거의 실신 지경/혹은 실신했다" 수준까지의 답을 내놓았다. 초과근무가 사회적 관계 그리고 가족 관계에 미치는 해악에 대한 설명은 많이 있다. 〈국제게임개발자협회〉(2004a)는 게임 업계에서 유난히 높은 이직률이 나타난다는 사실을 발견했다. 또 아예 업계를 떠나는 이직자 숫자도 함께 증가하고 있다. 50퍼센트가 십년 내에 이직을 생각하고, 35퍼센트가 5년 이내에 이직을 계획한다.

　왜 게임개발자들이 이렇게 긴 노동시간을 참고 있을까? 숙련된 프로그래머와 설계자에 대한 수요는 높다. 회사들은 능력 있는 노동자들을 잃는 것에 대한 걱정으로 그 노동자들에게 좋은 대우를 해주려는 경향이 있다. 그러나 경험 있는 게임 노동자들이 상대적으로 부족한 반면에 신입사원들은 많고 그들은 자신들이 소모품으로 취급될 수도 있다는 것을 잘 알고 있다. 비록 초과근무가 만연되어 있기는 하지만, 그들은 젊은 세대로서 갖고 있는 불확실함으로 인해 정상적이지 않은 수준까지 인내력을 발휘하고 있었다. 이들의 체력이 초과근무를 일상화시키는 데 일조하는 것이다. 다른 회사에서 일을 했던 한 스튜디오 대표는 "회사들은 영화학교, 게임 프로그래밍 학교, 그리고 예술학교를 이제 막 졸업하고 온 젊은 사람들을 고용하고, 이를 이용해서 그들로 하여금 죽으라고 일을 하게 만들려는 경향이 있다"라고 이야기했다. 그렇게 일을 하게 만드는 메커니즘은 게임 회사에서 일종의 문화로 자리 잡혀 있다 : "니가 원하는 펩시와 과자를 원하는 대로 줄 테니, 여길(회사를) 떠날 필요는 없어" 조그만 제작사들은 간식이나 잠깐 잠을 잘 수 있는 쇼파를 제공하는 반면에, 일렉트로닉 아츠와 같은 거대 기업들에서는 이보다 더욱 좋은 것들이 제공된다.

　작업 환경과 관련한 이러한 다양한 보고서들과 논의는 또한 비디오 게임 작업장의 성별화된 속성을 부각시키는데, 즉 "초과근무 문화는" 산업의 제도화된 성차별주의의 원인이자 결과로 보인다(Haines 2004a, 13).

일종의 남자들의 지하감옥으로써, 게임제작사는 창조적인 동지애, 기술적인 강렬함, 그리고 뇌를 자극하는 기발한 생각이나 행동을 산출하는 곳이다. 그러나 동시에 게임제작사는 종종 병적으로 작업을 몰아붙임으로써, 개발자의 삶을, 가정생활·수면·영양 등의 일상생활리듬으로부터 무자비하게 격리시키는 곳이기도 하다. 가사노동은, 집안의 모든 일과 가족 구성원들을 빈번하게 책임지는 여성들에게는 일종의 장벽이다 ― 그 장벽은 여성들에게 노골적인 배제로서 혹은 승진에 대한 장애물로 느껴진다. 역으로, 게임 개발에 대한 여성들의 기여는 대개 노동에서 보이지 않는 재생산이라는 전통적 역할에서 나타나는데, 이를테면 가사노동의 부족한 부분을 채운다거나 그들의 지친 파트너들이 할 수 없는 감정노동 등을 감당하는 것이다. 당연하게도, 이것은 "이에이의 배우자"가 썼던 글의 입장과 정확히 부합한다. 그녀에 따르면, 불평에 가득 찬 노동자들은 일렉트로닉 아츠 같은 회사들을 "이혼 공장"이라고 불렀다(Takahashi 2004에서 인용).

그러한 폭로가 늘어나면서, 게임 노동자들 사이에서 노동 위기의 치료법에 대한 논쟁이 함께 터져 나왔다. 두 가지 상이한 주장들이 제기되었다. 회유적 입장을 가진 측은 크런치 타임을 위한 공식적인 구실을 제공할 만한 상황들을 최소화하기 위한, "최선의 사례들"을 만드는 관리법을 가르치는 교육적인 전략을 옹호하였다(Della Roca, Hyman 2005에서 인용; Howie 2005). 이보다는 더욱 호전적인 입장을 보이고 있는 다른 쪽은 "거대 퍼블리셔들은 어느 정도 압력을 받지 않고는 오늘날 이렇게 심각한 상황에 있는 근무 조건들을 바꾸려고 하지 않을 것이며", 노동조합을 결성해서 보다 나은 근무 조건을 위해서 투쟁하자고 주장했다 (McPherson, Hyman 2005에서 인용). 어떤 이들은 이러한 갈등이 〈영화배우조합〉과 〈미국극작가조합〉의 결성을 초래한 1920년대와 1930년대 할리우드에서 일어난 혼란과 비슷하다고 주장했다. 다른 사람들은 다른 분야 첨단기술 산업의 노동운동을 살펴보았는데, 예를 들면 마이크로소프트의 노동자들과 임시직 기술노동자들로 조직된 〈미국통신노동자〉의 지부인, 〈워싱턴기술노동자연맹〉(워쉬테크) 같은 곳들이었다(Brophy 2006 참조).[8]

게임 회사들도 이러한 저항에 대응하였다. 그들은 노동조건 향상과 관련된 약속들을 홍수처럼 내놓았다. 유비소프트사의 몬트리올 제작사는 삶의 질을 높이고 작업흐름 사안에 대응하기 위해 "지속 향상 부사장"을 임명하였고, 크런치 타임을 줄인다는 한 가지 목표를 위해 "생산의 기획과 합리화"에 집중할 수 있는 60인 체제의 **프로젝트국**을 만들었다 (Chung 2005). 이와 동시에, 일부 회사들은 장시간의 초과근무가 "관리보다 과시욕이나 동료들 간의 압박에서 발생한다"고 주장했다(Hyman 2005에서 인용). 일렉트로닉 아츠는 노동조합이 결성되는 것을 원치 않았다. 일렉트로닉 아츠는 자사가 "일-가정 양립"에 대응하는 데 있어서 "선두에" 있다고 주장하면서 동시에 몇 가지 개혁을 약속하기도 하였지

---

8. "이에이의 배우자"는 노동조합 결성을 지지해 왔다. 그/그녀는 이와 관련해 이런 주장을 했다. 작업시간을 마구 공개하는 것이 잠깐 동안은 상시적인 크런치 타임의 부과를 제지할 수 있는 반면에, "나는 그것이 그렇게 오래갈 것이라고는 생각지 않는다. 내 생각에 퍼블리셔들이 바뀌도록 할 수 있는 유일한 것은 노동조합의 결성이다. 그것이 최선의 해결책이다"(Hyman 2005에서 인용).

만, 인사담당 부서의 임원진들은 "회사의 성장에 아무런 기여도 하지 않으면서, 잿밥에만 관심 있는 사람들"에 대해 경고를 날렸다(Hyman 2005에서 인용). 많은 노동자들과 노동법 전문가들은 그렇게 사측이 허둥지둥 보여 주는 선한 의도들에 대해서 회의적이었다. 커쉔바움 사건을 맡았던 변호사는 "대부분의 고용주들은 자사의 노동자들이 소송을 걸면 나중에 자신들의 승진에 문제가 생길 것이라는 걱정에 소송을 하지 않을 것이라고 믿고 있다"고 주장했다(Graves, Chung 2005에서 인용).

이러한 위기는 게임 산업의 다른 요소들 또한 부각시켰다. 소유권의 집중, 거대 퍼블리셔들이 가진 통제력의 공고화, 그리고 위험요소를 회피하기 위해 프랜차이즈 시리즈물에 의존한 결과 등이다. 일렉트로닉 아츠를 대상으로 한 법적 소송은 스포츠 프랜차이즈 게임 등에서와 같이 작업의 속성을 단순화, 관례화, 합리화시키는 데 대한 것이었다. 이미 앞에서도 이야기했지만, 캘리포니아 주 노동법 하에서는 창조적인 노동자들만이 초과근무수당에서 배제된다. 이에 대한 원고들의 소송 제기 사유는 자신들의 업무가 전혀 창조적이지 않다는 것이었다. 그러나 많은 게임개발자들은 조금만 고생을 하면 자신의 회사를 차릴 수 있다는 희망하에 이러한 단조롭고 힘든 일을 참아 내고 있다. 이런 면에서, "이에이의 배우자"의 폭로는 "메니페스토 게임스"[9] 운동에서 나타난 것과 같은 독립 게임 제작사에 대한 관심을 폭발적으로 증가시켰다. 이런 프로젝트들은 게임개발자들이 자신들이 개발하는 게임의 품질과 콘텐츠에 대해 주도권을 갖고 싶어 하는 열망을 드러냈다. 창조적이고 가능성 있는 게임들

---

9. [옮긴이] 다운로드가 가능한 독립게임을 전문적으로 판매하는 전자상거라 소매점.

만을 위한 자신들의 제작사들을 통해서 말이다. 그러나 이 장 초기에 논의되었던 비디오게임 산업에서의 불명예스럽게도 높은 사업 실패율과 게임 개발에 드는 높은 비용들로 인해, 창업을 하거나 창업된 벤처회사에 참여하려 생각하는 노동자들이 자신의 새로운 직장이 일 년 이내에 사라져 버릴 - 혹은 만약 성공하더라도, 그것은 일렉트로닉 아츠 같은 거대 퍼블리셔가 구매해줄 경우이다 - 가능성이 상당히 높다는 점도 고려해야 함을 의미한다. 이것이 바로 "이에이의 배우자"에 의해 제기된 사안인데, 그는 "수십 개의 작은 제작사들의 도산은, 게임 퍼블리셔들이 자신들의 지배력을 신속하고 대규모적으로 공고화시키는 현실에서 그러한 작은 회사들이 더 이상 계약을 따내기 어렵다는 것"을 보여 준다고 주장했다. 한편으로, 이것은 일렉트로닉 아츠가 "절이 싫으면 중이 떠나라" 정책에 대한 비난을 교묘히 피해갈 수 있었던 이유이기도 하다.

"이에이의 배우자"와 관련된 위기는 또한 세계화와 관련된 쟁점들, 그리고 이 책 앞에서 언급했던 아웃소싱의 쟁점들과도 중첩된다. 소송이 시작되려 할 때 즈음, 일렉트로닉 아츠는 "캘리포니아에서 초과근무가 가능한 직위들을 강제로 재분류한 후에 관련 노동자들 수백 명을 플로리다와 캐나다로 전근시키기로" 결정하였다(Feldman 2005). 인사관리자인 러스티 루프는 일렉트로닉 아츠가 그러한 재배치 프로젝트에 대한 짧은 공지로도 30명을 찾아내는 데 성공한 것은, (우리가 앞서 서술한 바 있는) 전자구직시스템E-Recruiter 데이터베이스의 성공사례라 할 수 있다고 주장했다(Muoio 2001). 그러자 노동자와 관리자 모두의 머릿속에는 더욱 먼 곳으로의 재배치라는 단어가 떠올랐다. 이 회사가 인도의 소프트웨어 아웃소싱 선도기업 중 하나인 와이프로의 부사장 비벡 폴을 이사로 임명한 것은, 이 회사가 보다 더 많은 수익을 내기 위해 더욱 저렴한 노동력을 찾고 있다는 신호로 보였다(Takahashi 2005). 당연하게도, 일렉트로닉 아츠의 자본 도피^{capital flight}는 노동자들에게 경악스러운 일이었다. 한 임원은 일렉트로닉 아츠의 해외 노동력 활용 계획이 가져올 효과를 두고 이렇게 말하였다. "그 계획이 어떤 효과를 가져올지에 대해 걱정을 하지 않을 수는 없을 것이다. 하지만 우리는 그 계획을, 해외 사업을 관리하고 산개된 개발 환경을 관리하는 기술을 발전시키는 기회로 삼고자 노력하고 있다"(Overby 2003에서 인용). 사실, 일렉트로닉 아츠의 새로운 직업 분류 중 하나는 자원공급 책임자^{director of sourcing}이다. 이것이 게임 노동자들에게 미치는 결과는 자명하다. 한 게임개발자는 우리에게 다음과 같이 말했다.

> 내 생각에는, 고도로 숙련된 노동자들을 갖춘 동일한 환경의 프라하 같은 장소를 얻는 것은 항상 시간문제에 불과했다 ─ 그리고 환율에 따른 비용차이는 매우 클 것이다. 이런 쟁점으로 모두에게 공포를 주는 또 다른 곳은 인도의 대규모 첨단산업 지대인 봄베이이다 ─ 똑같은 과정이다. 당신은 많은 인력을 얻고 우리를 싼 값에 고용한다……느끼겠지만, 시간문제일 뿐이다.

이런 공포를 어떻게 자세히 설명해야 할지 잘 모르겠다. 게임노동자들은 노동자들의 반감을 없애기 위해서 사용하는 전근이라는 방법이 얼마나 효과적이었는지를, 이전의 자동차 공장들과 조선소에서 일어났던 사례들을 보며 충분히 깨닫고 있었다. 밴쿠버, 몬트리올, 그리고 캘리포니아에 있는 일렉트로닉 아츠의 제작사들과 다른 퍼블리셔들에 의해서 재현된 이러한 전근정책은, 가까운 미래에도, 보다 더 나은 혹은 더 발전된 게임 개발에 있어서도 이러한 정책이 그대로 적용될 것임을 암시한다. 그래서 장기적으로 보자면, 게임 개발의 코그니타리아트들은 전 세계의 전쟁터에서 노동시간 단축을 위해서 싸워야 할지도 모른다.

〈뮬〉이 반격하다

EA의 초기 게임들 중 하나가 〈뮬〉M.U.L.E이다. 이 게임의 배경은 게임 이용자들이 로봇들을 구입해 자원을 캐는 데 사용함으로써 잉여가치들을 축적해 나가는 일들이 발생하는 가상적인 행성이다. 충분한 이익을 거두었을 때, 자본가로서의 게임이용자들은 이익 축적의 원을 더욱 넓혀 가면서 더 많은 노동자들과 땅을 살 수 있다. 1983년에 출시된 〈뮬〉은 "많은 노동 요소들을 사용할 수 있다는 것을 보여 주는" 상징적인 게임이다. 근본적으로, 그것은 노동과 자본 간의 관계를 보여 주는 가상체험 게임이다. 그 게임은 대략 5만 개 이상이나 팔렸는데, 이것은 게임 역사의 짧은 한 줄 이상의 의미를 갖고 있다. 월 라이트는 그 게임으로부터 영감을 받았으며, 그가 만든 게임 중 하나를 〈뮬〉의 설계자에게 바친다고 밝혔다(Gorenfeld 2003). 역으로, 우리가 앞에서도 보았듯이, 〈심즈〉를 통해서 막대한 수익을 올린 라이트는 또한 일렉트로닉 아츠가 성공적으로 사업을 유지하는 데 도움을 주었다. 그 회사의 힘을 더욱 강화시켜 게임 개발과 출시 분야에서 소유권을 집중시킬 수 있는 주요 세력으로 활동하도록 하였다. 〈뮬〉이 대부분의 게임이용자들에게는 잊혀진 고전일 수 있지만, 일렉트로닉 아츠의 관리자들에게 이 게임의 스토리라인은 아직도 기억 속에 살아 있다. 그렇지만 "이에이의 배우자" 사건을 통해서, "노새들"mules이 반격을 가하였다.

모든 비디오게임 회사들이 일렉트로닉 아츠와 같은 것은 아니다. 몇몇 소규모 회사들은 근무 조건이 좋지 않거나 더욱 열악한 반면에, 더 나은 근무 조건을 갖춘 곳도 있다. 모든 대형 게임 퍼블리셔들이 일렉트로닉 아츠처럼 자체의 제작사를 갖추고 있는 것은 아니다. 사실은 모든 일렉트로닉 아츠의 제작자들이 일렉트로닉 아츠와 같은 것도 아니다. 대다수의 노동자들이 스포츠 게임을 비롯한 프랜차이즈 게임들을 대량으로 만들어 내고 있는 동안에, 라이트나 맥시스 그룹 같은 회사는 높은 수준의 창조적 자율성을 유지하는 프로젝트에 자금을 대는 것이다. 그러나 게임 업계에서, 일렉트로닉 아츠가 지적 재산권을 보유하고 있는 게임을 만드는 제작사들은 상당히 많다. 일렉트로닉 아츠의 생산·발매·라이선싱·보급의 수직적인 통제는 이 회사가 성공적인 기업체의 반열에 위치할 수 있도록 해준 일등공신이었다. 그리고 그것은, 소유권의 집중, 반복적인 라이선스 프랜차이즈 제품들, 세계시장을 겨냥한 사업 전략, "세계화"를 통한 이익 창출의 극대효과, 그리고 코그니타리아트에 대한 고도로 훈육적이고 착취적인 통제를 향하는 경향들이, 인지자본주의 안에서 일반적으로 점차 뚜렷해지고 있음을 반증한다.

비디오게임 산업의 놀이로서의 일이라는 기풍과, 반항아적인 반역자라는 이미지는 디지털화digitization를 자본주의의 모순들과 갈등들을 해소하는 방법으로 제시하는 신화 속에서 하나의 작은 구성요소가 되어왔다. 이러한 기풍의 붕괴는 더욱더 현실적인 평가로 한 발짝 나아가는 것이었다. 혹자는 "이에이의 배우자"의 사례를 특정 산업에서 불거진 문제들, 즉 평범하지 않은 역사, 극단적인 성별상의 편견, 독특한 기업문화 등이 폭로된 것으로 볼 수도 있다. 그러나 비디오게임 산업의 조건들은 더욱 넓은 범위의 인지자본주의에서 나타나는 경향들을 보여 주고 있다. 실제로 〈국제게임개발자협회〉가 발표한 삶의 질에 대한 백서의 장점 중 하나는, 그 백서가 [장시간노동이] "게임 산업에서 특히 두드러질 수는 있지만, 어떤 식으로 봐도 게임 산업에만 존재하고 있는 일이라고는 할 수 없다"는 관찰로 장시간 노동에 대한 검토를 시작하고 있다는 점이다. 또한 "모든 이들이 너무 일을 많이 한다"라는 제목이 달린 장에서는 이 사안들을 더욱 광범위하게 문서화된 북미의 작업장 스트레스의 맥락에 놓음으로써 위와 같은 관찰들을 더욱 구체화시키고 있다(Menzies 2005; Schor 1993). 이 장을 이상한 문화적 집착을 갖고 있는 젊은 남성 게임 노동자 떼거리들이나 빠지는 작업장 문제들에 대한 설명으로 읽으려는 사람도 있을 수 있다. 그러나 위에서 언급한 관점에서 보면 그런 사람도, 장시간 노동, 경계가 없는 대상 지역, 작업장 피로 등 자신도 겪고 있는 유사한 문제들이 어떻게 확연히 다른 노동자 집단들 ― 학생과 연구자들 ― 에게도 문제가 되는지를 성찰해 볼 수 있을 것이다. 이 장에서 다룬 초과근무 사례들이 조직화된 노동 전략들과 관련해서 담고 있는 함의들도 주목할 만하다. "이에이의 배우자"에 의해서 도출된 결론들은 1세기 이전에 만들어진 결과들과 여러 면에서 유사하다 — 말하자면, 어떤 사람이 인간의 에너지가 "꽃 필" 수 있는 삶을 소망한다면, "근무일 줄이기는 그것을 위한 기본적 전제조건이다"라는 결론이다(Marx 1867, 959). 이러한 방향으로 전략을 짜고자 한다면, "이에이의 배우자" 사례와 함께, 일렉트로닉 아츠의 회사 모토 중 하나인 "모든 것에 도전하라!"를 심각하게 받아들이게 될 것이다.

이러한 인지자본주의의 전설 속 마지막 전환점은 다음과 같다. 이 장의 초반에 언급했지만, 2007년 일렉트로닉 아츠의 최고경영자인 존 리치티엘로는 "같은 행위를 반복하는" 생산 모델을 비판하였고, 게임사업이 "페이스북과 아이팟, 그리고 차세대 모바일폰보다 재미가 좀 덜하게 되는 위기상황에 있다"는 고민을 드러냈다(Wingfield 2007에서 인용). 일렉트로닉 아츠가 〈매든〉, 〈피파〉, 〈해리 포터〉처럼 영화를 기반으로 한 라이선스를 구매해 만든 프랜차이즈 제품들로 "현상유지는 하고" 있지만, 또한 최근에는 독창적인 콘텐츠를 창출하고자 하는 의지를 "제고하고" 있기도 하다는 점이 게임 언론계에서 널리 알려졌다(*Economist* 2007c). 이러한 정책 변화를 "촉발시킨" 것은, 『이코노미스트』(2007c)에 의하면, "이에이의 배우자" 위기와 그에 따른 법정 소송들이었다. 즉 "그런 문제들을 해결하기 위한 토론들을 통해서 일렉트로닉 아츠는, 고유의 자체적인 게임 제품을 만들 때 게임개발자들은 가장 즐거워한다는 교훈을 얻게 되었다" — 그리고 이러한 종류의 일을 더욱 확장시키는 것은 한 제작사의 책임자가 조심스레 얘기한 것처럼 "사기를 높인다"(*Economist* 2007c 인용). 그리고 게임이용자 측에서 보면, "피드백은······ 그들이 영화를 기반으로 한 게임보다는 그러한 고유의 게임들을 더 선호한다는 것을 보여 줬다."

이러한 자기비판의 진정성은 이내 시험에 맞닥뜨리게 되었다. 2008년 초에 열린 주요 게임 산업 수장들의 회의에서, 리치티엘로는 분야 전반에 걸친 "창조성의 실패"에 관해 이야기했다(Androvich 2008a에서 인용). 1년 후 같은 주제의 컨퍼런스에서, 그는 지난 1년 동안 발생한 시장실패에 대해 이야기하지 않을 수 없었다. "나는 경제 위기가 게임 산업에는 역으로 호황을 가져다 줄 것이라고 생각한다"(Irwin 2009 인용)라는 그의 관점은 직관에는 반하는 것으로 보였다. 리치티엘로는 금융산업의 내파를 두고 다윈주의가 예견한 적자생존 과정으로서 다음처럼 칭송했다. "별 볼 일 없는 것들은 파산할 것이다. 우리는 그런 쓰레기들과 경쟁하지는 않을 것이다." 경쟁자들의 제거가 일렉트로닉 아츠의 지휘자들이 시장의 붕괴를 호재로 보는 유일한 이유는 아니었다. 시장의 붕괴는 이미 일렉트로닉 아츠 내부에서 진행되고 있는 기업 구조조정의 정당성·속도·범위 등을 증폭시켜 주기도 했다. 그러나 그 회사의 구조조정 계획은 주식시장의 역동성과도 관련이 있었다. 재정분석가들은 2004년 27퍼센트에서 2008년에 7퍼센트로 떨어진 일렉트로닉 아츠의 수익률에 대해서 그다지 만족스러워하지 않았다(Richtel 2008b). 2008년 시장의 위기 속에서 가장 낮은 수익률을 기록하면서, 회사의 주가는 전년도 대비 거의 절반으로 떨어졌다(Thorsen 2008). 시장의 규율은 친숙한 군살 빼기 게임 계획들을 강요하였다. 코그니타리아트들의 수를 감축하는 것은 "더

강하고 더욱 날렵한[leaner]"이라는 일렉트로닉 아츠의 비전에서 핵심이었다(Riccitiello, Kohler 2009에서 인용). 2008년 가을에 이 퍼블리셔는 6퍼센트의 인력감축 계획을 발표했다. 그리고 경제상황이 더 나빠진 12월에는 그 비율이 10퍼센트까지 올라갔다. 다음 해 2월이 되자 거의 11퍼센트에 해당하는 1,100명의 노동자들이 정리해고 대상이 되었다(Alexander 2008a; Irwin 2009). 이는 12개 제작사가 문을 닫을 것임을 의미했다. 이렇게 칼춤을 추어댄 일렉트로닉 아츠의 임원진들은 이러한 인력정리를 "전지구적인 감축"이라고 묘사하였는데, 사실 이것은 진실의 일부분일 뿐이었다(Alexander 2008a에서 인용). 대륙 간 이동이 더욱 정확하다. 일렉트로닉 아츠는 임금을 많이 주어야 하는 지역의 인력에 대한 감축계획을 추진했다. 그리고 동시에 "상대적으로 저비용 지역인" 인도와 동유럽 쪽의 노동력 비율은 5퍼센트에서 전체적으로는 약 20퍼센트까지 증가시켰다(Richtel 2008b).

이러한 인력감축은 일렉트로닉 아츠에서의 인지자본 축적의 다른 측면들에도 영향을 미쳤다. 소매판매가 정체됨에 따라, 이 퍼블리셔는 "게임제품의 종류를 줄이고 잘 팔리는 게임만 생산하겠다"고 발표했다(Alexander 2008a 인용). 『엣지』가 보도했던 것처럼, 리치티엘로는 이제 "속편들도 새로운 지적 재산만큼 혁신적일 수 있다"는 점을 강조하였다(Irwin 2009). 한 논평자는, 만일 일렉트로닉 아츠가 이제 더 이상 재미를 볼 수 없는 개인용 컴퓨터게임들에서 재빨리 발을 빼지 않았다면, 이 업체는 "여덟 칸짜리 카트리지에서 테이프가 빠져나가는 것보다 더 빠른 속도로 돈 무더기가 사라지는 것을" 보게 되었을 것이라고 말했다(Phillips

2009). 동시에, 일렉트로닉 아츠는 불황의 시대에 더 이상 "사치의 상징인", 50불에 달하는 콘솔 게임을 사지 않으려고 하는 소비자들의 태도에도 귀를 기울여야만 했다. 이러한 시장조건들의 변화는 일렉트로닉 아츠가 새로운 사업모델을 구상하는 방법에 더욱 큰 변화를 촉발시켰다. 다른 산업의 행위자들과 마찬가지로, 일렉트로닉 아츠도 "이전에는 소수였거나 이제 막 생겨나 믿을 수 없다고 생각한" 소비자들과 플랫폼에 더욱 큰 관심을 쏟게 되었다(Alexander 2009 인용). 여기에는 가끔 재미 삼아 게임을 즐기는 이용자들, 그리고 이들이 좋아하는 콘솔인 닌텐도 〈위〉, 아이폰과 같은 스마트폰용 애플리케이션 개발을 포함하는 모바일용 게임, 돈을 지불하고 이용하는 온라인 게임들, 가상 상품에 대한 소액구매, 그리고 급속도로 퍼져 나가는 다른 아케이드 게임들을 타겟으로 수익을 창출할 수 있는 전략들 등이 포함되었다. 일렉트로닉 아츠가 게임 산업의 내외부에서 이러한 위기와 변화에 어떻게 대응할 것인지는 불확실하다. 그러나 확실한 것은 일렉트로닉 아츠는, "이에이의 배우자" 덕분에 이제는 그 기업의 분열 가능성에 대해 더욱 잘 알게 된 집단 주체들, 즉 놀이를 좋아하는 코그니타리아트들을 관리하기 위해 지속적으로 무척 애를 쓸 것이라는 점이다.

3장

기계적 주체들

〈엑스박스〉와 그 라이벌들

한때 기계가 존재했다

2001년 11월 어느 날 저녁, 뉴욕의 타임스퀘어 광장에 있는 장난감 가게에서, 세계에서 가장 돈이 많은 부호 중 한 사람이 그의 새로운 기계를 선보였다. 그 이벤트는 "9·11 테러"로 인해 한 번 연기되었지만, 이제 그 사건의 상처는 잊혀져 가고 있었으며 바야흐로 새로운 변화를 맞이할 때였다: "그가 테이블 위에 놓여 있던 장막을 걷어 젖히자, 그 자리에 바로 그 기계가 있었다. 기계의 가운데에는 커다란 녹색의 보석으로 수놓인 X 자가 크롬으로 마감되어 있었다(Takahashi 2002, 1). 특유의 제스처를 보이면서, 빌 게이츠는 마이크로소프트 최초의 비디오게임 콘솔인 〈엑스박스〉를 선보였다. 그는 "이 박스에 존재하는 힘이 사람들을 놀라게 만들 것이다"라고 공언했다(Schiesel 2003에서 인용). 그가 말하는 기계의 힘은 콘솔 박스의 외양을 디자인할 때 포함된 속성이었다. 마이크로소프트의 판촉 팀에 따르면, 시연용 제품에 크롬으로 도금된 X자의 중간에 있는 녹색 불빛은 "핵에너지"의 발산을 상징하고, 전원을 켰을 때 마치 "그 기계가 생각하는 것처럼 보이도록" 반짝이는 것이라 했다(Takahashi 2002, 159). 포커스 그룹[1]은 "사람들이 녹색이라는 색깔을 기술과 연관해서 생각한다"라고 응답했다 : "그 불빛은 마치 마법사 같아 보인다. 여러 가지 비밀 재료들이 담긴 솥을 젓고 있는 마녀가 떠오르기도 하고, 영화에 나오는 외계인들의 피 같기도 하다"(126, 159). 마이크로소프트는 이 기계를 위한 "브랜드 신화"를 만들기 위해 남극 탐험가들에 관한 이야기를 이용했다. 이야기 속에서 탐험가들은 웜홀을 통해 우주 반대편의 에너지원으로 보내 주는 "애시드 그린색의 X" 표식이 있는 "빛나는 녹색의 콩깍지들"을 발견한다. "그 애시드 그린 색의 X 표식을 벗겨 내면 바로 그 에너지로 가는 길을 발견하게 된다"(156~60). 이 장에서 우리는 〈엑스박스〉와 그 후속판인 〈엑스박스 360〉, 그리고 경쟁제품인 〈플레이스테이션 3〉와 닌텐도의 〈위〉 등을 파헤쳐서, 제국의 전지전능한 기계 – 비디오게임 콘솔 – 로 가는, 그리고 그곳으로부터 빠져나오는 에너지들을 찾아내 보고자 한다. 하지만, 일단 이 질문부터 시작해 보겠다. "기계란 무엇인가?"

기계란 무엇인가?

---

1. [옮긴이] 시장이나 여론조사를 위해 각계계층들 사이에서 뽑힌 소수의 사람들.

기계란 무엇인가라는 질문에 대한 답은 아마도 들뢰즈와 가따리 – 하트와 네그리의 제국 개념에 영향을 준 이론가들 – 의 이론에서부터 찾아볼 수 있을 것이다(1983, 1987 그리고 Guattari 1995, 1996). 기계는 일반적으로 자동차, 잔디 깎기 기계, 또는 전기 청소기와 같이 인위적으로 만들어진 것 – 일종의 도구들을 의미한다. 즉 움직이는 부품들과 동력원이 있고, 크게는 수력발전소에서부터 작게는 나노봇[nanobot]에 이르는 복잡한 물건이지만, 기본적으로 기계란 인간이 자연을 변화시키기 위한 도구이다. 들뢰즈와 가따리는 이러한 도구들을 "기술적 기계"라고 칭했다(1987, 406~11). 기술적 기계는 그것과 관련된 장치들의 특정한 가계와 계보들을 통해서 발전해 왔다. 이를테면, 넓은 범위의 "종"[phyla]은 무기와 주방용품으로 구분하지만, 이보다 더 자세한 구분들이 존재한다. 칼[sword]과 관련된 역사는 창이나 활, 총의 역사와 다르고, 칼이라는 분류 안에서도 도[saber][한 면에만 날이 있는 칼]과 검[rapier][양날을 가지고 있는 칼]로 지류가 나뉜다. 또한, 각각은 고유의 특정한 속성과 생산기술들을 갖고 있다.

　　그러나 기술적 기계들은 그 자체로 좀 더 넓은 의미의 "사회적 기계"의 일부를 이룬다(398). 사회적 기계라는 것은 인간 주체들과 기술적 기계, 즉 사람들과 도구들이 기능적으로 연결된 조립품[assemblage]이다. 예를 들어, 구부러진 형태의 군도는 무장한 전사, 훈련된 말, 질주하는 기수를 붙잡아 주는 안장의 등자 – 총체적인 군대 장치 혹은 "전쟁 기계" – 등으로 이루어진 조립품의 일부이다(391~404). 사회적 형성물을 기계로 보는 것은 들뢰즈와 가따리만의 고유한 이론은 아니다. 루이스 멈포드(1970, 263)

같은 이론가는 피라미드를 건설한 이집트의 파라오들에서 펜타곤의 지휘통제체계에 이르는 위계적 권력 복합체를 "제국적 거대기계"로 이해할 수 있다고 주장했다. 일상의 표현들도 같은 직관적 통찰을 제공한다. 즉 대학이나 일반회사에서 일하면서, 우리는 자신이 "기계의 톱니바퀴" 중 하나인 것처럼 느끼거나, 아니면 우리가 사용하는 컴퓨터들인 것처럼 느낄지도 모른다. 그리고 마치 컴퓨터 시스템들처럼 우리에게도 "가동 중지 시간"이 필요하다고 느낄지도 모른다.

실제로, 들뢰즈와 가따리의 이론 중에서 가장 급진적인 측면은 인간 자신이 일종의 "욕망하는 기계"로서 간주된다는 것이다(1983, 1). 주체들은 더 이상 자연적으로 발생하거나 주어진 것이 아니라 육체와 인식, 그리고 감정의 새로운 배치들을 생산해 내는 끊임없는 "되기"becoming의 과정 안에서 생물학적·사회적·기술적 부품들을 가지고 조립되는 것이다. 하나의 예를 들자면, 남성 전투사인 "전쟁 인간"man of war은 수 세기 동안 서양 문화를 지배해온 개념이었다. 들뢰즈와 가따리가 주장하듯이, 이러한 주체화는 특정하게 성별화된 몸들, 그리고 정교하게 만들어진 무기(검, 창, 활, 그리고 갑옷)들을 사용하는 기술, 동물들과의 관계(탈 것으로서나 토템적인 상징으로서 전쟁에서 말이 갖는 중요성을 생각해 보라), 그리고 식민지화와 정복을 나타내는 사회적인 투사물들의 배치를 통해서 만들어진다(1987, 353). 수 세기 동안, 이러한 군사 정체성들은 그것의 요소들이 변하면서 – 예를 들어, 유도무기 그리고 검과 총을 대신하는 컴퓨터 – 함께 바뀌어 왔다. 주체는 기술적 기계를 포함하는 여러 요소로부터 만들어진 것, 기계화된 것, 그리고 조작된 것이다.

마이클 하트와 네그리가, 제국은 "상당한 첨단기술 기계의 형태로 나타난다"고 주장했을 때(2000, 39), 이들은 "기계"라는 용어를, 주체적·기술적·사회적 요소들로 상호연결된 구성으로부터 전지구적인 자본이 어떻게 스스로를 조립하는가에 대한 들뢰즈와 가따리의 설명 제안으로부터 확장된 개념으로서 사용하고 있다. 콘솔 게임행위는 이러한 요소들이 융합된 결과물을 보여 준다. 들뢰즈와 가따리의 연구가 제공하는 설명에 따라, 우리는 〈엑스박스〉와 그 경쟁제품들을 개봉한다. 반도체와 회로들로 이루어진 최신형 기술적 기계로서, 거대한 기업 기계^{corporate machines}로서, 소프트웨어와 다른 가상의 상품들을 이용해 수익을 만들어 내는 타임머신^{time machine}으로서, 하드코어 게임이용자들의 열정과 행동을 동원하는 기계적 주체들의 생산자로서, 비디오게임 자본의 치열한 기계전쟁 machine wars에서의 경쟁자이자 동시에 해킹과 불법복제를 일삼는 유목적인 게임이용자의 일탈적이고 전복적인 전쟁 기계로서, 그리고 마지막으로 이 모든 기계들의 지점에 걸쳐 있는 제국의 전지구적인 생체정치적^{biopolitical} 기계의 일부로서 말이다.

기술적 기계 : 콘솔의 혈통

〈엑스박스〉를 일종의 기술적 기계라고 간주하고 우리의 이야기를 끌고 나가보자. 최초의 버전에는 그래픽과 오디오 카드 기능이 함께 탑재되고 733MHZ의 처리속도를 가진 펜티엄3 프로세서, 소용량의 하드드라이브, CD/DVD 플레이어, 인터넷 연결장치, 재래식이나 고화질 텔레비전급의 화상처리 능력 등이 하나의 검정색 박스 안에 패키지로 들어 있었다.

이 장치는 광의의 개념에서 모든 컴퓨터를 포함하는 디지털 기계의 일종으로 볼 수 있다. 콘솔은 게임을 구동하는 데 맞추어진 하드웨어와 소프트웨어를 갖춘 장치를 의미한다. 그것의 핵심 구성품들은 컴퓨터의 구성요소와 같다. 중앙처리장치, 일시적인 저장을 위한 램, 그리고 모든 부분들의 하드웨어를 통합해서 운영할 수 있는 운영체제 혹은 소프트웨어 커널kernel 등을 포함한다. 모든 콘솔과 디지털 기계에 가장 중요한 것은 반도체라는, 유형화된 흐름으로 전류를 보내는 초소형으로 집적된 트랜지스터들이 박힌 실리콘 쪼가리로서 온/오프라는 2진수 코드로 디지털화되어 초당 수십억 건의 논리연산을 가능하게 한다. 40년 전에는 방하나에서 집 한 채 정도의 공간을 필요로 하던 것을, 이제는 작은 박스 하나의 공간에서 처리할 수 있게 된 것은 무어의 법칙Moore's Law ― 매 18개월마다 같은 가격에 처리 능력이 두 배인 반도체를 생산하는 경향이 있다 ― 덕분이다.

게임 콘솔과 개인용 컴퓨터는 대략 같은 시기 ― 1970년대 초 ― 에 디지털 기계 분야에서 일어난 소형화 경향으로부터 탄생하였다. 그렇지만 이후의 과정에서 서로 다른 길로 갈라졌다. 콘솔은 그것만의 특정한 목표를 가지고 있었기 때문에 다소 단순하고, 작았으며 개인용 컴퓨터보다 가격이 비싸지 않았다. 또한 키보드가 아니라 버튼과 조이스틱으로 이루어진 조정기를 가지고 있다. 콘솔은 하드디스크 드라이브를 가지고 있지 않기 때문에, 기계의 기억 저장매체로서 게임 카트리지를 필요로 했다. 더욱 중요한 것은 컴퓨터가 모니터와 연결된 것과는 달리 콘솔의 비디오와 음성 출력은 텔레비전과 연결됨으로써, "작업자-컴퓨터-모니터" 조립품을 "게임이용자-콘솔-텔레비전"으로 대체했다는 점이다.

콘솔의 혈통이 컴퓨터와 분리되면서, 콘솔은 "캄브리아 대폭발"[2] 급돌연변이를 보여 주었다. 돌이켜 봤을 때, 만약 아타리의 〈2600〉이 주요한 진화의 흐름을 선도해온 것으로 본다면, 지금보면 거의 고생물학적 관심사에 해당할 만한 타 경쟁제품들도 있었다. 이런 제품의 예로는, 매그나복스사의 〈오디세이〉, 콜레코의 〈콜레코비전〉, 마텔사의 〈인텔리비전〉 등이 있는데, 이 콘솔들은 전자총에 연결되기도 하고, 발판이 방망이와 공에 연결되거나, 흑백 화면에 셀룰로이드 필터 등이 장착되기도 하였다. 이것들은 모두 이제는 사장된 여러 실험들 중의 몇 가지이다(비록, 현재 잘나가는 〈기타 히어로〉의, 콘솔에 연결된 플라스틱 기타의 성공이 보여 주듯이, 이런 것들이 언젠가 다시 관심을 끌지는 아무도 모르는 일이다). 콘솔 게임의 기초 형태가 안정화될 수 있었던 것은 1984년 비디오 게임의 붕괴 이후에 일본의 기업들을 통해서였다. 닌텐도와 세가라는 두 기업 간의 전쟁은 상당히 극적이었지만, 그럼에도 불구하고 콘솔의 혈통이 이후 추구할 경로에 대해 예측이 가능하도록 해주었다. 그 기업들은 명성을 갖춘 소수의 기업에 친화적인 기계들을 확산하는 전략을 택했다. 닌텐도가 "록-앤-키"lock and key 장치를 활용했던 것처럼 카트리지와 콘솔 간의 호환성을 엄격하게 통제함으로써, 콘솔 제조사들은 자신들이 소유

---

2. [옮긴이] 5억 4200만 년 전 고생대 캄브리아기의 대폭발로 오늘날의 생물 체제가 갑자기 나타난 지질학적 현상.

권을 갖고 있는 플랫폼에 대한 접근을 제한할 수 있었다. 그 회사들은 직접 만든 게임이나 아니면 라이선스를 가진 써드 파티에 의해 생산된 게임으로만 콘솔 사용을 제한하였던 것이다. 〈재규어〉와 〈쓰리디오〉3DO 같은 기계를 통한 신흥 기업들의 시장 진출이 실패함에 따라, 오로지 극소수의 콘솔 제조사만이 성공할 것이라는 예상은 확인이 된 셈이었다.

콘솔은 이제 "무어의 법칙"과 경쟁가속화에 의해 정례적인 혁신의 주기를 따르게 되었다. 새로운 세대의 콘솔은 더욱 향상된 마이크로칩들과 향상된 성능을 가지고 4년이나 5년 주기로 나타난다. 〈엔이에스〉로 시작해서 〈제네시스〉, 〈닌텐도 64〉, 〈세턴〉, 〈드림캐스트〉에 이르고, 8비트에서 16, 32, 64, 그리고 128비트로 변화되어 왔다. 사업적인 측면에서 콘솔의 출시 시기는 아주 중요하다. 왜냐하면 출시 시기는 게임이용자들이 이전의 콘솔에 어느 정도 싫증을 느끼면서, 동시에 기술적인 면에서도 새로운 콘솔을 발매할 시기여야 하기 때문이다. 세가는 〈세턴〉의 출시 시기를 잘못 계산해 기업 자체가 대재앙에 빠진 대표적 사례가 되었다. 전체적으로 봤을 때 이러한 변화는 피할 수 없다. 그리하여 콘솔은 역동적이지만 고도로 전문화된 디지털 기계의 혈통으로 공고화되었다. 또한, 자체의 다른 방계혈족도 만들어 냈다. 가장 유명한 예는 닌텐도가 만든 휴대용 게임기인 〈게임보이〉로, 이것은 – 닌텐도 자체에서 만든 〈게임보이 어드밴스드〉에서부터, 이후 닌텐도의 〈디에스〉DS, 그리고 소니의 〈플레이스테이션 포터블〉 등에 이르는 – 여러 아류작과 경쟁작을 만들어 내기도 했다. 그러나 주류는 텔레비전에 연결해서 게임을 이용하는 기계의 형태로 유지되었다.

콘솔과 개인용 컴퓨터는 이제 흔한 가정용 기기들이 되었다. 그러나 그 둘은 여러 면에서 확실히 다르다. 콘솔은 기본적으로 놀이용, 대개 아이와 청소년을 위한 것이었다. 반면에 컴퓨터는 상대적으로 진지하며, 대부분 성인을 위한 것이다. 이러한 게임인구 구성은 "닌텐도 세대"가 게임을 하던 습관을 성인까지 가져옴으로써 천천히 변하기는 하지만 말이다. 물론 사람들은 컴퓨터를 가지고 게임을 할 수 있다. 그리고 컴퓨터와 콘솔 게임 이용 간의 비율은 세계적으로 볼 때 지역마다 상이할 것이다. 그러나 콘솔과 컴퓨터의 기술적인 사양은 이것들 각각에서 가능한 게임 행위 경험들을 변화시켰다. 콘솔에는 인터넷 기능이 없기 때문에 컴퓨터로는 할 수 있는 다인용 게임 기능이 부족하다. 하지만, 콘솔은 혼자 앉아 즐기는 것과는 거리가 멀고, 그보다는 다인용 조정기를 이용해 친지나 친구들이 함께 둘러앉아 즐기는 데 적합하게 만들어졌다.[3] 한동안 콘솔과 컴퓨터 간의 큰 가격 차이는 그것들의 사용에 있어서 인종 간의 차이 그리고 계급 간의 차이를 야기시키기도 했다. 예를 들어, 1990년대 초에는 미국 흑인의 거의 대다수가 콘솔 게임을 했다. 이러한 인종 간·계급 간 차이들은 컴퓨터의 가격이 천천히 내려가면서부터 줄어들었다. 그러나 가장 중요한 것은, 게임의 종류에 따라서 필요한 기계 또한 다르다는 것이다. 콘솔은 스포츠나 액션게임에 적합하며, 컴퓨터 키보드는 롤플레잉이나 전략게임에 최적화되어 있다고 볼 수 있다. 전체적으로 볼 때, 콘솔은 디지털 놀이의 주요 매체였다.

---

3. 〈플레이스테이션 2〉에서 하드드라이브는 선택사양이었고, 인터넷 접속은 부가상품이었다. 〈플레이스테이션 2 네트워크〉 게임 시스템 출시 약속은 제대로 실현되지 않았다.[네트워크 기능은 2006년에 이보다 다음 세대인 〈플레이스테이션 3〉이 출시되면서부터 포함되었다. ― 옮긴이]

1994년에 소니에서 만들어진 〈플레이스테이션〉은 이러한 콘솔의 혈통에서 정점에 다다른 것이라고 할 수 있다. 소니는 처음에는 콘솔시장에 적극적으로 뛰어 들지 않았다. 〈플레이스테이션〉은 원래 닌텐도 게임기의 콤팩트디스크 구동을 위한 부가장치로 계획되었다. 이러한 동맹이 실패하자, 〈플레이스테이션〉은 소니의 엔지니어링 천재인 겐 구타라기의 손을 거쳐 독립적인 기계로 변모하게 되었다. 소니는 본격적으로 그 콘솔의 전용 칩 설계, 부품 제작, 조립 공장 등에 대한 주요 자본 투자를 하기 시작했다. 그 결과는 성공적이었다. 소니는 능숙하게 기계를 향상시키고 칩들의 크기를 줄여 나갔고, 〈플레이스테이션〉의 크기는 시간이 지나갈수록 줄어들었다. 후속 제품들의 얇은 두께와 경량감을 생각하면 초기 모델은 둔중해 보였다. 〈플레이스테이션〉은 게임 카트리지를 콤팩트디스크 드라이브로 대체시켰다. 후속 버전인 〈플레이스테이션 2〉는 그 당시 컴퓨터의 그래픽 성능을 능가하는 최초의 콘솔이었다. 〈플레이스테이션〉이 너무나 잘 팔렸기 때문에, 게임 개발사들은 플레이스테이션에 최적화된 게임을 만들고 싶어 했고, 〈플레이스테이션 2〉는 앞 제품과의 호환성을 갖춤으로써 선행 제품들의 기록들을 능가했다. 이 모든 것들은 훌륭한 게임장서, 헌신적인 게임이용자들, 거대한 게임장을 만들어 냈다. 1990년대 중반 소니·닌텐도·세가 등 3대 게임사들의 전쟁 후에, 세가는 게임시장에서 사라져 버렸다. 이것은 앞에서 주장했듯이 콘솔시장에는 두 개 이상의 경쟁자가 살아남기 힘들다는 것을 증명해 주는 예이다. 그리고 닌텐도는 힘에 부쳐 소니의 힘에 굴복하였다. 〈플레이스테이션〉이 가장 성공기에 있었을 때, 〈플레이스테이션 2〉는 소니 수입의 40퍼센트를 육박

했었다. 2006년까지 전 세계적으로 1억 개가 팔리면서(Kerr 2006, 67) 〈플레이스테이션 2〉는 지금까지 만들어진 콘솔 중에서 가장 성공적인 모델로 여겨졌다. 이런 상황에서, 첫 번째 〈엑스박스〉가 나타났다.

기업기계 : 트로이의 목마

들뢰즈와 가따리가 주장하기를, 자본주의는 노동, 금융, 그리고 기술의 흐름들로부터 조립된 전지구적 "생산 기계"이다(1983, 226). 그들은 또한 이러한 "전 세계적인 자본주의 기계"(231)가 "탈영토화"를 통해서 작동한다고 주장한다(259). 이익의 추구는 새로운 기술적 기계들을 만들어 내고, 새로운 생산과 실천들을 다시 불러들이며, 오래된 습관들을 해체하고, 생활, 지리, 사회, 주체적인 영역들 – "영토" – 등 이전에 구획된 것 모두를 대격변 속으로 던져 넣는다. 그러나 자본은 동시에 이러한 흐름을 "재영토화시킨다." 혁신을 재산으로 포함시키고, 그 주변에 새로운 법적 경계들을 둘러치며, 접근을 감시함으로써 새로운 기술적 기계와 문화적 창조물이 이윤을 위해 생산되고 판매되는 상품으로 나타나도록 한다.

마이크로소프트만큼 들뢰즈와 가따리의 영토화와 재영토화를 잘 설명해 줄 수 있는 예는 없다. 이 자본주의적 거대 기업은 컴퓨터들을 탈영토화시키고 펜타곤의 디지털 지식으로부터 해방시켜 주는 자가해커문화homebrew hacker culture로부터 탄생되었다. 그러나 그것은 재영토화의 과정을 통해서 자리매김 되었다. 1976년 빌 게이츠는 "취미를 향유하는 사람들에게 보내는 공개서한"에서 자신의 "알타이어 베이직 코드"Altair Basic code를 구매하지 않고 사용하는 사람들에게 경고했는데, 이것은 소프트웨어의 특허권 보호벽을 세우는 기념비적인 사건이 되었다. 그와 동시에 "정보는 무료로 공유되어야 한다"라는 것을 기본 신조로 하는 해커들에게 죽음의 종소리를 울리는 것과도 같았다. 그러고 나서 게이츠의 회사는 새로이 개발한 운영체제를 지렛대로 삼아 도스와 윈도우즈에서 오피스 프로그램, 인터넷 브라우저에까지 이르는 후속 소프트웨어들에 대한 통제력을 확보, 즉 영토화하였다. 경쟁사들의 혁신기술을 베끼고 이후에 그 발명자를 박살내는 게이츠의 "포용과 확장" 전략(나중에 비판자들에 의해 "포용, 확장, 소멸" 전략으로 수정되었다)은 아이비엠에서 애플, 넷스케이프에 이르는 경쟁자들에 대항하는 데 적용되었다. 1990년대에 미국 법무부는 마이크로소프트에 대해 "약탈적 독점"이라고 비난하며 독점금지 기소를 했지만, 마이크로소프트는 적은 벌금만을 내고 그 상황을 벗어났으며, 명백히 견제불가능한 기업기계로 도약하게 되었다(Auletta 2002를 보라).

게이츠가 법정에 출두하는 등 법적 송사들이 한창이던 중에 마이크로소프트는 관심을 비디오게임으로 돌렸다. 그전까지 마이크로소프트는 〈에이지 오브 엠파이어〉 같은 개인용 컴퓨터를 위한 게임이나 개발자를 위한 도구를 생산하기는 했지만 대체로는 가상 놀이로부터 멀찍이 떨어져 있었고, 특히 가장 중요한 게임 분야인 콘솔 게임 쪽으로는 발도 내딛지 않던 상황이었다. 상상력도 없으면서 군림하는 제품들을 가진 기업문화, 무자비한 인수, 끝없는 송사 등은 게임이용자와 개발자 들의 눈에는 게임이용에 반하는 것들이었다. 마이크로소프트가 이런 약탈자 이미지를 바꾸도록 만든 것은 거대하고 강력한 경쟁자인 소니의 위협 때문이었다. 마이크로소프트는 〈플레이스테이션〉의 운영체제 제작을 소니로부터 제안 받았지만 이를 거절했다. 머지않아 이러한 결정은 실수임이 밝혀졌다. 일본 회사들이 게임시장에서 거대한 수익을 올렸을 뿐 아니라, 소니의 〈플레이스테이션〉은 마이크로소프트의 위엄을 위협하기에 충분할 만큼 성장하고 있었다. 게임뿐만이 아니라 음악과 영화도 구동할 수 있기 때문에, 이 전지구적으로 성공한 콘솔은 소니가 다른 엔터테인먼트와 가정용 컴퓨터의 이용 목적 등에 대한 소프트웨어의 표준을 규정할 수 있는 교두보가 되기 시작했다. 마이크로소프트는 이전부터 "웹/텔레비전"Web/TV 구상을 통해 텔레비전과 인터넷을 통합하여 홈엔터테인먼트를 공략하려는 시도를 해오고 있었다. 그러나 당시에 이러한 계획은 케이블과 정보통신회사들이 가장 중요한 디지털 게이트웨이gateway 4의 제공을 꺼려함에 따라 무산된 바 있었다. 디지털 미디어의 호스트5가 아무도 모르게 가정에 이식될 수 있게 해주면서, 콘솔들은 이제 "트로이의 목마"로 불리게 되었다.

그럼에도 불구하고 마이크로소프트는 소니에게 굴복당하고 싶지 않았다. 기계장치의 경쟁에 있어서, 〈엑스박스〉는 마이크로소프트의 준마가 될 수 있었다. 그 토너먼트는 상당히 위험스러운 것이었다. 25년 동안, 동시에 두 개 이상의 회사가 콘솔 플랫폼을 유지하는 데 필요한 충분

---

4. [옮긴이] 프로토콜이 다른 네트워크 간의 연결에서 입구 역할을 하는 장치.
5. [옮긴이] 원래는 컴퓨터들 간 원거리 통신 시 중앙집중 역할을 수행하는 컴퓨터를 뜻함.

한 숫자의 게임이용자들이 확보되지 못하였다. 하지만 마이크로소프트, 소니, 닌텐도까지 세 개의 플랫폼이 만들어진 상황이었다. 소니는 확고한 지위와 가공할 만한 전문가들, 일본 내에 첨단 반도체 주조공장과 조립 공장 등 기반시설을 가지고 있었으며, 무엇보다도 마이크로소프트가 제 공할 수 있는 것보다 더 많은 종류의 게임을 제공했다. 마이크로스프트 는 상대적으로 콘솔 제조에 대한 경험과 반도체 생산 능력이 부족했고, 좋지 않은 평판을 갖고 있었다. 그러나 마이크로소프트에게는 규모와 재 정이 있었다. 100개 이상의 국가에서 근무하는 6만 명에 달하는 직원, 연 간 400억 달러에 육박하는 수익, 새로운 프로젝트에 쉽게 투자할 수 있 는 컴퓨터-프로그래밍에 관한 방대한 지식, 그리고 동원가능한 막대한 "전쟁 자금", 다양한 기업 간 동맹 등이 이 기업의 자원이었다.

마이크로소프트는 정보 기술에서 흔히 사용되는 생산모델을 이용 하였다. 즉 "주력"flagship 회사가 그 설계를 결정하지만, 사용되는 부품들 의 제조와 조립은 공급자 네트워크를 통해서 이루어진다(Luthje 2004, 1). 마이크로소프트의 개발팀이 〈엑스박스〉의 개념을 잡아 프로토타입 을 만들고, 중역회의를 통해 지지층을 포섭한 후, (윈도우즈의 단순화 버 전을 가지고) 운영체제를 탑재하였다. 그러나 핵심적인 마이크로칩, 다양 한 종류의 다른 부품들, 그리고 실제적인 콘솔의 대량 제조는 다른 곳에 서 이루어졌다. 마이크로소프트의 역할은 비용을 최대한 줄이고 제품이 정해진 출시일에 맞추어 나올 수 있도록, 독립적으로 움직이는 산하 공 장들을 조정하는 것이었다. 이러한 공정과정은 다소 위험이 따르는 것이 다. 예를 들어, 원래 〈엑스박스〉를 위해서 인텔사와 엔비디아사에서 중앙처리장치^{CPU}와 그래픽처리장치^{GPU} 칩들을 만들었다.[6] 그러나 마이크로소프트와 그 두 회사 간의 협력은 그다지 좋지만은 않았다. 반도체칩은 정밀한 공정과정을 요구하기 때문에 항상 여러 가지 문제점들이 발생했다. 엔비디아의 그래픽칩들은 혼자서는 아무런 문제 없이 잘 돌아갔지만, 〈엑스박스〉에 가해지는 수백만 개의 명령들에 대해서는 재앙 수준의 문제가 발생했다. 일례로, 다른 장치들과 같이 조합되자 돌고래가 헤엄치는 시험용 동영상은 "거의 자정까지" 지속적으로 멈춤 현상이 나타났는데, 결국 디버거[7]가 잘못 입력된 설계 명세를 찾아냈다. 이로 인해 엔지니어들은 "아직도 그 돌고래에 관한 악몽을 꾸곤 한다"고 말할 정도였다 (Takahashi 2002, 313). 유사한 긴급 복구 작업들이 전 과정에 걸쳐 나타났다.

그러나 〈엑스박스〉의 탄생은 이제 매우 가까워졌다. 생산과정의 마지막 단계는 콘솔의 실제적인 조립과정이었다. "박스의 제작"은 플렉스트로닉스라는 세계 최대의 전자제품 하청제조업체가 담당했는데, 이 업체에는 9만 5천 명의 직원이 전세계의 생산네트워크에서 근무하고 있었다 (Luthje 2004, 4~5). 초기의 조립공정이란 것은 오로지 소규모 공장 노동자들의 값싸고 "재빠른 손놀림"에만 의존해 이윤창출을 했었지만, 오늘날의 전자제품 하청제조업체들은 고도로 자동화되어 있고, 현지에서 부

---

6. 이후에 등장한 〈엑스박스 360〉을 위해서 마이크로소프트는 새로운 칩을 원했을 뿐 아니라 비용도 줄이길 바랐다. 그리고 이러한 기기들에 대한 지적 재산권도 계속 보유하려 하였다. 복잡하고도 치열한 협상들의 향연은 아이비엠과 에이티아이(ATI)를 인텔과 엔비디아로 대체하고, 실리콘 인티그레이티드 시스템사가 통신과 입출력 칩을 제조하는 동안 메모리칩은 삼성과 인피니온이 공급하는 상황을 낳았다.
7. [옮긴이] debugger. 다른 프로그램을 테스트하고 버그를 없애는 데 쓰이는 프로그램

품을 제조·보관함으로써 물류비용을 줄이며, 그와 동시에 중남미·동유럽·아시아 등의 저임금 구조를 통해 지속적으로 이윤을 얻는다. 〈엑스박스〉는 멕시코의 과달라하라, 헝가리 서부의 절러에게르세그와 샤르바르, 중국 남부의 더우먼에 있는 세 개의 공장에서 조립되었다. 생산은 여러 차례 하나의 공장에서 다른 공장으로 이전되었다. 멕시코에서 〈엑스박스〉의 생산량을 줄인 다음에 헝가리에서 생산량을 늘리고, 헝가리에서 줄이고 나서 중국 공장에서 늘리는 방식이었다.

콘솔조립은 비물질노동이 아니다. 그것은 산업적이고 노골적으로 물질적이다. 박스의 외관을 이루는 플라스틱과 금속판을 성형하는 것, 케이블을 연결하는 것, 회로판을 설치하는 것, 외장장식을 다는 것, 생산흐름을 점검하는 것 등이 조립과정을 이루는 작업이다. "새로운 경제 테일러주의" 하에서, 규격화된 공정 과정은 쉽게 변화하는 소비자들의 요구와 엄격한 품질관리를 위해 "신속하고 유연한 대응"을 하는 데 집중한다(Luthje 2004, 129). "현대의 기업가족주의"는 기숙사형 직원 숙소와 (비디오게임을 포함한) 공장지역 내의 놀거리 등을 통해 노동조합의 결성을 막고 매출을 안정화시키는 데 목표를 두고 있다(Luthje 2004, 12). 플렉스트로닉스의 중국 공장에서는 초과근무 수당을 포함한 월급여가 60달러에서 100달러 사이인데, 많은 보고서에 따르면 이것은 법적으로 정해져 있지 않음에도 불구하고 실제 조립 작업장에서는 빈번하게 의무시된다고 한다. 〈엑스박스〉의 생산속도는 상당히 빨랐다. 과달라하라의 공장이 〈엑스박스〉 출시를 위해서 생산량을 증가시키면, 두 시간마다 트랙터 두 대를 가득 채운 콘솔들이 공장을 빠져나가고 트랙터 반을 채운 부품들이 들어왔다.

그 트럭들은 국제 자유무역의 경로를 따라 이 가공할 만한 기계를 운송한다. 마이크로소프트가 종종 언급했듯이, 〈엑스박스〉의 처리장치는 그것을 그때까지 나왔던 제품 중에서 가장 강력한 것으로 만들었다. 〈엑스박스〉는 하드디스크 드라이브를 장착한 첫 번째 콘솔이었는데, 이로 인해 게임을 시작할 때 다른 어떤 콘솔보다도 빠른 속도를 체감할 수 있었다. 또한, 〈엑스박스〉 내에 장착된 인터넷 연결기능은 네트워크를 기반으로 한 게임의 새로운 시대를 열었다. 그러나 이러한 특징들에도 불구하고, 마이크로소프트는 멕시코에서 생산된 〈엑스박스〉가 판매될 때마다, 이익이 아닌 손해가 발생한다는 것을 이미 알고 있었다. 하나의 〈엑스박스〉를 만드는 데 드는 비용은 약 323달러였지만, 소비자가격은 299달러에 책정되었다(이 가격마저도 소니 〈플레이스테이션〉과의 가격경쟁으로 인해 결국 삼분의 일 이상 줄여야 했다). 만약에 마이크로소프트가 〈엑스박스〉를 단순히 이윤을 추구하는 기계로만 보았다면, 〈엑스박스〉는 마이크로소프트에게는 버는 것보다 더 빠른 속도로 돈을 주머니에서 빼가는 애물단지로 받아들여졌을 것이다. 그렇다면, 왜 마이크로소프트는 〈엑스박스〉를 출시했을까? 기업의 상식을 명백히 뒤엎는 이러한 일은 어떻게 설명될 수 있을까?

타임머신 : 잉여가치

우리는 여기에서 들뢰즈와 가따리가 이야기하는 "기계적 잉여가치"에 대해서 알아볼 필요가 있다(1987, 458). 자본주의 기계에서 미디어의 중요성에 대해 관찰하면서, 들뢰즈와 가따리는 맑스가 생산이라는 지점에서 착취를 당하고 있는 노동자들에 대해 설명한 것과 동일한 생각이 관객들에게 적용될 수 있다고 주장한다. 예를 들자면, 텔레비전 광고는 사람들이 공식적으로 일을 하지 않고 있을 때에도 사람들의 시간과 관심을 사로잡는다. 들뢰즈와 가따리는 이러한 현상에 대해, 내부적이고 상호적인 커뮤니케이션을 바탕으로 한 인간과 기계 간의 역전된 관계 내에서 사람들이 기계의 부속품 중 하나가 된다는 의미에서 "기계종속"machinic subjection 혹은 심지어 "기계에 의한 노예화"라고 주장한다(458~59).[8] 우리는 이것을 바탕으로 〈엑스박스〉를 비롯한 게임 콘솔들이 텔레비전과 관계를 가지면서도, 상이한 방식으로 어떻게 기계적 잉여가치의 추출을 위한 장치로서 일반적으로 기능하고 있는지를 제시해 보고자 한다.

우리는 콘솔 게임을 전략으로 삼은 사업 모델이 "면도기와 면도날" 중 하나라는 것을 보았다. 하드웨어가 면도기라면 수익은 면도날에 해당하는 소프트웨어에서 나온다. 콘솔은 게임의 판매를 위한 플랫폼의 구축 비용 정도나 그 이하의 가격에 판매된다. 그것은 게임이용자가 게임소프트웨어에 장착된 게임을 통해서 한정된 시간 동안만의 경험을 소비하게 하는, 그래서 게임이용자가 게임을 모두 끝내거나 포기하거나 해서 다

---

8. 다른 이론가 역시 미디어 구경꾼(media spectatorship)이 노동의 한 형태가 되고 있다는 점을 지적하고 있다. Smythe 1983을 볼 것. 좀 더 최근의 연구로는 Beller 2006을 볼 것.

른 게임을 사도록 만드는 데 사용되는 기계이다. 이러한 제조비용보다 더 싼 가격에 〈엑스박스〉를 판매하는 자살행위와 같은 마이크로소프트의 정책에 대해 보상을 하면서, 〈엑스박스〉의 이용자들은 적어도 열 개 정도의 게임을 구매하게 되는데, 그중 세 개는 마이크로소프트에서 제조한 게임이었다. 하나의 게임을 완료하거나 포기하는 데 필요한 시간이 대략 30시간이라고 가정하면, 게임이용자들은 자신들의 〈엑스박스〉로 게임을 함으로써 대략 300시간을 마이크로소프트에 "되갚아 주는" 셈이 된다. 따라서 각각의 게임을 구입하는 행위는 전반적으로 볼 때는 다른 커다란 잠재적 수익을 가져오게 된다. 만약 〈엑스박스〉가 〈플레이스테이션 2〉를 시장에서 없애는 데 성공했다면, 2001년 기준 북미에서만 46억 달러에 달했던 비디오게임 시장 매출을 통째로 가져갈 수 있었을 것이다 (Chairmansteve 2005).

그러나 콘솔을 기반으로 한 기계 잉여가치의 추출에는 다른 차원들이 존재한다. 〈엑스박스〉 프로젝트가 발전함에 따라, 마이크로소프트 버전의 "트로이의 목마"는 콘솔 게임을 네트워크를 기반으로 한 게임으로 만드는 데 초점을 맞추었다. 2000년까지 온라인 컴퓨터게임은 상업적인 부분에서의 가능성을 보여 주었는데, 대전 게임match play뿐 아니라 소니의 〈에버퀘스트〉나 이보다는 덜 성공적이었던 마이크로소프트의 〈애셔런스 콜〉 같은 다중접속 게임에서도 그런 가능성이 보였다. 유료가입자, 온라인 광고, 관리가 어렵지만 잠재적으로는 이익을 창출할 수 있는 가상거래 등에 대한 전망은 분명했다. 이제 점점 더 향상되는 프로세서의 능력과 고속광대역 인터넷의 확장은 콘솔을, 온라인 활동에 쓰는 시간을 상품이라는 형태 속으로 빨아들이는 웜홀로 만들었다. 이것이 바로 2002년 11월에 〈엑스박스 라이브〉라는 게임네트워크를 출시하면서 마이크로소프트가 내세운 목표였다. 대략 한 달에 6불 정도를 지불하면, 각 게임이용자는 온라인 아이디를 제공하는 "게이머태그"을 부여받고, 이것을 가지고 헤드셋을 이용해 다른 이용자와 실시간으로 게임을 하거나 이야기를 할 수 있었다. 2004년까지 대략 2백만 명의 가입자들이 발생했고, 2004년까지 이들은 약 14억 시간을 게임을 즐기고 돈을 지불하는 데 썼다(Takahashi 2006, 21).

마이크로소프트사의 전략가들은 소니와의 경쟁에서 〈엑스박스 라이브〉가 최고의 선수 – 강력한 경쟁자에 대해 우위를 가질 수 있는 "차별전략" – 가 될 수 있을 것이라고 생각하기 시작했다(Takahashi 2006, 11). 〈엑스박스〉의 서비스는 꾸준하게 향상되었다. 2004년에 〈엑스박스 라이브 아케이드〉는 적게는 5불에서 많게는 15불을 지불하면 게임이용자들이 온라인을 통해서 사용 가능한 게임들을 다운 받을 수 있도록 해주었다. 2005년에 〈엑스박스 360〉를 발매함으로써, 마이크로소프트는 〈엑스박스 라이브〉를 완벽하게 개선하였다. 가입 시 이용자 등급에 "실버"와 "골드" 레벨을 추가하였고, 대전 순서결정과 피드백 시스템을 향상시켰으며, 보이스 채팅, 비디오 컨퍼런스, 다인용 게임, 토너먼트, 그리고 특별이벤트 등의 기능을 개선하였다. 게임택에는 게임이용자의 흥미와 스킬 레벨, 그리고 능력, 게임 성취도를 점수로 환산하여 보여줄 수 있는 기능을 추가하였다. 개발자들은 〈엑스박스〉 게임을 위한 특정한 수의 "달성도" 지표를 만들어야만 했다. 게임이용자들이 이러한 지표의 도달에 성공하면 그것은 (0에서 5로 표시되는) "명성"이라는 일종의 경쟁적인 교환 비율로 합산된다.

　게임이용자가 레벨을 향상시키기 위해서는 좀 더 많은 시간 동안 게임을 해야 했다. 또한 온라인상의 "시장"the Marketplace에서 실제 신용카드를 통해 비용을 결제하여 포인트로 전환한 후에, 추가적인 콘텐츠, 데모, 비디오, 음악 등과 같은 액세서리를 구입해야만 했다. 마이크로소프트는 이러한 시스템이 게임이용자가 직접 만든 콘텐츠를 다른 이용자에게 팔수 있는, 이베이 같은 모델로 확장될 것이라고 주장했다. 마이크로소프트의 한 대변인은 그 미래에 대해 다음과 같이 말했다.

> 한 게임이용자의 그래픽 디자이너 여자친구인 "커스틴"은 남자친구의 게임 캐릭터에 "멋진" 티셔츠를 입혔다. 그리고 남자친구는 그 티셔츠를 입고서 〈엑스박스 라이브〉에서 게임을 했고, 그 모습을 본 많은 다른 이용자들이 그와 같은 티셔츠를 구입하기 원했다. 머지않아 그와 게임을 같이 하던 이용자들은 모두 그 티셔츠를 입게 되었다. 이를 계기로 수천 명의 이용자들이 그 티셔츠를 구매하여 자신의 캐릭터에 입히기를 원하게 되었다. 이제 커스틴은 온라인 상점을 열고 돈을 벌고 있었다. 그녀는 이제 온라인에서는 어느 정도 유명인사로 통했으며, 자신의 "게이머태그"를 받았고, 게임이용자 카드도 받았다. 그녀는 그야말로 명성을 얻은 것이다. (Allard, Thorsen 2005b에서 인용)

그리고 아마도 마이크로소프트 자체도 명성을 얻게 될 것이다. 이는 가입자 수를 늘리는 것은 물론이고, 판매 수수료와 수익을 낼 만한 광고 게재 주문 효과도 창출하게 될 것이다.

〈엑스박스 라이브〉가 가지고 있는 또 다른 장점은 수천 명의 이용자들이 토너먼트 게임을 하는 동안 수백만 명의 사람들이 "관객 모드"를 통해서 이 경기를 관람할 수 있다는 것이다. 마이크로소프트의 부사장은 "미식축구, 축구, 〈할로〉, 기타 등등…… 일대일 모드로 최고의 효과를 낼 수 있는 어떤 것이든 토너먼트 형태로 만들 수 있다"고 선언하기도 했다(Thorsen 2005b). 다른 대변인은 "사람들은 경기를 관람할 것이다. 사람들은 접속을 위해 돈을 지불하고, 만약 그 게임의 끝에 어떠한 상금이 주어진다면 더욱 진지해질 것이다"라고 말했다. 더불어, 광고주들 또한 돈을 지불할 것 이다. "펩시나 나이키 같은 회사들은 현재 접근하기 어려운 우리 게임의 구매자들에게 다가갈 수 있다는 데 매우 기뻐할 것이다." 더 나아가, 그는 이렇게 말했다. "수많은 사람들이 게임에 접속하고 게임 속에서 광고를 볼 것이기 때문에, 우리는 어떻게 보면 게임 사업뿐만이 아니라 방송사업에 뛰어든 셈이다."

이러한 협력을 통한 사업이 얼마 동안 지속될지는 불확실했다. 그러나 〈엑스박스〉에 대한 마이크로소프트의 야심은 확실했다. 마이크로소프트는 "새로운 매체"의 경제학(소프트웨어 소비에 관한 "면도기와 면도날" 모델), "구식 매체" 버전(광고주에게 [새로운 시장을 볼 수 있는] 눈을 판매하는 것), 전자상거래의 쇄도 등을 조합하고자 하였다. 콘솔은 단순히 게임 기계뿐 아니라, 곧 새로운 텔레비전 세트이자 온라인 시장으로 가는 통로가 될 것이다. 그리고 마이크로소프트는 이것이 기계적 잉여가치의 미래의 모습이길 바라고 있다.

기계 주체들 : 하드코어[중독자]The Hard Core

그러나 이러한 모든 것이 가능하기 위해서 사람들은 〈엑스박스〉를 사야 했는데, 이것은 기술적인 기계에 관한 문제였을 뿐만 아니라 인간의 "욕망하는 기계"의 문제이기도 했다. 마이크로소프트는 특정한 종류의 욕망하는 기계를 동원하는 데 그 목적을 두었다. 마이크로소프트사의 수석부사장이 말하기를 "만약 당신이 출시 상황을 보게 되면, 대부분의 타겟이 당신의 표현에 따르면 하드코어라고 불리는 이들에 맞추어져 있음을 알게 될 것이다. 이들은 미국에서만 대략 6백만 명 정도 되고, 연령은 16세에서 26세이며, 대부분 남성으로 이루어진 집단이다"(Bach, Pinckard 2001에서 인용).

"하드코어"는 게임 마케팅에서 잘 인지되어 있는 인구학적 계층이다. 하드코어란 게임을 하는 데 많은 시간을 쓰고, 소득에서 일정량을 본인이 원하는 대로 소비할 수 있으며, 새로운 하드웨어 플랫폼을 남들보다 빨리 받아들이고, 1년에 적어도 25개 이상의 게임을 구매하며, 게임의 장르와 관습에 대해서 잘 알고, 게임 잡지 등을 읽으며, 게임과 게임기기에 대해서 자신의 의견을 구두로 혹은 온라인으로 피력하는 젊은이들을 의미한다. 따라서 하드코어는 "간헐적인" 게임이용자들과는 구별된다. 하지만 게임 마케팅 담당자들은 점차 그 두 개의 범주 사이에 존재하는 부류도 인식을 하기 시작했다. 그중 하나는 "쿨한" 혹은 "습관형" 게임이용자들로 게임을 매우 자주하기는 하지만 그것에 전념하지는 않는 부류이다. "가족 게임이용자"는 자녀들이나 배우자와 게임을 즐기는 이용자들이다 (Bateman and Boon 2006). 그러나 콘솔의 성공에 있어서 가장 핵심적인 역할을 하는 것은 무엇보다도 하드코어[중독자]이다. 하드코어에 이르기 위해서는 하드웨어, 소프트웨어, 그리고 네트워크[에 대한 지식]이 모두 필요하다.

다소 투박해 보이는 검은색 박스 위에 녹색 불빛을 가진 〈엑스박스〉는 하드코어들에게 어필하는 것을 주목적으로 발매되었다. 이 부분에서 가장 매력적인 요소는 바로 게임의 컨트롤러이다. 배열된 여러 가지 버튼, 그리고 왼쪽과 오른쪽에 있는 아날로그 스틱(조이스틱)을 가진 게임 컨트롤러는 게임을 하기 위한 콘솔의 장점을 극대화하였다. 하드코어가 된다는 것은 여러 가지 전략과 게임행위를 쉽고, 빠르고, 부드럽게 할 수 있는 지식을 가졌다는 것을 의미한다 : "하드코어 게임이용자들이 골수팬과 같은 게임활동을 좋아한다는 점을 가정한다면, 어떠한 콘솔 메커니즘도 이들에게는 어렵게 느껴지지 않는다"(Bateman and Boon 2006). 〈엑스박스〉 컨트롤러에서 가장 중요한 지점은 간단히 말해서 그것이 이전 컨트롤러와 닮아야 한다는 것이다. 이미 게임에 능숙한 게임이용자들은 "사용법을 알 것이며", 능숙하지 못한 이용자들은 이전과 마찬가지로 계속 서투른 상태에 있을 것이다. 이러한 점에 대한 중요성은 5년 후에 닌텐도의 〈위〉가 이런 친숙성의 가정에 도전을 할 때까지 완전히 뚜렷하게 인식되지 않았다. 곧바로 눈에 띄었던 것은 〈엑스박스〉 컨트롤러의 크기였다. 〈엑스박스〉 컨트롤러의 크기는 마치 북미 사람들, 특히 북미 남자들처럼 커다란 손을 가진 사람들에게 적합하였다(Takahashi 2002, 160). 특히 일본에서는, 컨트롤러의 크기 때문에 많은 게임이용자들이 불만을 토로했고, 마이크로소프트는 결국 손이 작은 게임이용자들을 위한 〈컨트롤러 에스〉를 내놓게 되었다. 그러나 메시지는 확실했다. 〈엑스박스〉는 큰 젊은이들big guys을 위한 — 즉 하드코어들을 위한 콘솔이었다.

하드코어들을 움직이게 하는 데 소프트웨어는 디자인만큼 중요하다. 하드코어 게임이용자는 자신을 특별한 주체의 위치에 놓는다. 이를테면, 행동하는 남자man of action 같은 것이다. 대다수의 콘솔 게임은 액션과 어드벤처의 두 종류이며, 그 다음으로는 스포츠 장르(레이싱, 파이팅, 슈팅 게임)가 차지한다. 역사적으로, 남자 주인공들은 항상 싸움이나 경쟁에 휘말리게 되고, 민첩함과 스피드를 요구하며, 이러한 기능의 숙달은 "저장-죽음-재시작"이라는 반복적 패턴을 통해서 얻어진다. 그러나 그러한 행동하는 남자가 콘솔 게임행위를 지배해 왔음에도 불구하고, 이러한 테마 안에서도 차별성이 존재하고 예외적인 사례도 존재한다. 소니의 오랜 헤게모니 시기 동안, 남성 액션 영웅은 여전히 일반적인 모습이면서 동시에 개혁적인 변화를 위한 주제가 되기도 하였다. 라라 크로프트 같은 쉬어로Sheroes, 모순적이고 자아성찰적인 〈메탈 기어 솔리드〉로부터 시작된 "잠입"stealth 게임물, 여성 주인공이 등장하는 〈크림슨 버터플라이〉 같은 생존 공포물, 혹은 〈이터널 다크니스〉의 "정상상태 막대그래프"sanity-bar 같은 내향적 혁신들, 이상하리만치 우울하고 아름다운 어드벤처 게임인 〈이코〉와 〈쉐도우 오브 콜로서스〉, 그리고 퍼즐게임인 〈카타

마리 다마시〉에서 나타나는 기발한 오이디푸스적 갈등에 이르기까지, 이 모든 것들이 하드코어들의 활동에서 정교화되어 점차 다양화된 게임활동의 뉘앙스를 만들어 왔다.

그러나 마이크로소프트는 다시 기본으로 되돌아갔다. 하드코어를 언급하면서, 〈엑스박스〉의 대변인은 "당신은 그들이 플레이하는 게임의 타입을 알 수가 있다 : 스포츠, 액션, 레이싱, 그리고 파이팅. 이러한 것을 토대로 당신은 우리가 게임을 발매할 때 이 네 가지 장르에 보다 더 중점을 맞출 것이라는 사실을 알 수 있다"(Pinkard 2003에서 인용). 정형화된 하드코어 타입들의 혼합 속에서 스피드, 전쟁, 그리고 전투를 강조하는 게임들을 목표로 콘솔이 출시되었다.[9] 가장 좋은 예는 마이크로소프트가 매입한 독립개발사인 번지Bungie가 〈엑스박스〉에 독점적으로 제공한 게임인 〈할로 : 진화된 전투〉와 그 후속작인 〈할로 2〉이다. 어떤 게임들은 게임에 특정한 정서적 톤을 부여함으로써, 특정한 콘솔의 "정서"를 규정한다. 〈슈퍼마리오 브라더스〉는 닌텐도의 〈엔이에스〉를 마술적이고 무모한 모험과 동의어로 만들었다. 〈모탈 컴뱃〉은 세가의 〈제네시스〉를 "나쁜 놈"bad-boy 기계로 정립시켰다. 〈할로〉는 〈엑스박스〉 게임의 대명사가 되었다.

〈할로〉는 설명하기는 쉽지만 제대로 즐기기는 어려운 게임이다. 그

---

9. 2005년에 출시된 〈엑스박스〉 게임 중 가장 많이 팔린 10대 제품 중에는 〈스타워즈〉 시리즈, 〈배틀프론트〉, 〈나이츠 오브 더 올드 리퍼블릭〉, 자동차 경주 게임인 〈니드 포 스피드 : 언더그라운드〉와 〈고담 씨티 레이서〉, 〈그랜드 테프트 오토〉 시리즈, 반테러리스트 게임 〈스플린터 셀〉 등이 있다. 예외적으로 〈페이블〉도 여기에 포함되는데, 상당히 복합적인 도덕적 선택을 요구하는 롤플레잉 게임으로 의외의 성공을 거두었다.

게임은 군사 과학에 관련된 픽션이다. 〈할로〉는 (9·11 테러가 일어나기 직전에 출시가 되었다는 점을 생각하면) 소름이 끼칠 정도로 기가 막힌 타이밍에 출시되었는데, 광신도적인 종교적 신념으로 무장한 외계인 종족인 코브넌트에 의해서 지구가 공격을 당한다는 스토리를 가지고 있다. 당신은 최선임하사 계급의 사이보그-군인으로, 코브넌트 부대들에게 점령된 행성에 남은 소수의 우주 해병대 생존자들을 구출하기 위해 비행하다 난파당한 우주선에서 깨어났다. 이 게임은 죽느냐 죽이느냐에 대한 게임이다. 끊임없이 빠르게 움직여야 하며(절대로 한곳에 선 채로 멍하니 있지 마라), 정확한 조준능력(재장전하는 것을 잊지 마라), 전략(당신이 보호하는 해병이 당신을 보호할 수도 있다), 재빠른 무기선택(플라즈마 라이플이냐 샷건이냐?), 길 찾기 능력(현기증을 피하라) 등을 요구한다. 게임 속의 인공지능은 변칙과 기습을 할 수 있다. 비록 그 게임이 이루어지고 있는 공간이 죽은 적들과 친구들로 가득 차 있지만, 그 게임에 진짜 잔혹행위는 없다. 코브넌트는 잔인하고 위협적이지만, 한편으로는 우스꽝스럽기도 하다. 지도자를 잃자마자, 코브넌트의 캐릭터 중 하나인 "그런트"들은 절망하면서 "도망쳐, 도망쳐"라는 비명 소리를 내며 달아나기도 하고, 거울에 반사된 인간들에 둘러싸이자 공포에 휩싸이기도 한다 ("인간들이 사방에 깔려 있어!"). 〈할로〉는 가상의 카우보이와 인디언, 혹은 연합군과 나치, 그것도 아니면 다른 종류의 아군-적군 대립구도의 각본으로 남자들이 운동장이건 길거리건 공원이건 오래된 폭탄 지역이건 전세계에서 항상 즐기는 내용이다. 게임이용자를 남성적인, 무장한 기계 전사인 최선임 하사로 불러들임으로써, 〈할로〉는 하드코어가 아니면 게임의 존재 자체가 무의미하다.

그러나 콘솔이 상징하는 것은 단순히 기계의 디자인이나 주제뿐만이 아니라 게임행위의 사회적인 맥락이기도 하다. 〈엑스박스〉를 누가 이용하느냐, 혹은 어떻게 이용하느냐를 결정하는 데 있어서, 〈엑스박스 라이브〉는 그만의 확고한 목표가 있다. 콘솔 게임행위의 역사에서 첫 번째로 성공한 네트워크 경험이라는 점은 팀워크와 공조적 혁신의 집단적 경험을 불러일으켰다. 많은 변종들 - 〈팀 스커미쉬〉, 〈슬레이어〉, 〈럼블 핏〉 등 - 이 있는 다인용의 〈할로 2〉는 개인과 팀 점수가 상세히 나온 표를 제공함으로써 열렬한 온라인 문화를 만들어 냈다. 〈둠〉과 〈퀘이크〉 이후로 균형이 무너진 상태에 〈할로〉의 팬들이 새로운 "봇"bots·스킨·무기·음향·그래픽·차량·영역 등을 창조함에 따라, 컴퓨터게임 이용자들 사이에서는 흔한 소프트웨어 개조가 콘솔 게임에도 도입되었다(Cawood 2005, 2006을 볼 것). 〈할로〉와 〈엑스박스 라이브〉의 문화는 아이러니하게도 자기 자신들 또한 비판의 대상이 되도록 만들었다. 지금까지 가장 유명한 머시니마인 〈레드 대 블루〉는 온라인 게임 행위의 기본적인 관습들을 조롱하였는데 - 이를테면, 황량한 벌판에서 적들과 마주하고 있다는 점 말고는 자신들이 왜 거기 있는지 아무런 설명도 없이 서로 다른 색의 유니폼을 입은 두 개의 팀이 있다 - 이것은 온라인 게임의 실존적인 부조리를 나타낸다.

그러나 이러한 네트워크를 기반으로 한 문화는 야만스러울 정도로 배타적인 성향을 띨 수도 있었다. 나타샤 크리스텐센(2006)의 온라인 게임 분석에서, 그녀는 사이버스페이스에는 젠더gender에 관한 두 가지 견해가 존재한다고 주장했다. 하나는 "육체에 따른 구속 없이, 젠더가 유동적인 것"이고, 다른 하나에서 "젠더는 실제 삶에서보다 사이버공간에서 더욱더 엄격하게 전형적으로 모방되어 재생산된다." 〈엑스박스 라이브〉는 후자를 택했다. 그리고 그것은 공격적인 성차별주의자, 인종차별주의자, 동성애혐오적인 욕설 등으로 나타났다. 〈할로〉는 게임에서 패배한 적에게 "구강성교"를 하게 하는 등 성적으로 모욕적인 의식을 하는 온라인 조롱 문화로 급속하게 악명을 떨치게 되었다. 〈여성 게임이용자 웹〉 사이트에서는 게임택 상으로는 여성인 척 하는 게임이용자가 〈엑스박스 라이브〉의 이용자들이 여성 게임이용자들에게 어떻게 행동해야 하는지에 관해 냉소적인 조언을 하고 있다.

> 일단 급한 것은 당신이 그녀의 성별과 관련해 떠올릴 수 있는 모든 욕설들을 가지고 게임을 하는 내내 그녀의 이름을 부르는 것이다. 그녀는 아마도 그런 모욕적인 언사를 싫어하는 것처럼 행동할 것이다. 그러나 "여성 게임이용자"Girl Gamer에 관해 많이 알려지지 않은 사실은 여성 게임이용자가 사실은 암캐, 걸레, 갈보, 레즈비언 같은 말을 2분마다 듣고 싶어 한다는 것이다. 또한, 게임을 하는 동안 여성 게임이용자로 하여금 자신의 성별이 무엇인지 계속해서 상기를 시켜줘야 한다. "여자가 무슨 〈할로〉를 하고 있냐"라거나 "이것은 남자들의 게임이다. 이 암캐야" 같은 말들은 꽤 효과가 좋다.(Paradise 2005)

〈할로〉와, 번지Bungie사에 의해 만들어진 다른 게임들을 다루는 웹사이트 "램펀시 넷"Rampancy Net의 운영자는 "본질적으로 그러한 불만제기는 정당했다"는 데 동의하면서도, "여성들이 암캐·걸레·갈보·레즈비언이라고 불리는 것처럼, 남성 게임이용자들도 〈엑스박스 라이브〉를 5분만 사용해도 이러한 욕들을 수없이 듣게 된다"라고 말하며 자신의 커뮤니티를 방어했다(Narcogen 2005). 다른 포럼들은 그와 같은 모습을 더욱 분명히 했다. 포럼의 많은 글들이 성차별주의의 책임을 묻는 데 반박했는데 이들이 사용하는 용어들은 그러한 비난들을 확증시키는 것이었다. 그리고 몇몇은 게임이용을 망치는 수많은 "병신들"asshats에 대해 불평을 하는 남성 게임이용자들이었다(Ruberg 2005). 여성과 성적·종족적 소수자에 대한 지속적인 적대적 타자화에 대해 논쟁의 여지는 있다. 하지만 분명한 것은 그것이 〈엑스박스〉의 주변에 초남성적인hypermasculine — 하드코어적인 – 환경을 만들었다는 점이다.

〈엑스박스〉는 누가 그리고 어떻게 이용할 것인가를 사전에 계산하여 만들어졌다. 콘솔의 설계, 그것을 위해 만들어진 게임들, 그리고 그것을 둘러싼 사회적 네트워크들은 모두, 그 콘솔을 게임을 이해할 수 있는 젊은이들을 위한 기계로 명명한다. 이 요소들은 이러한 "주류" 게임이용자 주체성을 불러들이고 증폭하며, 잠재적인 "소수자" 참가자들을 무시하거나 적극적으로 퇴출시킨다(Deleuze and Guattari 1987, 469). 젊은 남성 게임이용자를 위한 콘솔은 커다랗고 복잡한 컨트롤러를 가진 검정색 큰 박스라는 점을 확인하고, 경주용 차와 사이보그 전사 등에 대한 가상의 이미지들을 가정하며, 비하와 쓰레기 같은 대화를 전제함으로써, 마이크로소프트는 젊은이, 남성성, 디지털 놀이에 관한 선입견을 유지하는 데 계속적으로 공조해 왔다. 즉 그것은 하드코어 주체를 재생산했다.

전쟁 기계 : 유목하는 게임이용자들

자본주의가 새로운 기계적 주체성들을 만들어 냈다고 해서, 자본주의가 그것을 완벽하게 통제할 수 있음을 의미하지는 않는다. 반면에, 들뢰즈와 가따리는 예상치 못한 접속들과 분열적인 "탈주선"을 만드는 데 시급한 인간-기술적 배치의 가능성을 강조한다(1987, 55). 그들은 이렇게 기계적 주체성 내의 통제되지 않은 요소들을 "유목주의"라고 불렀다(351~423). 이 용어는 아시아의 대초원에 있던 기마전사들을 암시하는 것으로, 그들은 말, 활, 창, 그리고 승마 기술을 새로운 방법으로 강력하게 조합하여 제국들에 대해 전쟁을 일으킴으로써, 수많은 고대 사회들과 용맹한 전사들, 숙련된 무기제조업자들을 괴롭혔다. 들뢰즈와 가따리가 "전쟁 기계"를 언급했을 때, 그들은 거대한 군사산업의 복합체를 의미한 것이 아니라, 역으로, 기술의 유동적이고 전복적인 사용들을 의미한 것이다(351). 게임행위의 근저에 자리 잡고 있는 해킹 행위는 현대적인 형태의 유목주의이다. 유목적인 게임행위의 전쟁 기계가 발현되는 방식 중 하나는 바로 불법복제piracy이다.

불법복제는 게임 문화의 하나로서 인식되어 왔다. 역사적으로 불법복제는 컴퓨터 분야에만 치중되어 왔던 것이 사실이다. 개방된 컴퓨터의 시스템 구성과 인터넷 연결성을 통해서 게임을 복제하고 순환시키기가 쉽기 때문이다. 그러나 이러한 불법복제는 콘솔에도 영향을 미쳤다. 아타리를 무너뜨린 소프트웨어의 엄청난 과잉공급은 부분적으로는 해적판 게임들 때문이었다. 〈엔이에스〉를 이용한 닌텐도가 성공한 한 가지 이유는 불법복제를 막기 위한 기술적인 보완과 법률적인 대안들이 있었기 때문이었다. 소니가 〈플레이스테이션〉을 위해서 디스크 포맷을 차용했을 때, 불법복제 방지가 좀 더 수월해질 것이라고 생각했다. 그러나 게임을 해킹해서 사용하는 게임이용자들은 항상 이러한 규제를 피하는 우회로를 발견했다. 오늘날의 콘솔 해킹은 특수한 칩 — "개조칩"modchips — 을 끼워 넣어 콘솔을 개조함으로써 보안코드를 복제하고 불법복제한 게임을 이용할 수 있도록 하거나, 아니면 애초에는 불법복제를 막고자 하는 의도로 생겨났으나 합법적으로 수입된 게임도 못하게 하는 "지역 잠금"을 우회하는 방법을 쓴다. 또한, 사람들이 콘솔 게임을 하기 위해 직접 만든 게임들을 가지고 "자가제작" 게임을 하는 방법, "어밴던웨어"[10]를 가지고 게임을 하거나 옛날 게임들을 새로운 기계에서 사용할 수 있도록 하는 이뮬레이터를 활용해 유통기한이 지난 게임을 이용하는 것, 게임 속 치트키나 수정판을 이용하는 것 등의 형태로 이루어진다.

정품 〈엑스박스〉 콘솔은 불법복제의 온상이 되었다. 소니는 개조칩을 장착하는 게임이용자들을 오랫동안 고소해 왔다. 그러나 마이크로소프트의 콘솔은 강력한 컴퓨터 성능과 상대적으로 불안정한 보안을 조합함으로써 어떤 면에서는 불법복제를 조장하는 결과를 낳았다. 마이크로소프트의 컴퓨터를 오랫동안 해킹해 온 해커들에게 〈엑스박스〉의 변형된 윈도우즈 운영체제는 해킹하기에 그다지 어렵지 않았을 것이다. 〈엑스박스〉 콘솔이 발매된 지 2년 후에, 해커들은 15만 개의 〈엑스박스〉 게임들을 개인용 컴퓨터게임으로 전환해 버렸는데 여기에 드는 비용은 800

---

10. [옮긴이] abandonware, 판매중지되었거나 퍼블리셔가 더 이상 지원하지 않는 소프트웨어

여 달러 정도였다(Schiesel 2003). 새로운 구동칩과 더 커진 하드디스크의 용량으로 인해서, 〈엑스박스〉는 상당한 용량의 게임·음악·영화 등을 저장하거나 재생할 수 있는 상대적으로 경제적인 매체로 발돋움했다. 일주일 동안 무려 8천만 명의 이용자들이 접속하는 〈엑스박스해커닷컴〉XboxHacker.com을 운영했던 워싱턴의 항만근로자는 "〈엑스박스〉를 개조하는 것은 마치 당신의 차에 당신만을 위해서 제작된 부품을 설치하는 것과 같다"라고 이야기했다(Schiesel 2003에서 인용). 독일의 컴퓨터 공학도들은 〈엑스박스〉의 윈도우즈 운영체제를, 오픈소스 프로그래밍에 적대적인 것으로 유명한 기업이 특히 좋아하지 않는 탈주선인 리눅스로 바꾸었다.

　〈엑스박스 라이브〉에서도 해킹은 만연했다. 〈할로〉의 해커들은 "대기"(다른 게임이용자들을 멈추게 하기 위해 접속을 방해하는 것) 그리고 "브리징"bridging(로컬 컴퓨터를 이용해서 호스팅을 제어하는 것) 등과 같은 기술을 완성시켰다. 번지사는 게임이용자들이 어떠한 방법을 통해서 치팅cheating을 하는지 알기 위해서 밴해머Banhammer라는 프로그램을 사용했다. 그러나 그는 "어떤 게임에서 치팅하는 게임이용자를 근절하는 것은 온라인에서 음악 불법복제를 근절하는 것과 상당히 비슷하다. 모든 계정이 차단당한다고 해도, 항상 더 많은 해커들과 치팅 방법들이 생겨날 것이기 때문이다"(Rider 2006). 어떤 게임이용자들은 단순히 혹은 아무 생각 없이 〈엑스박스 라이브〉를 우회한다. 해커가 마이크로소프트가 제공하는 공식적인 네트워크가 아닌 새로운 우회 터널을 만들어서 게임이용자들이 서로 게임을 만들 수 있게 하는 데 걸리는 시간은 출시로부터 이틀이면 가능했다. 그리고 그 우회터널을 이용하도록 해주는 소프트웨어는 〈게임스파이닷컴〉GameSpy.com 같은 사이트에 버젓이 게시되어 있었다. 〈게임스파이닷컴〉의 대표는 "우리는 우리가 훌륭한 기술 전문가라는 것을 증명하기 위해서 이런 해킹 프로그램을 만들었다"라고 말했다(Acohido 2003에서 인용).

마이크로소프트는 〈엑스박스〉 해커들에게 소송을 제기했다. 그 결과 적어도 몇 명은 유죄를 선고 받았고, 적어도 1명은 구속되었다. 매사추세츠 공과대학의 공학박사과정에 있으며, 『〈엑스박스〉 해킹하기 : 리버스 엔지니어링 개론』의 저자이고, 자유주의적 성향의 〈전자전선재단〉의 지원을 받아 지적 재산권 체제를 강화하려는 움직임에 반대하는 캠페인을 진행 중인 앤드류 황은 "〈엑스박스〉를 해킹하는 것은 내가 힘들게 번 돈으로 산 무언가를 공정하게 사용하는 일에 관한 것이다. 만일 마이크로소프트가 주어진 하드웨어 쪼가리에서 얻고자 하는 코드 중 어떤 것이든 간에 내가 그것의 구동을 막을 수 있다면, 나중에 그 소프트웨어에 대한 지배력을 하드웨어로 확장시킬 수 있게 될 것이고 마이크로소프트가 쥐고 있는 디지털 게임 시장 전체에 자물쇠를 걸 수 있을 것이다"라고 말했다(Acohido 2003).

7장에서 우리는 불법복제의 정치학에 대해서 좀 더 깊게 알아볼 것이다. 여기에서는 콘솔 해킹이 복합적인 현상이라는 것만 짚고 넘어가자. 복제된 많은 게임들이 불법적으로 유통되고 있다. 게임 퍼블리셔들은 개발도상국에서 빈번하게 산업적인 규모로 나타나는(이런 이유로, "아시아의 불법복제"라고 명명하였다) 이러한 유통시장에 대해 전형적인 암시장 범죄 조직이라고 표현하고 싶어 한다. 그러나 불법복제는 이익이 목적이 아닌, 친구들 간에 무료로 공유하는 "와레즈"warez 또한 포함한다. 더구나 불법복제는 〈엑스박스〉가 조장한 하드코어 주체화를 통해서 더욱 급속도로 퍼졌다. 이것은 남성적인 기술-전문지식과, 또 다른 차원의 게임 행위로서 코드의 용도를 바꾸는 대담함이 함께 스며들면서 가능한 일이었다. 한 게임 잡지는 이에 대해 이렇게 기술했다.

> 불법복제는 크게는 조직화된 갱들이나 상대적으로 복합적인 사회기반시설들을 포함하지만, 애초에 기술적인 작업의 상당 부분은 그저 도전을 즐기는 재능 있는 컴퓨터 프로그래머들로부터 시작되었다. 역설적이게도 많은 해커들은 해킹을 일종의 게임의 연장으로 간주한다. 또한 새로운 기계가 만들어지면서 동시에 개조 커뮤니티가 만들어지는 현상은 〈엑스박스〉의 콘텐츠에 관여하는 것이 이제는 비디오게임 행위의 문화로 간주된다는 것을 의미한다.(*Edge* 2007d)

콘솔 제작자들은 해킹에 대응하여, 점차 복잡해지는 디지털 권리 매니지먼트DRM 시스템을 기계에 추가하고, 펌웨어에 자신들만 아는 부호를 삽입한다. 〈엑스박스〉의 향상과 더불어 시작된 콘솔 시장에서의 네크워크 게임행위에 대한 관심의 증가는 패치 제공을 용이하게 하고 보안상의 문제들을 줄일 수 있게 해 주었을 뿐 아니라, 새로운 해킹 프로그램을 만들거나 유통하는 등의 불법복제가 더욱 빠르게 이루어지도록 했다. 그래서 게임을 만드는 게임 회사들의 제국들과 이를 파괴하려는 유목적 게임이용자들 사이의 전쟁은 소용돌이에 휩싸였다. 콘솔 해킹이 만연한 데 대한 마이크로소프트의 대응은 앞으로 어떠한 콘솔이 나오더라도 기술적인 면에서 그것들이 해킹으로부터는 안전하지 않다는 것을 보여 주었다. 그러나 그것은 또한 유목민적 게임이용자들의 기술이 다른 곳으로 스카우트 되어 가거나 돈으로 매수될 수 있다는 우려 역시 보여 주었다. 이러한 것들이 어떻게 가능한지 알아보기 위해서, 우리는 콘솔 해커들의 전쟁 기계와 거대한 콘솔 회사들의 전쟁 기계 사이의 교차점을 우선 살펴보아야 할 것이다.

기계 전쟁 : 세 개의 왕국들

들뢰즈와 가따리는 자본주의의 혁신적인 유동이 보이는 가공하리만치 역동적인 격변을 강조하였다. 그것은 "기계들을 창조하고······ 기술적인 생산 양식을 혁명적으로 변화시키는 균열과 간극들을 끊임없이 제시한다"(1983, 233). 이러한 "기계적인 과정들"(Deleuze and Guattari 1987, 435)은 가장 위대한 자본주의자들조차도 놀라게 할 것이다. 이것은 마이크로소프트와 소니 간의 콘솔 지배 경쟁에서 가장 잘 나타난다.

2005년까지, 소니의 〈플레이스테이션 3〉 발매, 마이크로소프트가 3년 반 전부터 행해온 도전에 대한 소니의 재빠른 반격은 상당히 희망적이었다. 〈플레이스테이션 3〉의 대항마로 빌 게이츠는 〈엑스박스 360〉을 발매하였다. 그것은 너무나 대담한 배팅이었다. 콘솔은 5년짜리 주기 중 마지막 단계에서 대부분의 수익을 창출해 낸다. 대략 4억 달러 가량의 손실을 감내하고 이제 막 손익분기점을 지났을 단계에서, 빌 게이츠는 〈엑스박스 360〉을 발매했고, 이제 막 수익단계에 접어든 〈엑스박스〉는 사장될 지경이었다(Hesseldahl 2005; Takahashi 2006을 볼 것). 〈엑스박스 360〉은 검은색이 아닌 흰색, 그리고 좀 더 작고, 슬림하며, 볼록하기보단 오목하며, 더욱 더 우아하게 디자인되었다. 그러나 그것은 동일한 컴퓨터 성능을 갖추었고, 이제 많은 작업량을 그래픽, 음향, 물리학physics, 그리고 네트워크 등으로 분산시켜 주는 특별한 칩의 장착으로 더욱 더 업그레이드되었다. 〈엑스박스 라이브〉는 또한 텔레비전쇼와 영화들을 다운로드할 수 있도록 업그레이드되었다. 마이크로소프트의 대변인은 새로운 〈엑스박스〉가 "핵심 사용자인 젊은이들을 넘어 확장해야 하는 요구"에 부응하고, "비디오게임을 공동체의 경험 …… 으로 전환해야 한다"는 상투적인 발언을 하였다. 그렇지만, 새로운 콘솔을 위한 게임 목록은 하드코어 핵심사용자들에 대한 변함없는 충성을 보여 주었다(Hermida 2004에서 인용). 〈할로 3〉는 이러한 면을 가장 잘 증명했다, 그러나 그 와중에 〈엑스박스 360〉의 이용자들은 〈고스트리콘 : 어드밴스드 워파이터〉에 몰두하고 있었다. 이 게임은 2013년 멕시코시티에 주둔하고 있는 미군 특수부대의 시점에서 진행되는 미래 전쟁게임이다. 또 다른 게임은 〈기어스 오브 워〉라는 게임으로 "기계톱 총검" 같은 무기들을 외계인 적들에 시험해 볼 수 있는 기회를 제공하는 공상과학 슈팅게임이다.

　〈엑스박스〉에 대한 소니의 역공의 성공은 전망이 어두웠다. 소니는 정상의 위치에 있을 때에 게임기와 게임이용자의 주체성을 설계하는 데에서 새로운 가능성을 실험해 보기 시작했다. 웹캠과 비슷한 장비를 이용한 〈아이토이〉라는 게임은 〈플레이스테이션〉과 〈피에스피〉에 장착되어 움직임, 색, 그리고 소리에 반응하도록 고안된 게임이었다. 〈플레이스테이션 2〉를 위해서 처음 출시된 〈기타 히어로〉는 락 뮤직을 연주하는 것과 같은 모의체험을 조장한 게임으로서 대대적인 성공을 이루었으며, 이와 비슷한 모의체험게임으로 코나미의 〈댄스 댄스 레볼루션〉은 게임이용자가 선택한 곡에 맞추어 화면에 나오는 무용수들의 스텝을 따라 하는 게임으로 〈플레이스테이션 2〉에서 구동되었다. 이러한 실험들은 기존의 전형적이고 전통적인 게임패턴에서 벗어나는 것이었다. 소니의 성공기록과 구타라기의 명성에 힘입어 혁명적이고 놀라울 만한 게임 기계가 멀지 않았다는 희망을 갖게 만들었다.

여러 가지 갖은 고충과 어려움을 이겨내고, 2006년 후반에 〈플레이스테이션 3〉가 마침내 발매되었을 때, 그것은 마이크로소프트의 제품과 놀라우리만치 유사하였다. 〈플레이스테이션 3〉의 외양은 초기의 〈엑스박스〉와 비슷하였다. 커다랗고, 검은색이면서, 반짝거리는 모습 말이다. 한 블로거는 이것을 "다스 베이더의 찻주전자"라고 불평했다. 만약 소니의 〈플레이스테이션〉이 64기가바이트의 하드디스크 용량을 가지고 새로운 셀 프로세서[11]가 〈엑스박스 360〉보다 성능 면에서 우월했다고 해도, 600 달러라는 소비자 가격은 상대적으로 비싼 것이었다. 트로이의 목마는 이제 완전히 붕괴상태에 놓았다. 〈플레이스테이션〉의 가장 큰 특징은 소니·

---

11. [옮긴이] 2000년 중반 소니, 소니 컴퓨터 엔터테인먼트, 아이비엠, 도시바 등이 공동으로 개발한 중앙처리장치로, 소니의 〈플레이스테이션3〉 콘솔에 처음 상용화되었다.

선마이크로시스템즈·델·휴렛패커드·애플에 의해서 지원되는, 비디오, 영화, 그리고 게임의 디스플레이를 높여 주는 고해상도의 블루레이 디스크의 지원이었다. 이에 반해, 〈엑스박스 360〉의 특징은 마이크로소프트, 도시바, 그리고 인텔에 의해서 지원되는 고화질 디브이디HD-DVD 시스템이다. 멀티미디어 엔터테인먼트를 위한 "표준 전쟁"이 진행되고 있었다. 그러나 〈엑스박스 360〉과 〈플레이스테이션 3〉는 놀라우리만치 비슷한 기기였다. 기술적으로 두 기기 모두 훌륭했으며, 의심할 나위 없이 하드코어 게임이용자들을 목적으로 했고 가상 놀이의 레파토리라는 측면에서 상당히 비독창적이었다. 〈플레이스테이션 3〉의 가장 대표적인 게임은 〈리지스턴스:폴 오브 맨〉으로 또 다른 미래 슈팅게임이었다. 마이크로소프트와 소니는 동일한 기계 주체들을 위해서 서로 싸우고 있는 중이었다.

그러나 놀라움은 다른 곳에서 나왔다. 닌텐도는 그때까지는 소수의 청소년을 겨냥한 게임시장에만 국한되어 있었다. 처음 〈엑스박스〉가 발매되었을 때 같이 발매된 닌텐도의 깔끔한 그러나 기존의 것과 다르지 않은 〈게임큐브〉는 이러한 편견을 깨지 못했다. 그러나 닌텐도의 새로운 게임 콘솔인 〈위〉Wii가 〈플레이스테이션 3〉와 동시에 발매되었을 때, 그것은 두 거대한 라이벌을 당황시키기에 충분했다.

기술적으로는 훨씬 수준이 낮고, 가격 면에서도 〈엑스박스 360〉과 〈플레이스테이션 3〉보다 그럭저럭 저렴하면서, 〈위〉는 무선으로 화면상의 온몸 동작을 제어할 수 있었다. 무선 리모컨을 가지고 팔을 한 번 휘저으면 가상 테니스 게임에서 서브를 넣거나 검을 이용해서 무언가를 베는 행위를 만들어 냈다. 〈위〉의 성공은 게이머가 버튼을 누르지 않고 스크린을 터치함으로써 게임을 이용하는 〈디에스〉 시절의 혁신에 의해서 이미 예고되었다. 이러한 몸동작 제어방식은 엄청난 성공을 거두었다. 이때의 교훈을 바탕으로 하여, 〈위〉는 게임 컨트롤의 가능성을 가장 극대화하였다. 그것의 기술적으로 신선한 시작은 초보 게임이용자들이 다른 콘솔 게임 숙련자들의 전매권인 게임 컨트롤에 대해서 더 이상 좌절할 필요가 없도록 하였다. 이것은 콘솔 개발에서 가장 중요하게 여겨졌던 젠더와 나이의 대한 인식을 깨버렸다. 진실로 "파괴적인 기술"인 〈위〉는 인간-기계 "하드코어/컨트롤러" 조합을 판이하게 다른 것인 "원격/간헐적 게임이용자"로 대체하였다.

〈위〉의 사용법에 "익숙해진" 할머니와 어린 여동생들에게 창피를 당한 젊은 남자들에 대한 이야기가 넘쳐났다. 이런 동네 이야기들은 닌텐도의 입소문 마케팅viral marketing 담당자에 의해서 더욱 증폭되었다. 〈위〉의 발음이 "우리"we의 발음과 비슷하다는 것을 상기시켜 〈위〉 콘솔은 우리 모두의 것이라는 홍보전략을 바탕으로, 점잖고 세련된 일본 판매자들이 도시의 향락가들, 시골 촌뜨기, 할아버지 할머니들에게 〈위〉를 가르치는 모습을 보여 주면서, 〈위〉라는 게임이 남녀노소 구분 없이 쉽게 할 수 있다는 광고전략을 통해서, 닌텐도는 하드코어에 대한 거부감을 드러냈다. 〈위〉는 젊은 남성을 타겟으로 하기보다는 오히려 그 반대로 어머니를 주 대상으로 삼았다. 인터뷰에서 시게루 미야모토는 "우리는 보다 저렴한 콘솔이 우리의 어머니를 행복하게 만들 수 있다고 생각했다"라고 말했다. 그는 또 "〈위〉는 사용하기 쉽고, 쉽게 게임을 배울 수 있으며, 또한 그다지 많은 에너지가 소모되지 않는데다가, 작동 중에도 조용하다"

는 점을 강조했다(Hall 2006에서 인용). 마케팅 주문을 계속적으로 내는 와중에, 〈위〉의 디자인 개발자 중 한 사람인 겐이치로 아시다는 "우리는 전선들이 사방팔방으로 어지럽혀져서 어머니들을 화나게 만들고 싶지 않다"라고 말했다(Hall 2006에서 인용). 이제 콘솔의 혈통은 변하고 있었다. 〈쿠킹 마마 : 요리 그 까짓 것〉은 이제 〈마스터 치프〉의 경쟁자로 성장했다.

미야모토는 "성능이 콘솔의 전부는 아니다. 너무 많은 고성능의 콘솔들은 공존할 수 없다"라고 주장했다. 그는 또 "많은 고성능 콘솔을 가지는 것은 무자비하고 포악한 공룡들을 가지고 있는 것과 같다. 그래서 그것들은 살아남기 위해서 서로 싸울 것이고, 이것은 오히려 그들의 멸망을 부추긴다"라고 말했다(Hall 2006에서 인용). 이렇게 재치 있고 동등한 기회를 주는 〈위〉를 좋아하지 않기는 어렵다. 그러나 다른 경쟁자들처럼, 닌텐도 역시 무자비한 기업기계 중 하나이다. 콘텐츠 면에서 봤을 때, 평범한 게임이용자를 타겟으로 한 혁신적인 전략은 닌텐도가 기존에 취하던 가족친화적 게임 레퍼토리 ─ 〈젤다〉, 〈메트로이드〉, 〈마리오〉, 〈포켓몬〉 등 ─ 를 새로운 기술방식을 가미하여 재탕함으로써 위험이나 모험을 피하려는 일종의 술책이었다. 닌텐도의 〈위〉가 전세계의 게임이용자들로 그 손을 뻗치는 동안, 〈위〉는 마이크로소프트의 〈엑스박스 라이브〉가 상품화의 웹에서 그랬던 것만큼이나 게임이용자들을 얽어매었다. 게임이용자는 리모콘을 가지고 "디스크"Disc, "미"Mii, "포토"Photo, "위 샵"Wii Shop, "포어캐스트"Forecast 그리고 뉴스 채널들을 이용할 수 있었다. 어떤 곳은 소셜네크워킹을 제공하기도 했다. 예를 들어, "미" 아바타를 친구들과 서로 교환하는 것이었는데, 이 모든 것은 광고 잠재성을 염두에 둔 것이었다. 처음으로 시작된 곳은 바로 "위 샵"이었다. 여기서는 게임이용자들이 신용카드를 사용하여 "위 포인트"를 사고, 이것으로 상품을 상환할 수 있었다. 출시 전에 〈위〉는 간단히 "혁명"Revolution이라고만 불렸는데, 닌텐도는 나중에 이 명칭을 좀 더 안전하고 멋지며 더욱 유아적인 것으로 만들고자 하였다. 〈위〉가 콘솔 게임에서 하나의 큰 획을 그었기 때문에, 〈위〉라는 이름은 어떤 식으로든 고유의 별명으로 남을 것이다. 그렇지만, 다른 면에서 그 이름의 변경은 급격한 변화를 약속했지만 결국은 친숙한 여가 - 인터넷 쇼핑 - 를 만들어낸 시스템을 위한 완벽한 비유였다.

그럼에도 불구하고 〈위〉는 마이크로소프트와 소니에게 커다란 충격을 가져다 주었다. 〈엑스박스 360〉은 〈위〉보다 일 년 전에 발매되었기 때문에, 마이크로소프트는 어떤 점에서 〈위〉의 라이벌로 보지 않는 견해가 더 많았다. 그러나 〈위〉의 발매일과 〈플레이스테이션 3〉의 발매가 동시에 일어난 것은 소니에게는 대재앙과 같았다. 〈위〉가 게임이용자들에게 선풍적인 인기를 끌고 있을 때, 〈플레이스테이션 3〉는 한쪽 귀퉁이에 초라하게 버려져 있었다. 소니 판촉담당자들은 백인여성이 흑인여성을 때리는 장면이나 염소 제물과 같은 충격적인 광고를 내보이면서 그들의 참담함을 토로했다. 심지어 소니의 〈엑스박스〉를 모델로 한 소니의 〈플레이스테이션 네트워크〉 그리고 닌텐도의 가족친화적 게임을 모델로 한 다른 제품의 출시까지 모두 수포로 돌아가 버렸다. 2007년에 구타라기는 사임을 했으며, 두 회사 간의 장기간에 걸친 경쟁구도는 전혀 예상치 못했던 다른 곳의 승리로 돌아갔다.

이러는 동안에도, 모든 콘솔 개발사들은 디지털 유목민에 의해서 끊임없이 공격을 받고 있었다. 소니의 〈플레이스테이션〉에 대한 해킹은 자가게임의 발전에 불을 붙이는 격이 되었다(Rubens 2007). 2006년 후반까지, 해커들은 〈플레이스테이션 3〉의 리눅스 운영체제를 이용해 게임들을 외장하드에 옮긴 후에 그것들을 "복사"하였다(*Edge* 2007d). 〈위〉가 발매되고 얼마 되지 않아서, 중국 시장은 재복제된 게임들로 넘쳐났고, 오리지널 버전보다 더 싼 가격으로 그 재복제 제품들을 구동할 수 있도록 개조된 콘솔들이 판매되었다. 마이크로소프트의 제품도 예외는 아니었다. 〈엑스박스 360〉은 해킹이 불가능하다는 마이크로소프트의 공언에도 불구하고, 2006년 3월에 펌웨어가 해킹되어 게임들이 중국 돈으로 30위안, 미국 돈으로는 약 2달러에 팔려 나갔고, 그중에서도 〈히트맨 : 블러드 머니〉는 가장 인기가 좋았다.

게임 회사들은 이러한 무자비한 해커를 잡기 위해 노력을 했다. 들뢰즈와 가따리가 주목했듯이, 제국들은 용병을 이용해서 유목민적인 콘솔 전사들을 잡으려고 했다(1987, 424). 소니는 한때 〈넷 야로즈〉 시스템을 통하여 〈플레이스테이션 2〉에 대한 이용자 생산 콘텐츠를 만들려는 시도를 하였지만, 그 계획은 열매를 맺지 못했다. 2005년에 마이크로소프트는, 〈엑스박스 360〉의 핵심 부분인 XNA가, 요금과 등록을 통해서 그 소유자들이 콘솔을 위한 자신만의 게임을 개발할 수 있도록 하는 도구와 기술들의 집합이 될 것이라고 공표했다. 예를 들면 "게임들을 위한 유튜브"YouTube for games와 같은 것으로, 마이크로소프트는 이것을 통해 콘텐츠와 지적 재산권을 규제하려 했다. 닌텐도는 〈위〉 콘솔을 위해서 이와 비슷한 방법을 사용했다. 게임 개발의 명백한 민주화라는 테마는 나날이 증가하는 새로운 플랫폼을 위한 게임 개발 비용을 줄이고 유저들의 등록을 통해서 창출되는 새로운 수익원을 만드는 방법이기도 했다. 거대 게임기업들이 콘솔전쟁에서 하나 둘 뒤쳐져 감에 따라, 한때는 게임 활동의 범주를 확장시키고 게임이용자들을 상업적 왕국에 더욱 깊게 통합시켰던 기술들을 적절히 이용하여, 유목민적 해커들이 상품 형식의 전선을 따라 깜빡이는 경계전쟁을 일으켰고, 게임자본은 자신들의 지배를 전복하는 기술들을 포획하기 위해 갖은 방법을 동원했다.

최초의 〈엑스박스〉가 출시되고 8년이 지났으나, 콘솔 전쟁에서 명백한 승자는 나타나지 못했다. 개중에 닌텐도가 제일 나았다. 2009년까지 〈플레이스테이션 3〉와 〈엑스박스 360〉의 판매량을 합친 것과 같은 수인 대략 5천만 대의 콘솔을 판매했다. 이것은 〈엑스박스 360〉과 〈플레이스테이션 3〉의 가격과 비교했을 때, 닌텐도의 가격이 더욱 싼 편이라는 점을 감안한다면 만족스러울 만한 성공이었다. 〈닌텐도 디에스〉는 가장 잘 나가는 휴대용 게임기로, 거의 1억 대에 가까운 판매고를 기록하였는데 이는 소니의 〈피에스피〉의 판매량보다 두 배가 많은 것이다(*Economist* 2009). 그러나 비디오게임 경제에서는 판매된 하드웨어의 양뿐만이 아니라 콘솔에 사용된 소프트웨어의 판매량 또한 중요하다. 〈엑스박스〉나 〈플레이스테이션 3〉의 이용자들이 게임을 사는 데 돈을 지출하는 것처럼, 〈위〉를 즐기는 간헐적인 게임이용자들이 관련된 게임들을 기꺼이 살 것인지는 확실하지 않았다. 〈엑스박스 360〉과 〈플레이스테이션 3〉는 출혈 경쟁 중이었다(〈플레이스테이션 3〉의 최초 출시가격은 300달러로 제조원가보다도 적었다). 그럼에도, 마이크로소프트와 소니는 둘 중 하나는 몰락할 수도 있는 이 정면대결을 멈추지 않았다. 마이크로소프트는 북미에서 선전했으며, 대략 1천 7백만 명에 이르는 〈엑스박스〉 등록 이용자들이 온라인 콘솔 게임을 장악했다(Thorsen 2009). 소니는 경제불황의 여파를 받아서 좀 더 총체적인 난관에 빠졌다. 수천 명의 직원들을 정리해고했고 반도체 주조공장들의 가동을 중단했다. 그럼에도 불구하고 소니는 일본 게임시장에서 중요한 입지를 놓치지 않았다. 소니의 임원진들은 〈플레이스테이션 3〉가 〈엑스박스 360〉보다 더 긴 라이프사이클을 갖기를 기대했다. 이 두 회사는 닌텐도가 그들이 자랑하는 리모트 컨트롤러로 자신들의 희망을 빼앗아 갔던 3월을 되찾아 오고자 하는 의지로 충만했다. 2009년 E3 게임 산업축제에서, 두 회사는 새로운 기기를 선보였다. 소니는 〈위〉와 유사한 프로토타입을 선보였으며, 마이크로소프트는 〈위〉가 선보였던 리모콘을 제거하고 카메라를 기반으로 게임이용자의 행동이나 말에 의해서 게임을 할 수 있는 동작 센서를 단 야심작, 〈프로젝트 네이털〉을 선보였다. 명백한 승자 없이 그리고 끊임없는 무장과 재무장을 거치면서, 비디오게임 산업은 제국주의자 간의 라이벌 구도 속에서 끊임없이 지속되고 있었다.

제국적 콘솔들

하트와 네그리가 주목하듯이, "기계와 기술들은 중립적이지 않은 독립체들이다. 그것들은 특정한 생산 레짐에서 적절히 이용되는 생체 정치적 도구들로, 특정한 행동들을 유발하고 다른 행동들은 금지시킨다"(2000, 406). 〈엑스박스〉와 〈플레이스테이션 3〉 그리고 심지어 매력적인 〈위〉 또한 제국의 기계들이다. 그것들의 회로와 셀 프로세서들의 기술적 조립품은 마이크로소프트·소니·닌텐도의 기업영토를 구축하고, 그것은 다시 세계적인 자본주의 기계의 구성품들이 된다. 앞서 우리는 들뢰즈와 가따리의 "기계 종속" 개념을 살펴보았다. 이것은 아마도 게임 콘솔들과 관련해서 본다면 다소 황당하게 보일 것이다. 무엇보다도 그것들은 재미있지 않은가? 비디오게임을 가지고 노는 것은 종종 강제적인 측면을 갖기는 하지만, 이중잣대와 도덕적인 공포심을 가지고 게임 중독에 대한 담론을 다루고 싶지는 않다. 그러나 콘솔이 게임이용자들을 게임의 노예로 만들어 버린다고 말하는 것은 게임이 재미있다는 점을 부정하고자 함이 아니다. 즐거움 자체가 권력과 연결되어 있다는 말을 하려는 것이다.

콘솔은 친근한 기계들이다. 아무런 거리낌 없이 우리 가정 혹은 개인적인 공간에 침투해 오고 심지어는 우리의 피부에 가까이 다가와 있기도 한다. 또한 우리의 기술과 용기에 반응하고, 〈위〉를 사용함으로써 원거리로 육체가 연장되기도 한다. 유제니 슁클(2005, 27)은 강렬한 게임 행위가 육체-정서적 참여를 필요로 하는데, 이것은 글렌 굴드[12]가 피아노와 맺고 있는 관계처럼 콘솔에 대한 장인적 관계를 형성하는 데서 나타

---

12. [옮긴이] 글렌 허버트 굴드(Glenn Herbert Gould). 캐나다인 피아니스트. J.S. 바하의 곡에 대한 연주로 가장 유명하다.

나는 것이다. 이 상태는 "도구를 이용하는 것이 아니라 도구가 되는 것이다."("콘솔"의 디지털 시대 이전의 의미는 건반이라는 점을 생각하면, 비교가 적절할 것이다). 쉥클은 게임을 하는 경험은 게임의 "(서사상으로, 상징적으로, 감정적으로, 혹은 그 외의 형태로) 확연히 느껴지는 콘텐츠"만으로는 이해될 수 없고, 대신에 정서의 차원(25) － 청각적·운동적·촉각적 차원 등을 포함한 종합적인 "느낌"이나 게임의 강도 － 을 갖고 있다고 말한다. 이러한 논의를 구체화하기 위해서, 그녀는 확연히 느껴지는 콘텐츠 측면에서는 낮지만 종합적인 입력에 있어서는 높은－ "몽환적인" 테크노 음악과 총소리를 혼합한 － 〈레즈〉Rez와 같은 게임을 강조한다. 하지만 그녀가 말하는 요점은 모든 게임에 적용된다고 우리는 믿고 있다.

콘솔 게임행위는 이런 이유로 사이보그 인간-기계 인공물의 패러다임적 사례(Haraway 1985)이다. 하트와 네그리는 사이보그를, "다중들이 생산을 위해서 기계를 사용할 뿐 아니라, 생산 수단이 점차 다중의 정신과 육체로 통합되면서 기계 자체가 되는" 제국의 핵심으로 보았다(2000, 406). 이러한 공생은 가까운 미래에 〈엑스박스〉의 커다란 컨트롤러는 물론이고, 심지어 〈위〉의 조그마한 리모콘조차 투박하고 심지어는 시대착오적인 것으로 만들어 버릴 것이다. 2005년에 『뉴 싸이언티스트』 저널은 소니가 "뇌 중에 표적화된 부분 안에서 불꽃 무늬들을 수정하기 위해 머리에 있는 초음파 파동들"을 보냄으로써 "인간의 두뇌로 직접 감각 데이터들을 전송하기 위한 기기"의 특허를 신청했다고 발표하였다. 이것은 "움직이는 이미지에서부터 미각 그리고 음향 등"에 이르는 "감각적인 경험들"을 창조할 수 있음을 의미한다(Hogan and Fox 2005). 2008년에 이르면, 아이비엠이 게임이용자들로 하여금 "뇌로부터 전기활동을 잡아내 컴퓨터로 무선 신호를 보내는 신경-헤드셋neuro-headset"을 통해 자신들의 생각과 감정들만을 가지고 가상의 세계와 상호작용할 수 있도록 하는 기술을 홍보하려고 한다는 보고들이 배포되었다(Waters 2008).

이러한 기술 주체성은 좀 더 큰 사회적 기계의 일부가 될 것이다. 오늘날, 〈엑스박스 360〉 컨트롤러와 〈위〉 리모콘을 손에 쥐었을 때, 우리는 이미 "새로운 기계 − 짧게 하면, 지구화된 생체정치 기계 − 새로운 경제−산업−의사소통 기계를 탄생시킨······ 제국적 규범성imperial normativity" 안에 있는 것이다(Hardt and Negri 2000, 40). 〈엑스박스〉나 〈플레이스테이션 3〉, 그리고 〈위〉의 이용자가 되는 것은 기술−인간 관계들의 네트워크로 자신을 접속시키는 것을 의미한다. 이러한 과정은 인식기술과 정서적인 스릴을 제공함으로써 주체들을 상품의 그물망으로 주입하기도 한다. 여기에는 단순히 최초의 콘솔 구매뿐 아니라 그 이후에 이루어지는 게임 소프트웨어의 구매, 온라인 등록, 음악과 영상 서비스, 게임이용자 태그에 관련된 모든 브랜드화된 정체성, 달성 점수, 아바타의 전송, 기업 이윤의 인내심에 맞추어진 기계적 좌표망 등이 포함된다. 마이크로소프트의 설계자들이 프로토타입 360(당시에 무색무형의 가스의 이름을 따라 공상과학적인 별명인 "제논"으로 알려졌다)을 일컬어, "인간 에너지를 동력으로 하는 살아 있는 엔터테인먼트 경험"이라 불렀을 때(Thorsen 2005b), 그들은 부지불식간에 사람들이 "주기적이고 역전가능한 인간−기계 시스템" 내에 "내재하는 부품 조각들"이 되는 "기계 노예화"의 이론을 접합하는 데 매우 가까워지게 되었다(Deleuze and Guattari 1987, 458).

들뢰즈(1992)는 학교·병영·수용소 등과 같이 뚜렷하고 형식적이며 훈육적인 기관들 안에서 주체를 형성할 뿐 아니라, 산발적이고 침투적이며 분자적인 방식, 예를 들면, 우리의 일상생활 공간에 침투하고 사적인 시간들에도 뚜렷이 흡수된 네트워크를 통해서도 주체를 형성하는 "통제사회"에 관해 썼다. 이 통제사회는 제국과 함께 공존한다(Hardt and Negri 2000, 23). 알렉산더 갤러웨이의 관찰에 따르면 비디오게임은 들뢰즈가 "자유로이 움직이는 통제의 엄청나게 급격한 형식들"이라고 명명한 것의 장치와 잘 부합한다(Galloway 2006, 87). 그러나 이러한 기계적 종속화는 불안정하다. 사이보그 정체성들은 새로운 것이기 때문에, 그것들은 권력에 의해 예상되지 않은 측면들과 그것들을 발생시킨 사회적 기계와 불협하는 측면들을 드러낸다. 스피노자의 말을 바꾸어 말하자면, "콘솔 게임에 있는 몸이 무엇을 할지 누가 알겠는가?" 제국은 제국이 제구실을 하기 위해서 요구되는 것보다 더 많은 것을 만들어 낸다. 이익을 추구하면서 자본은 그 자신을 소용돌이에 내던지고, 기존에 확립된 영토들을 탈영토화시키며, 새로운 흐름의 상태들을 만들어 낸다. 기계들의 세대 주기와 함께, 콘솔 혁신의 역사는 이러한 예를 보여 준다. 오랜 기간 동안, 이러한 과정은 아무런 위험 없이 잘 지속되어 왔다. ─마이크로소프트와 소니의 하드코어 게임자들에 대한 헌신을 보라.─ 그러나 결국에는 〈위〉가 비전통적인 게임이용자들에게 문을 연 것과 같은 예상치 못한 일들이 소란을 일으킨다. 인간 주체성과 점차 좋아지는 고성능 기계들을 조합하는 것은 예기치 않은 효과들을 만들어 내고, 사이보그들에게 자율성 수준의 행동범위를 제공하는 예측되지 않은 변화를 만들어 낸다. 콘솔 해킹,

자가제작, 불법복제에 대한 전투들은 이러한 것을 명확히 보여 준다. 그러한 게임이용자 유목주의가 결국에는 자본주의 혁신을 가져오는 일종의 촉진제로서 다시 포획될 운명일지, 아니면 맛떼오 파스퀴넬리(2005)가 "기술 제국에 대항하는 급진적 기계"로 언급한 것의 대항조립품counterassemblage 안에서 다른 탈주선에 참여할지에 관해서는 이후에 검토할 것이다. 여기서는 일단 게임이용자-콘솔 조합에 적합한 가따리(1996b, 221)의 인용문으로 끝을 맺도록 하겠다. "기계의 어떤 점은 인간 욕망의 정수에 속해 있는 것처럼 보인다. 질문의 목적은 어떤 기계이냐 그리고 그것의 목적이 무엇이냐를 알기 위해서이다."

2부

게임행위

가상적인/실제적인

4장

일상화된 전쟁

〈풀 스펙트럼 워리어〉

시퀀스

한 대의 험비[1]가 사막에 난 도로를 달리고 있다. 그 앞으로 모래 폭풍이 몰아치고 있다. 그 위로 호송을 하던 헬리콥터는 갑자기 방향을 틀더니, 회전자의 소음과 함께 멀리 사라져 버렸다. 갑자기 총격이 시작되고, 박격포탄이 폭발하며 험비가 달리던 도로를 갈라놓았다. 반란군들의 매복이었다. 두려움이 엄습하였다. 운전사는 눈썹 위의 땀을 닦으며, 고글을 벗고…… 오로지 〈버추얼 이라크〉[가상의 이라크]에서만 가능한 사치이겠지만, 잠시 숨을 돌렸다.

이 모의실험simulation의 대상자는 극히 희소한 사람들이다. 이라크 전

---

1. [옮긴이] 정식명칭은 고기동성 다목적 차량(High Mobility Multipurpose Wheeled Vehicle)으로, 미군이 개발한 다목적 수송차량이다. 통상 머리글자를 딴 'HMMWV'의 발음으로, 'Humvee'라는 애칭으로 불린다.

투에서 복귀한 미군의 약 15퍼센트는 외상 후 스트레스 증후군을 앓고 있으며, "불안, 악몽, 환각재현, 정서적 마비, 극단적 신경과민, 육체적 고통" 등의 증상에 시달리고 있다(Gordon 2007). 뇌진탕이나 갈비뼈 골절 같은 신체 상해는 그러한 심리적 고통과 조합된다. 회복 중인 병사를 도와 임무에 복귀하도록 하기 위해서, 국방부는 "가상요법"virtual therapies을 고안해 냈다. 이 요법은 정신적 외상 경험을 디지털로 재생하여 노출시킴으로써, 환자가 기억을 억누르고, 공포에 안전하게 대응하며, 점차 그것을 극복하도록 한다는 이론에 기초하고 있다. 그 연구를 담당하고 있는 한 군사심리학자는 이렇게 말했다. "정신적 외상을 받은 사람을 이라크로 돌려보내고 싶지 않을 것입니다. 이 요법을 통하면 그들을 돌려보낼 수 있습니다. 이 모의실험에서 제공되는 상황들에서만 가능하긴 하지만요"(Gordon 2007에서 인용).

"이곳의 상황", 즉 모의실험의 분명한 안전이 보장되는 이곳은 기술적으로 볼 때 놀라운 것이다. 다른 군병원 시설에 있는 군인들은 관료적 비효율성과 기준 이하의 병동을 감내해야 할 것이다. 그렇지만, 이 디지털 영역에서는 비용을 아끼는 법이 없다. 이 가상치유장치는 전쟁의 이미지와 음향을 제공하고, 차량의 엔진과 폭탄을 모방한 진동을 제공할 뿐 아니라, 음식 냄새를 맡으며 식사를 할 수 있도록 해준다. "그들은 가상의 폭파와 총격을 할 수 있고, 안개와 연기, 야간 효과 등도 추가할 수 있다. 여기에 체취와 이라크 향료 냄새도 추가할 수 있다"(Gordon 2007).

〈버추얼 이라크〉는 병사들에게 직접적인 전쟁경험 이상의 것을 상기하도록 할 수도 있다. 즉 이 게임은 병사들로 하여금 자신들이 전쟁 준비를 하던 단계를 상기하게 해줄 수도 있다. 이 전쟁 준비란 바로 자신들을 부상과 정신적 외상으로부터 보호하려는 목적으로 마련되었던 그것이다. 이는 〈버추얼 이라크〉의 기반이 디지털 전투 모의체험기인 〈풀 스펙트럼 워리어〉이기 때문인데, 그것은 21세기 초 미국의 보병 훈련에 사용되었다. 정신적 외상을 겪는 부대가 병원에서 이 모의체험기와 다시 조우할 때, 병사들은 그 체험기가 자신들과의 첫 만남 이후에 꽤 향상되었음을 알게 될 것이다. 이를테면, 진동 플랫폼, 완전몰입형 고글, 냄새 등이 그것이다. 훈련 어플리케이션으로서 원래의 〈풀 스펙트럼 워리어〉는 매우 단순해서 아주 평범하기 짝이 없는 전쟁테마 상용 비디오게임과 다를 바 없었다. 그리고, 실제로도 그랬다. 두 번째 버전이 출시되었을 때, 〈풀 스펙트럼 워리어〉는 동네 비디오게임 판매점의 선반에서 구매할 수 있었다. 처음 출시된 것은 2004년이었고, 후속작이 나온 것은 2006년이었는데, 둘을 합쳐 수십만 장이 판매되었다. 〈버추얼 이라크〉 개발자 중 하나가 자랑스레 적은 것처럼 "훈련에서 놀이기구로 그리고 치료로 이어지는 연속이었다"(Gordon 2007에서 인용).

그러나 〈풀 스펙트럼 워리어〉 역시 제국의 실제적 차원과 가상적 차원 간의 순환적 연관이라는 이 책의 주장에 중요한 또 하나의 배열을 보여 주고 있다. 전투 모의체험기는 이러한 연관에 관한 대표적인the 고전 사례이다. 즉 논란의 여지는 있지만 궁극적으로 봤을 때 매우 물질적인 전쟁활동이, 주체들 – 병사들 – 의 전쟁 준비를 시키는 디지털 세계로 변환된다. 여기서 주체들은 화면을 통해 (측면 침투냐 정면 돌파냐, RPG[휴대용 대전차 유탄발사기]를 쏠 것이냐 아니면 공중지원을 요청할 것이냐, 기다리며 상황을 지켜볼 것이냐 아니면 지금 사격을 할 것이냐와 같은) 선택을 하는 법을 배운 후에, 이것을 바그다드 교외나 칸다하르 외곽의 언덕에서 누군가를 살릴 것이냐 죽일 것이냐의 선택으로 치환하게 된다. 병사-주체가 이러한 유혈낭자한 물질적 조우를 통해 겪는 심리적 상처들은 그 후에 (표면상으로는) 〈버추얼 이라크〉와 같은 모의체험을 통해 치유되고, 실제 학살에서는 더 나은 상태로 임하도록 한다. 이에 더해, 미군이 모범이 되고 있는 첨단 군대를 통해 이루어지는 전투는 오늘날 그 자체가 컴퓨터에 의한 목표 설정, 지도 작성, 감시, 통신 시스템 등을 통해 디지털의 지원을 받아 매개되고 있다. 그리고, 이를 통해 우리는 제국의 실재reality 속에서 가상성과 실제성이 얼마나 깊게 혼합되었는지를 보게 된다. 더욱이 이러한 실제 전쟁에서 가상 전쟁으로의 연계는 신병훈련소와 전장에 한정되지 않는다. 즉 군사 모의체험에서 상용 게임으로의 연관 ─ 이것은 우리가 본 것처럼 디지털 놀이의 기원이다 ─ 은 전쟁을 위한 훈련이 군사화된 문화로 더욱 널리 확산되는 경로를 제공해 준다.

본 장은 〈풀 스펙트럼 워리어〉를 새로운 군사권력의 복합체에 필수적인 "무장된 시야"armed vision(Crandall 2004)라는 무기의 한 예로써 검토하고 있다. 우리가 주장하는 바는 실제 훈련프로그램이면서 동시에 가상의 놀이장치인 〈풀 스펙트럼 워리어〉의 이중생활이 "전쟁의 일상화"banalization of war(Hardt and Negri 2000, 12)를 잘 묘사하고 있다는 것이다. 그것은 사람들을 테러에 대한 전쟁이라는 영속적인 분쟁에 정주시키는 포위적인 사회문화적-감성적 과정이다.

일상적인 전쟁

하트와 네그리(2004, 3)는 이렇게 말했다. "세상은 다시 전쟁에 빠졌다. 그렇지만, 이번엔 좀 모양새가 다르다." 20세기의 세계대전과 핵강대국 블록 간의 냉전 대립은 지금 보면 매우 먼 옛날의 이야기처럼 느껴진다. 미국과 중국 혹은 이란 간의 긴장 고조는 이러한 상태에 급진적인 변화를 줄 수도 있다. 하지만, 오늘날 국가들 간의 대규모 분쟁은 더 이상 주목을 끌 만한 의제가 아니다. 그럼에도 세계는 전쟁에 빠져 있다. 1990년대는 일련의 야만성을 목도했지만, 역사적인 기준에 비추어 봤을 때 그것은 세계질서라는 명목하에 군사 강대국들이 연합하여 수행한 소규모 분쟁들이었다. 구유고슬라비아에 대한 〈나토〉NATO의 개입, 이라크의 쿠웨이트 침공과 이에 대해 미국 주도로 〈유엔〉의 승인을 받은 연합군의 응전으로 이루어진 1차 페르시아만 전쟁 등이 그 예이다. 그 후 9·11 사건 발생과 이에 대한 미국의 아프가니스탄과 이라크 침공도 여기에 포함된다.

그 후폭풍, 즉 테러와의 전쟁은 "조그맣고 잡기 어려운 적들이 도처에 있는 것처럼 보이는" 세계 영토 내에서 질서를 유지하기 위해 일어난다는 하트와 네그리의 테제에 대해 더욱 생생한 설명을 해주고 있다(2000, 189). 공개적으로는 알-카에다를 목표로 했지만, 예전의 동맹이었던 사담 후세인의 제거와 이라크의 점령을 위한 핑계도 함께 제공했던 부시 정권의 테러와의 전쟁 선포는 전형적인 사례이다. 즉 이것은 외부의 적국에 대항한 군사적 동원이 아니라 실체가 보이지 않는 적에 대한 것이었다. 그 적은 불량국가rogue state나 국내의 은거지에 잠시 머무를 가능성이 있으며, 이들의 위협이란 불행하게도 형태가 없고 국경의 제약도 받지 않는다.

전쟁의 이러한 새로운 맥락은 몇 가지 중요한 결과를 낳았다. 첫째는, 끝없이 계속된다는 것이다. 형식을 갖춘 항복이나 협상에 의해 종결되는 두 민족-국가 간 전쟁과는 달리, 오늘날에는 적에 대한 분명한 승리의 시점이 거의 없다. 그 결과, "그런 전쟁은 누구도 이길 수 없다. 아니면, 매일매일 다시 이겨야만 한다." 이로 인해, 전쟁은 "영구적인 사회적 관계", "일반적인 현상"이 되었다(Hardt and Negri 2004, 14, 12, 3).

둘째, 적들은 여기저기 흩어져 있고 어디에든 있다. 이에 따라, 적을 이기기 위한 군사행동의 범위 역시 경계가 희미하다. 안보가 핵심어가 된다. 즉 "'방어'는 외부의 위협에 대한 보호장벽을 담고 있는 반면에, '안보'는 국내와 국외에서의 항구적인 군사적 행위를 동등하게 정당화한다"(Hardt and Negri 2004, 21). '안보'라는 개념에서 민정civilian policing과 전쟁 간의 경계는 흐려진다. "외부의 권력기관과 내부의 권력기관 간(군부와 경찰 간, 미국중앙정보부CIA와 연방수사국FBI 간)의 업무 차별성은 점차 불분명하고 가늠하기 어려워지고 있다"(Hardt and Negri 2000, 189).

이러한 상황은 세 번째 결과와 연관된다. 고질적인endemic 적대감은 "예외 상태"를 생성하는 경향이 있는데, 즉, "예외적"이지만 지속되고 있는 시민권의 유예나 침해를 뜻한다. 시민권은 민주주의 자체의 보존을 위해 필수적인 것으로 널리 알려진 것이다(Hardt and Negri 2004, 7~9). 어쩌면, 여기서 미국의 〈애국자법〉에 관한 논쟁을 생각할 수도 있을 테고, 더불어 테러에 대한 전쟁이라는 미명하에 여러 국가에서 정당화된 시민의 자유에 대한 유예를 생각해 낼 수도 있을 것이다.

네 번째, 이렇게 모호하고 산만한데다가 잘 끝나지 않는 분쟁 환경은 유사전쟁의 조건이 생활방식-"새로운 일상"이 되어 가는 경향이 있음을 의미한다. 전쟁은 외국에 있는 군대를 조직할 뿐 아니라, 국내에 있는 민간인의 삶도 조직한다. 달리 말하면, "전쟁은 일상생활과 권력의 일상적인 기능발휘가 전쟁위협 그리고 폭력과 더불어 침투함에 따라 생체권력 레짐이 되었다"(Hardt and Negri 2004, 13).

사람들이 그렇게 지속되는 생활조건을 감내하고 용인하는 데 필요한 사회화를 위해 "일상화된" 전쟁 개념이 나타나게 되었다. 이런 상황에서, 전쟁은 일상 문화의 일부가 되고, "적"은 "윤리적 질서에 대한 절대적 위협"으로 묘사되어 "정례적인 경찰의 압제 대상으로 환원된다"(Hardt and Negri 2000, 13). 비디오게임 문화와 군사 장비 간의 오랜 상호작용은 이러한 전쟁의 일상화 과정의 한 조합이다.

마임-넷 그리고 〈크리에이티브 테크놀로지 연구소〉

〈풀 스펙트럼 워리어〉는 "국가의 편집증을 즉각적으로 흡수하여 재생산한다는 점에서 – 문화산업의 테러와의 전쟁 프로토콜로의 완전한 복종"(2005, 28)이라는 대중의 맹렬한 비난을 받았던 사례이다. 그 게임은 군사-문화 복합체의 부산물이며, 제임스 데어 데리안(2001)이 마임-넷, "군-산-미디어-연예 네트워크"라고 칭했던 것의 부산물이다. 디지털 놀이와 가상 군 체험은 유사한 계보를 갖고 있다(Burston 2003; Lenoir 2000; Stockwell and Muir 2003). 초기에는 미국의 국가 안보 관련 기관들이 최대의 파트너였는데, 여기에는 펜타곤처럼, 1960년대와 1970년대에 첫 번째 가상체험 게임들이 탄생한 컴퓨터 실험실에 자금을 지원하던 기관들이 포함된다. 그러나 냉전이 종식된 이후 국방 예산이 감소함에 따라, 상업게임들은 급속하게 발전하여 펜타곤의 실내 가상체험보다 우위에 있게 되었다. 익숙지 않은 검소함을 처음 경험하게 된 군부는 민간 게임들을 훈련 용도로 적용하기 시작했을 뿐 아니라, 특화된 전쟁 게임을 만들기 위해 민간영역의 제작사와 직접 공조하기도 하였다.

2001년 9월 11일의 공격은 이러한 관계회복의 촉매제가 되었다. 군부는 테러와의 전쟁이라는 새로운 도전을 예측하기 위해서 공동으로 설계한 가상체험에 막대한 자금을 쏟아부었다. 반면에 상용 게임개발자들은 테러리즘에 대한 언론의 보도와 아프가니스탄과 이라크에 대한 침공으로 인해 창출된 시장 기회에 돈을 들고 달려들었다. 전쟁 게임의 판매는 대박이 났고, 개발자들은 군부와의 공조가 게임기 전사들이 자신들의 제품에 갈망하던 "실제성"의 특성을 부여하였다는 찬사를 할 수 있게 되었다(Nieborg 2006을 볼 것).

몇몇 사건들이 가상의 전쟁과 실제 전쟁 간의 교차를 극단으로 밀어넣었다. 서론에서 우리는 미군이 2002년에 출시한 온라인 게임 〈아메리카스 아미〉가 전쟁에는 아무런 경험이 없으나 비디오게임에는 많은 경험을 가진 미국 청년들을 모병하는 상황에 대해 이야기하였다. 또 다른 온라인 게임서비스인 〈쿠마 워〉는 2004년에 출시되며 "테러와의 전쟁 속 실제 사건들을 즐길 만한 오락물 시리즈"라는 식의 홍보 문구를 사용하였다(Kuma War 2006). 쿠마는 가입자를 초대하여 "즐길 만한 임무"의 형태로 최근의 전쟁 사건들을 "다시 체험"하도록 했다. 가입자들이 수행하게 되는 임무들의 제목들은 "자유의 영웅 : 바그다드로 가는 길", "바그다드 체크포인트 공격", "작전 붉은 여명" 등이었다. 특히 "작전 붉은 여명"의 경우에는 가입자들에게 "바그다드의 도살자"를 직접 잡는 일을 돕는 기회를 주기도 한다. 〈쿠마 워〉는 상업적인 작전을 펼치는 동안, 군부와 게임 산업 간의 중첩은 모든 곳에서 일어나게 되었다. 예를 들어, 〈방위게임개발공동체부〉(2005)는 "미국 군부 내에 게임을 개발하는 모든 공동체"를 연결하는 것을 목표로 한 네트워크로, 현재 군사용으로 "맞춤 제작된" 게임 40여 종과 유용하다고 판단된 25종의 "출시 대기 중" 제품을 보유하고 있다.

이러한 가공할 만한 경쟁 가운데서도 〈크리에이티브 테크놀로지 연구소〉는 선두주자이다. 〈크리에이티브 테크놀로지 연구소〉는 군사적 기획, 컴퓨터 가상체험, 영화 촬영소, 비디오게임개발자 등의 교차점을 전형적으로 보여 주는 것으로, 이는 데어 데리안이 "가상 권력의 새로운 배치"라고 명명한 것이기도 하다(2001, xi). 남가주 대학에 근거를 둔 〈크리에이티브 테크놀로지 연구소〉는 육군에 의해 1999년에 창립되었고, 4천 5백만 달러의 기금을 가지고 오락산업의 첨단기술에 접근하였다. 선임장교는 연구소의 목적을 "인조적 경험을 위한 기술을 참가자들이 마치 실제처럼 반응하도록 그럴듯한 수준까지 개발함으로써", "미래의 임무를 위해 군대가 훈련하고 사전연습을 하는 방법에 혁명을 일으키고", 이를 통해 "육군이 미래의 세계, 병사, 조직, 무기, 임무에 대비하는 데 비약적인 발전"을 제공하는 것이라고 설명하였다(Macedonia 2002). 〈크리에이티브 테크놀로지 연구소〉는 게임 회사와 영화사들로부터 재능 있는 인력들을 고용해서 이 임무를 수행하는 데 공조하도록 하였다. 여기에는 〈매트릭스〉의 특수효과를 설계한 기술자들, 〈트레이닝 데이〉와 같은 영화의 각본가들, 영화 〈에일리언〉의 디자이너 등이 포함되었다. 거래는 명확했다. 군부는 병사들에게 쓸 훌륭한 훈련 보조물을 얻었고, 오락회사들은 내부의 군사지식을 얻었으며, 대학은 외부의 기금을 얻었다.

〈크리에이티브 테크놀로지 연구소〉의 경력은 광범위하다. 예를 들어, 아프간 군벌과 협상을 하는 미군 장교를 훈련시키는 "줄거리 가지치기"를 통한 가상체험, 〈노웨어 투 하이드〉 같은 수상작들, 즉 "작전 중에 있는 미래의 육군 부대를 보여 주는 포괄적 비전" 처럼 미래 전쟁을 예상한 시각화, 〈플랫월드〉처럼 "투박한 보호경을 쓰지 않고도, 적들의 사격을 받고 있는 바그다드 거리 모퉁이와 같은 곳의 가상세계를 사용자들로 하여금 경험하게 해주는" 것도 있다. 예를 들면, "놀라우리만치 그럴듯하게도" 박쥐가 잔뜩 있는 버려진 벙커처럼 "불쾌한 환경을 재창조할 수 있는 에워싸는 듯한 가상현실 터널"이라고 불리는 감각환경평가프로그램 같은 것들이다(Kushner 2004). 〈크리에이티브 테크놀로지 연구소〉 대변인에 따르면 그 목표는 "전투를 한 번도 경험해 보지 못한 베테랑"을 창조하는 것이다(Kushner 2004에서 인용). 〈크리에이티브 테크놀로지 연구소〉의 제작물들은 〈풀 스펙트럼 워리어〉를 포함하는, 게임 같은 훈련 가상체험 시리즈와 적잖이 닮았다. 이러한 발전을 이해하기 위해서는 군대의 독트린을 잠시 살펴볼 필요가 있다.

전방위적 지배Full-Spectrum Dominance

전방위적 지배의 핵심내용은 펜타곤의 합동참모본부에 의해 2000년에 배포된 기획문건인 『합동비전 2020』에 담겨 있다. 이 문건의 첫 페이지에서는 미군이 향후 20년 간 추구할 목표로 "전방위적 지배 : 평화 시에는 설득력 있게, 전시에는 결단력 있게, 어떠한 분쟁에서든 기선제압"을 달성하는 것이라고 천명하고 있다. 이 페이지의 뒷부분은 다음과 같다.

> 전방위적 지배라는 명칭은 미군이 전격적이고, 지속적이며, 특수한 상황에 맞추어진 군대의 조합, 그리고 우주, 바다, 육지, 공중, 정보 등 모든 영역에서의 작전을 수행할 수 있는 접근성과 자유를 갖고 임무를 수행할 수 있음을 함축한다. 더불어, 우리의 이익과 책임이 갖는 지구적 본질을 가정할 때, 전방위적 지배는 미국이 "해외에서의 자국의 군사력을 유지하고 신속하게 권력을 세계 곳곳에 보여줄 수 있는 능력을 유지할 것"을 요구한다.(합동참모본부 2000, 6)

따라서 "전방위적"이라는 용어는 상이한 작전 유형과 영역들을 횡단하여 유연하게 활동을 모듈화할 수 있는 군대를 가리킨다. 즉 목표와 환경이 요구하는 바에 따라 대응의 수준을 높이거나 낮추고, 전략 핵에서 게릴라 시가전까지의 변화를 지구적인 행동반경을 통해 어려움 없이 이루어내는 것이다(Mahajan 2003을 볼 것).

전방위적 지배는 미국의 전쟁 기획자들이 군사혁신[RMA], 즉 산업전에서 정보전으로의 변화로 발생한 군사적 실행상의 변혁으로 알고 있는 요소에 의해 가능해졌다. 압도적이고 전략적이며 작전상의 그리고 전술적인 이점은 군대나 장비의 숫자보다는 오히려 첨단기술, 특히 통신과 전산 부분에서의 우위에 의해 결정된다. 군사혁신은 "화면상으로" 싸우는 "가상전" 상황을 발견하도록 했는데 여기서는 적이, 위성에서 생성된 지도에서 머리에 씌워진 영상장치와 컴퓨터로 제어된 무기에 이르는 디지털 기술의 매개를 통해 가시화되고 인지가능해지며, 파괴력을 갖는다.

그러나 미국의 전쟁기획자들이 가장 불안해하는 것은 기술 수준이 낮은 적의 위협과의 "비대칭적 분쟁"이다. 냉전에서 맞부딪힌 〈나토〉군과 적군[Red Army]은 "대칭적인" 적이었다. 거울에 비친 이미지처럼 동일했으며, 각자 미사일과 탱크, 대포, 공군, 보병을 가졌다. 전술적이며 작전상 독트린에 있어서도 분명히 구별되긴 했지만 같은 군사 논리 안에 놓여 있었다. 그러나 이라크나 아프가니스탄에서 싸우고 있는 미국의 군대는 "비대칭적인" 적과 마주하고 있다. 이들은 첨단기술 화력이라는 측면에서 볼 때는 완전히 열세에 있는 반란군들로, 훈련도 제대로 되어 있지 않았지만 자폭이라든가 민간조력자의 암살, 그리고 제국의 시점에서 볼 땐 낯설고, 야만적이며, 비인간적인 것처럼 보이는 다른 형태의 테러리즘 등의 수단으로 복수를 하는 이들이다. 『합동비전 2020』은 그런 "비대칭적 접근"을 "아마도 미국이 가까운 미래에 맞이하게 될 가장 심각한 위험"이라고 파악했다.(합동참모본부 2000, 5).

이미 〈마웃〉MOUT, 즉 도시지역 군사작전Military Operations on Urban Terrain이라는 비대칭적 분쟁과 관련된 다른 머리글자가 존재한다. 마이크 데이비스가 2004년 자신의 저서에서 언급했듯이, 펜타곤의 전략전문가들은 이제 "제3세계의 도시"를 "미래의 핵심적 전장"으로 고려하고 있다. "빈민가가 미국 제국의 가장 취약한 연계고리가 되었다"는 관점은 미국이 모가디슈와 베이루트 점령으로 겪었던 재앙뿐 아니라, 가자지구와 서안 지역에 대한 이스라엘의 경험에 기반하기도 하였다. 만일 "전쟁의 미래가……거리와 하수구, 높이 솟은 건물들, 부서진 세계의 도시들을 이루고 있는 산개한 주택들 속에 있다면", 그런 조건에서 싸워야 하는 병사들에게는 특수한 훈련이 필요하다. MOUT 전술은 바그다드, 팔루자, 나자프와 같은 도시의 일상에 적용된 것이고, 그러한 전투를 위한 준비에는 육체적이고 가상적인 측면 모두에서 끊임없는 워 게임War Game이 포함된다(Dawson 2007과 Graham 2007을 볼 것).

〈크리에이티브 테크놀로지 연구소〉의 모의실험은 이러한 리허설의 일부이고, 그 대부분은 디지털적으로 모형화된 비대칭적 전투이다. 〈풀 스펙트럼 워리어〉는 대략 120명의 구성원을 담당하는 중대 수준의 지휘관들을 훈련시키는 목적을 갖고 있다. 〈풀 스펙트럼 리더〉는 30명 규모의 소대 수준에서 작동한다. 육군은 병사들이 소규모의 분대 수준 작전을 다룸으로써 〈풀 스펙트럼 워리어〉를 통해 자신들의 지휘관이 요구하는 것을 이해하도록 돕고자 하였다. 즉 "'상관의 업무'를 맡음으로써, 병사들은 도시의 맥락에서 하달된 전투 지침을 정확하게 수행하는 것이 갖는 가치를 더욱 인정할 수 있을 것이다"(Korris 2004).

그러나 〈풀 스펙트럼 워리어〉를 정말 독특하게 만드는 것은 그것이 두 개의 버전을 가진 민-군 공동개발물이라는 것이다. 즉 군사용 버전은 병사들에게 시가전의 악몽에서 현명한 결정을 내리는 (아니면 적어도 따르는) 방법을 가르친다. 그리고 2004년에 출시된 민간용은 이러한 것들을 오락적 경험으로 만든다. 〈크리에이티브 테크놀로지 연구소〉의 도움을 받아 비디오게임 회사인 판데믹 스튜디오는 특수효과를 담당한 소니 픽쳐 이미지웍스와 함께 두 개의 버전을 개발했다. 초대형 게임 퍼블리셔인 티에이치큐는 이후에 이 게임의 상용버전을 준비하였다. 민간용과 군용 게임은 모두 마이크로소프트의 엑스박스에서 실행이 가능하고, 상용 버전은 이후에 다른 시스템에도 설치 가능해졌다. 육군의 관점에서는, "엑스박스를 차용함으로써" 특수한 가상체험 장치를 만들 필요가 없게 되었고 젊은 지원자들이 게임기에 익숙하다는 점을 활용하여 "훈련을 위한 훈련"에서 "잠재적인 효율성"을 창출할 수 있었다(Korris 2004). 육군은 5백만 달러를 투자했다. 판데믹과 소니는 개발을 수행했고, 2백 6십만 달러 상당의 현물 지원을 약속했다. 그 대가로 두 회사는 상용게임에 대한 권리를 얻었다. 이 게임이 바로 우리가 이제부터 살펴보게 될 〈풀 스펙트럼 워리어〉의 "오락" 버전이다.

제키스탄에서의 임무

〈풀 스펙트럼 워리어〉를 설치해 보라. 설명서는 놔두고, 첫 번째 임무로 바로 넘어가 보자. 구불구불한 길이 미로처럼 있는 먼지 자욱하고, 황량한데다, 불길한 기운마저 도는 중동의 한 마을이 있다. 당신은 미군 보병 분대인 "우리" 가운데서 현재형 시점으로 보고 있다. 겨우 보일까 말까 한 적들이 매복지에서 우리들에게 이미 사격을 가하고 있다. 당신 앞에는 트럭이 불타고 있고, 운전사는 부상을 당해 바닥에 누워 있다. 자동소총 소리가 요란하게 울려 대고 있고, 먼 곳에서는 폭발이 계속되고 있다. 당신은 테러에 대한 전쟁에서 병사-주체이다. 죽이느냐 아니면 죽느냐, 명령에 복종해라. 당신이 알아야 할 것은 이뿐이다.

임무가 몇 차례 실패한 후에 당신은 지침서나 설명서를 보려고 할 것이다. 거기서 배경 설명을 보게 될 것이다. 제키스탄은 "폭력과 유혈 참극으로 점철된 3천 년의" 역사를 가진 가상의 중앙아시아 국가이다 (FSWIM 2004). 소련의 침공에 대한 게릴라 전쟁은 이후 카리스마 넘치는 "모하메드 자부 알-아파드"가 이끄는 "무자딘" 전사들이 패권을 쥔 상태의 내전으로 변모하게 되었다. 알-아파드 정권은 그 국가를 "근본주의 숭배" 국가로 바꾸었고, "그 지역에 원래 정착하여 살아온 산악 유목민인 제키스 종족을" "인종청소"와 "강제 불임수술" 등의 수단으로 박해하였다. 수천 명에 달하는 "탈레반 출신자들과 이라크 지지자들은 테러리스트 훈련 시설과 죽음의 수용소"를 지었다. "유럽과 동남아시아"에 걸쳐 나타나는 "대단히 파괴적인 테러리스트의 공격 물결"을 목격하며, 미국의 정보기관은 그 원인이 제키스탄에 있다고 판단하였다. "반복된 경고와 〈유엔〉에서의 외교적 결정들이 실패함에" 따라, 〈나토〉는 표결을 통해 침공을 결정하였다. 대규모 공습이 보병과 기갑부대의 지상전 시작을 위한 터전을 마련해 주었다. 이곳이 바로 가상의 전투원인 당신이 갑작스레 지저분한 거리에서 불타는 트럭 옆에 놓이게 되었던 그 곳이다.

이것은 복잡한 지정학적 이야기이지만, 기본적으로 별로 중요하지는 않다. 모든 부분들은 수많은 CNN의 보도와 사진, 영화 등을 통해 친숙한 것들이다. 그리고 정치적 전제와 할당된 역할, 바람직한 결과 등 모두가 예측가능한 것들이다. 1차 걸프전에 관한 글에서 브라이언 마수미는 국가 폭력의 정당화가 어떻게 기본적으로 "대중매체를 통한 정동 기록부affective register" 안에서 작동하는지를 관찰하였다(1998, 44). 이 "정동적 순환"은 일련의 이것저것 가져다 붙이기conversion, 발음생략하기elision, 흐리멍텅하게 만들기blurs에 의존한다. 한편으로, 적은 반군, 폭군, 테러리스트, 폭력배, 인종학살자, 즉 절대악의 속성을 가지고 있다. 다른 한편, 미군과 매체의 청자들, "우리"편으로부터 박애적인 도움을 받고 있는 외국인들 간에는 내재적인 동질화implied identification가 있다. 마수미가 말한 바와 같이, "당신이 할 필요가 있는 유일한 것은 미래의 살신성인적인 영웅과 하나됨, 그리고 그것을 기반으로 가상의 적에 대한 적대감과 하나됨oneness을 느끼는 것이다"(45).

이것이 〈풀 스펙트럼 워리어〉의 세계이다. "제키스탄"은 이라크이자 아프가니스탄이고, 코소보이자 이란이기도 하다. "알-아파드"는 빈 라덴이고, 사담 후세인이고, 마무드 아마디네야드2이다. "제키스탄 해방전선"은 폭군이고, 인종청소를 일삼으며, 무기를 숨겨 놓은 테러리스트 악당

---

2. [옮긴이] 2005년부터 2013년까지 이란의 대통령.

을 섞어 놓은 것이다. 게임이용자인 당신은 "우리" 군으로, 고국을 지키고 동시에 침공한 국가들의 압제받는 사람들을 해방시키고 있다. 플레이어가 선택한 계급의 미군 병사 중 하나는 자신의 전투헬멧에 NYPD[뉴욕시 경찰]이라는 글자를 써 놓았다. 이것은 혹시 중앙아시아의 미군병사가 실제로 지구의 경찰이라는 암시일까? 자막으로 처리된 잠깐의 대화가 있은 후 맹렬한 총격전이 일어나고 거리 여기저기에는 시체들이 흩어져 있다. 우리의 보병 중 하나는 이런 회상을 한다. "내 생각에는 그냥 여기 있는 것만으로도 우리가 도움을 주고 있어."

1인칭 사색가[Thinker]

〈풀 스펙트럼 워리어〉의 가상체험은 알파와 브라보라는 두 개의 4인조 미국 보병 팀을 지휘하는 일이다. 플레이어의 시점은 보통 팀을 지휘하는 병장의 어깨 뒤로부터 전방을 향하고 있다. "브라보, 주목! 움직여!" 같은 명령들은 하나의 그룹으로 이루어진 화기 팀에 의해 수행된다. 플레이어의 게임 속 주체가 갖는 위치는 복합적이다. 알파의 리더에서 브라보의 리더가 될 수 있고, 다시 원래로 돌아갈 수도 있다. 만일 적의 위치에 관해 특정한 시야를 확보할 필요가 있으면, 팀의 구성원 누구의 위치에서도 "볼 수" 있다. 따라서, 플레이어에 내포된 위치는 "제9의" 장교, 즉 보이지도 않고 죽일 수도 없는 위치에서 두 개의 화기 팀을 지휘하고 있는 것이다. 궁극적으로 〈풀 스펙트럼 워리어〉의 사용자는 초개인적인[trans-

^{individual} 지위, 즉 집단적인 군사체의 의식을 갖고 있다.

게임이용자는 점점 더욱 힘겨워지는 일련의 임무들을 끝내야만 한다. 알파와 브라보가 거리를 소개하고, 부상자들을 대피시키며, 포위된 동료를 구출하고, 공동묘지를 발견하고, 미군의 기갑부대에 타격을 주는 대전차 무기들을 제거하면서, 적의 기갑부대에 폭격을 요청하고, 궁전과 대학, 정유시설 등에서 자신들의 방식으로 전투를 하며, 사로잡힌 전투기 조종사를 구출하고, 마침내는 알-아파드를 찾아내는 것이다.

필요한 기술들은 게임 속 도시지역 군사작전^{MOUT} 훈련 코스를 통해 신속하게 학습된다. 두 종류의 명령이 있다. 사격과 이동이다. 사격 명령은 무기와 목표, 화력의 세기 등을 선택하는 것이다. 이를테면, "조준 사격"은 특정한 목표를 제거하는 것이고, "진압 사격"은 최대한 많은 양의 총알을 소진함으로써 적들이 고개를 들지 못하게 하거나 죽도록 하는 것이다. 이동 명령은 팀에게 다음 장소로 이동하도록 하는 것인데, 커서로 각 팀원이 있어야 할 곳을 정확하게 찍어 주면 된다. 팀들은 "돌격", 즉 최대한의 속도로 이동할 수도 있고, "속보", 즉 적들이 나타날 수 있는 곳에서 무기를 준비한 채로 조심스럽게 전진할 수도 있다.

게임이용자는 분대장으로서 직접 사격을 하지는 않지만 다른 사람들에게 사격을 명령한다. 게임의 주요 기술로는 다음과 같은 것들이 있다. 사격과 이동 간의 균형을 맞추는 것, 신속하게 적을 발견하는 것, 사격 지휘소가 엄폐되어 있는 곳의 위치를 알아내는 것, 두 분대 간의 교차 지원(즉 한쪽에 대응함으로써 다른 쪽의 공격을 가능하게 해주는 것) 등으로 이루어진다. 이 모든 것들은 탄약의 공급과 도시의 수색 등을 수행할 때 동시에 이루어진다. 이런 과정은 상당히 지적인 것이다. 고전적인 "1인칭 시점 사수" 게임과는 차별적으로, 〈풀 스펙트럼 워리어〉는 "1인칭 사색가"로 불려 왔다(Macedonia, Adair 2005에서 인용).

알파, 브라보, 탱고[표적물]

그러나 〈풀 스펙트럼 워리어〉는 자체의 정서적인 차원을 갖고 있다. 이 게임은 그 배경이 게임 설명서에, 그리고 엑스박스의 경우에는 도입 화면에 자세하게 설명되어 있는 알파와 브라보의 구성원들에 인격을 부여하는^{personalize} 데에 꽤 공을 들이고 있다. 산티아고 가르씨아 멘데즈 병장에 관한 설명으로부터 우리는 그가 "쿠바에서 이민한 첫 세대 미국인이라는 점과 그로 인해 자신과 자신의 공동체를 더 낫게 하기 위한 강한 직업윤리와 동기를" 주입받아 왔다는 것을 알 수 있다. 또한, 그가 "상당히 배려심 많고 애정이 많은 아버지인데, 이러한 특성은 자신의 분대를 다룰 때 나타난다"는 것도 알 수 있다(FSWIM 2004). 앙드레 엘리스 드브로 일병 – "가재" – 은 미국 흑인으로 "전형적인 도시교외의 중산층에서 성장한 사람이며, 열 살 때 리틀 야구 리그와 여름 캠프, 올란도, 플로리다 등으로 여행을 다녔다. 그 여름이 지나고 그는 모친을 암으로 잃었다." "신성" 비콜리는 "네 명의 누나를 둔 복작스런 가정에서 성장했다." 그리고 빚 독촉을 피하기 위해 입대하였다. "말괄량이" 오타 이등병은 "호놀룰루 출신으로 편모가정의 둘째이다." 중동 지역의 우호감을 위하여 이 분대에는 아랍계 미국인 이등병인 아셔 혜하디 알리와 "백인"이라 불리지만 누가 봐도 유태계임이 분명한 이등병 "필리" 알렉산더 아이삭 실버만이 있다. 알리는 "자신의 부모가 갖고 있는 문화에 대한 열정을 발견하고 이러한 유산에 대해 자부심을 느끼고 있기는 하지만, 동시에 그는 "자랑스런 미국인"이고 스스로를 "다른 남부 캘리포니아 출신들하고 전혀 다르지 않다고" 생각한다. 실버만은 알파팀의 "붙박이 재주꾼"이다.

게임의 주요 테마는 전쟁 영화로 친숙한 〈밴드 오브 브라더스〉를 따랐다. 종족과 계급이 혼성된 구성을 통해, 알파와 브라보는 평등-기회 패러다임을 보여 준다. 여덟 명의 구성원 중에 세 명은 백인이고, 두 명은 흑인, 한 명은 아랍계, 한 명은 폴리네시아인이다. 네 명은 고등학교 졸업자이고, 한 명은 (법학부 예비과정의) 대학 졸업자이다. 두 명은 대학 졸업자이며, 나머지 한 명은 경찰학교 출신이다. 지독히 계획적으로 만들어진 다양성이지만, 이것은 사실 실제 현대 육군의 전투 분대를 그럴싸하게 재현한 것이다. 즉 이 시대의 군대는 "본질적으로 노동계급으로 이루어졌고", "신분 상승을 지향하는" 사람들 중에서 모병한 것이지만, 또한 "이들을 대학에 보낼 능력은 되지 않는" 가정에서 모집하여 구성되었다(Halbfinger and Holmes 2003). "과도하게 대표화된 소수들과 부유층, 그리고 근본적으로 배제된 최하층"이라는 구성은 "버밍햄이나 빌록시Biloxi 외곽의 2년제 정보학교나 직업학교의 구성과 비슷하다. 알파와 브라보는 통계적인 표준 상태보다는 좀 더 교육받은 집단이고 인종적으로도 통계적 표준보다 좀 더 다양한 구성이다. 통계적 상황과는 차이가 있지만 믿지 못할 정도는 아니다.

이렇게 군사화된 다문화주의는 게임에 뚜렷하게 테마화되어 있다. 하나의 임무가 막바지에 이른 장면에서, 백인병사 중 하나가 떠들어대자, 미국 흑인병사 중 하나가 이렇게 말한다. "넌 흑인도 아니고, 흑인이 되어 본 적도 없어." 그러자 백인병사가 이렇게 응수한다. "검정색은 마음 상태야. 형제." 그러자 멘데즈 병장은 정형화된 인종 무용론으로 이들의 대화에 끼어든다. "우리 부대에는 오직 한 색깔만 존재한다. 녹색 말이다." "필리" 실버만이 여기에 동조한다. "병장님의 의견이 지당하십니다만, 제 생각에 우리의 색은 갈색입니다." 이것은 아마도 위장용 전투복장의 실제 색깔에 빗댄 것으로 보인다. "그래, 엿 같은 갈색이지" 그러자, 다른 흑인 분대원이 맞장구를 친다. 제국의 군대에서는 인종과 계급적인 반감은 공통의 제복 아래로 가려질 뿐 아니라 병영 생활의 고단함을 공유하면서 사그라진다.

"전우" 정신이 게임행위에 걸쳐 지속된다. 분대원이 총에 맞으면 팀의 구성원들은 소리를 지른다. "필리(아니면 멘데즈든 누구든)가 당했다!" 병사들은 여기에 대고 이렇게 말한다. "내가 맞았어야 했는데. 멋진 놈으로 하나 말이지." 전쟁의 신파도 있다. "죽어야 할 건 당신이 아니야." 수동적인 모습도 있다. "내 생각에는 잠시 쉬면서 땀 좀 식히는 것도 나쁘지 않을 것 같아." 엄폐물이 없는 곳에서 사선에 노출되면 불안해진다. "엄폐물 없이 서 있는 것이야 말로 절대 하지 말아야 한다고 배웠지." 음담패설 같은 말들도 있다. "아침에 내 마누라가 샤워하고 나오는 걸 봐야지." 좀 더 가정적인 얘기도 있다. "가족이 보낸 편지가 널 기다리고 있을 거야." 경멸스런 말도 있다. "이런 엿 같은 곳은 정말 본 적이 없다." 비유적인 표현도 있다. "기지로 돌아가면 네 놈을 엑스박스로 묵사발을 내주지."

물론 적은 다르다. 오사마 빈 라덴의 대리격인 모하메드 자부 알-아파드는 차치하고라도, 적들은 이름이 없고 대개는 얼굴도 없다. 도입부에서는 미군 부대가 진입해올 때 일단의 복면을 한 인물들이 로켓을 쏘는 장면을 빠르게 보여 준다. 다른 경우에서 제키스탄 해방군은 자신의 적인 미군의 관점에서 상당히 어설픈 인물들로 등장하는데, 보통은 먼 곳의 중앙이나 거리의 끝, 모래주머니의 뒤나, 아니면 지붕 위에서 거리를 향해 총을 난사하고 있는 모습으로 나타난다. 많은 경우에는 스카프로 자신의 얼굴을 가린 채이다. 그들을 발견하면, 알파와 오메가 분대는 그들을 "제키스", "씨발놈들", 그보다 좀 더 일반적으로는 "표적"target의 "T"를 따다가 "탱고"Tangos라고 부른다. 그들은 머리 위에 조그만 아이콘을 단 채로 등장을 하는데, 이것은 그들이 "위장을 한 상태인지", "엄폐 중인지"engaged(다시 말해, 날아드는 총알을 피해 숨어 있는 것인지), 아니면 죽은 것인지를 알려 준다. 죽은 경우에는 해골과 뼈다귀를 십자로 교차한 표시가 붙는다. 그들은 이런 식으로 사정거리 안에 있을 경우 표적으로 보이게 된다. 그들이 죽게 되면─그리고 물론 그들은 죽어야 한다. 게임 플레이어가 미션을 성공하려면, 그들 중 거의 모두가 죽어야 한다─그들은 고통으로 얼굴을 일그러뜨린다. 알파와 브라보 분대가 지나가면서, 때에 따라서는 시체에 비문을 지어 주기도 한다. "제키여, 오늘 전투에 나오지 말았으면 좋았을 것을."

무장된 시야

〈풀 스펙트럼 워리어〉는 현대 전쟁이 단순히 화력과 미군의 경보병 훈육 이상의 측면을 갖고 있음을 보여 준다. 이 측면은 시각화visualization와 가상화virtualization에 관련된 새로운 매체에 특화된 것이다. 예술가이자 매체 이론가인 조던 크랜들은 자신의 2004년 연구에서 "무장된 시야"에 관한 예리한 분석을 진행하면서 사진과 영화, 영상과 같은 영상 기술의 역사 속에서 "수평적인" 것과 "수직적인" 것 두 가지 주요한 측면을 구분할 수 있다고 주장한다. 수평적인 정향은 "지면 수준"에 맞춰져 있는데 "지상에서의 영역이 확대되는 데 따라 시선과 관점이 전진하고 후퇴하는 것"과 관련된다. "수직적" 혹은 "공중" 정향은 "측면보다는 아래를 바라보는 것"과 관계를 갖고 있다. 수직적 차원은 본질적으로 감시와 지휘의 시선이다. 즉 "변화를 조망하고 유형을 발견하면서, 무엇이 움직이는지(군대인지 아니면 건설자재인지 등), 어떻게 움직이고 있는지, 그 움직임에 개입할 것인지 아니면 그것을 어떻게 이용할 것인지 등을 이해하는 것이다." 그것은 우리의 시각적 경험에 "궁극적으로 봐서는 '우리를 위한 것'이라기보다는 '군사화되고 기계적인 시점'"을 더해준다. 즉 "위치를 잡고, 자취를 추적하고, 정체를 파악하며, 예측하고, 목표를 설정하고, 요격/봉쇄 등"에 활용할 눈을 제공하는 것이다.

〈풀 스펙트럼 워리어〉를 실행할 때마다 수직적인 관점으로 시작이 되는데, 이는 마치 감시 위성에서 내려다보는 것 같은 광경을 보여 준다. 첫 번째는 우주에서 본 지구의 모습, 그 다음은 페르시아 만과 중앙아시아가 보이는 대륙의 모습, 그 다음엔 한 도시의 모습이 나오고, 마지막으로 전투가 벌어지고 있는 시가지의 모습 바로 위로 확대가 된다. 이러한 공중 시야는 정적인 간섭을 하지만 세세하게 아래 상황을 비춰준다. 그리고 이것은 "공중의 눈"으로부터 전장을 자세히 살피는 군사 지휘 수단이다. 이내 당신은 알파와 브라보 분대와 함께 거리로 내려올 것이고, 분대 내 집단들의 시선 안에 놓인 채로 제키스탄을 향해 전진할 것이다. 여기서 당신은 수평적으로 전진하게 되는데, 즉 거리에서 거리로, 건물에서 건물로, 모퉁이에서 모퉁이로 움직인다.

도시의 풍경은 어수선하다. 쓰레기들이 거리를 날아다니고, 불타는 차들이 교차로에 널부러져 있다. 화재로 인한 연기는 하늘을 향해 어둡게 오르고 있고, 까마귀와 고양이 들이 당신이 속한 분대가 지나칠 때 마다 놀라 도망간다. 어지러운 파편들, 이슬람 궁전의 아름다운 타일 장식, 타오르는 일몰의 빛깔이 거리의 끝에서 어렴풋이 빛난다. 모든 것이 대단히 상세하게 만들어졌다. 그러나 위험에 들어선 순간, 계획된 목표를 찾는 일이 장애에 부딪힌다. 알파와 브라보 분대는 빈번하게 더 많은 수의 적을 마주하였고, 항상 적에게 노출된 채 — 적들이 기다리고 있거나, 매복에 걸려드는 등 — 였기 때문에, 당신이 필요로 하는 것을 얻는 일은 오로지 사전의 경고를 받아서만 가능했다. 즉 달리 말하면, 환기를 시켜 주는 수직적인 영상을 통해서 이루어진다.

어떤 순간에도 행위자는 버튼 하나만 누르면 자신의 전지구위치파악시스템(이하 GPS)가 비춰 주는 화면을 볼 수 있다. 이것을 통해 당신은 현 위치 주변의 몇 블록을 비춰 주는 그림을 나타내는 도시의 지도를 보게 된다. 당신의 두 분대가 표시되고, 헬리콥터에 정찰을 요청할 수 있다. 이러한 수직적인 전투 광경의 환기는 특별히 강하게 인식되는데, 이는 비록 무전기 목소리로만 나타나기는 하지만, 헬리콥터 조종사가 게임에서 항시적으로 등장하는 유일한 여성이기 때문이다(또 다른 유일한 여성은 의무병과 재건 노동자인데 이들은 잠시 나타난다) : "루이스." 따라서 지상 보병의 수평적 정향에서 수직적 공중 차원으로의 이동은 게임의 젠더 코드를 깨고 있다.

비행이 가능하면, 조종사는 자신의 접근을 무전기를 통해 확인한다. 헬리콥터 소리가 들리고, 이 게임의 가장 흥미로운 시각적 순간 중 하나로서, 도시의 스카이라인을 따라 헬리콥터가 공중을 선회한다. 헬리콥터가 머리 위를 지나칠 때, 루이스는 GPS 상의 적들에 표시를 하고, 행위자에게 적의 규모가 어느 정도인지를 알려 준다. "적들이 많다", "적들이 소다수 위의 개미처럼 많다", "목표 상향". 그러나 이러한 비행은 제한이 있다. 너무 많이 사용하면, 루이스는 공포에 질린 당신의 요청에 이렇게 냉정한 대답을 할 것이다. "죄송합니다. 찰리. 불가능합니다."

어떤 경우에는 공중에서 사격을 요청할 수도 있다. 알파와 브라보 분대의 중책은 전투에서 적들을 직접 섬멸하는 것이 아니라 공중 공격이나 중화기에 의한 공격을 위해 포격지점을 만들어 주는 것이다. 크랜달(2004)의 말을 빌자면, 여기에서 보병의 역할이란 "물질세계의 모호함 모두에 아직 완전히 접속할 수 없는 기계에 대한 직접적인 인간 접속기로 행동하는 것"이다. 이것은 특수한 녹색 폭탄 아이콘을 목표 위에 둠으로써 게임 내에서 이루어지는 기능이다. 몇 분 후 화면은 엄청난 폭발로 요동을 치고, 가상의 병사는 불꽃에 대한 탄성을 내뱉는다 "아~ 세상에 이보다 더 흥미진진한 일은 없을 거야."

이러한 수직적인 것과 수평적인 것의 상호작용은 당연히 전방위적 지배 교리의 핵심이다. 그리고 이 지배구조는 공군과 육군이 협력함으로써 하나의 가공할 만한 공격력으로 변화된다. 첫 번째 걸프전에는 "닌텐도 전쟁"이라는 이름이 붙었는데, 이는 그 전쟁이 텔레비전 시청자들에게 사격조준기와 탄두에 장착된 카메라 등의 게임과 같은 관점을 보여 주었기 때문이었다. 〈풀 스펙트럼 워리어〉는 이보다 한발 더 나아가 인간의 수평적 시각의 역할이 수직적인 높이로부터 나온 계시적 힘 속에서 움직이고 있는 상황에서 수직적 관점과 수평적 관점 모두를 제시한다. 우리는 크랜들이 "분석가, 운영자, 데이터베이스, 무기 네트워크가 하나의 그럴싸한 이미지로 합쳐지는…… 민간인의 관점에서 이해할 수 있는 수준의 것이 아닌……"으로 명명한 것을 가상으로 체험한다. 〈풀 스펙트럼 워리어〉는 그가 시각적 매체 중에서 "새로운 종류의 군사화된 형식"이라고 부른 것 중 하나로, "새로워진, 강박적인 군사화" 속에서 "기술적 혁신과 전쟁의 선정적인 특성"을 혼합한 것이다.

전쟁은 평화다

비디오게임이 너무 폭력적이라는 주장은 낯설지 않은 이야기이다. 그러나 〈풀 스펙트럼 워리어〉는 아마도 그런 평가를 받을 정도로 충분히 폭력적이지는 않은 것 같다. 실패의 비용은 의아하리만치 적다. 만일 알파와 브라보 분대의 병사들이 가벼운 부상을 입는다면, 피가 스크린 여기저기로 튈 것이다. 만일 어떤 병사가 좀 더 심한 부상을 입는다면, 쓰러질 것이고, 적절한 조치를 받지 못할 경우 그는 결국 죽게 될 것이다. 그러나 그는 자신의 분대원들에 의해 사상자 대피 지점으로 후송될 수 있을 것이고, 그곳에서 거의 즉각적으로 치료를 받게 된다. 부상당한 병사는 지휘관의 쾌활한 목소리에 비틀거리며 일어선다. "자네 아직 멀쩡하구먼." "병장! 자넬 다시 보게 되어 정말 기쁘네." "그 자식 진짜 사나이로군."

만일 두 명 이상의 병사가 심한 부상을 입게 되면, 임무는 즉시 종결된다. 당신의 팀이 적의 집중 사격을 받는 영화 같은 장면이 나오며 갑작스럽게 화면이 정지된다. 병사들은 급작스럽게 뒤로 밀려났다가 땅으로 고꾸라지거나, 아니면 총탄의 충격으로 살짝 들리는가 싶더니 이내 공중으로 내던져진다. 그리고 선홍색의 피가 관통된 상처 위로 분수처럼 솟구쳐 나온다. 이 시점에 삽입된 동영상과 게임의 물리학은 경이롭다. 몸뚱이들은 정확히 그들이 총격을 받은 그 상황에서 실감나게 쓰러진다. 보병 하나가 상자 더미 속으로 몸을 숨기려 하다가 기관총탄에 맞았을 때, 총탄이 박스들을 때리면서 박스가 쪼개지고 다시 튕겨 나오는 것뿐 아니라, 그 불행한 병사의 얼굴이 박살난 박스 쪼가리에 처박히고, 병사가 땅으로 고꾸라지기 전에 그의 머리가 발작 난 듯이 튕기는 모습도 볼 수 있다.

그렇지만, 이 모든 것들은 잠시 동안 보일 뿐이다. 당신이 알파와 브라보 분대를 죽음의 재앙으로 몰았다는 것을 감지하기도 전에, 한 음성이 들려와서 다음 수순에 대한 좋은 조언을 건네준다. "항상 엄폐물을 활용하시오." 그러고 나면 "임무 끝"이라는 메시지가 화면에 나타나고, 이내 "마지막 저장 상태로 돌아감"이라는 선택창이 나타나 가장 최근에 저장된 지점에서 게임을 다시 시작할 것인지를 묻는다. 이것은 아마도 작전을 여러 번 반복하고 제크인들을 여럿 다시 죽여야 함을 의미할 것이다. 이런 일을 몇 번 반복하다 보면, 당신이 상대 인간의 죽음에서 어떤 공포를 느꼈던지 간에 그것은 안개처럼 사라질 것이다. 〈풀 스펙트럼 워리어〉에서는 시간을 되돌릴 수 있다는 것, 그리고 모든 실수는 취소할 수 있다는 것이 핵심이다. "저장-죽음-재실행"이라는 순서는 알파와 브라보 분대를 불사의 존재로 만든다. 물론 이것은 비디오게임으로서의 전쟁war-as-video-game이 갖고 있는 새빨간 거짓말이다.

〈풀 스펙트럼 워리어〉의 가상전에는 다른 부수적인 거짓말도 있다. 당신에게 한 명 이상의 중상자가 발생했을 때 그 임무가 종료된다는 것은 고도로 훈련된 포스트-포드주의적 첨단 병사들에 정치적으로 문제가 될 소지가 많은 손실을 최소화하고자 하는 미군의 잘 알려진 고민(그리고 그에 대한 성공)을 반영한다. "미국 육군은 단 한 명의 사상자도 용납하지 않겠다!" 지침서(FSWIM 2004)에는 이런 표현이 단호하게 쓰여 있다. 그러나 이것은 당신이 아군이 전멸하는 상황도 마찬가지로 볼 수 없을 것임을 의미한다. 그리고 이런 말을 할 필요가 있을까 싶지만, 이런 것은 배에 총을 맞고 누워 몇 시간 동안 엄마를 찾으며 비명을 질러 대는 것이나, 고환이 날아가 버린 것이나, 아니면 병원에서 깨어났을 때 팔다리가 사라져 버린 것을 발견하게 되는 사람이라고는 하나도 없는 전쟁이다.

이 전쟁은 사지 절단도 없고 외상 후 정신장애도 없는 전쟁이다. 또한, 도덕적 딜레마조차도 없는 전쟁이다. 게다가, 여기엔 민간인도 거의 없다. 제키스탄의 기적은 그곳의 거리가 사막화되었다는 것, 가옥은 비어 있으며, (총에 맞으면 모두 바로 죽어 버리는) 도처에 있던 목표물들과도 멀리 떨어져 있다. 공습과 포격은 결혼식장을 때리지 않는다. 부수적인 피해도 없다. 전쟁은 평화이다.

HA2P1PY9TUR5TLE : 쇠퇴와 붕괴?

〈풀 스펙트럼 워리어〉 패키지는 "미국 육군을 위한 실제 훈련 교재를 기반으로 했다"는 점을 강조한다. 출시 직후 "치트키" HA2P1PY9TUR-5TLE를 〈엑스박스〉 상용판 게임에 입력하면 군용판(이 사양은 게임이 개인용 컴퓨터용과 〈플레이스테이션 2〉용으로 나왔을 때 사용불가였는데, 이는 미군 측에서 달가워하지 않았기 때문이다)을 해제할 수 있다는 사실이 밝혀졌다. 많은 리뷰들이 증언한 바와 같이, 〈풀 스펙트럼 워리어〉의 가장 큰 매력은 그 게임이 게이머들에게, 진짜 전쟁의 것이 아니라면, 적어도 가상으로 실제 군대를 잠깐이나마 경험하도록 해준다는 것이다.

군용판은 상용판처럼 작동하기는 하지만 중요한 차이가 있다. 군용판은 전쟁 무대가 중동과 발칸 두 곳이다. 여기에서는 병사의 개인화라든가 병사 간의 농담 주고받기는 제거되었다. 시각효과상의 번쩍거림, 특수한 조명, 흐릿한 화면처리, 시각상의 세밀한 묘사 등도 마찬가지로 제거되었다. 정지화면도 없다. 음향 수준은 눈에 띌 만치 낮아졌다. 흥미와 신기함을 더해 주던 음악효과들도 사라졌다. 희미한 바람과 먼 곳으로부터 들려오는 총소리를 제외하면, 거리는 죽은 듯이 조용하다. 한 가지 예외가 있다. 군용판에는 더 많은 민간인이 있으며, 당신의 대원들에게 더 자주 말을 걸곤 한다. 상용판에서 이러한 일은 매우 드물게 일어나고, 일어난다 해도 매우 상냥한 분위기이다. 한 편집화면에서 아랍계 미국인 이등병인 세하디가 친절한 제크인에게 길을 묻는다(긴 아랍어 대화가 오고 간 후, 병장이 묻는다. "저 친구 뭐라고 해?" 그러자 세하디가 답한다. "북쪽이랍니다."). 군용판에는 이런 친밀한 분위기들이 어느 정도 포함되어 있다. "날 따라와요. 미국인." 그렇지만, 적대감의 표현도 많이 등장한다. "추잡한 미국 돼지 새끼!" "여긴 우리 땅이야. 자본주의자 돼지 새끼들아." 아니면, 미군 부대가 선거를 준비하고 있을 때, "니들 집으로 돌아가, 우린 투표하지 않을 거야." 상용판이 자유를 위한 전쟁을 묘사하고 있는 반면에, 군용판은 미군들이 적대시되는 상황에 익숙해지도록 한다.

상용판보다 시각적인 재미가 떨어지는 반면에, 군용판은 살아남기가 더욱 어렵다. 엄폐물이 매우 적고, 화면상에 제공되는 아군과 적의 취약점에 대한 정보가 더욱 적다. 민간인들이 더욱 많기 때문에 "적대세력들"을 구별하기가 더욱 어렵다. 적들의 공격은 더욱 격렬하고, 그 방향도 훨씬 다양하다. 수류탄처럼 위험한 무기들은 더욱 세심하게 다루어져야 한다. GPS 대신에, 병사는 볼품없는 휴대용 작전 지도를 갖고 있을 뿐이다. 그러나 카메라의 고도를 수백 미터 위로 올릴 수 있기 때문에 조감도를 보듯이 실시간으로 전체 지도를 조망할 수 있다. 이 기능으로 수직적 전망과 수평적 전망 간의 상호작용이 유지된다. 적군과 민간인의 수를 조정하는 것과 정확도와 반응 시간을 바꾸는 등 아군 부대의 능력치를 변경하는 것도 가능하다. 부상당한 병사들은 대피지점으로 후송될 수 없다. 당신은 부상병들의 무기와 화기를 수거해서 전진해야 한다. 전체적으로 봤을 때, 군용판은 좀 더 느슨하지만, 상용판보다 더욱 복합적이고 어려운 모의체험이다.

그러나 아마도 충분히 복잡하고 어렵지는 않은 것 같다. 2005년에 부시 정부의 국방예산에 비판적인 〈상식적인 납세자〉라는 기관이, 소니·판데믹·티에이치큐가 군사 훈련의 필요에 한참 못 미치는 상용 제품으로 대규모의 공공 보조금을 획득하였다는 제보를 함으로써 〈풀 스펙트럼 워리어〉를 둘러싼 스캔들이 일어났다. 언론매체들은 〈풀 스펙트럼 워리어〉가 "풀 스펙트럼 웰페어(전방위적 복지)"로 재해석되어야 하며 육군의 "게임은 실패했다"고 보도했다(Adair 2005). 이러한 스캔들의 근원지는 내부고발을 한 그래픽 기술자 앤드류 파켓으로, 그는 자신이 〈풀 스펙트럼 워리어〉가 육군에 충분히 현실적이지 않을 것이라는 경고성 메모를 여러 번에 걸쳐 제출한 후에 게임 개발팀에서 해고되었다고 주장했다. 파켓의 지적에 따르면 해당 게임에서 대부분의 도시 건물들은 껍데기만 갖추고 있으며, 내부가 한 단계로만 이루어져 있는 등 건물의 내부가 지나치게 단순화되어 있다. 이로 인해 시가전에서 가장 어려운 부분, 다락방이나 천장 위에 잠복해 있는 적들을 소탕하기 위해 방들을 이동하는 부분이 게임에는 아예 존재하지 않는다는 것이었다. 파켓은 이렇게 말했다. "그들이 만든 것은 도시의 피셔-프라이스[3]판 이었다"(Adair 2005에서 인용). 부당한 해고에 대해 소니와 판데믹에 소송을 걸며 그는 그 두 회사가 "육군이 필요로 하는 것에 관심을 기울이지 않았다"고 하고, 그들의 태도는 "우리는 육군에는 관심 없고, 이것을 가지고 돈을 벌 생각뿐이다"라고 말하는 것과 같다고 주장했다. 파켓은 패소했다. 그러나 그의 불평은 다른 제보로 이어졌다. 〈상식적인 납세자〉는 다음과 같은 〈크리에이티브 테크놀로지 연구소〉 내부의 경고 이메일을 공개했다. "우리는 거대한 문제에 직면했다." 왜냐하면 육군이 "만족하지 못하고 있기 때문이다"(Conroy 2005). 군사 훈련 관계자는 그 게임이 "믿을 수 없을 만큼 형편없다"고 말하고, "상황에 따라 발생하는 문제들을 매우 제한적으로 다루고 있다"고 말해 이러한 주장들을 뒷받침했다(Adair 2005에서 인용).

〈크리에이티브 테크놀로지 연구소〉는 대변인 성명들을 통해 〈풀 스펙트럼 워리어〉가 다른 훈련 교재를 향상시킬 만한 유용한 실험이라는 발표를 하며 직접적인 대응을 회피하였다. 이런 과정에 관계되어 있던 한 육군 장교는 이렇게 말했다. "우리는 많은 것을 배웠다. 그리고 그것이 연구의 목적이다. 다시 말해서, 목적은 그런 종류의 것들을 배우는 데 있지, 제품을 만들어 내는 데 있지 않다"(Macedonia, Adair 2005에서 인용). 이라크와 아프가니스탄에서의 일간 사망자 보도로 인해, 〈크리에이티브 테크놀로지 연구소〉의 소요 비용을 둘러싼 스캔들은 사소한 것처럼 보였다. 그러나 이 사건은 풀 스펙트럼 지배의 아킬레스건에 대한 통찰을 제공해 준다. 즉 이라크의 반군이나 탈레반은 전장에 있는 미군을 이길

---

3. [옮긴이] Fisher-Price, 1930년대에 창업한 미국의 아동용 완구 제조사의 제품을 일컬음.

수 없지만, 돈을 바닥나게 할 수는 있다는 것이다. 미국 국방성이 의존하고 있는 (미국 측의) 적은 사상자를 전제로 한 최첨단 기술 전략은 천문학적인 비용이 든다. 제국의 최약점은 전장에서의 패배가 아니라 산더미같던 국방 예산이 사라짐으로써 발생하는 경제 위기이다. 판데믹, 소니, 티에이치큐, 마이크로소프트가 미국 육군에게서 500만 달러를 강탈해 간 사건은 핼리버튼 같은 회사가 전쟁에서 취한 폭리에 비하면 미미한 것이었다. 그렇지만, 이는 동시에 제국의 쇠퇴와 붕괴를 압축적으로 보여 주었다.

간단히 말해서, 〈풀 스펙트럼 워리어〉는 그럼에도 불구하고 성공작이었다. 이 게임의 상용판은 대단히 열광적인 평가를 얻었고, 각종 상을 휩쓸었으며, 백 만 카피 가까운 판매고를 올려 5천만 불을 벌어들였다. 2006년에 판데믹은 그 후속편 〈풀 스펙트럼 워리어 : 텐 해머스〉를 출시하였다. 이 게임은 제키스탄 원정군의 전설을 잇고 있고, 좀 더 새로운 무기와 부대로 보강되었다. 〈텐 해머스〉는 국방성이 독자적으로 개발했고, 판데믹은 이제 충분한 보조금을 통해 획득한 군사적인 전문성을 상용판 프로젝트에만 사용하고 있다.

이 기업은 정치적 논쟁으로부터 도피하지 않았다. 2005년에 판데믹은 캐나다 비디오게임 회사인 바이오웨어와 함께 새로운 "슈퍼개발자"superdeveloper를 설립하였는데, 이는 벤처투자사인 "엘리베이션 파트너즈"가 3억 달러를 지원함으로써 이루어졌다(Thorsen 2005a). 주요 투자자 중 하나는 [락 밴드] 〈유투〉U2의 리더이자 유명한 활동가인 보노였다. 새로운 회사의 설립 직후 판데믹은 새로운 게임 〈머서너리즈 2 : 월드 인 플레임즈〉를 발표했다. 이 게임은 베네수엘라의 원유 공급에 문제를 일으키는 "권력에 굶주린 독재자"를 쓰러뜨리는 용병을 묘사한다 (*Mercenaries* 2, 2007). 베네수엘라의 사회주의 지도자 휴고 차베스와 미국 간의 좋지 않은 관계에 대한 분명한 암시에 대응해, 〈베네수엘라 연대 네트워크〉(2006)는 보노에게, 판데믹이 미국 국방성과 〈풀 스펙트럼 워리어〉를 통해 갖고 있는 연관성에 대해 지적하는 서한을 보내서 〈머서너리즈〉의 반베네수엘라 관변홍보를 비난하고, 그의 영향력을 통해 이 게임을 취소하도록 촉구했다. "우리는 이 게임이 이미 적대적인 미국과 베네수엘라 간의 관계를 악화시킬 것이라는 우려를 갖고 있다. 수백만 명의 베네수엘라 국민은 미국의 침공을 두려워한다. 그리고 미국을 위해 일하고 있는 일개 회사가 자국을 완전히 파괴하는 게임을 만들었다는 사실이 그러한 우려를 증대시키고 있다." 베네수엘라의 한 국회의원도 이러한 우려에 공감해 이렇게 말했다. "저는 미국 정부가 심리적인 테러 캠페인을 어떻게 준비하는지, 그리고 이를 통해 나중에 그것을 실제로 일어나도록 할 수 있다고 생각합니다"(BBC 2006a에서 인용). 군사적인 면에 있어서의 진정성에 대한 추정으로부터 약간 자유롭다고 생각했음이 분명한 판데믹은 그러한 반대의견을 다음과 같은 말로 물리쳤다. "〈머서너리즈 2〉의 배경으로 베네수엘라가 선택된 이유는 그것이 흥미롭고 다채로운 색을 가진 나라이기 때문이다. 이 나라는 멋진 건축물과 지형지물, 문화로 가득 차 있다"(Buncombe 2006에서 인용). 〈풀 스펙트럼 워리어〉에 대한 지원금에 대해 격렬한 반감이 있었음에도 불구하고, 미국 육군은 2004년 11월 20일에 〈크리에이티브 테크놀로지 연구소〉에게 5년 간 1억 불 규모의 계약을 발주했다.

"모든 사람이 장군이다"

〈풀 스펙트럼 워리어〉는 우리가 서술한 제도적 연계들을 넘어서는 맥락도 갖고 있다. 여기서 풀 스펙트럼 지배에 대한 인지와 그 안에서 전쟁의 일상화가 갖는 역할로 돌아가 보자. 이 교리 안에 있는 함의는 전쟁을 군사와 관련되었을 뿐 아니라 이념적이고 정치적인 차원과 관련된 프로젝트로 이해하는 것이다. 제국적인 다중의 싸우고자 하는 의지를 유지하는 것은 전장을 지배하는 것만큼이나 중요하다. 미국의 맥락에서 볼 때, 이것은 신보수주의적 결정론 속에 반영되어 있는데, 이는 동남아시아에서 미국이 겪은 역사적 굴욕의 원인으로 매도되고 있는 소위 베트남 증후군으로 불리는 평화주의자의 반감을 치유하기 위한 것이다. 이런 관점에서 볼 때, 〈풀 스펙트럼 워리어〉와 같은 모의체험장치들이 병사들을 바그다드 전투에 대비시키는 데 성공하든 실패하든 상관없이, 그러한 장치들의 또 다른 중요한 목적은 민간인들로 하여금 영속적인 전쟁 속에 거주하도록 하는 데 있는 것 같다.

〈풀 스펙트럼 워리어〉 같은 게임이 병사의 전쟁 준비뿐 아니라 민간인들의 전쟁준비도 시키고 있다고 주장함으로써, 우리는 가상과 실제 간의 연계에 관한 복합적이면서도 성과없는 논쟁으로 들어가게 된다. 군사모의체험장치가 병사들의 전장에서의 전투수행능력 – 예를 들면, 신속하고 정확하게 사격하는 것 – 을 향상시키는 데 성공하는 것을 두고, 데이빗 그로스만(1996) 같은 비디오게임 평론가들은 1인칭 사수가 비공식적인 "살인 훈련"을 시킨다고 주장했다. 그러한 주장은 콜럼바인 학살 이후 널리 퍼지게 되었고, 잭 톰슨(2005)과 같은 선동적인 변호사에 의해 부활하였다. 그는 비디오 게임의 영향으로 인한 총격을 받았다고 주장하는 피해자들을 찾으면서, 〈크리에이티브 테크놀로지 연구소〉가 테러리스트들을 "훈련시킨" 책임이 있으며 "납세자를 배신했다"고 비난했다.

우리는 이러한 단선적 매체효과가 과도하게 단순화되었고 확실하지 않다는 것을 알게 되었다. 게임에 각인되어 있는 입장들과 게임이용자의 행동 간에는 결코 어떠한 필연적 인과관계도 존재하지 않는다. 군사 훈련 중 모의실험장치의 효율성은 군 제도라는 전쟁 기계 안에서의 한 가지 순서로서 그것들이 구체적으로 삽입됨으로써 나타난다. 이러한 맥락에서, 가상적인 폭력은 훈육하고, 소심증을 덜어주며, 치명적인 공격을 지시하고, 모의체험에서 실제상황으로 걸림돌 없이 옮겨가도록 하는 데 목표를 둔 종합실습세트의 일부이다. 이러한 조건들이 사격자가 민간인의 거실에서 게임을 할 때마다 복제된다는 생각은 순진한 것이다.

같은 측면에서, 똑같이 군사적인 정체성과 가정 들이 수많은 매스미디어 채널을 통해 반복되고 많은 제도들에 의해 확정될 때, 그것들의 재생산 기회는 많아진다. 전시체제에 있는 사회에서 군사화는 우리가 앞서 언급한 바와 같이 일상생활의 일부가 된다. 〈쿠마 워 웹사이트〉에서 공짜 임무를 다운 받는 것에서부터 국토안보국의 색깔별로 나타낸 테러 경고 시스템에 기반한 CNN의 일간 위협 레벨 보도에 이르는 것들처럼 말이다(Massumi 2006을 볼 것). 병영과 거실 간의 경계는 이렇게 붕괴되고, 우리는 들뢰즈(1992)가 "통제 사회"라고 부른 것의 테러와의 전쟁판으로 진입하게 된다. 공식적으로 지명된 적을 향한 증오, 그의 죽음을 통한 승리, 아니면 적어도 그 필요성에 대한 무관심, 그의 계략들에 대한 경계, 투쟁 과정에서 사상에 대한 수용, "우리 편"에 대한 무비판적 충성 등, 모든 것들이 광범위한 사회적 대역폭에 걸쳐, 전방위적으로, 대통령의 연단에서 매일매일의 뉴스 보도에까지 확산된 가치가 되었다. 테러와의 전쟁시대 동안, 이것은 제국의 심장부 내의 상황이었다.

〈풀 스펙트럼 워리어〉가 한 부분인 현 단계의 군사화에 필요한 동기부여는 어떤 것일까? 〈풀 스펙트럼 워리어〉의 제작사인 〈크리에이티브 테크놀로지 연구소〉를 둘러싼 맥락이 이에 대한 하나의 대답을 제시해 준다. 〈크리에이티브 테크놀로지 연구소〉에 의해 재현된 국가와 기업 간 경계의 붕괴 – 그리고 지적재산의 생산을 위한 시설로서 그 연구소의 모체로서의 대학의 설립 – 는 〈풀 스펙트럼 워리어〉 같은 전쟁 게임의 무대인 중동 지역에서 가장 온전하고 가장 사악한 사례를 찾으려는 과정의 징후이다. 다음 장에서 매우 상세하게 다룰 이 과정은 "시초축적"(Retort 2005, 10~12를 볼 것)으로 그 논리가 이식되는 새로운 영토 – 교육도 될 수 있고 국가도 될 수 있는 – 를 지속적으로 확보함으로써 영속적 확대를 위한 요건을 만족시키기 위한 자본의 동력이다. 시초축적의 현대적 조달 시스템을 나오미 클라인(2007)은 "충격 독트린"이라고 칭하였다. 그에 따르면, 이 독트린은 이전에는 자본의 자유로운 활동을 제한하던 개방 지대에 균열을 만들기 위한 기회로서 다양한 유형의 위기를 포착하거나 조장하고자 계산된 방법이다. 균열을 만든다는 목적은 오늘날에는 유례없는 군사적 충격이나, 아니면 전방위적 지배를 통해 달성된다. 충격은 제국을 만들어 낸다. 그리고 우리가 기억하는 제국은 단일한 자본주의 경제 시스템에 의해 통일된 레짐이다. 이라크에서 미국은 놀라울 정도의 현실주의를 통해 제국의 최상층부를 확보하기 위해 상당히 노력했다. 반면에 미국인들의 거실에서는 〈풀 스펙트럼 워리어〉의 무장된 영상과 그 유사품들이 시초 축적의 전세계적 폭력을 일상화시키기 위해 고국에서 필요한 문화적 충격을 낳는 데 기여하였다. 전쟁과 이익, 문화적 충격의 상호연계를 요약하는 데 그 어떤 것보다 더 탁월한 예는 2003년에 소니사가 비디오게임 제목 후보 중 하나로 "잔인하게 추상적인" 슬로건인 "충격과 공포"Shock and Awe(Retort 2005, 16)를 고려했던 시도(결국에는 철회되었다)라고 할 수 있다. 이 슬로건은 이라크에 적용한 압도적이고 혼란을 주는 군사 전략을 위해 미국 국방부가 사용한 용어였다(BBC 2003b).

이런 상태에서 〈풀 스펙트럼 워리어〉 같은 게임들은 전쟁으로 흐르는 경향을 갖는 주체성을 생산한다. 그 게임들은 야만스런 일탈적 잔혹 행위가 아닌 "정도에 머무르는 데" 대한 충성스런 지지를 보여 주도록 충돌질하였다. 그것들의 가상성은 더 다양한 운율을 가진 문화적 합창곡의 일부로서, 군사화를 지지하는 전쟁을 위한 멀티미디어적인 북소리이다. 불협화음은 여전히 가능하다. 수천만 명이 이라크 침공을 반대하며 행진했던 사실을 우리는 잊을 수 없다. 하지만, 군가는 요란하다. 〈풀 스펙트럼 워리어〉는 제국의 군대와 무비판적인 동일화를 조장함으로써, 기계적으로 그것들의 취지가 가진 미덕과 그들의 행위가 가진 정의를 칭송함으로써, 적의 섬멸을 관례화시킴으로써, 무장된 감시^{surveillance}를 위한 주체를 형성함으로써, 군사적 책략과 전쟁에 유쾌한 영향을 미침으로써, 전장의 공포를 줄이고 그 볼거리를 칭송함으로써, 그리고 행위자들을 군사 기술-문화 속의 물질적 파트너로 만들어 주고, 또한 그 수혜자로 만들어 줌으로써 더욱 광범위한 전쟁의 일상화에 기여하였다. 실제 제국 전쟁에 민간인이 가상적으로 참여하는 것은 군사 게임들을 통해 풀 스펙트럼 지배 전선을 집안으로 가져오도록 해준다. "당신 안에 있는 장군을 꺼내지 마라!" 들뢰즈와 가따리(1987, 24~25)는 이렇게 경고한다. 그러나, 〈풀 스펙트럼 워리어〉의 개발자 중 하나가 이 게임에 대해 말했듯이, 실상은 " '모든 사람은 장군이다'라는 구호가 자동차 범퍼의 스티커로 흔하게 붙어 다닌다"(Silberman 2004에서 인용).

표적물들이 게임을 얻다

그렇지만 만약 모든 사람이 장군이라면, 아마도 모든 적들도 그럴 것이다. 2000년도에 오사마 빈 라덴과 그의 추종자들은 수단의 알-카에다 기지에 대한 미국의 크루즈 미사일 공격을 피해 아프가니스탄으로 갔다. 빈 라덴의 아이들은 토라 보라[4]의 외딴 동굴에 아빠와 함께 있었다. 이 불편한 상황에 갇혀 있는 동안, 그 십대들은 "낯설고 불안한 지루함과

---

4. [옮긴이] 아프가니스탄과 파키스탄 접경 지역의 동굴지대. 탈레반의 근거지이자 빈 라덴의 은거지로 알려졌었다.

목숨에 대한 위협"을 감내했다. 그 소년들 – 소녀들은 아니었다 – 은 학교에 출석할 기회가 있긴 했지만 "하루 종일 쿠란을 외우는 것 말곤 거의 다른 일을 하지 않았다." 하지만, 탈출구가 하나 있었다. 빈 라덴은 – 보도된 바에 따르면 아이들은 그를 "매우 자유주의적"이라고 보았다 – 그의 작은 아들이 "닌텐도를 하도록 해주었는데, 이는 그 아이가 달리 즐길 게 없었기 때문이었다"(Bergen, Wright 2006, 253~54에서 인용).

중동의 국가들에는 지구상의 다른 아이들과 마찬가지로 비디오게임에 열광적인 수많은 소년들이 있다. 〈크리에이티브 테크놀로지 연구소〉가 예상하지 못한 것은 미국의 역적들이 펜타곤이 신병을 훈련시키고 지지를 얻는 데 사용한 것과 같은 가상체험적인 기술을 사용할 것이라는 점이었다. 중동의 개발자들이 만든 수많은 게임들은 이슬람 젊은이들이 〈풀 스펙트럼 워리어〉나 〈델타 포스〉와 같이 무슬림들을 대체로 테러리스트들로 묘사하는 게임 속에서 "자기 자신을 적으로 상대하는" 상황에 대응하고자 하였다. 미국이나 이스라엘에 대한 무장 투쟁 중인 게릴라 활동, 종교 군벌, 민족주의 정권 지지자의 입장에서 게임을 하는 것을 언론인 에드 할터(2006b)는 "이슬람식으로 게임하기"Islamogaming이라고 명명했다.

몇몇 사례들은 팔레스타인 분쟁을 담고 있다. 초기작 중 하나는 〈스톤 쓰로워스〉(2001)인데, 행위자를 폭동intifada 안에 놓아 두는 비교적 단순한 게임이다. 이 게임의 뒤를 이은 것은 〈언더 애쉬〉로 일인칭 관점의 사격수로 주인공인 아메드가 이스라엘 병사에게 돌을 던지는 것에서 시작하여 이스라엘 군부대를 파괴하는 것으로 나아간다. 〈언더 애쉬〉는 너무 어렵다는 비난을 받았다. 그럼에도 불구하고 초판은 일주일 동안 1만 장이 팔려 나갔다. 그 후속편인 〈언더 시즈〉(2005)는 출발점을 유대교 극단주의자인 바루크 골드스타인에 의해 헤브론 내 이브라히미 사원에서 일어난 1994년의 이슬람 예배자들의 학살과, 뒤이어 일어난 팔레스타인 주민과 이스라엘 군대 간의 시가전으로 설정하였다. 〈언더 애쉬〉와 〈언더 시즈〉 둘 다 다마스커스에 근거를 둔 시리아 퍼블리셔 다르 엘 피크르 Dar El Fikr의 지사인 아프카 미디어에 의해 제작되었다. 논평가들은 이 두 게임과 〈풀 스펙트럼 워리어〉 간의 유사성에 대해 지적하였지만(Frasca 2005; Ghattas 2002; Oliver 2004a 등을 볼 것), 게임의 작자인 라드완 카스미야는 이러한 비교에 대해 부인하였다. 그에 따르면, 행위자들은 "인종청소에서 살아남으려고 애쓰는 실제 민중들의 삶에 기반한 역사 게임과 자신들의 고국에서 멀리 떨어진 국가들에 대한 공격을 정당화하기 위해 미래의 해병대원들에게 사기를 주입하고자 하는 정치 홍보 간의 차이점에 대해 알 수 있을 것이다"(Oliver 2004b에서 인용). 〈스페셜 포스〉도 이러한 장르에 속하는 1인칭 사격 게임으로, 2003년에 헤즈볼라[5]에 의해 출시되었으며, 이들은 게임행위자들을 초대해 레바논에 대한 이스라엘 침공에 저항하는 이슬람 측 저항군의 역할을 맡도록 하였다.

중동에 대한 가상의 전쟁은 최근 심화되고 있다. 2006년 이란의 핵무기 프로그램과 관련된 국제 위기 가운데, 쿠마 리얼리티 게임스는－이회사의 뉴스 기반 가상체험에 대해서는 앞서 언급하였다－미군 특수부대가 이란의 나탄즈 우라늄 농축 시설을 파괴하는 내용을 담고 있는, 〈어설트

5. [옮긴이] 레바논에 근거를 둔 시아파계 이슬람 군벌이자 정당.

온 이란〉이라는 제목의 즐겨볼 만한playable 임무를 출시하였다. 2007년에는 이란의 〈이슬람학생협회〉라는 그룹이, 이란의 특수부대 영웅인 바흐만 사령관이 자국의 최고 핵 과학자를 구하는 내용의 게임을 개발하였다. 이 게임에서 그 과학자는 미군에 의해 납치되었고 이 과정에서 격렬한 교전을 벌인다(Halter 2006b). 장난스러운 "대화"에 열광하고, 잘 홍보된 게임의 전투로부터 얻게 될 잠재적 이익을 간절히 바라면서, 쿠마(2006)는 "이란의 게임 반격에 대한 자사의 후속 대응"인 〈어설트 온 이란 파트 3 : 페이백 인 이라크〉를 발표했다. 이 글을 쓰던 시점에 두 게임은 베이퍼웨어6인 상태로 남아 있었고, 가상체험 전쟁은 완전히 환상 수준으로 변했다.

소위 말하는 이슬람식으로 게임하기는 정치적 굴절 속에서 변형되었지만 미국과 이스라엘, 그리고 서방에 대한 반감을 공유하는 중동의 운동들에 의해 점차 가상체험 게임이 숙달되기 시작하면서 일어났다. 그 사례는 팔레스타인의 "디지털 인티파다"에서부터 알-카에다의 사이버네트워크, 그리고 이라크 반군들의 온라인 영상들에 이른다. 이것은 현대의 상황에 대한 하트와 네그리의 관점이 갖는 한계 중 하나를 잘 보여 준다. 이들이 제국과 다중 양측 간의 충돌로 묘사한 것은 2001년 이후 등장한 자본주의적 근대성의 주적이 중세적 칼리프 체제의 복원을 목적으로 한 근본주의적 지하드(성전)라는 사실로 인해 엄청나게 복잡해졌다. 이것을 설명하기 위해 제국과 다중의 이항대립은 나머지 한 축을 신정체제로 삼는 삼각 투쟁으로 재고되어야 한다. 여기에서 〈리토르트〉가 반전

---

6. [옮긴이] vaporware, 선전은 요란하지만 실제로는 개발 가능성이 매우 낮은 소프트웨어.

운동을 "혁명적 이슬람"의 부상에 적절하게 대응하는 데 실패한 주요 원인으로 삼은 점은 옳았다(2005, 132~69). 우리는 향후 몇 년 간 이러한 제3의 주인공인 신정체제가 더욱 많은 게임의 소재가 되는 상황을 지켜보게 될 것이다.[7]

제국에 대한 하트와 네그리의 분석은 핵심 논리에 있어서 그 설득력을 유지하고 있다. 즉 "외부가 없는" 세계 자본주의는 그것의 우위를 유지시켜 주는 기술을 통제할 수 없다는 점이다. "대량살상무기"와 이란과 그외 지역에서의 핵확산으로 인해 일어난 공포는 이러한 상황에 대해 어렴풋하게 깨닫기 시작하도록 해주었다. 군벌 지하드들에 의한 디지털 자산의 장악은 같은 동인을 보여 준다. 병사들이, 낯설고 먼지 자욱한 도시에 숨겨져 있고, 이름도 없으며, 얼굴도 없는 적 – "표적물" – 과의 싸움에 훈련되도록 하기 위해 〈풀 스펙트럼 워리어〉를 만든 그 힘들은 가공할 만한 현실을 맞닥뜨리게 된 것이다. 즉 표적물들이 게임을 차지했다는 것이다.

그럼에도 불구하고 이에 굴하지 않은 미국 국방부는 이미 가상체험과 갖고 있던 유대를 더욱 강화했다. 2007년에 미국 국방부는 "훈련과 교리 사령부의 게임을 위한 프로젝트 사무소", 혹은 "TPO 게이밍"Gaming을 포트 리븐워스에 있는 "국립 가상체험 센터"의 지부로 설립하였다고 발

---

7. 그러나 이슬람이 종교적 "게임의 최종단계" 모의실험기에 대해서 독점권을 갖고 있지 않다는 점은 언급되어야 한다. 예를 들어 〈레프트 비하인드 : 이터널 포스〉는 "기독교인의 게임 행위"에서 "주류"(mainstreaming) 장르에 속하는 2006년 출시작이다. 요한계시록의 묵시록적 시나리오에서 영감을 받아, 이 게임은 휴거(Rapture)의 징조가 분명해지는 세상에서의 삶을 그리고 있다. 여기서 제시되는 주요 징조는 〈유엔〉 같은 기구가 지구적 공동체(Global Community)로 불리는 어떤 것으로 재구조화되는 것이다. 적그리스도(Antichrist)에 의해 인도되어, 지구적 공동체는 폭력이 수반될 수밖에 없는 채로, 고난의 군대(Tribulation Forces)에 의해 전장이 될 수밖에 없다. 〈레프트 비하인드〉의 주요 배경은 뉴욕 시이다.

표하였다. 아마도 판데믹과의 경우와 같은 향후의 분쟁을 피하기 위한 생각에서 TPO의 첫 번째 프로젝트 중 하나는 군부가 "업무를 대신할 대리인의 도움이 필요 없이" 자체의 훈련 시나리오를 만들 수 있는 군용 게임 키트를 제작하는 것이었다. TPO의 지휘 장교는 이렇게 말했다. "우리는 병사가 자기 고유의 시나리오를 신속하게 만들고, 자신의 업무에 특화된 훈련을 할 수 있도록 활력화시킬 것입니다"(Peck 2007).

게임처럼 전쟁을 가상화하는 일은 계속 확산되고 있다. 프레데터나 리퍼와 같이 이제는 중앙아시아에서 미국의 전쟁에 필수가 된 원격조정형 무장 공중 비행체의 최고 수준 지휘자들은 공군 조종사도 아니고, 엄청나게 비디오게임을 즐기는 사람들도 아니다. 그들은 단지 버지니아나 네바다의 트레일러 안에 자리를 잡고 손에는 조종기를 쥐고 여러 개의 스크린들을 살펴보며 아프가니스탄이나 파키스탄의 마을에 실제로 공격을 하고, 이따금씩 식사를 하거나 가족과 시간을 보내기 위해 로그오프를 하는 사람들일 뿐이다(Singer 2009를 볼 것). 제국적인 전투공간의 안팎에서 어떻게 가상체험 게임들이 부화하는지에 관한 좀 더 미래적인 예로 우리는, 군대의 야전 사령관들을 위한 자동 전투 계획을 생성하는 데 딥 그린Deep Green 슈퍼컴퓨터를 사용하는 〈방위고등연구프로젝트〉의 계획을 살펴볼 수 있다. 딥 그린 – 아이비엠의 유명한 체스 플레이 컴퓨터인 딥 블루Deep Blue의 이름을 국방색으로 바꾼 것 – 은 몇 가지 상호연관된 조합들을 담고 있다. "계획을 위한 개요"는 사령관이 끄적거린 것들을 살펴보고, 그의 얘기를 경청한 후에 "놓친 부분들을 채워 가며", "면밀하게 계획을 도출해 내는 것이다." "결정을 위한 개요"는 가능한 선택사양을 묘사하는

"연재만화"를 만들어서 사령관으로 하여금 "미래를 볼 수 있도록" 해주는 것이다. "기습공격"은 대안들을 신속하게 모형화하는 것이고, "수정 구슬"은 어떤 시나리오가 가장 그럴듯하고 어떤 계획이 최선인지 파악하는 것이다(DARPA 2007). 회의론자들은 딥 그린이 절대 성공하지 못할 것이라고 말한다. 그러나 비록 수백만 달러짜리 헛수고라고 하더라도, 그것은 게임 산업에 무수한 부수효과를 생산해낼 것이다. 만일 그게 성공한다면, 이란·나이지리아·베네수엘라·카자흐스탄에서의 미래 전쟁들은 정말로 접속과 동시 수행되고, 컴퓨터에 몇 가지 명령어만 추가함으로써 상용 전쟁게임을 실제 전쟁으로 만들게 될 것이다. 이는 마치 게임이용자가 전지구적 전장에 파견된 공군과 지상병에 음성명령을 내리는 게임으로 톰 클랜시[8]가 대본을 쓴 〈엔드 워〉와 같은 모습이다.

그러한 프로젝트의 잠재적 목표지를 정확하게 평가하기 위해서는, 안쏘니 라프와 댄 골드만(2007) 같은 코믹 작가들이 필요하다. 이들은 군사화된 정권에 관한 훌륭한 삽화 소설인 『슈팅 워』에서 2001년에도 계속되고 있는 이라크 전쟁을 묘사하였는데, 여기서 미군들은 칸막이방 안에서 가득 모인 10대들이 〈플레이스테이션 4〉를 통해 모형탱크를 조종하고 있는 "제10보병 사단 원격 전투 작전"을 운영한다. 게임을 이용한 모의 체험기에서 훈련받은 그런 군대와 지하드들 간의 만남에서 상상할 수 있는 것은 테러와의 전쟁이 보여 주고 있는 현실일 뿐이다. 즉 제국과 신정체제 간 죽음의 대결로 지구상 인구의 대부분을 잃게 되는 상황이다.

---

8. [옮긴이] 미국 첩보/군사 전문 소설가. 대표작으로는 「붉은 10월」이 있다.

5장

생체권력 행위

〈월드 오브 워크래프트〉

우리는 최근 두 번의 여행을 했다.

첫 번째는 날아다니는 그리폰[1]의 등 위에서였다. "철의 요새"에서 날아올라, 턴 모로의 눈 덮인 나무들과 산들 위를 지나고, "불타는 평원"의 용암과 불길을 가로질러, "폭풍 바람" 도시를 둘러싼 푸른 숲과 과수원에 다다른 후 "전리품의 만"에 착륙하는 여정이었다. 궁전, 가게, 마당 들로 이루어진 성곽도시를 뒤로 한 채, 우리는 급강하해서 훤히 펼쳐진 황야가 점점 두터운 숲으로 변하는 것을 바라보고 때때로 정체를 알 수 없는 주거지들이 점점이 박힌 전원의 능선들로 향했다. 모래사장과 맞닿은 열대림과 터키석처럼 푸른 바다가 있는 가시덤불 골짜기로 내달린다.[2] 그런

---

1. [옮긴이] 그리스 신화에 나오는 괴물. 독수리의 머리와 날개, 사자 몸을 가졌다.
2. [옮긴이] 이 장 첫 부분의 지명들은 모두 〈월드 오브 워크래프트〉 게임상의 지명들이다. 게임상에서는 아이온포지(Ironforge, 철의 요새), 스톰윈드(Stormwind, 폭풍 바람), 무법항(Booty Bay, 전리품의 만) 등으로 쓰인다. 이 책에서는 이처럼 게임의 고유명사들(지명, 종

후, 다시 여인숙의 안락함을 바라며 항구로 향하면서, 우리는 우리들 아래로 수많은 사람들을 아제로스의 땅으로 인도한 탐험과 모험의 전경들이 지나쳐 가는 것을 바라보았다.

　우리들의 두 번째 여행은 버스를 타고 마카오에서 광저우로 가는 것이었다. 현대적인 고속도로가 주장 강 삼각지를 가로지르고, 강 하구의 물길 위로 수많은 다리들이 걸쳐져 있다. 이것들은 한때 이 지역을 세계적인 잠업의 중심지로 만들었던 뽕나무 농장에 물을 대던 곳이다. 지금 그 농장은 사라졌고, 대기오염으로 누에들이 죽어 버렸다. 높이 솟은 벽돌이 도로로부터 줄지어 있고, 이제는 세계의 중심이 된 전자제품 조립 공장 노동자들의 숙소가 건설 중이다. 산업 폐수로 두터워진 황혼 속으로 붉은 해가 사라질 때도, 이 기숙사들에는 불이 들어오지 않아서 시가지에도 정기적으로 등화관제를 하는 상황을 떠올리게 한다. 우리의 여행이 시작될 때 통과했던 세관 밖에 있는 부랑자촌에서는 조각난 동물들을 팔고 있다. 세계적인 사스^{SARS} 전염병의 근원지로 의심되는 시장의 끝에 이르기까지, 급박한 산업화가 주는 생태적이고 사회적인 스트레스가 너무나 뚜렷하게 만연해 있었다.

　이 장에서 우리는 이러한 두 여행 간의 연관성을 추적해 보겠다. 여행 하나는 가상적인 것으로 블리자드의 다중접속 온라인 게임인 〈월드 오브 워크래프트〉이고, 다른 하나는 중국에서의 여행이다.[3] 이 둘을 연

족명, 직업명, 대륙명 등)을 게임을 하지 않는 독자도 의미를 이해할 수 있도록 필요한 경우 뜻을 풀이하여 옮겼다.
3. 광저우로의 여정은 2004년에 이루어졌다. 배경은 Marks 2004에서 온 것으로 그는 똑같은 시간에 똑같은 여행을 하였다.

결하는 개념은 **생체권력**biopower이다.

생체권력과 축적

생체권력 개념은 미셸 푸코가 "삶 자체"life itself(1990, 143)를 통제하고 훈육하는 체제를 묘사하기 위해 사용하였다. 그에 따르면, 그러한 체제는 근대 국가의 등장과 더불어 3백 년 전에 나타나기 시작하였다. 그 이전에는 봉건 군주들이 자신들의 권력 기반을 강제적 무력, 잔혹한 고문, 그리고 죽음의 위협 등에 두었다. 그러나 18세기가 시작하면서, 이성화된 정부 장치는 점차 사회적 실재를 조직하고 유지하는 – "삶을 조성하거나 아니면 그것을 거부하는"(138) – 권력을 강조하였다.

푸코는 생체권력을 두 종류로 구분하는데 첫 번째는 미시–생체권력micro-biopower이다. 이것은 육체를 최적화하고, 갈취하며, 훈육하는, 이를테면 병영에서 훈련을 시킨다거나, 공장에서 노동을 시킨다거나, 감옥에 수감하는 등의 방법을 이용하는 "신체 해부–정치학"anatomo-politics(139)이다. 다른 하나는 거시–생체권력macro-biopower으로, 이것은 "생활, 종, 인종, 대규모의 인구현상 등의 수준에 놓이고 훈육된다"(137). 이것은 "증식, 삶과 죽음, 건강 수준, 기대 수명과 장수, 그리고 이것들을 다양화시킬 수 있는 모든 조건들"에 초점을 두고 있다(139). 진료소와 병원의 설립, 유전의 우생학적 관리, 그리고 인종과 성별의 공식적인 체계화는 모두 "무력forces을 생성하고, 그것들을 성장시키며, 그것들 간의 순위를 정하는 데

경도된" 권력의 사례로, "〔삶〕을 통제하고, 최적화하며, 배가시키기 위해 애쓰고, 생활을 세밀한 통제와 포괄적인 규제에 종속시키는" 것이다(136, 137).

푸코는 고전적인 맑스주의가 공장에 대해 두고 있던 초점과는 분명하게 결별하였지만, "생체권력은 의심할 여지없이 자본주의의 발전에서 불가결한 요소"라는 점을 강조하기도 하였다(140~141). 합리화된 인구 관리가 시작된 것은 정확히 자본주의가 시작된 시대이다. 푸코가 관찰한 바와 같이 "생체권력의 행사는 인간의 축적을 자본의 축적으로 조정하는 것, 인간 집단의 성장을 생산력의 확대와 차등적인 이윤의 분배로 편입시키는 것을 가능하게 한다"(141).

생체권력에 대한 그의 설명은 "시초축적"이라는, 자본주의의 시작에 대한 맑스의 화법과 통합될 수 있다(Read 2003). 유럽의 계몽 국가들은 세계 시장의 초석을 마련하는 근대의 시발점에 있었다. 대서양을 가로지르는 노예무역, 즉 한 대륙의 사람들을 통째로 다른 대륙으로 옮기는 일을 창조한 식민지적 정복은 생체권력의 행사였다. 국가가 획책한 인클로저enclosure를 통해 초기 농산업의 소작농에 종사하던 지역 주민들을 대규모로 이주시키는 것 역시 마찬가지였다. 이렇게 이주된 부랑 주민들을 새로운 도심으로 강제 이동시켜 최초 자본주의 산업의 임노동력이 되도록 한 훈육도 이것과 같은 것이었다(Linebaugh and Rediker 2000을 볼 것).

21세기의 제국은 생체권력을 취해 현재–지구적now-global 자본주의의 활동 속에서 새로운 극단으로 이동시키는 장치이다. 신자유주의 체제 하에서 시초축적의 "오래된" 과정은 지속된다. 그렇지만 지금은 그것이 지구적인 범위에서 일어나고 있다. 라틴 아메리카, 아프리카, 아시아에서 농산업에 의한 농촌의 집단 토지에 대한 인클로저는 현재 진행 중인 과정이다. 이것은 소작농 공동체와 강력한 국가 동맹의 지원을 받는 기업 개발자들 간의 지속적인 토지 전쟁을 낳고 있으며, 엄청난 숫자의 무산자들을 새로운 산업 대도시의 빈민촌으로 내쫓고 있다(Midnight Notes 1992; Retort 2005).[4] 그러나 그러한 생체권력의 행사와 더불어 모든 범위의 새로운 변종들이 과거 평범한 삶이었던 새로운 영역에 울타리를 치기 위해 가장 첨단의 기술들을 배치하는 현상도 일어나고 있다. 생명과학 – 생명공학, 제약학, 나노기술 등 – 은 대학의 연구와 지적 재산권법을 통해 국가의 지원을 받아 이윤창출이라는 목적에 부합하도록 인간 실존의 기초적인 육체적·정신적 측면들을 재구성한 하나의 예일 뿐이다(Rabinow and Rose 2003을 볼 것).[5]

인조적 세계Synthetic Worlds

이러한 "새로운 인클로저"의 또 다른 사례(Midnight Notes 1992)는

---

4. 데이비드 하비(David Harvey, 2005a)의 새로운 제국주의에 대한 설명은 시초축적의 개념을 확장하여 전쟁에 의한 자산 획득을 포함한다. 미국 침공 이후 이라크 석유를 외국 민간 소유로 개방한 것이 그 예일 것이다.

5. 폴 라비노우와 니콜라스 로즈는 "생체권력의 새로운 형식"을 형성하는 것으로서 "분자 기술과 유전자 기술의 초기 발전"에 대해 적고 있다(2003, 29, 35). 그들은 생체정치에 대한 하트와 네그리의 맑스주의적 해석과는 명확히 거리를 두고 있지만, 연구 투자, 지적 재산, 그리고 거대 제약회사, 생명공학 사업 등 새로운 자본주의 생활–과학 복합체의 다양한 요소들에서 제국에 너무나 잘 부합하는 요소들을 발견했다.

가상세계의 상업적 전용이다. 레이먼드 윌리엄스(1976, 70~73)가 "공유지"와 "의사소통"의 공유된 뿌리를 지적한 이후로, 인클로저는 기업권력에게 대중매체와 인터넷의 확장을 이해하기 위한 설득력 있는 개념이 되었다(Bettig 1997; Lessig 2004). 자유롭고 비독점적인 인터넷 사용을 추구하는 연구자적인 해커의 전통이 닷컴과 전자상거래에 굴복함에 따라, 많은 분석가들은 전자적 국경의 인클로저라는 문제를 제기하였다(Boyle 1996; Lindenschmidt 2004). 우리는 이러한 급박한 디지털 영토의 점거를 시초축적이 아니라 "미래적 축적"으로 묘사해 왔다(Dyer-Witheford 2002).

미래적 축적의 가장 충격적인 영역은 다중접속 온라인 게임이다. 1장에서 본 것처럼 다중접속 온라인 게임은 주로 과거의 비상업적이고 텍스트에 기반한 온라인 게임 문화의 변형이다. 1990년대에 무료로 제공된 머드[6]와 무[7]는 그래픽적으로 화려하고 기술적으로 미려하며, 상업적으로는 이윤을 창출할 만한 게임들, 예를 들어 〈울티마 온라인〉, 〈에버퀘스트〉, 〈애셔론스 콜〉, 〈다크 에이지 오브 카멜롯〉 등으로 탈바꿈되었다(Torill 2006을 볼 것). 오늘날에는 전세계에서 1천 7백만 명에 이르는 정기적 참가자들이 그러한 "인조적 세계"에서 거주하고 있다(Woodcock 2008; Castronova 2005a). 이 게임들로부터 창출된 매출은 이미 20억 달러에 이르고 2012년에는 이것의 세 배에 이를 것으로 예측된다(O'Dea

---

6. [옮긴이] Multi User Dungeon(MUD). 다수의 사용자가 인터넷에 접속해 하는 게임이나 프로그램.
7. [옮긴이] MUD Object Oriented(MOO). 다수의 사용자가 동시에 접속하여 하는 텍스트 기반의 온라인 가상체험 시스템.

2009; Thorsen 2007). 시장 예측의 대가들에 따르면 이 게임들은 21세기 대중 연예entertainment에서 가장 빨리 성장하는 분야가 될 것이며 줄리안 디벨(2006, 299)이 "유희자본주의"라고 명명한 영역의 급성장 분야가 될 것이다.

생체권력과 다중접속 온라인 게임은 개념적으로 일치하는 부분이 있다. 이러한 가상적 영역에서 기업들은 실제로 세계를 지배한다. 즉 게임 퍼블리셔들은 즉시 그 영역의 창조자이자, 소유주이며 통치자가 되었다. 다중접속 온라인 게임의 관리는 "삶 자체" – 아니면 적어도 "제2의 삶" – 에 대한 통치 행위이다. 이를 위해서는 게임 참가자 주민들을 모집하고 자동 조정 캐릭터Non-Player Character의 부화주기를 통제하며, 디지털지형을 생존 공간으로 만들 뿐 아니라, 기괴한 피조물의 "신체–해부 정치학"을 형성할 것이 요구된다. 이러한 일련의 과정은 모든 것을 원형감옥 같은 감시 하에 두고 계좌 정지를 통해 반항적인 주체의 삶을 허용하지 않는 것과 동시에 일어난다. 그러한 관리는 사실 가상과 현실의 생체권력을 동시에 행사하는 것으로, 두 개의 수준 – 마법에 걸린 영역, 영웅적인 캐릭터, 공포스러운 괴물 등으로 이루어진 게임 속 디지털 세계의 수준, 그리고 여기저기 분리배치된 서버, 시스템 관리자, 유료 가입자 등으로 이루어진 실제의 장치의 수준 – 에서 동시에 진행된다. 이렇게 디지털적인 생활과 실체를 가진 생활의 감독을 겹쳐 놓음으로써 이중화된 주권은 21세기 생체권력의 확대된 범위를 실증적으로 보여 준다.

그러나 다중접속 온라인 게임의 맥락에서 중요한, 생체권력의 부가적 측면도 존재한다. 푸코(아니면 적어도 그의 해석자 대부분)는 주권적 권위에 의한 상의하달식 생체권력의 행사를 강조하였다. 그러나 마우리찌오 랏자라또(2002) 그리고 하트와 네그리(2000, 22~42; 2004, 93~97) 같은 자율주의자들은 저항과 대안에 대한 자신들의 특징적인 탐구에서 생체권력이 항상 하의상달적으로 일어난다고 주장한다.[8] 그들에 따르면, 생체권력 체제는 궁극적으로 오로지 집단적 주체의 생활행위를 동원하고 제재할 수 있다. 이런 관점에서 생체권력은 통치자들이 통제하려 하고 지시하려 하는 역량capacity이다. 이런 이유로 상층으로부터 방어되는 생체권력과 아래로부터 일어난 "생체정치적 생산" 간에는 마찰의 가능성이 있다. 주권적 권위에 의해 방어되는 "구성된" 권력과 주권이 궁극적으로 의존하는 주체의 "구성적인" 자가-조직self-organization 간에는 긴장이 있다 (Hardt and Negri 2004, 94; Negri 1999, 2~4).[9]

이러한 애매모호함은 다중접속 온라인 게임에서도 분명히 드러난다. 다중접속 온라인 게임의 초기 프로그래밍 ─ 기업 퍼블리셔에 의해 만들어지고 소유되는 코드 ─ 이 가상의 존재를 위해 구성된 척도를 준비하는 반면에, 이러한 형식에 내용을 제공하고 그 척도를 활성화시키며 때로는 미리 정해진 한계에 반해 압력을 가하는 것은 게임이용자 주민의 구성적인 하의상달식 행태, 다시 말해, 수천 개의 분신들 간의 상호작용이다. 기업 퍼블리셔들은 아래로부터의 게임이용자의 행위에 자극을 줘야 하는데, 이것이 바로 게임에 생명을 주고 재미를 불어넣으며 상업적 성공에 필수

---

8. 랏자라또(2002)는 이러한 해석이 사실 권력의 운영이라는 관점에서 "저항이 먼저 온다"고 하는 푸코의 금지명령에 부합한다고 주장한다.
9. 이러한 구별은 이탈리아어로 더 쉽게 이루어진다. 이탈리아어로 potere는 "위로부터의 권력"을 potenza는 "아래로부터의 권력"을 의미한다. Virno and Hardt(1996), 263쪽을 볼 것.

적인 "지속성" 혹은 수명연장을 부여하는 것이다(Jakobsson and Taylor 2003). 그렇지만, 퍼블리셔들은 또한 게임이용자들에 의한 게임 생활의 생체정치적 생산이 모든 종류의 요구, 욕망, 위반을 훈육하고 금지함으로써 이윤극대화의 제한선을 넘지 않는다는 것 역시 확실히 해야만 한다. 이러한 갈등은 다양한 다중접속 온라인 게임에 대해 논한 학술 문헌들을 통해 "대체 그것은 누구의 게임인가?"(Taylor 2003)라거나 "누가 권력의 평원을 지배하는가?"(Lastowka 2005)와 같은 논쟁적 질문들의 모습으로 서술되어 왔다. 여기서 우리는 이런 종류의 게임 중 가장 유명한 〈월드 오브 워크래프트〉에서 발현된 현상들을 분석할 뿐 아니라, 시초축적과 미래축적 간의 상호교차 속에서 어떻게 가상적 생체정치학이 현대 자본주의의 가장 거대한 지구적 변형과 뒤얽히게 되었는지를 보여 주고자 한다.

아제로스 : 통치 기술The Art of Government

새로운 세기가 시작될 때까지, 상용 다중접속 온라인 게임은 기반이 잘 마련된 장르였다. 대략 40종의 게임이 유통되고 있었고 ─ 이 중 85퍼센트 가량은 〈던전 앤 드래곤〉류의 롤플레잉 게임이었다 ─ 그보다 더 많은 수의 게임이 개발 중에 있었다(Woodcock 2005). 다중접속 온라인 게임의 무게중심은 이미 수백만 명의 게임이용자를 끌어모은 한국이 있는 아시아로 이동하였다. 그러나 북미에서 게임패키지의 선두주자는 〈에버퀘스트〉

였는데, 40만 명이 넘는 가입자를 보유한 이 게임은, 마법사와 전사, 밤의 요정으로 변신하는 것을 하나의 인기 있는 문화적 현상으로 만들었다. 2005년에 이 게임은 갑작스레 새로운 경쟁자에게 자리를 내주었는데, 그 것은 출시 2개월 만에 〈에버퀘스트〉가 5년 간 모았던 것보다 더 많은 가 입자를 끌어모은 〈월드 오브 워크래프트〉였다(*Edge* 2005).

　〈월드 오브 워크래프트〉의 소유권은 블리자드 엔터테인먼트에 있는 데, 이 회사는 인터넷 게임과 판타지 게임에서 성공한 경험을 갖고 있고 2008년에 미국의 비디오게임 거대 기업인 액티비전에 매각되기 전까지 프랑스의 미디어 복합기업인 비벤디 유니버설의 자회사였다. 〈월드 오브 워크래프트〉는 〈에버퀘스트〉보다 더 보기 좋고 밝은 그래픽 환경을 갖고 있었다. 즉 칼과 마법의 신비를 디즈니스러운 양식으로 변환시킨 만화적 인 동영상으로 이루어져 있었다. 그것은 더욱 단순하면서도 더욱 전투적 인 게임이었지만, 다중접속 온라인 게임의 친숙한 관습 속에 확고하게 남 아 있었다. 이런 이유로 그 게임에 나오는 환상적인 아제로스 영토는 그 러한 가상적인 세계가 어떻게 생체권력의 영역으로 보일 수 있는지에 대 한 좋은 사례를 제공해 준다.

　대규모 인구조사를 통해 우리는 생체권력이 주민통제에 관한 것이 며 다중접속 온라인 게임이 그러한 사례라는 것을 가장 잘 살펴볼 수 있 다. 〈월드 오브 워크래프트〉에 있어 가장 완벽한 기록은 블리자드사에 의해 취합된 것인데, 블리자드는 오로지 선택적으로만 소유권이 있는 이 정보를 유출한다. 그러나 공식적인 인구조사는 게임이용자, 학자, 경제 학자, 심리학자 등에 의한 몇몇 비공식적 계수에 의해 보완된다(PlayOn

2007; Warcraft Realms 2007; Yee 2007을 볼 것). 이러한 대상들로부터 〈월드 오브 워크래프트〉에 거주하는 이들에 관한 상당히 자세한 통계를 수집하는 것이 가능하다. 이것들은 아제로스에 게임이용자들에 의해 창조된 대략 7백 6십만 개의 캐릭터가 있으며, 이와 더불어 블리자드 데이터 베이스에 4천여 종류가 등록된 수많은 비사용자 캐릭터[NPC]가 있음을 보여 준다.[10]

　　푸코는 "차별과 사회적 위계화의 요소들"이 생체권력의 주권적 행사에 핵심적이라고 말했고(1990, 140), 또 그 요소들이 "권력으로 하여금 통제하고 있는 종들을 하위종으로, 보다 구체적으로 말하면, 종족으로 세분화하도록 한다"(2003, 255)고 말했다. 아제로스에서 게임이용자는 11개의 종족(인간, 나이트 엘프, 드워프, 노움, 드레나이, 오크, 타우렌, 포세이큰, 언데드, 트롤, 블러드 엘프)과 아홉 개의 직업들(드루이드, 사냥꾼, 마법사, 성기사[paladin], 사제, 도둑[rogue], 주술사[shaman], 흑마법사[warlock], 전사) 중에서 선택할 수 있다. 아제로스에서 생활할 아바타를 선택하는 것은 시각적으로 생생한 신체해부 정치학에 참여하는 것이다. 블리자드는 게임이용자들의 외양 선택의 범위를 확고하게 독점(일부의 불만을 야기하고 있는 통제)하고 있다. 반면에, 다양한 신체 부위 – 머리카락, 피부색, 눈동자, 성별, 얼굴생김새 등 – 는 게임이용자들이 메뉴상에서 선택해 변화시킬 수 있다. 물론 이것도 처음 캐릭터를 만들 때만 가능하기는 하지만

---

10. 그러한 통계는 게임이용자들에 의해 광범위하게 범주화된다(예를 들면, www.wowwiki. com, www.thottbot.com). 그것은 대량의 부가적인 정보를 제공할 뿐만 아니라 블리자드의 데이터만큼 철저해 보인다.

말이다. 종족과 직업의 치환은 아바타가 어떤 속성들 – 민첩성·지력·영혼·스태미너·힘 – 을 갖게 되느냐뿐 아니라, 어디서부터 나타날 것이며, 어떤 종류의 운송방식을 택할 것이고, 어떤 주문을 걸고, 어떤 무기와 갑옷을 사용할 것이냐 등을 결정한다. 캐릭터의 종족과 직업에 관한 선택은 캐릭터의 "역량을 최적화하는 것, 힘을 탈취하는 것, …… 유용성과 유순함, 그리고 그것들을 효율적이고 경제적인 통제 시스템에 통합시키는 것" 등을 형성한다(Foucault 1990, 139).

실제로, 종족 선택은 아제로스의 두 개의 진영, 즉 동맹군Alliance과 유목민Horde이라는 대단히 중요한 구분 속에서 캐릭터의 자리를 결정한다. 이러한 집단들은 상호 간에 의사소통을 할 수 없고, 상이한 영토를 지배하고 있으며, 영속적인 적대상태에 있기 때문에, 그 선택은 게임 경험(한때 특정 직업들은 두 개의 주요 진영 각각에서 격리되었다. 그런데 블리자드는 최근 이러한 규율을 유연하게 변경하였다. 이 결정은 생체권력의 주권적 행사의 사례가 된다)을 근본적으로 형성한다. 이러한 갈등은 단일한 주권적 권위의 생체권력에 종속된 왕국으로서의 아제로스라는 생각을 파괴하는 것으로 보일 수 있다. 그러나 사실 전쟁은 푸코의 생체권력론에서 본질적인 것으로, 그에 따르면 생체권력은 "사건의 원시적이고 기본적인 상태로서 전쟁의 유지"에 의존한다(2003, 266). 그리고 주민populations의 주권적 통제는 "전쟁의 일반적 과정"(266)에 의해 가능해지고, 특히 종족 집단 간에 지속되는 적대감, 권력의 규제regulative 도구로서 기능하는 "종족 간의 전쟁"에 의해 가능해진다(239, 267). 동맹군과 유목민 간에 존재하는 아제로스의 영속적인 적의는 주권적인 생체권력이 전쟁에 의존한다는 푸코의 주장에 부합한다. "그것은 사회의 총체를 분리하고, 영속적인 기초 위에 그렇게 한다. 또한 그것은 우리 모두를 이쪽 편아니면 다른 편에 놓는다"(268).

　푸코에 따르면 생체권력은 주체의 통치를 포함한다.

> 부, 자원, 생계수단, 특정한 속성, 기후, 관개, 비옥함을 가진 영토 등의 것들과 그것들의 관계, 연계, 중첩 등 안에서……〔그리고〕 기근, 전염병, 죽음 등과 같은 사건과 불행일 수도 있는 것들과의 관계 안에서……. (2000, 208~9)

그리고 칼림도르와 이스턴 킹덤으로 이루어진 아제로스와 아웃랜드는 드레노어 행성의 흩어진 잔해로부터 형성되어 세상 밖을 떠다니는 땅으로 실제로 "부, 자원, 생계수단"으로 가득 차 있고, 여행자들에게 필요한 음식과 장비, 마법용품뿐 아니라, 직물·광물·금속·가죽 등 가공되지 않은 물질들이 걷어차일 만큼 많은데, 이것들은 "트레이드스킬"[일종의 게임 속 기술 거래] 실습을 통해 모든 종류의 장비와 귀중한 장신구 들로 바뀔수 있는 것들이다. 그러나, 그것들 대부분은 쥐와 도마뱀에서 용과 그보다 더욱 거대한 괴물들에 이르는 "무리들[몹]"(움직이는 객체)의 형태를 띤 것들로, 만약 죽임을 당하게 되면 노획물을 내려놓겠지만 또한 "죽음과 같은 것들"의 위협을 주기도 하는 "사고와 불행"의 원천으로 가득 찬 것들이다. 또 다른 위험들도 있다. 2005년에는 가상의 전염병이 등장했는데, 피의 신God of Blood인 하카의 "오염된 피"가 새로이 만들어진 줄구

룹[11] 지하감옥 안에 있는 공격팀에 살포되고, 이것이 캐릭터의 애완동물에 의해 인근 도시로 옮겨져, 셀 수 없이 많은 아바타를 죽이는 바이러스성 질병을 만들어낸 것으로 보고되었다(Ward 2005a). 이러한 사건이 우연에 의한 것인지 아니면 블리자드 측에 의해 계획된 것인지에 관한 의견은 분분했지만, 그것은 가상적인 생체권력의 행사자에 직면할 때의 문제와 가능성들을 생생하게 보여 주었다.

캐릭터들은 야생으로 나가 피조물들을 학살하고 게임 속에 이미 설정돼 있는 퀘스트들과 트레이드스킬을 완결함으로써 아제로스 사회에서 지위상승을 이룬다. "경험치"의 증가는 "레벨상승"을 관장하는 다중접속 회의에 등록된다. 각 캐릭터는 1단계에서 시작한다. 그리고 주어진 종족과 계급의 역량을 최대한 달성했음을 나타내는 최고 단계는 한동안 60이었다. 〈버닝 크루세이드〉 확장팩에서 여기에 10개의 레벨이 추가되었는데, 이 확장팩은 가상적 생체권력이 작동하고 있는 고전적인 예이다. 아제로스의 주민이라면 누구이든 (사실, 다른 대부분의 다중접속 온라인 게임에서도 마찬가지이다) 그 위치가 가상적인 3차원 격자에 놓인다. 이 격자는 주체의 위치가 시작되는 바둑판을 구성하는, 종족과 계급 구성을 표시하는 두 개의 수평축과, 레벨의 상승을 기록하는 하나의 수직축으로 이루어져 있다. 그러나 게임에 최종적인 "승리"란 없다. 왜냐하면 그 게임은 새로운 퀘스트와 피조물, 대륙 들이 추가됨으로써 무한하게 지속되기 때문이다.

이러한 게임 구조는 뻣뻣하고, 단선적이며, 기계적인 것처럼 보인다.

---

11. [옮긴이] Zul'Gurub. 〈월드 오브 워크래프트〉에 나오는 구루바시 종족의 고대 도시.

우리가 앞으로 보게 되듯이, 레벨 상승의 "쳇바퀴질"grind은 불만을 제기하는 게임이용자들이 선호하는 주제일 뿐 아니라 〈월드 오브 워크래프트〉의 공식적인 생체권력 체제에 대항하는 대규모의 일탈을 야기하는 유인책이기도 하다. 그러나 게임을 복잡하게 만드는 것은 대부분의 다중접속 게임에서 그렇듯, 게임 내용의 특정한 요소에 접근하는 것이 보통은 다른 종족과 계급에 있는 다른 캐릭터들과의 협력을 통해서만 가능하다는 데 있다. 이것은 대충 모인 단명의 "즉석 그룹"이든, 아니면 더 크고 오래 살아남는 "길드"이든 상관없다.[12] 이로 인해 게임 격자의 수직선과 수평선은 게임 사용자의 협력과 자가조직의 횡단 경로에 의해 영향을 받는다. 다중접속 게임에 그렇게 많은 게임이용자들을 몰두하게 만드는 사회적 복잡성을 부여하고, 이런 이유로 퍼블리셔의 상업적 성공에 필요한 지구력을 주는 것이 바로 이 협력 요구이다(Jakobsson and Taylor 2003).

다중접속 게임 퍼블리셔들에게 게임이용자의 모임을 생성하고 관리하는 것은 푸코(2002, 209)가 생체권력의 열쇠로 본 "통치 기술"의 일부이다. 〈월드 오브 워크래프트〉는 블리자드사의 자산이다. 그리고 모든 게임 사용자가 클릭 한 번으로 동의를 표시해야 하는 〈최종사용자사용권계약〉은 블리자드의 거의 보편적 수준에 이르는 특권을 명확히 보여준다. 그러나 매일매일의 게임활동에서 문제는 더욱 모호하다. 아제로스 내

---

12. 많은 다중접속 온라인 게임들에서는 게임을 혼자 완결하는 게 불가능한 반면에, 〈월드 오브 워크래프트〉는 혼자 할 수가 있다. 이 점이 그 게임의 가장 흥미로운 경험들 다수를 살펴보지 못하게 하는 장애가 되기는 하지만 말이다. 이것은 〈월드 오브 워크래프트〉를 그 선배 게임인 〈에버퀘스트〉보다 덜 사회적으로 만든다. 이러한 속성에도 불구하고 〈월드 오브 워크래프트〉 사용자의 60%가 길드에 속해 있다(Williams et al. 2006, 345).

에서 블리자드의 통치를 위한 무기는 게임마스터Game Masters(GMs)로, 이것은 기술적인 오류를 수정하거나 사회적 일탈을 훈육하기 위해 "청원될" 수 있다. 그러나 에드워드 카스트로노바가 "고객 서비스 상태"Customer Service State라고 명명한 것이 요원하고 비효율적인 경우가 빈번하다는 점은 다중접속 게임의 잘 알려진 특성이다(2005a, 210). 푸코가 주장한 바와 같이, 광범위한 영토에 있는 대규모의 인구를 지배하는 것은 "제도, 절차, 분석과 성찰" 등의 "총체"를 필요로 한다(2002, 209). 직접적으로 말하면, 상명하달식의 군주적 주권은 통치성의 분산된 복합체를 통해 행정권력을 증가시키고 분기시키는 다양한 제도로 활용되어야 한다.

다중접속 게임 내에서 실제 통치의 상당 부분은 길드에 의해 제공된다. 〈월드 오브 워크래프트〉에서 길드는 10명 미만에서부터 150명이 넘는 것에 이르기까지 다양한 규모로 구성되어 있다. 어떤 길드는 사회적 활동을 강조하고, 다른 것들은 게임이용자들 간의 전투를 강조하며, 또 다른 길드들은 40명으로 이루어진 대규모 팀을 이루어 괴물을 공격하는 것을 강조하기도 한다. 길드들은 인터넷전화VOIP 시스템과 팀 구성원의 활동을 추적하는 유저인터페이스를 통해 의사소통한다(Taylor 2006b, 329를 볼 것). 대부분의 〈월드 오브 워크래프트〉 길드는 수명이 짧지만, 몇몇은 여러 해 동안 지속되면서 세밀한 사회적 규약과 입단 요건, 견습 기간, 복합적인 노동분업 등을 발전시킨다(Williams et al. 2006, 345). 길드의 동료들은 서로를 알고 있으며, 함께 집단을 만들고, 전략을 가르쳐 주고, 지리를 습득시키며, 선물을 주는 등의 방법으로 초보자들을 돕는다. 또 행동준칙을 유지하고, 게임이용자들을 훈련시키며, 초보적 수준의 사법기구를 운영하기도 한다. 유명한 길드는 수많은 팬사이트와 위원회에 정보를 제공하고 게임의 깊이를 더하는 풍습과 전통을 담는 기구를 만드는 등의 기여를 통해 〈월드 오브 워크래프트〉의 역사를 장식하기도 한다. 여기에는 "세레니티 나우" 같은 악명 높은 길드가 구성원 중 하나의 실제 죽음을 기리기 위해 게임 속 장례식의 일환으로 경쟁 길드인 크롬CROM을 공격하는 등의 행동도 포함된다.

효과적인 다중접속 게임의 통치성은 구성된 퍼블리셔의 권력이 구성적인 게임이용자의 권력을 관리할 것을 요구한다. 길드들은 기업주권과 그 신민들 간의 의사소통 채널로 활동하며, 불만을 알리고, 게임의 변화에 관한 견해들을 위원회에 제공한다. 길드나 다른 공동체들은 종종 게임이용자를 훈육하고, 규칙이나 다른 게임 정책들을 바꾸려는 (혹은 바꾸지 못하는) 게임 퍼블리셔의 결정에 대해 격렬한 반격을 하기도 한다. 게임 제작자들은 그러한 반대를 무시할 수도 있지만, 때때로 수용하기도 한다. 예를 들어, 블리자드 게임 마스터가, 〈월드 오브 워크래프트〉의 오즈Oz 길드가 동성애자·양성애자·성전환자 등에 "친화적"이라는 점을 홍보하는 게임이용자에 대해, 성적인 언급에 관한 "이용약관"을 위반했다는 이유로 제재를 가하려 했을 때, 이 결정은 대규모의 반발에 부딪혔다. 다른 동성애 친화적 길드인 "스톤월 챔피온"과 "스프레딩 테인트"가 대규모 반발을 위해 조직된 것이다. 블리자드는 사과문을 발표하고 관리자들에게는 감수성훈련을 시켰다(Ward 2006).

다중접속 게임의 운영은 이런 이유로 세심한 통치를 요한다. 그렇다면, 광대한 영역에 대한 행정, 복합적인 인구의 관리, 세밀한 협상 등을 수반하는 이러한 정교한 생체권력 장치는 어떤 목적을 갖고 있는가? "인간의 축적을 자본의 축적에 맞추고, 인간집단의 성장을 생산력의 확대와 이익의 차별적 분배에 포함시키는 데" 왜 그렇게 매진하는가?(Foucault 1990, 141). 〈월드 오브 워크래프트〉에서 가장 중요한 것은 이윤이다. 블리자드는 1990년대 후반 거의 파산 지경에 이르렀던 모기업의 자산 상황에 전기를 마련하는 데 중요한 역할을 하였다. 2006년에 비벤디는, 25퍼센트라는 극적인 이익 증가를 이끈 것은 〈월드 오브 워크래프트〉의 성공에 "기인한 바가 크다"고 발표하였다(Thorson 2006). 그로부터 3년 후에 비벤디의 최고책임자인 장-베르나르 레비는 자신의 회사가 금융붕괴의 한가운데에서조차 상대적으로 강력한 모습을 보인 이유로 자사 재정의 70퍼센트가 "전화, 인터넷, 유료 텔레비전, 온라인 비디오게임 가입"을 통해 생성되었다는 점을 들었다(Reuters 2009). 레비는 이렇게 말했다. "우리는 비디오게임이 지속적으로 훌륭한 성장을 할 것으로 본다. 우리는 1천 2백만 명의 〈월드 오브 워크래프트〉 가입자와 출발했는데, 그것은 훌륭한 기반이 된다"(Reuters 2009에서 인용). 따라서 〈월드 오브 워크래프트〉에서 블리자드가 가장 강력하게 행사하는 생체권력이 이러한 수익성을 보존하는 데 맞춰져 있다는 것, 그리고 그러한 가상세계의 통제에 관한 치열한 다툼이 축적에 달려 있다는 것은 전혀 놀랄 일이 아니다. 이러한 다툼의 범위를 이해하기 위해서는 아제로스의 영역을 벗어나 좀 더 넓은 범위에서 이루어지는 생체권력의 행사에 주목할 필요가 있다.

중국 : 지구를 흔들다

〈월드 오브 워크래프트〉는 대단히 독창적인 게임은 아니다. 그렇지만 사실상 지구적 규모로 작동되기 시작한 첫 번째 다중접속 게임이라는 점에서 엄청난 반향을 일으킨 게임이다. 이전에는 광범위하게 서양과 동양 지역에 따로따로 흩어져 있던 온라인 게임을 하나로 묶어 냄으로써 이런 지위를 얻게 된 것이다. 다른 다중접속 프로그램들, 예를 들어, 〈파이널 판타지〉, 〈라그나로크 온라인〉, 〈리니지 2〉도, 이런 방식을 택해 왔다. 그러나 〈월드 오브 워크래프트〉는 이것을 대규모로 진행한 첫 번째 게임이었다. 2007년까지 이 게임은 8백만 명의 가입자를 동원했는데, 이것은 전세계 다중접속 온라인 게임 인구의 절반에 해당하는 것이었다. 지역별로는 북미에서 2백만 명, 150만 명이 유럽이었고, 나머지 중 대부분은 중국이었다(Woodcock 2006). 2년 후 〈래쓰 오브 더 리치 킹〉의 확장판이 출시되었을 때, 가입자 수는 1천 1백 50만 명에 이르렀다. 그렇지만, 국제적인 가입자의 분포비율에서는 큰 변화가 없었다(Caoili 2009).

이러한 승리의 조건들은 유례없는 규모의 생체권력 실험에 의해 마련되었다. 마오쩌뚱의 혁명적 국가사회주의에서 덩샤오핑의 권위주의적 국가자본주의로의 이행과 같은 것들이다. 2000년 〈세계무역기구〉로의 진입과 같이 중국이 제국의 장치로 복속되는 과정은 1980년대 이래로 진행되어 온 것이다. 실리콘 밸리의 사업가들이 가상세계를 깨작거리고 있을 때 베이징의 새로운 지도자들은 지구상에서 가장 인구가 많은 국가를 세계 시장에 내어 놓을 대규모 프로젝트를 시작하고 있었다. 이렇게 집단주의 경제에 자본주의를 재부과하는 것은, 유에지 자오$^{Yuezhi Zhao}$가 "개혁당의 국가 관료적 자본주의자, 이행적인 기업 자본, 그리고 신흥 도시 중산계급 등, 내수와 초국가적 자본 모두가 선호하는 고객들로 이루어진 블록"이라고 부르는 것에 의해 연출되었다. 이것은 시초축적의 거대한 현대적 현상으로 묘사되어 왔다(Holmstrom and Smith 2000; Webber and Zhu 2005).

이 프로젝트의 가공할 만한 규모는 다큐멘터리 영화 〈제조업의 풍경〉(2007)에서 다루어졌다. 이 영화가 다룬 에드워드 버틴스키[13]의 이미지들은 중국의 도시 규모의 공장, 윗동이 잘려 나간 산들, 달 표면처럼 황량한 쓰레기장들, 급속도로 늘어나는 고층빌딩들로 둘러싸여져 가는 거주지역들을 통해 그 어떤 분석적 설명보다 더욱 생생하게 거대한 변화를 보여 주고 있다. 그럼에도 불구하고 그 요소들 중 몇몇을 열거해 보면 다음과 같다. 공동체적 농업의 붕괴, 농업지역에서 도시로 거대한 이주의 촉발, 버려진 농토에서의 신흥 산업의 설립 등이다. 예를 들면, 주장 강의 전자제품 조립공단과 삼협수력발전댐 건설과 같은 초대형 공사프로젝트로 인해 1백만에서 2백만 명 가량의 주민이 퇴거된 일이나, 삼협수력발전댐의 거대한 저수량으로 인해 물이 채워졌을 경우 지축을 일시적으로 불안정하게 만들 수 있다는 점, 마지막으로 신도시의 소비계급 간 완전히 새로운 문화적 규범·습관·성향들의 집합이 형성된 것 등이다(*Manufactured Landscapes* 2007). 이것은 실제로 "총체로서의 인구 수준"에서 이루어지는 권력의 행사이며, 그것이 야기하는 수많은 불만들을 억압하기

---

13. [옮긴이] 캐나다 출신 사진가. 산업화 풍경을 담은 대형 사진 작품으로 유명하다.

위한 원형감옥적 감시와 훈육적 보안장치를 통해 완성된다.

　미디어의 영역에서 이러한 변화는 다섯 개의 주요 벡터들 간의 어수선한 엇갈림을 보여 준다(Schiller 2008과 Zhao 2008을 볼 것). 첫째, 1970년대 후반에 포스트마오주의의 시대가 개막되고 지구적 자본주의로 이행한 후 중국은, 주장 강의 남쪽 해안 공장지대를 따라 활성화된 텔레비전, 컴퓨터, 게임기, 그리고 여타 통신장비들의 노동집약적 생산을 통해 스스로를 전자제품에 관한 "세계의 작업장"으로 자리매김하였다. 이것은 애플이나 아이비엠, 델, 휴렛패커드, 모토로라 같은 회사의 해외직접투자뿐 아니라, 이 다국적 회사들과 빈번하게 협업과 경쟁을 했던 중국 제조사들의 등장 역시 포함하였다. 둘째는 중국 자체가 미디어의 주요 소비지대로 부상한 과정인다. 2000년에 들어서 명확해지고 2008년에 이르러서는 인구 측면이나 휴대용전화기 시장으로서 세계 최대의 시장이 되고, 인터넷과 개인용 컴퓨터 접근성에 있어서는 세계에서 두 번째로 큰 시장이 되는 신속한 과정이다. 셋째는 〈뉴스코퍼레이션〉[미국의 방송사]에서 구글에 이르는 외국계 미디어사의 열망이라고 할 수 있다. 이들은 가입자와 광고 소비자를 통해 거대한 신규시장을 이용하려는 열망을 갖고 있다. 이들이 2008년 올림픽을 이러한 광고 소비의 신규 시장으로 접근하던 모습을 그 예로 들 수 있다. 넷째는 좀 더 최근의 것으로 바이두나 텐센트와 같은 인터넷 서비스 제공사, 차이나 넷콤과 같은 통신사, 차이나 모바일과 같은 휴대용 전화기 회사 등의 중국 기업들에 의한 움직임으로, 이러한 매체의 이윤 중 자신들의 몫을 요구하는 움직임이 그것이다. 이들은 정부의 지원을 등에 업고 민족주의자를 동원하거나 외국계 기업에 대해 반제국주의적인 수사를 동원하기도 하지만, 대개는 외국계 기업과 전략적 협력관계에 있다. 다섯째, 위 네 가지 벡터들이 진행되는 내내, 국가를 자본주의 세계시장으로 내몰면서 정치적 헤게모니와 언론매체의 내용들을 통제하고자 했던 "당 국가"의 시도이다(Zhao 2008). 중국에서 인터넷 게임을 한다는 것은 이러한 요란스럽고 자가당착적인 매체환경의 모든 단면을 내포하고 있다.

이런 요소들 중 상당수는 〈월드 오브 워크래프트〉의 가상성에 영향을 주고 있다. 그러나 그러한 영향의 고삐를 푸는 데는 중국의 인터넷 사용과 온라인 게임의 성장을 통하는 것이 가장 분명하다. 상대적으로 짧은 기간 동안, 중국은 세계에서 가장 거대하고 가장 빨리 성장하는 인터넷 사용 인구를 보유하게 되었다. 1억 8천만 명이 넘는 중국인이 인터넷을 사용하고 있는데, 대부분은 신흥 도시 중산계급이다(*Economist* 2009a). 이들 중 4분의 1 이상 – 대략 5백 5십만 명 – 이 온라인 게임을 즐긴다(Ye 2009). 만연된 해적판 유통은 다중접속 게임 – 콘텐츠가 게임이용자들에 의해 만들어지기 때문에 쉽게 복제될 수 없는 – 을 중국에서 거의 유일하게 상용이 가능한 형식으로 만들었는데, 이는 10억에서 20억 달러 정도로 시장 가치의 약 80퍼센트에 해당되며 향후 몇 년 간 급속하게 팽창할 것으로 보인다(Jenkins 2007; Ye 2009). 게임이용자의 대다수는 19세에서 25세까지의 젊은 세대이고, 상당수는 고등학생이나 대학생이다(Xinhua News Agency 2006). 이러한 게임사용 환경은 북미 지역의 그것과는 다른 것이다. 대부분의 게임이용자들이 컴퓨터를 소유하고 있지 않고, 인터넷 카페에서 게임을 즐긴다. 여기서 인터넷 카페라는 용어는 잘

못된 용어일 수도 있다. 왜냐하면, 개인적인 경험에 비추어 볼 때, 중국의 몇몇 인터넷 카페들은 북미에서도 흔히 볼 수 있는 규모인 반면에, 다른 것들은 대개 도시에서도 대여료가 저렴한 지역에 수백 대의 컴퓨터가 들어차 있는 거대한 공연장 같은 곳이기 때문이다.

챈Chan(2006)은 중국에서 나타난 다중접속 온라인 게임의 폭발적 성장을 좀 더 넓은 시각에서, 한국에서 시작된 "동아시아 온라인 게임 붐"으로 규정한다. 위기가 이끈 혁신의 고전적인 사례로, 한국의 다중접속 온라인 게임은 1990년대 후반 자국의 경제상황이 〈국제통화기금〉의 권고에 따라 폭락하면서 수천 명의 실업자들이 사이버카페나 "피씨방"에서 게임을 하며 시간을 보내던 때에 엄청난 인기를 얻게 되었다. 게임 퍼블리셔들은 게임과 브로드밴드 인터넷을 첨단기술개발전략의 조합으로 본 정부에 의해 전폭적인 지원을 받았다. 〈리니지〉라는 여전히 세계에서 가장 인기 있는 게임을 제작한 엔씨소프트 같은 기업들은 무술과 전통적인 신화, 군대와 제국의 역사 등에 기반해 "아시아적인" 테마의 게임에 있어 선구적인 위치를 차지한다.

금세기가 시작할 때 중국으로 인터넷 게임을 전파한 것은 한국의 기업들이었다. 대표적인 예에 해당하는 것은 〈미르의 전설 2〉이다. 챈(2006)에 따르면, 이 게임의 환상적이고 낭만화된 아시아의 과거에 대한 주문이, 마오주의적 혁명 문화에 대한, 중국 정부와 도시 중산계급의 거부와 공명하였다. 한국의 다중접속 온라인 게임 퍼블리셔의 성공은 중국 정부로 하여금 국가지원에 의한 비즈니스 모델을 그들로부터 모방하게 했다. 2004년에 중국 정부는 중국 국영 온라인 게임 개발 프로젝트에

2억 4천 2백만 달러를 투자해 국내 개발을 위한 기반을 마련했다(Chan 2006; Feldman 2004a). 챈이 한국의 제작사들이 중국의 다중접속 온라인 게임 시장에 "목조르기"를 지속하고 있다고 주장한 반면에, 다른 분석가들은 그들의 지분이 국가지원에 의한 국내 기업들과의 경쟁에서 급속히 줄어들고 있다고 주장하였다(Maragos 2005b). 2006년에 이르면 중국에 대략 90개 개발사가 있었는데, 이 중 선도적인 위치에 있던 기업들로는 샨다, 쩡투 네트워크, 넷이즈, 더나인, 옵티스프, 킹소프트, 시나, 소후 등으로 세계적인 게임사의 반열에 놓일 만한 수준이다.

중국 정부가 자국의 국내 개발사들을 지원했지만, 이로 인해 다중접속 온라인 게임이 사회적 효과를 낳게 되었는지는 불분명하다. 인터넷 활용의 모든 측면들은 "중국의 거대한 방화벽"the Great Firewall of China의 원형감옥적 감시에 귀속되어 있다. 그럼에도 불구하고, 중국에서의 온라인 게임 행위는 서구에서보다 중독과 부패라는 면에서 도덕적으로 더욱 강력한 공포를 주는 영역이 되어 왔다(Funk 2007을 볼 것). 장시간의 게임 행위 이후에 다중접속 온라인 게임 사용자들이 죽거나 자살한다는 공공연한 사례들과 온라인 상품에 대한 논쟁에서 비롯된 살인 등의 사례로 인해, 중국 정부는 규율적 생체권력의 일례로서 "피로" 규율을 발의하여 사이버카페의 온라인 게임이용자들이 3시간 게임을 하면서부터는 응답속도가 느려지고 5시간 이후에는 게임이 차단되도록 하였다.[14] 그러나,

---

14. 『차이나 데일리』에 따르면, 상해 지방법원은 41세의 치우 청웨이(Qiu Chengwei)가 친구 게임이용자인 주 까오위안(Zhu Caoyuan)의 가슴을 수차례 칼로 찔렀는데, 이는 〈미르의 전설 3〉 게임을 하며 주(Zhu)가 치우의 아이템인 용의 기사를 팔았다는 의심을 치우가 한 데서 비롯되었다. 변호인 측은 치우가 지난 2월에 검을 사서 주에게 빌려 주었는데, 주가 그

이러한 규제는 핵심을 완전히 비켜 감으로써 지금은 오로지 소수에게만 적용되고 있는 것으로 보인다(Koo 2007a).

국가 기관들은 다중접속 온라인 게임의 이데올로기적 영향을 둘러 싼 의혹에 대해서도 적극적으로 대응하고 있다. 중국공산당의 관보인 『인민일보』는 임시 게임 사이트를 열었다. 〈중국공산당청년연맹〉은 다중 접속 온라인 게임 퍼블리셔인 파워넷 테크놀로지와 합작으로 〈항일 전 쟁 온라인〉을 개발하였는데, 이 게임은 1937년에서 45년까지의 해방투쟁 을 다루고 있어 젊은 게임이용자들에게 "자신의 고국을 지키기 위해 침 략자들과 싸우는 동안 애국심"을 고취하고자 하였다(D. Jenkins 2005). 2005년에 중국의 최대 온라인 게임사 중 하나가 〈중국 영웅기〉의 개발 계획을 발표하였는데, 이 게임은 중국의 인민해방군이 양말을 꿰매 주는 것에서부터 노인을 돕는 것에까지 이르는 선행을 행하는 것을 보여 주었 다(Ni 2005).[15]

서구의 퍼블리셔들 대부분은 중국의 다중접속 온라인 게임 열병에 서 주변화되었다. 소니 온라인 엔터테인먼트는 대만의 개발사를 고용하 여 "동양화된" 캐릭터 유형 선택 집합을 설계하도록 함으로써 〈에버퀘스 트〉를 개조해 보려 하였으나 이런 분위기를 추격하는 데는 처참할 정도

것을 7천 2백 위안에 팔아 버렸다고 주장했다. "주는 돈을 주기로 약속했지만, 화가 난 치우 가 인내심을 잃고 주를 그의 집에서 공격했다. 엄청난 힘으로 왼쪽 가슴을 찔러서 죽였다." 검사의 말은 이랬다(Li and Xiaoyang 2005).

15. 게임이용자 자치와 공식적인 정부 입장을 복제하는 것 간의 매우 복합적인 혼합 속에 서 (130만 명의 동시 접속자를 보유한) 다중접속 온라인 게임 〈파 웨스트워드 저니〉(Far Westward Journey)의 중국인 게임이용자들은 (Varney 2006) 대략 8만 명이 하나의 서버 에 로그인해 친일본적 콘텐츠로 인식된 것에 반대함으로써 가상세계에서 열린 아마도 가 장 큰 규모의 정치시위를 시작하였다(Jenkins 2006).

로 실패하였다. 그러나 블리자드는 아시아의 현장에 이미 연결고리를 갖고 있었다. 〈스타크래프트〉라는 이 제작사의 공상과학 전략게임은 한국에서 하나의 문화적 현상이 될 정도였다. 텔레비전 중계를 통해 이루어진 게임 토너먼트 경기의 선수들은 대중에게 유명인사가 되기도 했다. 〈스타크래프트〉나 다른 블리자드 게임의 불법복제는 이 제작사의 인지도를 광범위하게 넓히는 데 기여했다. 그러나 블리자드는 〈월드 오브 워크래프트〉를 통해 중국에 직접 진출하려고 하지 않았다. 블리자드는 게임의 라이선스를 더나인the9에게 주었는데, 상하이 소재의 이 회사는 이름에서 보이듯이 회화·조각·문학 등 중국의 8대 전통 문화를 잇는 "아홉 번째 예술"로서 디지털 게임을 내세우고 있다. 더나인은 2005년에 〈월드 오브 워크래프트〉를 출시하였다. 수많은 기술적 문제에도 불구하고 이것은 상당한 성공을 거두었다. 2007년까지 이 게임은 더나인의 매출에서 99퍼센트를 차지하였던 것이다(Koo 2007a). 이러한 성공은 코카콜라와의 텔레비전 판촉을 통해서 더욱 가속화되었다. 이 과정에서 콜라 캔에 〈월드 오브 워크래프트〉의 사이버카페 게임권을 부착하거나, 중국의 팝스타와 올림픽 선수들의 사진이 있는 장소에서 무료경품을 제공하는 등 온라인 게임에 대한 중국의 미디어 규제를 우회하거나 위반한다는 논란을 일으키기도 하였다(Koo 2006).

수백만 명의 중국 게임이용자들은 〈월드 오브 워크래프트〉를 다중접속 온라인 게임의 절대강자로 만들어 주었다. 이 게임이용자들은 서구의 사용자들만큼 이익을 가져다주지는 않는다. 대부분의 이용자들은 서구적인 개념으로 볼 때 가입을 하지도 않았고 출시된 게임패키지를 구입하지도 않았다. 그 대신 인터넷 카페에서 쓸 수 있는 선불 게임카드를 시간당 0.45위안(6센트) 정도의 비용으로 구입하였다. 더나인과의 라이선스 협상을 통해 블리자드는 2006년에 대략 3천 2백만 달러를 중국의 〈월드 오브 워크래프트〉 사용자들로부터 벌어들인 것으로 평가되는데, 이것은 같은 수의 미국의 게임 사용자들을 통해 얻은 수익의 7분의 1에 해당하는 것이었다(Cole 2006). 중국 게임이용자들이 〈월드 오브 워크래프트〉로 대거 진입한 것은 제국의 게임을 전형적으로 보여 준다. 수천 마일 떨어진 서구와 동양의 게임이용자들이 거의 같은 가상의 세계를 공유한다는 것은 하트와 네그리(2000, 332)가 제국의 "유연한 공간"이라고 주장한 것으로, 다시 말해 세계시장을 통해 통합된 코스모폴리탄적인 세계질서이다. 그러나 중국과 서구 게임이용자 간의 수입불균형에 따라 세심하게 조정한 블리자드의 차별적 시장전략 역시 이러한 지구적 공간의 계층화된 혹은 "선형화된", 따라서 거대한 불평등으로 분열된 속성을 명백히 보여 준다(Deleuze and Guattari 1987, 491~92). 아제로스는 사실상 트로츠키(1962)가 "불균등 결합 발전"이라고 부른 것의 고전적인 영역을 제공한다. 여기서 발생한 긴장들이 가장 명확한 곳은 "골드 경작"gold farming을 둘러싼 투쟁이다.

골드 : 거대 축적

〈월드 오브 워크래프트〉는 다른 많은 판타지 롤플레잉 다중접속 온라인 게임들과 역설적인 규칙을 공유하고 있는데, 그것은 시장경제이다. 아제로스가 진짜 무언가를 가리키고 있다면, 그것은 아마도 그 게임이 게임 속 영웅들, 괴물들, 용들을 위해 신화와 전설들을 끌어낸 고대 사회를 향한 것으로 보인다. 그러한 전근대적이고 전자본주의적인 사회에서 자원의 분배는 가족적이거나 봉건적인 제약, 물물교환, 약탈 등을 통해 조직되었다. 시장과 돈은 비록 완전히 부재했던 것은 아니지만 그 역할이 미미했다. 그러나 "신봉건적인" 다중접속 온라인 게임은 시장교환에 의해 지배되는 경향이 있다(Stern 2002). 물물교환이 가능하고, 노략질은 중요하다. 그러나 가상통화 – 〈월드 오브 워크래프트〉에서 금, 〈에버퀘스트〉에서 플루토늄, 〈리니지〉에서 아데나 – 는 그것의 편리한 태환성으로 인해 경제활동에서 핵심적이고, 무기·갑옷·마법 등의 상품을 얻는 데 매우 중요하다. 이런 "게임용 화폐"의 우월성(Dibbell 2006)은 부패하거나 탐욕적인 사용자들에게게만 영향을 주는 무언가가 아니다. 그것은 전체적인 게임의 환경을 구성한다. 예를 들어, 장비를 제대로 갖추지 못한 이용자들은 공격을 비롯한 여러 다른 집단행동에 성공적으로 참여할 수 없거나 호의에 보답할 수도 없고 관용을 베풀지도 못한다. 이로 인해, 게임에서의 사회생활을 위해 주로 활동하는 이용자들도 시장의 거래망에 묶이게 된다. 나이트스토커 단검·분노의 키·어스스톰 다이아몬드·오우거마인드 링·블랙워 말·문글레이드 라이망 등 아제로스의 재화는 그 사용자에게 "상품의 거대한 집산collection"으로 제공된다(Marx 1867, 125).

우리가 앞에서도 인용한 바 있는 미국의 경제학자 에드워드 카스트로노바는 2001년에 게임이용자들이 한동안 다중접속 온라인 게임 내에서의 통화 – 그리고 갑옷, 주문, 재산, 캐릭터조차 – 로 알아 왔던 것이 현실 세계의 달러와 교환될 수 있다는 것을 공론화하였다. 〈에버퀘스트〉 아바타의 자산 가치를 그것을 축적하는 데 필요한 시간으로 나누면서, 카스트로노바(2001)는 평균적인 게임이용자는 시간당 3.42달러를 "번다"고 평가하였는데, 이것은 노라스의 상상의 대륙을 세계에서 77번째로 큰 국가경제로 만들었다. 이것은 불가리아보다도 부유한 것이다. 한편, 이것이 단지 이론적인 관찰인 것은 아니다. 가상의 거래 – 혹은 실화폐거래^{RMT} – 는 이베이나 다른 온라인 경매사이트에서의 특수목적 거래로서 개인들에게서 시작되는 것으로 보인다. 그러나 "경작자"^{farmers}로 알려진, 이윤을 위해 게임을 하는 이용자들은 실제 현금 재판매를 위해 곧 체계적으로 게임에서 경작을 진행하게 되었다.

카스트로노바의 연구가 발표된 지 1년 후, 미국 기업인 블랙 스노우 인터랙티브가 〈울티마 온라인〉과 〈다크 에이지 오브 카멜롯〉을 통해 이윤을 창출하기 위해 티후아나의 멕시코인 주간 노동자들을 교대조로 고용하여 훈련시켰다는 것이 널리 보고되었다. 이미 다른 법정에서 또 다른 불법적 인터넷 활동이 재판에 회부되었기 때문에, 위 사안의 법적인 함의들이 평가되거나 입증되기 전에 블랙 스노우는 해체되어 버렸다(Dibbell 2006, 10~32을 볼 것). 그러나 초국가적으로 조직된 다른 상용 게임-경작 기업들이 곧 뒤를 이었다. 미국이나 서유럽의 기업들의 소유인 이런 기업들은 멕시코·홍콩·동유럽 등지에서 종종 활동하였는데, "부유한 서구의 게임이용자들에게 서비스를 제공하기 위해 가난한 나라의 저임금을" 이용하였다(T. Thompson 2005). 이런 서비스에는 통화나 특정한 게임 아이템을 구입하는 것 등이 해당된다. 또 한 가지는 실화폐거래와 관계는 있으나 확연히 구분되는 "능력치제공"으로, 이를 통해 게임이용자가 대리인에게 돈을 지불하여 게임 경험치를 얻는 단조로운 과정을 통해 사용자의 아바타를 빠르게 상위레벨로 진출시킨다.

이 업계에서 가장 두드러지는 기업은 아이지이[IGE]이다. 결코 구멍가게라고 할 수 없는, 4백 명이 넘는 직원을 고용한(홍콩 사무소에만 60명이 고용되었다) 기업인 아이지이는 국제적인 실화폐거래 중개인으로 활동한다. 스스로를 "다중접속 온라인 게임의 이용자들에 의해 쓰이는 가상 통화 및 재화의 구입과 판매를 위한 파생시장"의 창조자로 묘사하면서, 아이지이는 자산을 팔려는 게임이용자를 돕고, 가상 경매를 운용하며, 다양한 게임 통화를 교환하면서 거래수수료를 취한다. 아이지이는 〈월드 오브 워크래프트〉에서부터 〈파이널 판타지〉, 〈에버퀘스트〉 1, 2, 〈리니지〉에 이르기까지 광범위한 종류의 다중접속 온라인 게임에 쓰이는 가상 아이템과 통화의 "전달, 지원, 수급" 등을 조정하는 하청업자들 간 네트워크의 중심에 있다("Eyewitness" 2005). 지구적인 골드 경작에 관한 최근의 주요 연구들은 이런 활동의 불법적 속성이 그것의 금전적 가치를 평가하기 어렵게 하지만, 대략 연간 5억 달러 정도의 가치를 가진다고 보고 있다. 또한, "10억 불 이상으로 보는 것도 무리가 아니며", 전 세계적으로 6만 개의 골드 경작 기업이 있고, 40만 명에서 50만 명에 이르는 인원을 고용하고 있다. 비록 그들 중 80퍼센트가 중국에 있기는 하지만 말이다(Heeks 2008, 10). 이것은 골드 경작을, 인도의 유명한 소프트웨어 아웃소싱 산업의 규모에 필적하는 산업 영역으로 만들 정도이다

(BBC 2008b). 다른 평가에서 나타난 숫자들은 더욱 크다(Ryan 2009).

수많은 다중접속 온라인 게임이용자들이 간헐적인 실화폐거래를 용인하고 있지만, 상업적인 경작자들은 대부분의 경우에 반감을 얻고 있다. 장비와 캐릭터의 구매는 게임의 기술요소를 부식시키고 공동체의 형성을 약화시킨다. 당신이 지난주에 만난 캐릭터가 내일이면 다른 누군가에게 속할 수도 있다. 당신의 습격팀이 의존하던 레벨 70짜리 영웅이 실은 그 인상적인 레벨을 구매한 초보자일 수도 있다. 더욱이, 경작자들은 종종 가상세계에서 전략적인 영역을 점유하는데, 예를 들어 여기서 이들은 계속 알을 부화시키는 괴물을 끊임없이 죽일 수도 있고, 그 괴물이 떨어뜨리는 보물을 죄다 반복적으로 노략질할 수 있다. 그러한 "캠핑"camping은 다른 게임이용자들을 차단하고, 노획물의 원천을 독점하며, 빈번하게 공격적으로 유지된다. 사용자 대 사용자PvP 선택지를 갖고 있는 다중접속 온라인 게임에서, 경작자들은 자신의 작전에 침범하는 사람들을 "죽일" 수도 있다. 경작 기업들도 마찬가지로 점차 자동화된 프로그램 – "팜봇"farmbots – 을 사용하여 인간의 감시 없이 금이나 팔 만한 아이템들을 모으고, 가상의 공동체들을 탐욕스런 떠돌이 게임 골렘들을 위한 자원 착취 지대로 바꾸어 버림으로써 게임 세계를 소거하게 되었다.

대부분의 다중접속 온라인 게임을 위한 사용조건과 〈최종사용자사용권계약〉은 게임 속 재화에 대한 미승인 판매를 불법으로 규정한다. 그러나 많은 퍼블리셔들이 경작을 막으려고 노력한 반면에, 다른 퍼블리셔들은 묵인하거나 되레 장려하기도 한다. 2005년에 소니는 〈에버퀘스트 2〉 내의 서버에 상장비를 과금하고 매매비용을 거두는 선택지불 게임 아이템의 매매를 지원하는 "스테이션 익스체인지"를 설치함으로써 엄청난 인기를 끌었다. 시행 첫 해에 187만 달러의 매출을 냈는데, 이것은 게임이 용자들이 캐릭터당 2천 달러를 지불하고, 한 명의 판매자가 351개의 경매로부터 3만 7천 달러 이상을 벌어들인 것에 해당된다(Hefflinger 2007). 그러나 다중접속 온라인 게임 퍼블리셔들 중 다수는 가상 거래행위, 특히 대규모의 상업적인 변형에 대해 반대해 왔다. 퍼블리셔들은 대체적으로 인기가 없어서 사용자들로 하여금 게임을 포기하도록 하는 움직임을 억제하는 데 관심을 갖고 있다. 게임이용자들이 레벨을 높이느라 같은 레벨의 게임을 성공할 때까지 반복적으로 들락거리는 데 소비하는 시간을 줄임으로써, 실화폐거래, 그리고 능력치 제공 서비스는, 가입비 매출의 감소를 가져올 수도 있다. 더 나아가, 제대로 규정되지 않은, 가상 상품의 법적 지위는 퍼블리셔들로 하여금 미래에 대한 보장이 불확실한 〈최종 사용자사용권계약〉의 위반을 용인하는 것을 망설이게 한다. 퍼블리셔와 사용자 양측으로부터의 압력은 몇몇 게임 관련 산업들이 경작과는 거리를 두도록 하였다. 이를테면, 게임 잡지들은 아이지이의 광고 게재를 거부하였고, 2007년에는 이베이가 실화폐거래 경매를 폐지하였다(Game Politics 2007).

블리자드가 제시한 〈월드 오브 워크래프트〉의 사용조건은 다음과 같다. "어떠한 상업적 목적을 위해서도 〈월드 오브 워크래프트〉를 이용할 수 없습니다." 이것이 분명히 하는 점은 "누구도 블리자드 엔터테인먼트의 콘텐츠를 '판매'할 권리를 갖고 있지 않으며", "이에 따라, '실제' 돈을 얻고자 아이템을 팔 거나 〈월드 오브 워크래프트〉 밖에서 교환하는 등의 행위를 할 수 없다"는 점이다. 이는 〈월드 오브 워크래프트〉 내의 다른 사용자들에게 실제 돈을 얻고자 하는 목적으로 능력치제공 서비스를 하는 행위를 금지하고 있는 것이다. 경고의 결론은 다음과 같다. "블리자드는 경작에 참여함으로써 이러한 계약을 어기는 사용자를 처벌하기 위한 조치를 취할 능력도 의지도 갖고 있다." 이러한 위협이 실제 가능하도록 하기 위해, 아제로스의 주인은 원형감옥형의 게임 감시 체제, 치안의 강제, 그리고 "권력의 기술들"을 개발했는데, 이것은 실로 "육체의 정복과 인구의 통제를 확보하기 위한 수없이 다양한 기술들의 폭발"이라 할 수 있다(Foucault 1990, 140).

아제로스에서 어떤 높은 레벨의 상품, 특히 지하감옥에서 발견된 것들은 "습득을 통해 귀속된"이라고 명명되었다. 이것은 그 아이템이 그것을 발견한 사람에게 즉시 "영혼까지 종속되며", 다른 사용자들에게 증여·판매·공매될 수 없어서, 게임이용자들은 반드시 그런 재화들을 획득하기 위해 일해야 한다는 것을 의미한다. 그러나 그러한 "안전장치"의 활용은 제한적이다. 경작을 막기 위한 수단을 완전히 갖춘다는 것은 〈월드 오브 워크래프트〉의 환경에서 필수적인 부분인 게임 경제를 제거하게 될 것이다. 경작자들이 돈을 벌기 위해 의존하는 시스템은 게임이용자들이 사용하는 것과 같기 때문에 — 대개는 전자가 더욱 극단적인 방식으로 활동할 뿐이다 — 경작을 제거하는 것은 게임을 완전히 비상업화시킴으로써만 가능하다.

좀 더 능동적인 수준에서, 블리자드는 일반적이고 훈육적인 방식으로 〈월드 오브 워크래프트〉를 청소한다. 사용자들은 경작자와 연관된 것으로 의심이 들거나 그들에 의해 사용되는 캐릭터들에 대해 보고하라는 요청을 받는다. 그러나 〈월드 오브 워크래프트〉는 동시에 자동적으로 워든[16]이라는 스파이웨어 프로그램을 사용자의 컴퓨터에 설치하기도 한다. 워든은 속임수 장치와 유사한 서명을 탐색하고 〈월드 오브 워크래프트〉가 구동 중일 때 열려 있는 모든 창들의 내용을 관찰한다. 2005년에 소프트웨어 기술자인 그렉 호그룬드는 그 프로그램을 해체하여, 그것이 하드드라이브의 내용물과, 이메일, 웹검색 유형 등을 읽고 있음을 밝혀냈다. 그가 이 정보를 공론화시켰을 때, 디지털 시민자유권을 추구하는 조직인 〈전자전선재단〉은 워든을 "사생활에 대한 대대적 침략"이라고 규정했다(Ward 2005). 호그룬드는 이 프로그램에 대한 대응책으로 "더 거버너"를 제작하여 배포하였는데, 이 프로그램을 인터넷에서 내려받아 블리자드의 스파이웨어를 컴퓨터에서 소거하는 데 사용할 수 있다. 그렇지만, 워든이 발각된 데 대한 〈월드 오브 워크래프트〉 주민의 반응은 묻히게 되었다.

일단 블리자드가 위반을 감지하면, 무자비하게 그에 대해 응징했다. 2005년 3월 14일, 블리자드는 천 개가 넘는 〈월드 오브 워크래프트〉 계정을 폐쇄하였는데, 이는 "실세계의 통화와 교환을 위해 금을 캐 판매하려고 한 특정한 개인들"의 계정이었다(Blizzard, Jade 2005에서 인용). 블리자드는 이후 계속하여 2006년 5월과 7월 사이에 8만 9천 개 이상의 사

---

16. [옮긴이] 애초 블리자드사가 치트방지용으로 자사의 게임에 설치한 프로그램이다. 게임이용자가 컴퓨터에서 다른 프로그램을 이용하는 정보를 수집하기 때문에 스파이웨어로 인식된다.

용자 계정을 삭제하였다. 블리자드는 경작으로 인해 금지된 계정들의 누적합계를 제시하고 있지는 않지만, 10만 개 이상의 계정이 족히 삭제된 것으로 보이며, 이것은 수많은 여타 다중접속 온라인 게임의 총 계정 수보다도 많은 것이다. 이것이 대규모로 가해진, 가상의 삶을 용인하지 않는 권력이다.

전투는 게임 세계를 벗어나서까지 확대되었다. 블리자드는 팜봇들과 싸웠다(게임이용자들이 써드 파티 소프트웨어를 이용해 게임 속에서 이점을 얻으려는 행위를 금지하는 좀 더 포괄적인 정책의 하나이다). 어떤 아바타가 사기를 치고 있는 것으로 의심되거나 보고되면, 게임마스터는 그것에 접촉해 실제로 그 계정이 사용되고 있는지를 알아보기 위한 질문을 제시한다. 만일 응답이 없으면, 그 계정은 제한된다. 이에 대응해, 많은 다중접속 온라인 게임의 경작자들은 자신들의 로봇들이 검사를 받고 있을 때, 휴대폰이나 다른 장치 등을 통해 자신들에게 즉각적으로 경고를 해주는 의사소통 시스템을 완비함으로써, 그것들이 자신의 오토마타 automata를 대신해 답을 해줄 수 있도록 하고 있다(Dibbell 2006). 미국인 프로그래머인 마이클 도넬리는 아제로스에서 자동으로 퀘스트와 사냥을 수행하도록 서술된 와우글라이더라는 코드를 고안해서 그것에 대한 접근권을 인터넷을 통해 사용자당 25달러에 판매하였다. 2006년 1월 그는 비벤디와 블리자드를 대리하는 기업 관계자와 변호사의 방문을 받았다. 도넬리는 그들의 방문이 야기한 위협에 대해 비벤디와 블리자드에 소송을 제기하였다. 2007년 그 기업들은 "블리자드가 감내해온 피해에 대한 금전적 구제"를 위한 항소를 제기하였는데, 이 피해에 대해서는 "아직

정해지지 않은 규모의",

> 〈월드 오브 워크래프트〉 사용자 간의 선의의 상실, 와우글라이더 사용
> 자들의 접속을 막기 위한 블리자드 자원의 변형, 감소한 게임 경험치로
> 인해 〈월드 오브 워크래프트〉를 떠난 사용자들로 인한 매출상의 손실,
> 종료된 와우 글라이더 사용자들로 인한 매출 감소, 발견되지 않은 와우
> 글라이더 사용자들로 인해 발생한 가입 매출의 감소

등에 대한 것이다. 아제로스에서의 지배권을 유지하고 이윤의 안정적인
축적을 지속하는 것은 상당한 수준의 생체권력을 요구한다.

골드 경작자 : 이주 노동자

중국과 아제로스, 상하이와 스톰윈드, 베이징과 부티 베이Booty Bay
가 가장 극적으로 중첩되는 곳이 골드 경작 주변이다. 〈월드 오브 워크래
프트〉 사용자 간에, "골드 경작자"라는 문구는 자주 그리고 거의 자동적
으로 "중국인"이라는 첨가어와 함께 묘사된다. 이것은 인종주의적인 표
현이기는 하지만, 인습과 현실은 때때로 우연의 일치를 보인다. 골드 농장
과 경작자가 전세계에 걸쳐 존재하고 있기는 하지만, 아마도 85퍼센트 이
상에 이를 수많은 경작자가 중국을 무대로 활동하고 있을 것이다(Dib-
bell 2006; Lee 2005; Heeks 2008). 2005년에는 중국에서 다중접속 온라

인 게임 경작을 하는 것을 일상 업무로 삼고 있는 사람이 대략 10만 명에 이르는 것으로 평가되었다. 2009년에 이르러 몇몇 연구들이 그 숫자를 1백만 명에 육박하는 것으로 판단하였다(Barboza 2005; Ryan 2009). 중국의 골드 농장들은 한국의 다중접속 온라인 게임에 기원을 두고 발전해 왔다. 즉 〈리니지〉의 게임 통화를 다루는 아데나 경작에 그 기원을 두고 있는 것이다(Steinkuehler 2004를 볼 것). 그러나, 〈월드 오브 워크래프트〉는 경작자들에게 더욱 강력한 유인요소를 제공했는데, 이는 "최고의 구매력은 미국에 있지만, 최저 임금은 중국에 있는" 지구적 제국의 양극논리였다(Steinkuehler 2006).

최근 몇몇 보고서들(Barboza 2005; Jin 2006; Paul 2005; Yee 2006)은 자체의 경영 실무, 노동 과정, 작업장 문제 등을 갖고 있는 산업에 대해 어렴풋한 그림을 제공하고 있다.[17] 중국의 골드 농장들은 해안선을 따라 있는 상해와 광저우 사이의 후지안과 저지앙 지역에, 그리고 북동쪽의 러스트 벨트[18] 지역에 클러스터화되어 있다. 기업의 규모는 소규모 영업소에서 수백 대의 컴퓨터와 고용노동자가 있는 공장형의 기업들까지 다양하다. 기업들은 다중접속 온라인 게임 계정을 구입하고, 24/7[19]을 구동함으로써 신속하게 아바타들을 최고 레벨까지 올리고 높은 레벨의 수익이 나는 게임 지대에 접속할 수 있도록 한다. 피고용자들은 24시간을 교대로 작업하고, 그런 후에는 자신이 사용하던 컴퓨터와 아바타를

---

17. 저자들이 이 책을 쓸 당시에 〈차이니즈 골드 파머스 프리뷰〉(Chinese Gold Farmers Preview)라는 다큐멘터리가 제작 중이었다.
18. [옮긴이] rust belt. 사양화된 공업지대.
19. [옮긴이] 24시간 내내 프로그램을 실행시키는 서비스.

다음 작업자에게 인계함으로써 다른 캐릭터에 능력치를 부여하는 데 필요 이상으로 시간이 소모되지 않도록 한다(Paul 2005). 어떤 골드 농장들은 음식과 숙소를 제공하거나, 키보드 옆에 단순히 잠을 잘 만한 깔개를 제공하기도 한다.

게임이용자들은 각 교대조에 따라 금 할당량을 지정받는다. 때때로 할당량은 쪼개져서 절반이나 4분의 1조로 흩어지는데 이는 꾸준한 업무 속도를 확보하기 위해서이다. 각자의 할당량을 달성하기 위해 경작자들은 퀘스트를 완료해 금전적인 보상을 얻거나, 화폐나 재물을 갖고 있는 피조물을 죽인다. 대부분의 경우에 무기나 갑옷, 의복 등의 필수품은 게임 속에서 자동화되어 있는 상점이나 다른 게임이용자에게 판매되는데, 이는 화폐로서 "금"이 더욱 협상하기에 용이하기 때문이다. 〈월드 오브 워크래프트〉에서 도적rogue이나 사냥꾼hunter과 같은 특정한 캐릭터의 직업들은 다른 직업들보다 경작에 더욱 유리한데, 이는 그것들이 쉽게 "독자화"될 수 있거나 혼자 활동할 수 있어 집단 차원의 지원이 없어도 되기 때문이다. 예를 들어, 도적은 지나가는 적들을 기만할 수 있는 "은신" 능력을 갖고 있어, 축적을 지연시키는 상호작용과 싸움을 피할 수 있다. 다양한 유형의 캐릭터가 〈월드 오브 워크래프트〉에서 활동하는 시간에 대한 연구에 따르면, 높은 비율의 도적과 사냥꾼들이 정각 전후에 활동하고 있으며, 이는 그것들이 골드 농장에 의해, 아마도 봇bots으로 움직이고 있다는 분명한 신호이다.

할당량은 달성하기 어려운 경우가 많은데, ─ 혹자는 사실상 불가능하다고 말한다 ─ 이로 인해 고용노동자들은 일자리를 잃을까봐 두려워하고 서로 경쟁한다. 컴퓨터를 공유하는 작업자 간의 관계는 좋아지기 어려운데, 순번조가 변경되면 미결된 미션에서 탈취한 할당량이 함께 인계되기 때문이다(Paul 2005). 많은 경작자들은 할당량이 부족할 때를 대비해, 혹은 몰래 팔기 위해 비밀 저장소에 금을 보관해 둔다 — "암시장에 내다 팔기 위해 공장에서 제품을 훔치는 것처럼" 말이다(Paul 2005).

〈월드 오브 워크래프트〉는 "파편화된" 온라인 게임으로 알려져 있다. 다시 말해, 그 게임의 수백만 명의 사용자들은 수많은 서버, 파편에 분리되어 있는데, 이는 어떤 개별 서버도 모든 사용자 베이스를 관리할 수 없기 때문이다. 서버들은 전지구적 범위에서 조직화되어 있다. 북미의 사용자들은 북미 서버와 연동되도록 만들어진 북미 소프트웨어를 구입하고, 중국의 사용자들은 중국 서버에만 접속할 수 있다. 부유한 북미 서버에 금을 팔기 위해서는 농장들이 북미지부를 보유하거나 아니면 아이지이와 같은 중개인을 통해서만 가능하다(Paul 2005). 그러나 지역적 분리는 골드 경작이 기반하고 있는 국제적인 임금차를 극복하는 이점을 가져오기도 한다. 가상 상품의 소유권에 관한 많지 않은 법률 사례들을 보면, 중국의 사법 체계는 미국의 사법 체계보다 더 이용자에 우호적이다. 퍼블리셔들의 기업 소유권 주장보다 게임이용자들의 개인 권리 주장을 지지한 것이다(Steinkuehler 2006을 볼 것). 이로 인해 가상의 상품을 매매하는 중국 기반의 기업들에 대한 법적 위협은 북미의 경쟁기업보다 덜한 것으로 보인다.

경작 작업들은 극단적인 이윤창출 효과를 낼 수도 있다. 보고에 따르면 어떤 〈월드 오브 워크래프트〉 골드 판매자들은 한 달에 수만 달러 가량의 수익을 내기도 한다. 그러나 경작으로부터 얻은 매출의 대부분은 소유주나 실화폐거래 중개인에게 간다(Huifeng 2005). 일꾼들의 급료는 다양한데 한 달에 40달러(3백 위안)에서 2백 달러(1천 5백 위안) 사이인 것으로 보고된다. 숙식만을 제공받고 일하는 경작자들도 있다(Huifeng 2005; Jin 2006). 임금 수준 스펙트럼상에서 상위에 있는 경작자들은 중국의 공장 노동자들보다 높은 수입을 얻는다(Roberts 2006). 노동조건은 확실하게 단정 지을 수 없다. 몇몇 관찰자들은 긴 노동시간, 안전시설 부족, 작업의 반복적 속성 등을 강조한다. 한 골드 경작자는 이렇게 말한다. "하루 12시간, 일주일에 6~7일씩 똑같이 클릭만을 반복하게 된다. 그러면, 당신은 그게 게임인지 아닌지 의문이 들 것이다"(Huifeng 2005에서 인용). 다른 연구자들은 노동자들이 게임 기술에 대해 자부심을 갖고 있으며 다른 고용의 형태(혹은 실업)보다 게임 "스웻샵"을 더 선호한다고 주장한다.[20] 챈(2006)은 자신이 "착취가 활력화와 뒤섞이고 생산성이 유희와 혼합되는" 작업장에 관해 쓰면서 그 모호함을 간파한다.

골드 경작 노동인구는 두 개의 주요 집단으로 이루어진 것으로 보인다. 대학생과 대학원생, 그리고 지방에서 도시로 온 이주자들이 그것이다. 컴퓨터에 친숙한 대학생들은 다중접속 온라인 게임에서 돈을 버는 방법을 선도한다. 이들 중 몇몇은 지금은 골드 농장을 소유하거나 경영하고 있으며, 새로이 도시로 이주해 온 노동인구를 점점 더 많이 고용하고

---

20. 진의 영화에 관해 널리 알려진 프리뷰 중 하나는 골드 경작 노동자들이 자신들의 직업에 대해 매우 긍정적으로 얘기하는 인터뷰를 담고 있다. 그러나 이러한 발언이 공개적인 곳에서 이루어졌다는 것과 노동자들의 입지(고용조건)가 불안정하다는 것을 고려하면, 그러한 발언을 액면 그대로 평가하기에는 무리가 있다.

있다. 이런 노동자들은 현장에서 제공하는 최소한의 경작 기술을 교육 받은 후에 극단적으로 낮은 임금을 받고 고용된다. 바보자[Barboza](2005)는 루오 강[Luo Gang]이 소유한 충칭에서의 사례 하나를 보고했다. "28세의 대학생이 인터넷 카페 사업을 시작하기 위해 아버지로부터 2만 5천 달러를 빌렸다." 그리고 이제는 "한 달에 75달러를 버는 23명의 노동자를 고용하고 있다." 루오 강은 이렇게 말한다. "만일 저들이 여기서 일하지 않았다면…… 그들은 아마도 감자탕집에서 종업원으로 일하거나, 부모의 농사일을 도우러 고향에 갔을 것이다. 그도 아니라면, 아마도 무직 상태로 거리를 어슬렁거리고 다닐 것이다." 다른 고용주인 웨이 샤오리앙은 션전 레드 릎이라는 기술계통 기업의 26세 경영자로 자신의 회사를 통해 〈월드 오브 워크래프트〉의 골드를 해외 중개인에게 도매하고 있다. 그는 다음과 같이 말한다. "우리는 대학생보다는 어린 이주 노동자들을 더 선호합니다. 대학생들이 일하기에는 급여가 만족스럽지 못합니다. 반면에, 지방에서 온 어린 이주자들에게는 매력적이지요."(Huifeng 2005에서 인용). 그는 "자신의 회사를 간수[Gansu]나 샨시[Shanxi] 지역으로 이전할 생각을 하고 있는데, 그곳에서는 더 낮은 비용으로 '경작자'가 될 지역 이주민들을 손쉽게 구할 수 있기 때문이다"(Huifeng 2005).

현재 골드 농장에 모집되는 이주 노동자들은 인류 역사 전체에서 가장 큰 규모의 대량 이주 ─ 중국에서의 이촌향도 ─ 의 한 부분이다. 이것은 18세기 영국에서 시초축적의 한 부분으로 나타났던 지방 인구 이주의 21세기 버전이다. 2020년까지 3억에서 5억 명 가량의 인구가 지방에서 도시로 이동해 중국 자본주의를 위한 노동력을 제공하게 될 것이다(Xinhua News Agency 2003). 앞선 사례와 같이 이주는 자발적으로 일어나지 않는다. 만일 이주민들이 공장 급여를 꿈꾸며 중국의 도시로 옮겨왔다면 그들의 이주는 동시에 지방에서의 생활수준을 보호해 주었던 사회적 보장의 파괴로 인한 것이라 할 수 있다("철밥통 깨기"). 많은 사람들은 정당자본주의적인 개발자들에게 중산층의 주택과 지방의 저택, 미개발 지역에 있는 산업지대 등을 위해 반강제적으로 농지를 팔게 된 희생자들이다. 지난 10년 간 7천만 명에 이르는 농부들이 땅을 잃었는데, 그 숫자는 1억 명까지 늘어날 것으로 예상된다(Yardley 2004). 군대가 억제해야 하는 지방의 불안정은 이제 중국 정부에게 주요한 국내 안보 문제가 되었다. "정부는 지속적인 무질서와 저항에 직면하게 되었다"(Schiller 2007, 198; 또한 BBC 2007c를 볼 것).

여기, 매우 예리한 지점에서 블리자드의 디지털 생체권력과 중국 자본주의의 물질적 생체권력 간의 교차가 일어난다. 블리자드가 아제로스의 디지털 왕국(사이버스페이스의 상업적 인클로저를 통해 창조된 왕국)을 가상의 골드 경작자들을 위해 통치할 때, 블리자드가 추적하는 범법자들은 실제 농부들인 경우가 많다. 이들은 중국 자본주의의 인클로저로 인해 자신들의 농지를 떠났거나 농지에서 쫓겨났으며, 황폐화되고 생태적으로도 완전히 파괴된 자신들의 농지를 포기하고 사이버로 연결된 도시로 떠난 것이다. 어떤 이들은 채워질 수 없는 전력, 특히 산업뿐 아니라 중국 동해안 도시들의 인터넷 서버에 대한 전력 공급을 위해 건설된 삼협댐과 같은 초대형 건설프로젝트로 인해 거주지에서 쫓겨났을 수도 있다. 다른 측면에서 외국기업 소유인 경우와 중국기업 소유인 경우의 중국 전자 사업 모두가 이제 막 성장을 시작했다는 점은 많은 것을 암시한다. 전세계의 〈월드 오브 워크래프트〉 이용자가 사용하는 델·컴팩·HP·아이비엠·에이서·리스톤·레노보와 같은 컴퓨터 (광저우 주변에 집중되어) 공장이 중국의 농지를 잠식하고, 고물이 된 제품들을 쓰레기장에 버림으로 풍경을 해치고 있으며, 지방의 인구를 새로운 도심으로 몰아가는 역할을 한다. 아제로스의 비옥한 땅은 주장 강 삼각지의 황폐화를 토대로 등장하였다. 블리자드의 모회사인 비벤디는 원래 미디어 종합회사가 아니라 중국의 신흥 도시복합체를 위한 물 공급을 관리하는 외부 기관으로, 영리를 추구하던 공공시설 사업체였다는 사실은 그저 이 실제-가상 나선에 로코코양식처럼 화려한 번영을 줄 뿐이다(Vivendi 2002).

골드 경작의 지방-도시 이주는 동시에 초국가적인 노동력 이주이기도 하다. 다중접속 온라인 게임 인구통계학자인 닉 이^{Nick Yee}(2006b)는 최근 아제로스의 경작자들이 19세기 미국에서 세탁이나 이발 등 하위계층의 용역을 제공하던 중국 노동자들과 유사한 위치에 있다고 주장하였다. 게임의 속도를 내기 위해 부유한 사용자들에 의해 구입되는 통화를 축적하거나 아바타의 능력치를 높임으로써, 그들은 〈월드 오브 워크래프트〉 세계의 지난한 작업을 맡는다. 그러나 언제나처럼 이주노동자들에게 되돌아오는 것은 역시 혐오감과 적대감뿐이다. (게임이용 유형에 의해서만이 아니라 대화 기술의 "영어 시험"에 의해서도 빈번하게) 경작자들로 인지되면, 그들은 다른 게임이용자들에 의한 학대와 괴롭힘에 빈번히 노출된다. 그들은 자신의 활동과 관련해 "외국인 이용자들"과 교류하는 방법을 평가받을 때 뭐라고 답할까. 한 경작자는 간단하게 이렇게 답했다. "혐오스럽다." 이[Yee]는 실화폐거래와 능력치제공 등이 적어도 공급에 있어서만큼이나 수요에 있어서도 큰 문제이고, 이러한 수요와 공급이, 게임에서의 성공을 위한 지름길을 사고자 하는 북미 사용자들의 욕망에 의해 작동하고 있다는 점을 지적했다. 또 경작자에 대한 이런 악의적인 재앙이 역사적으로 중국공포증[Sinophobia]과 유사한 패턴을, 더욱 넓게는 유동적이고 위태로운 외국인 노동자에게 반감을 갖는 서구의 인종주의와 유사한 패턴을 반복하고 있다고 주장했다.

이[Yee]의 논문은 그의 저명한 〈데달루스 프로젝트〉[21] 웹사이트에 대한 수많은 반응을 일으켰는데, 대부분은 경작의 불법적 속성과 게임행위에 대한 그것의 유해한 효과를 주장함으로써 인종주의의 책임을 부인하는 분노에 찬 것들이었다. 소수의 기록이 골드 경작자와의 게임 내 대화에 대해 다루고 있는데, 그러한 기록들은 언어적 장벽에도 불구하고 경작자의 근무조건에 관해 이해하고 있었다. 한두 사람 정도는 아제로스가, 이 세상에 존재하는 삶의 기회에 있어서의 불평등에 대해 북미인들이 더 나은 이해를 얻는 장소가 될 것이라는 기대를 갖고 있다. 그러나 이것은 소수의 반응이다. 2006년에 〈월드 오브 워크래프트〉와 관계된 웹사이트에 올라온 일단의 게시물과 동영상 들은 중국인 골드 경작자에 대한 증오의 물결을 보여 준다("Catching the Gold Farmers"[골드 경작자

---

21. [옮긴이] Daedalus Project. 닉 이(Nick Yee)가 미국의 다중접속 온라인 롤플레잉 게임 이용자 3만 5천여 명을 대상으로 광범위한 주제에 관해 진행한 설문조사 연구결과를 게재한 사이트. 현재는 수면상태로 업데이트가 되지 않고 있으나 기존 자료들은 공개되어 있다.

잡기] 2007과 "Chinese Gold Farmers"[중국인 골드 경작자] 2006을 볼 것). 골드 경작자에 대한 다른 사용자들의 조직화된 공격은 이미 〈리니지〉에서 나타난 바 있다(Steinkuehler 2005). 그리고 그것은 이제 아제로스에서는 일상적인 일이 되었다. 한 사용자는 다음과 같이 썼다.

타임리스(길드)가 결성된 이후, 우리는 보위, 시닌, 노비아, 마이셀프 등의 형태로 타임리스의 그룹을 결성해서 사냥을 계속했어. 우리가 무얼 사냥했냐고? 당연히 중국 골드 경작자들이다! 우리는 아즈샤라에서 모험을 시작해서, 캠프들을 돌아다니며 솔비아, 로쳐윈드 같은 골드 경작자들을 계속 죽였어. 아즈샤라에서 웬만큼 죽인 다음에는 펠우드로 이동해서, 사티로스 캠프에서 퍼볼그 캠프로 이동하면서 그 사이에 있는 튜버들과 나이트 드래곤 등 우리가 가져갈 수 있는 건 죄다 가져갔지. 펠우드를 완전히 쓸어버린 다음에는 말이야, 윈터스프링으로 향했어. 거기서 호수에 있던 것들이나 지옥의 예티yetis 같은 건 보는 대로 죄다 죽여 버렸지. 에버룩 안에서 죽일 수 있는 건 싸그리 없앤 거지. 우리가 이동한 그 경로는 나중에 호찌민 길이라고 이름 붙여졌어. 또 다른 대형 중국 경작 지역은 티르스 핸드, 위드 미, 시닌, 노비아, 위굼 그리고 옥상 캠핑에 있었어. 내가 뛰어내려서 달리고 있는 놈들을 암살할 때, 노비아는 닌자들을 막기 위해 도약지점에 불을 떨어뜨리고, 시닌은 사람들을 저격해. 그리고 위굼의 마인드컨트롤은 토리움 그리네이드로 혼란을 일으켰지.(Marielo 2006)

골드 경작자들, 특히 이용자 대 이용자^{PvP} 환경에 있는 경작자들은 반격했다. 몇몇 호사가들은 그러한 상호작용이 일종의 부가적인 게임 콘텐츠로 보인다고 주장했다. 만일 그렇다면, 그것은 〈월드 오브 워크래프트〉에 인종청소의 반향을 가진 저강도 자원전쟁을 심는 것이다. 불가사의하게도 중국 골드 경작자들을 반대하는 북부 이용자들의 십자군은 동맹군 대 유목민이라는 게임의 양극적인 인종갈등의 기본 형식을 재생산한다. "악한"^{evil} 유목민의 인종적인 특성은 빈번하게 강조된다(Castronova 2005b; Lastowka 2006). 이러한 속성들이 자메이카인에서 북미의 시초인에 이르는 넓은 범위의 민족을 의미하고 있기는 하지만, "유목민"의 기본적인 은유는 아시아적 유목민들에 대한 서구의 공포에 의존한다(Allerfeldt 2003을 볼 것). 만일 〈월드 오브 워크래프트〉 속에서 미국 사용자와 중국 사용자 간의 가상의 조우가 제국의 서쪽 극단과 동쪽 극단 간의 실제 관계에 대한 전조라고 한다면, 그것은 결코 좋은 징조는 아니다.

그런 개발들은 제국에 관한 논쟁을 심화시킨다. 데이비드 하비(2004)가 말한 바와 같이, 동맹군과 유목민이 아니라 미국과 중국을 생각한다면, 세계시장은 하트와 네그리가 일종의 단일한 자본주의 시스템의 형태라고 묘사한 것을 심화시키는 것으로 나아가기보다는 "갈등하는 지역분파로 융해될 가능성이 높다." 하비가 설명한 바와 같이 미국은 복합적으로 중국에 의존하고 있다. 다시 말해, 중국은 미국에 근거지를 둔 기업들에게 값싼 노동력을 제공하고, 미국의 저소득층 노동계급에게 적당한 가격의 소비재를 제공하며, 신흥 미국 상품 시장의 대표격이고, 대규모 미국 부채의 상당 부분을 부담하고 있는 것이다. 동시에 미국은 자국의 제조업 능력 하락, 무역균형과 재정 불안정으로 인해 잠재적인 대항마로서 "부상하는 중국"의 경제적·지정학적 힘에 대해 강렬한 우려를 갖고 있다. 중국과의 분쟁에 대한 추측은 미국의 미디어에 만연되어 있었다. 예를 들면, 미국, 이슬람 세력, 중국의 삼자 간 갈등을 담고 있는 전쟁 게임들이 인기 게임인 〈커맨드 앤 컨커:제너럴스 투 배틀그라운드〉에서부터 전형적인 이야기 구성이 되었다. 그러나 〈월드 오브 워크래프트〉는 미-중 간의 관계를 더욱 복합적인 상태로 만들었다. 여기에는 두 국가를 연계하는 현재의 "상호적이지만 긴장된 의존적인······유대"를 요약하는 중국의 골드 경작자와 북미의 게임이용자 간 긴장관계가 담겨 있다(Harvey 2005a, 230) 그리고 이 긴장관계는 동시에 세계 자본의 갈등적 블록들 사이의 대규모적 인종 간 갈등을 예감하는 것으로 보이는 동맹군-유목민 무리의 그늘 아래에서 진행된다.

〈월드 오브 워크래프트〉에서의 골드 경작, 더 넓게 봐서, 다중접속 온라인 게임을 통한 실화폐거래는 한 다발의 정치적 모순들을 안겨 준다. 다중접속 온라인 게임의 퍼블리셔들은 매우 심오한 축적 과정을 관리한다. 여기서의 이윤은 단지 사용자들이 소프트웨어 구매와 가입에 지출하는 데 관련된 문제가 아니다. 사용자들이 비용을 지불함에 따라, 그들은 동시에 어떤 의미에서 게임 소유자를 위해 일을 하게 된다. 이를테면, 그들의 독창적인 상호작용과 집단적인 구성을 통해 이익을 유지하고 새로운 사용자를 끌어들이는 게임 세계의 콘텐츠를 제공함으로써 말이다. 2000년만 해도 에이오엘 채팅방장과 디지털 팬 사이트의 역할에 대해 쓰던 티지아나 테라노바(2000)는 "공짜 노동"free labor의 중요성을 상업적 온라인 문화의 핵심 요소로 파악했다. 살 험프리스(2004, 4)가 주장한 바와 같이, 다중접속 온라인 게임은 이러한 과정의 연장으로 게임 자본이 그 인구의 "비물질적이고, 정서적이며, 집단적인 생산"으로부터 이윤을 얻는 곳이다. 이러한 공짜 노동의 동원은 가상세계의 기초를 세우기 위해 높은 초기 투자를 요구한다는 점에서 위험하다. 그러나 블리자드와 다른 다중접속 게임 퍼블리셔들의 성공에서 보듯이, 수백만 게임이용자의 집단적 창의성을 자극하는 것은 꽤나 이득이 되는 일일 수 있다. "동료생산" 혹은 "크라우드소싱"crowdsourcing의 행사를 통해 성공한 첫 번째 상업 벤처 중 하나는 이제 웹 2.0의 자본가들에 의해 꽤 폭넓게 검토되고 있다.

경작은 이용자의 시간에 대한 기업의 통제를 전복시켰다. 경작은 다중접속 게임을 사용자들의 재원으로 변환시킴으로써, 가치를 생산하는 "놀이노동자"playbor에 대한 퍼블리셔들의 독점에 도전한다(Kücklich 2005). 18세기의 토지 인클로저에 대한 연구에서 피터 라인보와 마커스 레디커(2000)는 공공재the commons가 사업적 이익의 영역으로 가게 됨으로써 발생하는 손실에 대한 대응은 밀렵, 노상강도짓이나 해적질 등, 시초축적에 반하는 일종의 산발적인 범죄적 반란이었다고 말한다. 골드 경작은 디지털 자본의 미래적 축적에 대항하는 유사한 범죄적 저항으로, 퍼블리셔들이 지적 재산권을 이용해 사유화하고 울타리를 친 가치-창조 능력을 재전유하는 것이다.

그러나 그러한 저항은 매우 모호하다. 골드 경작은 이윤자본주의에 대한 혁명적 부정이 아니며, 그것 자체가 자본주의적인 모험이라 할 수 있다. 〈최종사용자사용권계약〉과 사용조건의 위반을 통해서조차 게임의 상품화를 확장·심화시키고 있으며, 수많은 분노한 게임이용자들의 눈에는 이러한 세계의 놀이적인 가치가 파괴되고 있는 것이다. 퍼블리셔와 경작자 간의 전투는 거대하고 합법적인 자본과 소규모의 불법적 자본 간의 분쟁이며 기업적인 사업과 범죄적 사업 간의 전쟁이다. 그림을 더 복잡하게 만드는 것은 이 전쟁이 세계 시장의 지구적인 불평등을 가로질러 그 안에서 일어나고 있다는 것이다. 이 싸움은 크게 보아서 – 전혀 배타적이지 않기는 하지만 – 지배적인 북미·유럽의 게임 자본 측과 중국의 신흥 사이버비즈니스 간에 일어나고 있다. 더욱이 암시장이나 범죄산업과 같은 골드-경작 활동들은 자체적으로 고도의 착취 업무 교범을 갖고 있다. 아제로스에서 골드를 노략질하는 사냥꾼이나 도적들 뒤에는, 블리자드에서의 가치를 재전유하면서도, 사이버-스웻샵 작업자들과 실화폐 중개인들에 의해 자신들의 가치를 징발당하는 게임이용자들이 존재한다. 우리가 보아 온 이러한 노동력은 광저우·상하이·베이징 등에서 이뤄진, 시초축적에 의해 삶의 터전을 잃은 사람들에게서 동원된 것이다. 시초축적은 그 자체로 기괴한 순환 속에서 일어나는 컴퓨터 생산과 다중접속 온라인 게임 활동을 포함한 상업적 인터넷 활동이다. 이는 부분적으로 세계의 중심이라는 중국의 새로운 위치에 의해 작동되고 있다.

2009년에 더나인은 블리자드와의 관계를 끝냈고, 중국에서 〈월드 오브 워크래프트〉의 운영은 다른 중국 기업인 넷이즈에 의해 재개되었다. 이 이전 기간 동안 이루어진 일시적인 서버 폐쇄는 많은 사람들에게 중국 다중접속 게임 활동 시대의 종지부를 보여 주는 것으로 보였다. 이는 더나인의 〈아틀란티카〉, 샨다의 〈아이온〉, 킹소프트의 〈제이엑스 온라인〉, 퍼펙트월드의 〈주시안 온라인〉 등 중국에서 제작된 게임과 비교해 〈월드 오브 워크래프트〉의 중요성이 상대적으로 떨어지고 있다는 인식을 주었다. 그러나 실제 거래에서 쇠퇴를 예상한 사람은 없었다. 『이코노미스트』(2009a)는 2009년 벽두에 "지구적인 자본 부족의 와중에서도 올해 뉴욕의 나스닥에 상장한 첫 번째 기업은 돈을 필요로 하지 않는다. 그 기업의 이윤원천은 존재하지 않는 아이템을 위해 현금을 거두어들이는 데 있다." 중국에서 두 번째로 큰 인터넷 포털인 소후의 지사인 창유Changyou는 대략 8억 2천만 달러의 자산가치를 가진 것으로 평가된다. 그 기업의 사업전략은 게임 접속을 무료로 제공하는 것으로, "그 10퍼센트로부터 매출을 올리거나 아니면 게임 속에서 무기와 약품, 방패 등의 부가품들에 지불할 의지를 갖고 있는 사람들로부터 수익을 올린다." 2009년에 중국 정부가 실화폐거래에 제한을 두었음에도 불구하고, 중국 기업들은 골드 경작이 일찍이 닦아 놓은 활동들을 자신의 품으로 끌어들였다.

알렉산더 갤러웨이(2006b)는 〈월드 오브 워크래프트〉의 신화적 세계가 "자본주의 이전의" 삶을 상상함으로써, "그 이전을 향한" 향수적 "유토피아"로 보일 수 있다고 주장했다. 이것은 블리자드의 게임을 비롯한 "신중세적" 다중접속 온라인 게임이 제공하는 약속의 상당 부분을 명확하게 설명해 준다(Stern 2002). 그러나 그의 주장은 디지털적 세계가 실제로 개봉되었을 때 그러한 약속이 극단적인 배신감을 줄 것이라는 점은 간과하고 있다. 골드 경작을 두고 일어나는 논쟁은 게임 속에서조차도 도망칠 수 없는 상품화에 의해 심각하게 탈수된 사회적 실존의 디스토피아적 실재들을 보여 준다. 〈월드 오브 워크래프트〉의 골드-경작 위기는 하이퍼-포섭의 증상이다. "포섭"이란 맑스(1867)에 의해 사용된 용어로 자본주의가 점진적으로 전체적인 사회적 환경을 감싸 안는 것을 의미한다. 작업장에서 문화영역으로, 생활습관과 소비 행위들, 정치적 실천, 개인 간의 관계들을 변화시키며 자율주의자 들이 "사회적 공장"이라고 명명한 것을 창조하고(Negri 1991; Vercellone 2007b를 볼 것), 자본주의를 완전히 푸코적인 생체권력 체제로 만듦으로써 일어난다. 다중접속 온라인 게임은 이러한 과정을 실제 세계로 가져온다. 소비 자본주의의 축적 구조를 다중접속 온라인 게임의 고풍스런 꿈의 세계로 요약^{recapitulating}함으로써, 게임 회사들은 자신들의 통제력을 넘어서는 이윤획득 동력의 고삐를 손에서 놓아버리게 되었다. 그것들은 게임제작사의 게임 경제에 대한 통제를 불안정하게 만들면서, 동시에 이런 게임들이 의존하고 있는 공동체적 환경을 위협하는 바이러스적이고 분자적인 미시상업화^{microcommercialization}에 숨통을 틔어 놓았다. 군산복합체 대신에, 〈월드 오브 워크래프트〉는 우리들에게 동맹군-유목민 골드-경작 복합체를 선사했다.

극단적인 포섭의 조건 속에서는 자본에 대한 저항과 빈곤한 자의 부유한 자에 대한 투쟁조차도 상품의 형태로 표현된다. 그것들은 기업·법인·범죄자 등 다양한 형태 간의 싸움으로, 그리고 착취당한 노동자의 다양한 유형 간의 싸움으로 왜곡되어 나타난다. 자신들의 "공짜 노동"이 "블리자드"의 금고를 채우는 정통성 있는 서구의 게임이용자들은, 중국의 골드 경작자들이 "자신들의"의 게임을 망치고 있다며 비난한다. 이러한 역학에 의해 배제된 것은 가상공간의 상업적 지배에 대한 모든 급진적 도전이다. 그러한 도전들은, 혹은 적어도 그것의 몇몇 실마리들은 소수의 다른 다중접속 게임 속에서 찾을 수 있다. 이에 대해서는 나중에 다시 얘기할 것이다. 그러나 골드 경작과 실화폐거래가 다중접속 게임 속에서 중심적인 정치적 쟁점이 되는 것은 게임이 얼마나 강력하게 자본에 의해 포섭되었는지를 보여준다.

1장에서 논의한 〈세컨드 라이프〉와 같이 실화폐거래에 완전히 기반한 가상세계의 등장은 이러한 과정을 더욱 멀리 진행시킨다. 그러나 현시점에는 〈월드 오브 워크래프트〉가 훨씬 더 인기 있으며 지구적 범위에서 작동하는 게임이다. 그리고 다중접속 온라인 게임이라는 장르가 다양화되어 가고 있기는 하지만 − 이제는 해적 모험과 은하계 간 무역의 세계에 참여하는 것이 가능하다 − 신중세적 롤플레잉 판타지가 지배적인 위치를 유지하고 있다. 어떤 사람이 현실로부터 벗어나고 싶다면, 자본주의 이전의 신화로 이루어진 상상의 세계보다 더 나은 곳이 어디 있겠는가? 그렇게 보면, 이러한 세계들로 인한 시초축적과 미래적 축적이 현재에 이르러 이윤에 대한 새로운 경계를 만든다는 것은 얼마나 아이러니인가. 실제로, 〈월드 오브 워크래프트〉의 세계가 전근대적 세계로 회귀하는 것처럼 보이는 반면에, 메뉴선택 방식의 캐릭터 설계, 레벨 상향, 특성화된 생체계급bio-classes 등으로 이루어진 개조된 휴머노이드와 개량종으로 이루어진 그 세계는 상품화된 미래인간posthuman의 자가수정이라는 새로운 질서에 관한 우화로 보이기도 한다. 그리고, 비스트로드beastlord 아바타, 샤머니즘적 주문, 악마의 무기 등을 두고 게임 회사와 경작자가 벌이는 투쟁은 의료적 이식, 수명연장 요법, 미용의 발전, 성적인 최적성, 개량된 지능, 대량살상수단 등에 대한 선택이 합법적 시장과 불법시장 사이에서 각축을 벌이는 세계에 대한 리허설로 보인다. "인조적 세계"에 관한 연구의 결론에서, 카스트로노바(2005a, 274)는 다중접속 온라인 게임에 대한 오래된 고민을 표현한다. 즉 그런 게임들은 사람들로 하여금 점차 평범한 일상의 실제를 포기하고 가상의 환상 속에 머물도록 할 만큼 매혹적이라는 우려이다. 아마도 그럴 것이다. 그러나 이것이 그 반대의 가능성보다 더 두려운 일일까? 다시 말해, 〈월드 오브 워크래프트〉 같은 가상성은 점차 더욱 제국의 생체정치적 체제 — 사이보그들로 들끓고, 자본에 의해 통치되는 키메라들의 게임 — 의 실제와 일치될 것이라는 반대의 가능성보다 더욱 우려스러운 일이 될까?

6장

제국적 도시

〈그랜드 테프트 오토〉

우리는 유사품을 창조했다. 실제 도시의 축소판. …… 그 게임은 미국의 재해석, 실제 사물을 사회적·시각적으로 왜곡하는 프리즘의 창조에 관한 것이다. …… 경험으로 보건데, 좋게 보이는 것을 만드는 것, 진짜처럼 보이게 만드는 것, 그러면서 핵심적인 의미를 전달하는 무언가를 만드는 게 더 낫다는 사실은 누구나 알고 있다.

— 댄 하우저, 록스타 게임스의 공동설립자(Hill 2004에서 인용)

대도시적 핵심어구Metropolitan Punch Line

도시는 제국의 핵심 지대이다. 만일 이전에 세계를 지배하던 제국적인 강대국들이 자신들의 권위와 약탈을 하나의 도시국가에만 집중하였다면, 오늘날 그것들의 제국적 질서는 지구적 네트워크상의 결절점으로 상호작용하는 "지구적 도시들" – 뉴욕, 파리, 도쿄, 런던 – 의 총체를 가로질러 전사되고 있을 것이다(Sassen 2001). 이렇듯 제국의 전형을 보여 주는 비물질적인 생산은 이와 같은 전략적 장소들에서 공고화되고 뻗어 나간다. 따라서 네그리가 최근의 연구에서 갈등하는 가능성의 영토로서 현대 도시의 중요성을 강조할 수밖에 없게 된 것은 놀라운 일이 아니다. "대도시는 무엇보다 공유지다"(Negri 2005). 즉 "도시 밀집도"는 "만인의 생산물 …… 거대한 부로 이루어진 생활 방식, 의사소통과 삶의 재생산의 집단적 수단으로," "수천 개의 활동적인 단독성으로 이루어졌다."(Negri 2002). 만일 다중의 정치적 프로젝트가 대안적인 제도를 출현시키는 것을 포함한다면, 이것은 어디선가 일어나야만 하며 "현시점에서 나는 그 장소가 도시라고 믿는다"(Negri et al. 2007).

그러나 도시는 동시에 네그리가 "생체정치적 다이어그램"이라고 부른 것이기도 하다. 즉 "모든 차원 속에서 조직화된 (사회적, 정치적) 삶의 재생산이 통제되고, 포획되고, 착취되는 공간 — 이것은 돈의 순환, 정치적 현존, 삶의 형식의 정상화, 생산성의 착취, 억압, 주체성들의 제어 등과 관계를 갖고 있다"(Negri et al. 2007). 이런 관점에서 제국적 도시는 광활한 축적의 영토이고, 그 사회공간적 유형들은 축적을 필요로 하지만 동시에 생산도 하는 "지구적 위계의 공고화"를 반영한다(Negri 2002). 제국적 도시들은 이제 "억압과 차단"의 장소로서, "빈곤층이 접근할 수 없는 지대의 경계를 정하기 위한 장벽의 설립, 그 땅의 피폐한 처지에 있는 자가 축적할 수 있는 게토 공간의 정의 등"을 동반한다. 이것은 "불관용zero tolerance이 암호가 되는" 장이고, 공공연하면서도 세밀한 형태의 "억압적 지대 설정"이 "피부색과 인종, 종교적 복식, 풍습이나 계급적 차이" 등을 통해 인구를 구분 짓는 장이다(Negri 2002).

네그리의 서술이 참조한 것은 급진적인 도시 연구자인 마이크 데이비스(1992, 1998, 2002)의 통찰이다. 그는 미국 도시들에 대한 설명을 통해 어떻게 근대 자본주의 도시화가 입구로 통제된gated 공동체와 빛나는 금융의 탑, 매혹적인 소비의 운동장을 빈곤, 인종차별, 갱단 활동, 군사화된 치안 등과 조합하였는지에 대해 가장 시각적인 그림을 제공한다. 우리도 마찬가지로 데이비스(1995)로부터 실마리를 얻었는데, 특히 미국의 대도시가 강제적으로 "도시 자체를 모의화하거나 환각화하였다"는 그의 관찰을 택했다. 데이비스에 따르면 이런 모의실험은 두 가지 방향에서 일어난다. 하나는 오락 복합체의 "관광 거품"으로, 살균처리된 도시성의 디즈니 버전에서 가장 잘 드러나 있고, 소비자의 경험으로 완전히 재창조되었다. 다른 하나는 "전자 문화와 경제"를 통합한 것으로 "자체의 정보와 매체연결망의 복합적 건축을 통해 고유의 가상적인 쌍둥이"를 만드는 도시를 통해 이루어진다. 데이비스는 윌리엄 깁슨이 "3차원적으로 전산화된 인터페이스"를 환기시킨 것을 떠올렸다. 깁슨은 이를 통해 "언젠가 도시 사이버공간의 빛나는 기하학을 따라 거니는 탈근대적 산보자flâneurs를 허용하게 될" 도시 영토에 대해 이상하리만치 아름답고 추상적인 묘사를 보여 주었다. 데이비스의 연구 직후에 그 "언젠가"가 왔다. "사이버공간적cyberspatial 산보자들"(Simon 2006)은 이미 디지털의 달빛을 받는 거대한 미국 도시권역들의 격자 사이에서 표류하고 있는 중이었다. 그러나 "산책로 위가 아니라 타이어끌림 위에, 쾅쾅거리는 음악, 자동차 절도, 마약 운반, 총격이 오가는 여정 속에서의 표류였다. 제국적 도시에 대한 가장 세밀한 자가모의실험들 중 하나를 통해서 말이다. 그중 하나가 비디오게임 프랜차이즈인 〈그랜드 테프트 오토〉이다.

도덕적 공황panic에서 루도드롬Ludodrome 으로

〈그랜드 테프트 오토〉는 도시 지하세계의 거주자들이라는 인간형을 끌어온다. 그곳에서는 당신의 환상을 자극할 수만 있다면 자동차든 기업이든 상관없이 어떤 것이든 훔치고 약탈하여 복잡하게 연속되는 범죄 행위 과제를 완수해야 한다. 이를 통해 악당으로서의 당신의 능력과 불법적인 사회적 연결망, 금전적인 부가 확대되면 새로운 미션으로 진출할 수 있다. 경쟁자를 암살하고, 부패한 경찰과 사악한 악당 두목을 위해 더러운 일을 해주며, 당신 어깨 위에 있는 바주카포를 가지고 사업을 수행하는 것 등이 지능적인 탈세로 발전할(가능한 일이기도 하다) 때쯤이면, 당신은 좀 더 자유분방한 스타일의 도시 탐험을 통해 재충전도 할 수 있다. 그것은 백주대낮에 관광객을 습격하거나, 도시 내의 거주지를 자동차로 돌아다니며 범죄를 저지르는 것일 수도 있고, 가상 대도시의 퇴폐와 당신이 살고 있는 실제의 문명을 비웃는 라디오 방송을 들으며 도시를 횡단하는 등의 행위를 통해 이뤄진다.

1990년대 후반에 출시된 〈그랜드 테프트 오토〉 시리즈는 게임 산업에서 가장 괴팍한 개발자의 성과이다. 록스타 게임즈는 그것의 모회사인 테이크-투 인터랙티브 소프트웨어와 함께 도덕적 공황을 통해 이익을 창출하는 게임들을 만들어 내는 기업 전략을 완성했다. 즉 매우 잘 알려진 자사의 게임 〈맨헌트〉의 판촉 과정에서, 평가자들은 "가시철망으로 만들어진 교살도구"를 받게 된 것이다(Kushner 2007a). 록스타 게임즈는 여러 게임을 만든 제작사이지만, 〈그랜드 테프트 오토〉는 이 회사의 주력상품으로, 아마도 가장 큰 찬사와 더불어 지금까지 가장 욕을 많이 먹은 비디오게임이라는 특이한 지위를 가져온 게임이다. 어떤 평자는 현재까지 7백만 개 이상 팔린 프랜차이즈인 이 상품이 "단순한 오락을 넘어서 어느 정도 공감을 얻은 채로⋯⋯ 예술이라고 불러 달라는 요구를 할 만한 것"으로 변화하였다고 말한다(Manjoo 2008). 지적인 대중문화 옹호자들은 이 게임 시리즈를 "훌륭한 구성과 거부할 수 없을 만큼 흡인력 있는⋯⋯ 놀이로 위장한 문화적 풍자"라고 칭송했다(Schiesel 2008b). 아연실색한 논평자는 도덕적으로 불쾌한 이런 성인용 게임의 개발자들은 "거리에서 돌에 맞아야 한다"고 주장했다(Au 2002b에서 인용).

논쟁은 게임의 폭력성에 집중되었다. 미국에서는 (최근에 자격을 박탈당한) 변호사이자 "살인 모의체험기" 반대론의 십자군인 잭 톰슨이 〈그랜드 테프트 오토〉의 개발사, 퍼블리셔, 배급사에 대해 "모방범죄"를 일으킨다며 수백만 달러짜리 (실패한) 민사소송을 제기했다(Vitka and Chamberlain 2005에서 인용). 이보다는 덜 요란하지만, 게임 산업 전반에서 더욱 위협적이었던 것은 정부 관계자들이 진용을 꾸려 폭력적인 게임의 판매 규제를 위한 일벌백계 차원에서 〈그랜드 테프트 오토〉를 그 대상으로 지목한 것이다. 이러한 진용에는 민주당 상원의원인 조셉 리버만처럼 1998년에 〈그랜드 테프트 오토〉를 "자극적이고, 으스스하며, 괴기스럽다"고 부르며, 아이들에게 그러한 폭력적 오락을 판매하는 것에 대해 국정 감사를 발의했던 사람도 있었고(Hill 2002, 120에서 인용), 캘리포니아주 주지사인 아놀드 슈월츠제네거처럼 2005년에 폭력적인 비디오게임을 판매하는 도매상들에게 벌금을 물리는 법안에 서명한 — 이것은 대량의 유사한 주 단위의 법안들 중 하나로 1차 개정 시에 모두 폐기된 것들이다 — 사람에 이르기까지 그 범위가 넓었다.

게임의 폭력성에 관한 논의는 당황스러울 만큼 모순적인 견해들을 양산했다. 그러나 게임이용자의 지엽적인 뇌활동을 측정하기 위한 자기공명영상촬영MRI 같은 최근 연구기술들, 주체에 대한 순진한 "백지"blank-slate 가정 없이 진행되는 점차 세밀해지는 심리학적 연구들, 기존의 연구 결과가 행한 메타분석의 통합들은 몇 가지 잠정적인 결론들을 가능하게 한다(Anderson 2004; Anderson and Bushman 2002; Sherry 2001). 연구들이 주장하는 바로는 폭력적인 게임을 하는 것은 어떤 사람들을 더욱 공격적으로 만든다는 것이다. ─ 그러나 그 효과는 미미하다. 게임은 통제불가능한 살인 충동을 일으키는 것도 아니고 완전히 무해하다고 할 수 있는 경험도 아니다. 폭력적인 게임을 하는 것은 공격성에 다소간 영향을 준다. 그러나 게임보다는 게임행위를 하는 주체가 게임 이전에 이미 갖고 있었던 분노에 대한 기질에 의해 조정되는 부분이 훨씬 크다(Giumetti and Markey 2007). 〈그랜드 테프트 오토〉와 가상폭력성 논쟁에 관해서, 게임이용자와 게임 산업 기관들은 이러한 일련의 논쟁성을 더욱 키웠을 뿐 아니라 사용자가 기관총으로 매춘부를 죽이고 전기톱으로 적을 제거하는 게임을 퍼블리셔들이 제작하고 판매할 권리를 독선적인 의분으로 방어되어야 하는 시민-자유 이슈로 포장해 지지해 왔다. 이런 방어는 종종 통찰을 만들어 내기도 한다. 이들은 미국에서 폭력 범죄 사건은 사실 〈그랜드 테프트 오토〉가 온 나라를 휩쓸던 기간에 감소하였으며, 이것은 가상의 살인이 갖는 모든 부정적 사회-심리적 효과를 근대 미디어의 식단을 이루는 주성분으로 만들어 냈다.[1]

---

1. 조지 거브너(1996)가 확증한 것처럼, 신자유주의 아래에서 미국 대중매체의 성과 중 하나는

여기서 우리가 〈그랜드 테프트 오토〉에 관해 흥미를 갖고 있는 부분은 그 게임이 개별적인 범죄행위에 주는 자극이 아니다. 그것의 가상성과 제국의 구조적 폭력, 다시 말해 그 게임이, 지구적 자본에 내재한 불평등과 소외marginalization의 체계적 유형을 제시한다는 점이다. 폭력과 범죄는 보통 단지 징후일 뿐이다. 우리는 〈그랜드 테프트 오토〉에 "살인 모의실험기"가 아니라 "도시 모의체험기"로서 접근할 것이다. 〈그랜드 테프트 오토〉 게임 시리즈 설계의 훌륭한 성취물로 미국 주요 대도시의 환경을 재생했다는 점을 꼽는 것은 모두가 인정하는 부분이다. 그 게임 속에서 리버티 시티는 뉴욕을, 바이스 시티는 마이애미를, "산 안드레아스"는 로스앤젤레스, 라스베가스, 샌프란시스코의 요소들을 담고 있다(Bogost and Klainbaum 2006을 볼 것). 〈그랜드 테프트 오토〉는 "꽤나 돌아볼 만한 도시 공간을 만들어낸 상용 비디오게임으로서 가장 세밀한 개발품 중 하나"라는 찬사를 얻었고(Murray 2005, 91), 최근판인 〈그랜드 테프트 오토 IV〉(2008)는 "어두운 도시를 그린 명작"으로 묘사되었다(Manjoo 2008).

〈그랜드 테프트 오토〉 게임이용자들과의 인터뷰에 기반해, 로우랜드 앳킨슨과 폴 윌리스(2007, 818)는 도시적 게임이용자들이 실제 도시 풍경과 미디어적 재현 사이의 미묘한 상호작용에 몰두하게 된다고 주

범죄의 편재에 관해 허위적이고 공포스러운 인상을 만들어 내고, 법과 질서의 소비를 증가시키기 위한 근거를 제공한다는 데 있다. 실제로는 미국에서 아무런 보편적 범죄 증가가 없었다. 반대로, 2005년 이전에 폭력 범죄율은 지난 15년 간 감소해 왔다. 그럼에도 불구하고, 특정한 도시지대는 진짜 범죄 위기를 경험하였고, 이것은 영화, 음악, 그리고 당연히 〈그랜드 테프트 오토〉와 같은 게임에서 문화적 열광의 깊은 원천이 되었다.

장한다. 그들은 도시적 경험이 "해석, 분위기, 이어받은 관점, 대화, 미디어······로부터 파생된 시나리오들의 범위에 의해 굴절"된다고 쓰고 있다. 그들은 〈그랜드 테프트 오토〉의 이용자들이 모의체험에 대해 당연히 인지하고 있기는 하지만, 가상적인 것과 실제적인 것 간의 경계가 흐릿해지는 "관점들을 해체하고 다시 조합한다는" 것을 알게 되었다. 이것은 도시가 "자신들의 자화상과······ 섞이는" 방법의 한 예이기도 하다. 그 결과 게임이용자들은 저자들이 "루도드롬"이라고 명명한 것에 거주하게 된다. "루도드롬"이란 "게임행위에 의해 즉각적으로 생산되었다가 불안정해지고 모호해지는, 실제 세계와 도시 모의체험에로의 몰입 사이에 존재하는 중간적 공간이다." 게임-폭력성 논쟁에서 전형적인 효과 모델들과 비교하면, 가상적인 것과 실제적인 것 간의 왕복에 대한 분석은 그것이 〈그랜드 테프트 오토〉와 전체적인 도시 환경 간의 관계에 대해 다루고 있다는 점에서 더욱 세밀하고 포괄적이다. 그러나 루도드롬에 관한 앳킨슨과 윌리스의 논의에서 과소평가된 것은 디지털화된 도시들의 정치적 속성이다. 이것은 〈그랜드 테프트 오토〉와 같은 도시 모의실험 속에서 대도시의 가상적 지도 그리기가 지배적인 권력관계에 의해 정보를 얻고 그 권력관계를 다시 게임 속에 써넣는 방식이다.

이 장은 〈그랜드 테프트 오토〉가 어떻게 일반적인 의미의 도시성을 넘어 특징적이며 제국적인 방식으로 공간을 구성하는지를 탐구한다. 이 게임 시리즈는 전지구적 자본의 도시화가 이루어지는 역동적 과정 중 특정한 순간으로부터 나타나고, 순차적으로 제국을 유형화하는 계급과 인종의 영토화를 강화한다. 우리는 〈그랜드 테프트 오토〉 시리즈 중 3편을 살펴봄으로써 가상적인 것과 실제적인 도시 창조의 나선에서 세 개의 사례를 검토한다. 〈그랜트 테프트 오토 : 바이스 시티〉를 통해서 우리는 마이애미라는 도시가 어떻게 시장적 필요성이 게임의 규칙을 말 그대로 지배하는 신자유주의적 도시주의의 가상공간을 보여 주는 사례로 구성되었는지를 살펴볼 것이다. 〈그랜드 테프트 오토 : 산 안드레아스〉에서는 게임의 대도시 배열, 특히 로스앤젤레스의 배열이 어떻게 도시 공간의 인종주의화를 요약하고 있는지를 검토한다. 뉴욕의 가상적인 이중성에 배치된 〈그랜드 테프트 오토 IV〉로 돌아가면 우리는 〈그랜드 테프트 오토 IV〉의 생산물과 이윤이 어떻게 제국적인 도시풍경을 형성하는지를 보게된다. 이것은 새로운 미디어 산업이 중심도시를 재생하는 데 테이크-투가 참여하는 것이, 어떻게 게임이 묘사하는 실제 세계의 범죄자본주의로 "해체되고 재조합되는지"를 보여준다. 우리는 통찰과 〈그랜드 테프트 오토〉 시리즈가 재현하는 도시의 부패가 모순적으로 혼합되고, 공모하는 것을 고찰하며, 록스타의 가상 도시들이 가져오는 핵심어구가 궁극적으로는 제국 야만주의의 그것이라고 주장하는 결론을 내릴 것이다.

바이스 시티 : 신자유주의적 도시주의

때는 1986년이었다. 당신, 토미 베르세티는 신도시의 첫 번째 사업 계약자 중 하나인 부동산 개발자 소유의 리무진 뒷좌석에 앉아 있다. 캐링턴은 도시의 인기 있는 부동산 시장에서 다양한 기회를 만들 수 있도록 당신을 고용했다. 그는 당신이 브래스 너클[2]을 손에 끼우고 자신이 사고 자 하는 시내 지역의 부동산의 가격이 오르는 상황에 무력으로 조치를 취해 주길 바란다. 캐링턴은 이렇게 얘기한다. "옛날식의 조폭전쟁만큼 부동산 가격을 더 빨리 떨어뜨리는 방법은 없지."[3] 당신의 업무는 아이티 출신 조폭 두목의 장례식에 깜짝 방문해서 전쟁이 일어나도록 사고를 치 는 것이다. 남부 출신의 백인인 캐링턴은 이탈리아인인 당신에게 "쿠바놈 처럼 보이게 옷을 입히고" — 쿠바인은 아이티인들의 경쟁자들이다 — 장례식으 로 쫓아 내려가 아이티인 조폭을 죽이고 달아나는 일을 시켰다. 쿠바놈 들하고 아이티놈들이 서로를 칠 테고, "우리는 그냥 앉아서 가격이 폭락 하는 걸 지켜보는 거지" 캐링턴은 이렇게 말했다. 당신이 받을 대가는 2 천 5백 달러이다. 바이스 시티에 온 걸 환영한다.

며칠 전, 당신은 다중살인으로 15년 형을 살고 석방되었다. 배경 설명 에 따르면, 당신은 마피아 단원이고, 직업을 서둘러 바꾸기 위해선 최고 의 보안 상태에서 우회할 수 있는 길을 택해야 한다. 당신의 조직은 당신 이 돌아오길 기다리고 있다. 당신은 "진짜" 직업을 얻고 싶었지만, 전국적 인 실업난은 당신이 감옥에 들어갈 때보다도 더 심각해졌다. 다시 범죄자 의 길을 가는 것 외에는 달리 대안이 없어 보인다. 뉴욕 시의 집으로 돌 아온 당신의 두목, 소니 포렐리는 당신을 위해 바이스 시티의 남쪽 지역 에서 코카인 장사를 하는 일거리를 마련해 주었다. 그 일은 당신이 자립

---

2. [옮긴이] brass knuckle, 주먹의 파괴력을 높이기 위해 격투시 손가락에 끼우는 금속무기.

3. 이 장에서 이것과 그리고 다른 인용들은 다른 설명이 없으면 〈그랜드 테프트 오토〉의 대화 에서 온 것이다.

할 수 있게 해줄 것이고, 포렐리 가문을 위한 마을 내 마약 카르텔을 세우는 데 첫 발자국이 될 것이다. 밀수는 다른 가문들에게는 금지영역이지만, 포렐리는 도덕이 다른 경쟁자들이 차지하고 있는 사업 영역을 획득하는 데 도움이 되지 않는다고 생각한다. "바이스 시티는 이제 24캐럿짜리 금 덩어리다. 콜롬비아인들, 멕시코인들, 쿠바 난민들까지도 각자 제몫을 챙기고 있다." 현재 당신 나라의 코카인 공급은 남미의 대農장에서 공수되어 바이스 시티 항을 통하는 경로로 이루어진다.

항만에서의 거래는 완전히 재앙이었다. 당신네 편이 판매상에게 확인차 현금이 든 서류가방을 주었을 때, 뒤에 있던 상자들 사이에서 검은 옷을 입은 사람들이 나타나 당신의 동료와 판매상을 쏴 죽이고는, 돈과 당신이 팔기로 한 물건까지 몽땅 훔쳐 달아났다. 당신이 입고 있는 셔츠의 꽃무늬 덕에, 당신은 도주용 차의 뒤창문을 내리고 밖으로 나와 덤불 속으로 숨을 수 있었다. 당신은 이제 그 패밀리와의 끔찍한 빚 문제를 처리하기 위해 적들을 추적하기 시작한다. 일전에 당신이 마약상으로 복귀하도록 도움을 준 후안 가르시아 코르테즈 대령 – 그는 인맥이 넓은 남미 출신 전직 군인이다 – 의 선상 파티에서 조사를 시작한다. 당신은 부침이 심한 벤처사업가와 그들의 정치적 친구들에게 자신을 소개한다. 애버리 캐링턴 이외에 하원의원, 영화제작자, "미스터 코카인" 자신, 그리고 다른 여러 사람들이 그 자리에 있다. 이런 만남들을 통해 당신은 곧 바이스 시티의 범죄 사회에 깊숙이 엮이게 될 것이다. 당신의 블랙리스트가 채워짐에 따라, 당신의 청부살인업자적 기질은 단련되며, 당신 자신의 패거리 – "당신 자신의 범죄 제국 건설을 도와줄 친구들" – 가 늘어남에 따라, 당신은 택시 사업에서 포르노 제작까지 다양한 사업 포트폴리오를 통해 그 수입을 세탁함으로써, 종국에는 포렐리를 저버리고 불법적인 이윤추구를 위한 더욱 독립적인 사업을 하게 될 것이다. 충분한 돈과 무기와 패거리를 모으며, 당신은 바이스 시티의 범죄 경제에 대한 구역 관리권을 얻을 것이다. 이것은 로널드 레이건 대통령 시기 마이애미의 가상 버전으로, "신자유주의적 도시주의"의 최상급 시공간이다(Brenner, Peck, and Theodore 2005).

신자유주의는 현대 지정학적 권력의 급진적 분석에서 핵심을 차지한다. 하트와 네그리(2000, 313)는 "지구적 자본의 신자유주의적 프로젝트"라고 말하고, 〈리토르트〉(2005,14)는 "군사적 신자유주의"라고 말한다. 또한, 데이비드 하비(2007, 2, 1)는 "완전히 다른 이미지로 우리 주변의 세계"를 개조하는 "신자유주의로의 분명한 전환"이라고 말한다. 하비의 설명에 따르면, "신자유주의적 독트린"은 "인류의 행복은 강력한 사유재산권, 자유 시장, 자유 무역 등으로 특징지어지는 제도적 틀 내에서 개별 기업의 자유와 수단들을 풀어줌으로써 가장 진전될 수 있다"는 믿음에 기초하고 있다(2007, 2). 선거를 통한 선택보다는 폭력적인 "충격"에 의해 빈번하게 도입된(Klein 2007) 이 독트린은 1980년대에 마가렛 대처와 레이건 정부, 그리고 〈국제통화기금〉과 〈세계무역기구〉 같은 제도들을 통해 정치적으로 공고화되었다. 신자유주의적 정책 중, 우리에게 익숙한 것들로는 국영 산업의 민영화, 사회보장 프로그램의 축소, "마찰 없는" 기업 풍토 확보로의 국가 지향, 무역과 국제 자본 이동의 강화, 산업의 탈규제, 법인세의 감소, 조직화된 노동자에 대한 공격, 기업가주의의 제고 등을 들 수 있다. 신자유주의 하에서는, 다른 말로 하면, 자본주의의 당면과제들을 묶고 있던 제한들을 거의 완벽한 수준으로 풀어버린다. ─ 많은 사람들은 이것을 통해 사회경제적 질서가 매우 변덕스러워지고 지속성을 잃어버릴 것이 분명하다고 주장한다.

비판적인 지리학자들은, 대도시는 신자유주의가 특별하게 강력한 지대라고 주장한다. 닐 브레너와 그의 공저자들(2005)이 "신자유주의적 도시주의"라고 부른 것의 특징은 기업가적 도시의 진화이며, 이것은 탈산업화^{deindustrialization}와 예산삭감을 통해 정부가 도시들로 하여금 소생 계획과 민간영역과의 협력, 장소-마케팅 전략 등을 통해 경쟁력을 강화하는 사업가적 마인드를 더욱 갖도록 하는 것이다(Harvey 2001을 볼 것). 도시들은 지역 정책과 지역 개발로 흡수된 사업 이익, "엘리트/기업 소비를 위한 새로운 공간의 창조" 등과 함께 자본의 규칙에 점차 더 포섭되고 있다(Brenner, Peck, Theodore 2005). 이것은 한편으로는 "통제된" 공동체, 도시적 소수 거주지, 사회적 재생산을 위한 다른 "정화된" 공간들로 특징지어지는 공간적 분리의 심화를 수반하지만, 다른 한편으로는, 도시 빈민의 주변화를 동반한다. 이런 "양극화 결과"는 범죄에 대한 두려움과 "사회 통제, 치안, 감시 등에 대한 새로운 전략"을 촉진하는 법과 질서 어젠다를 불러일으킨다. 신자유주의적 도시주의의 "중심적인 목표는 도시 공간들을 시장지향적인 경제 성장과 엘리트 소비 활동 모두를 위한 장으로서 동원하고, 동시에 "하위계급" 다중들 간에 질서와 통제를 확보하는 것이다"(11). 이러한 이중적 목표는 자본주의의 "불균등한 지리적 발전"에 기초하고 있다. 이것은 한쪽에서는 빈곤이 창궐하는 동안 다른 쪽에서는 부가 축적되는, 도시와 총체로서의 지구 전체에 걸쳐서 자신을 드러내는 모순의 동력이다(Harvey 2001, 2007을 볼 것).

이러한 신자유주의적 동인들과 좀 더 광범위한 지정학적 맥락을 이전의 형태로 예증하는 도시 중 하나가 마이애미로, 〈바이스 시티〉가 참조한 도시의 실제이다(Beverley and Houston 1996과 Partes and Stepick 1993을 볼 것). 오랜 기간 필수 여행지였던 해변도시 마이애미는 1980년대부터 미국 내 정치 지형의 우경화와 중남미 지역에서의 신자유주의적 공격 모두와 일치하는 폭발적 성장 단계를 경험하고 있었다. 마이애미는 "땅-투기 경제", 남미인과 아이티인 들의 이주, 세계경제의 세계화, 금융자본의 우세ascendance 등에 의해 큰 변화를 겪어 왔다. (Beverley and Houston 1996, 32). 그러나 "마이애미 성장 기계"(Nijman 1997, 165)는 사회적 양극화를 낳았고, "이주민의 사회적 이동성"이라는 20세기 미국 서사와는 분명한 결별을 이루었다(Beverley and Houston 1996, 24). 기본적으로 서비스-지향적인 경제, 낮은 수준의 노동조직화, 그리고 이주민들로 인한 풍부한 예비 노동인력 등으로 마이애미는 탈출을 보장하는 빛나는 물가에 있음에도 불구하고 확대되는 "저임금의 사막"으로 묘사되었다(32). 1980년대 성장기에 아이티인들과 같은 몇몇 이주민 집단은 심각한 패배를 겪었고, 반면에 다른 집단들, 이를테면 카스트로에 반대하는 쿠바인들 – "미국에서 가장 견고한 우익 인종 투표 블록"(22) – 그리고 미국 반혁명전의 수혜자로 귀환을 준비하는 망명한 남미 독재자의 똘마니들 등은 엄청난 소비의 향연으로 자신들의 승리를 축하했다.

베르세티를 바이스 시티로 데려온 마약은 이러한 도시 성장 기계에서 중요한 위치를 차지했다. 게임에서 파블로 에스코바르의 이름을 딴 "에스코바르 국제공항"에 그가 도착했을 때, 그는 세계에서 가장 규모가 큰 코카인 밀수를 하는 콜롬비아계 메들린 카르텔의 우두머리였고, 이곳의 생산체인은 제국의 기관들에 의해 강제된 신자유주의적 경제정책의 결과로부터 살아남기 위해 코카인 생산에 목숨 걸고 달려드는 남미 지역 농촌의 농부계급과 마이애미를 직접적으로 연결하였다. 1980년대의 미국 문화에서는 수입된 가루 코카인에 대한 인식이 1960년대의 마리화나와 비슷했다. 1960년대가 이탈과 감속에 관한 시대였다면, 1980년대는 진입과 가속의 시대였다. 이렇게 값비싼 마약의 국제 무역은 레이거노믹스Reaganomics에서 이득을 본 부유한 미국인들의 요구에 의해 이루어진 것이다. "마약과의 전쟁"이라는 공화당의 수사나 예산 투입에도 불구하고, 코카인은 초기 신자유주의의 이상적인 마취제였다. 그 이유는 단지 증가하는 계급 불평등을 이념적으로 포장했기 때문만이 아니라 노동과 소비의 속도를 높이기 위한 인간의 에너지를 증가시키기도 했기 때문이다.

2002년, 클린턴주의Clintonism가 중단되고 공화당 우익주의자들이 조지 부시와 함께 집권한 바로 그때에 출시된 〈바이스 시티〉의 세팅은 신자유주의의 시공간 형식에 따라 수정되었다. 마이애미에 대한 초상은 수많은 다른 재현들 (텔레비전 드라마인 〈마이애미 바이스〉, 영화 〈스카페이스〉)에 의해 매개되었지만, 〈바이스 시티〉는 20세기가 끝나는 시점에서 지구적 자본을 위한 국가적 그리고 국제적 승리의 순간에 대한 우스꽝스런 오마주였다. 이것에 대한 좀 더 호소력 있는 사례 중 하나는 바로 게임 미션인 "폭동"으로, 여기서의 작전은 "빨갱이들의 대가리를 부수자"라는 지령으로 시작한다. 당신의 첫 번째 업무는 파업 중인 노동자들에게 주먹을 몇 대 날리는 (아니면 그냥 그들을 향해 차를 몰고 돌진하는) 것으로, 이를 통해 파업 중인 노동자들을 즉시 정신없는 패싸움 상황에 빠지게 만든다. - 이는 1980년대 레이건에 의해 급여를 받던 노동자들에 대한 공격적인 전쟁을 암시한다. 더불어 냉전의 마지막 단계를 알리는 것일 뿐 아니라, 당신의 작전으로 해고시킬 노동자들, 그리고 부동산 개발자들을 위해 마련해줄 것으로 보이는 토지 획득은 모두 그 시대의 마이애미, 즉 미국의 규범을 초과하는 실업과 수입 불평등 수준에 놓인 도시에 각인된 계급 불평등을 나타낸다(Beverley and Houston 1996, 29). 바이스 시티의 거리는 여행객과 행락객을 제외하면 매우 한산하다. 이는 마이애미의 메아리이다. "이 도시의 많은 부분은 실업상태이고 저소득층의 청년들과 성인들, 노인들은 오락거리라고는 거의 없는 채로 끊임없이 태양이 작열하는 뜨거운 나날들을 하릴 없이 돌아다니고 있다"(26). 이런 역사적 연관성을 생각한다면, 〈바이스 시티〉의 주인공, 토미 베르세티가 신자유주의 이론의 화신이라는 것은 별로 놀랄 일이 아니다. 1980년대 영화인 〈월 스트리트〉에서의 가장 유명한 대사가 고든 게코가 되뇐 "탐욕은 좋은 거야"라면, 〈바이스 시티〉의 1980년대 패러디와 동급이라고 할 만한 대사는 베르세티가 말한 "나는 돈을 위해 일하지"이다.

베르세티가 활동한 영토는 돈으로 만들어진 도시의 영토이다. 즉 전원풍의 아열대 환경이 투기자본, 공공투자 회수, 소비공간의 증가, 부의 불평등한 분배 등에 의해 개조되는 마이애미라는 곳이다. 바이스 시티의 도시 공간은 여러 개의 다른 이름이 주어진 영토들로 구역화된다. 부촌인 리프링크에는 도시의 부유층들을 위한 보안강화를 목적으로 정문에 금속탐지기가 설치된 섬 속 컨트리클럽이 한 쪽에 있고, 다른 반대편에는 리틀 아이티라는 판자촌으로 이루어진 황량한 주거지가 위치해 있다. 여기에는 앤티^Auntie 풀렛이라는 아이티인 갱조직의 대모가 사는 집과 미심쩍고 위험한 수많은 사업자들이 존재한다. 그러나 이러한 불균등한 사회경제적 풍경을 가로질러 베로세티가 돌아다니는 목적은 그것을 소유하고, 활성화하며, 네트워크로 연결함으로써 최적의 자본축적을 위한 상태로 만드는 것이다. 게임이용자들에게 "경쟁자들을 죽여라" 같은 명령을 이행하는 미션을 줌으로써, 〈바이스 시티〉는 시장의 당면 과제와 그 보상들을 게임으로 즐길 만한 형태로 바꾸어 준다.

〈바이스 시티〉에 대한 논의에서, 매킨지 워크는 이 게임이 "현금과 자동차, 파벌들, 그리고 무기와 부동산의 대규모 축적을 요구하기는 하지만," 이런 내용은 관련성이 없다고 주장한다. 그에 따르면, "이야기와 미술은 자의적이고, 단지 장식일 뿐"이며, "알고리즘을 발견하기 위한 수단일 뿐"이다(2007, para. 120). 그러나 "대규모 축적"은 게임의 서사와 알고리즘이 완벽하게 맞물리는 바로 그 지점에 있다. 다시 말해, 〈바이스 시티〉의 플레이 논리와 이야기 구조는 전적으로 신자유주의적이다. 베르세티의 개인적인 부채 상황 때문에 필연적이 되었지만 모든 축적의 동기는 이전에 이미 임무를 완성했을 때에 대한 보상으로서 그리고 게임 속에서 더 안전한 위치를 점하기 위한 열쇠로서 움직이는 돈을 통해 마련되었던 것이다. 게임에서 이기고 싶다면 베르세티는 돈을 창출하는 재산, 혹은 "자산"^assets을 보유해야만 한다. 그리고 자질구레한 범죄를 통해 충분한 돈을 모음으로써, 그는 인터글로벌 스튜디오와 말리부 클럽과 같은 상업 활동을 할 수 있게 된다. 또한 하루에 수천 달러씩의 수입을 거두면서도 제국을 팽창시킬 수 있는 그 영역 – 서비스업 – 에 있게 된다. 자산들은 지속적인 보상, 즉 부의 물꼬를 트게 된다. 이것은 한 〈그랜드 테프트 오토〉의 사용자가 말한 것처럼 "당신의 돈을 더욱 유용하게 만든다"(GTA Place 2008). 소유는 당신에게 바이스 시티에서 새로운 상업의 가능성을 열어 준다. 이것은 도시 영역에 대한 접근과 이동, 그리고 그에 대한 지식의 축적이 진전과 복합적으로 연계되는 하나의 세계이다. 즉 게임이용자로서 당신을 위해 도시의 얼마나 많은 부분이 존재하는가는 당신에게 돈이 얼마나 많으냐에 달린 것이다. 그러나 〈바이스 시티〉를 확실하게 신자유주의적으로 만드는 것은 당신의 재정상태가 좋아짐에 따라 노동에 대해서는 조금의 언급도 없는 채로, 단지 추상적이며 점차 증가하는 자본 축적량만이 있다는 것이다.

이런 자유기업 공리의 본질에는 다른 측면들도 있다. 폴 배릿(2006)은 어떻게 신자유주의가 〈그랜드 테프트 오토〉를 가득 채우게 되었는가에 관한 연구에서 이런 우스꽝스런 세상에서 시장과 국가가 갖고 있는 각각의 역할들에 주의를 기울인다.[4] 그에 따르면, 〈그랜드 테프트 오토〉 내에서 "국가는 감옥 역할 이외에는 어떤 존재감도 절대적으로 갖고 있지 않다." 그리고 "게임 속에는 경찰과 군대, 주류·담배·화기 단속국ATF, 그리고 다른 유사한 폭력적이고 훈육적인 기관들이 전적으로 부재한다."

---

4. 신자유주의에 대한 배릿의 논평은 실제로 〈그랜드 테프트 오토 : 산 안드레아스〉와의 관계 속에서 만들어지지만 〈바이스 시티〉에도 그만큼 잘 적용된다.

그는 또 주요 활동에서 "민주적이고 공적인 국가 비슷한 것과는 거리가 멀며 어떤 종류의 도움이라도 얻을 수 있는 정부 대리인이나 대규모의 사회 제도"라고는 없다고 주장한다(104~5).[5] 신자유주의의 기호를 지키는 과정에서, 베르세티는 자조적인 경제적 주체이고, 밀도 있는 상업적 네트워크의 집합인 그 도시는 공식적이건 비공식적이건 간에 그런 자조를 행하기에 최적의 장소이다. 국가 존재의 감소에 대비되어 시장은 바이스 시티에서 최고의 지배력을 갖는다. 그 도시에서는 "게임 사용자가 임무를 완료하기 위해 돈을 번다. 그뿐 아니라 그 도시에는 그 돈을 쓸 수 있는 다양한 종류의 가게와 쇼핑몰도 있다"(105). 〈그랜드 테프트 오토〉는 "모든 제도가 조직화되는 장치가 시장이 되는 신자유주의적 꿈"의 우스꽝스런 충족이다.

〈바이스 시티〉에서는 도시 공간이 이윤 창출을 위한 처음이자 최적의 공간으로 규정되고, 네트워킹이 상업적 성공을 위한 경로가 되며, 소비는 지배적인 보상 체계인 가상의 마을을 구축한다. 여기에는 간단히 말해 다른 상쇄논리란 없다. 배럿이 관찰한 바와 같이 〈그랜드 테프트 오토〉는 " '순수한' 신자유주의적 질서를 재현하는 데 뛰어난 능력을 보여 줬다. 여기선 어떠한 형태의 사회적 책임도 이윤 동기와 시장법에 종

---

5. 그렉 싱은 〈산 안드레아스〉가 표방하고 있는 "자유"가 상당히 호평을 받았음에도 불구하고, "그 게임은 체계적인 가치평가 모델이 놀이적 요소들 자체에 놓이는 것"과 같은 "진보를 이루기 위해 물질적 요소들을 축적하는 데" 요구되는 업무 기반의 전략을 촉진시킨다고 주장한다. 또한, "이 게임의 전체적인 서사는 게임이용자들을 자극해 주요 임무들, 즉 주요한 업무로 배정된 요소들을 마치도록 하는 데 이용되며, 이때 부수적인 임무와 게임들은 같은 수준의 기능성을 제공하는 것과는 거리가 멀지만 대신에 자유의 감각을 제공한다"고 주장하기도 한다(2006, 6).

속된다"(105). 따라서, 모순적이게도 〈바이스 시티〉는 일탈적인 범죄적 하위문화를 묘사할 수도 있지만, 지배적인 질서의 습관적 논리를 통해 작동하고 있다. 여기서 토미 베르세티의 뿌리로 돌아가 보자. 역사가인 에릭 홉스봄(1998)은 〈바이스 시티〉가 자유롭게 참조한 영화 〈대부〉에 대한 미국 관객의 열광에 대한 논평에서 마피아의 "사업은 사업이다"라는 모토가 완벽하게 미국 자본주의의 이념적인 논리를 체화하고 있다고 말한다. 이 슬로건은 가상의 도시 바이스 시티의 캐치프레이즈일 뿐 아니라, 그것이 열광하는 신자유주의적 도시주의의 캐치프레이즈이기도 하다. 그러나 신자유주의적 도시주의가 심화시킨 사회공간적 양극화는 우리가 이하에서 보듯이 폭탄이 될 수도 있다.

산 안드레아스 : 인종화된 공간

　매일 난 내가 어떻게 죽을지 궁금할 뿐이야 / 내가 아는 거라곤 살아남는 법뿐이지. 당신이 시내의 로스 산토스 감옥에 있는 동생 스윗Sweet을 데리러 가는 동안 카오디오에서는 래퍼인 투쇼트의 노래 "게토"가 흘러나온다. 그 곡의 메시지는 최근 몇 주 간 대혼란을 겪은 가정을 다룬다. 가사의 내용은 이렇다. 네 엄마는 폭주족들이 갈겨 대는 총에 벌집이 되었어. 너의 파괴는 피비린내 나는 갱단들의 전쟁을 일으켰지. 지역 경찰서장은 너에게 내부고발자를 죽이라고 협박하지. 너의 제일 친한 친구는 네 엄마를 죽인 갱들과 공모해선 널 배반하고, 이제 내가 자라 온 도시를 망가뜨리는 마약을 팔고 있어. 넌 셀 수 없을 정도로 많이 감옥을 들락거리고 있어. 하지만 당신은 이제 잔고가 꽤 되는 은행계좌를 갖고 있고, 좋은 집도 있어. "니 출신을 잊지 마. 거만한 깜둥이 씨." 스윗은 당신에게 당신의 옛 고향 마을이 당신의 오랜 경쟁 조직인 밸라스의 영역권에 들어갔다는 사실을 알려 주며 이렇게 말한다. 당신 옆에 항상 대기 중인 소총, 칼라쉬니코프는 지난한 전쟁의 파도 속에서 당신의 유일한 동맹이 될 것이다. 진짜 세상에는 하나의 규칙만이 있을 뿐이야/ 바로 너 자신을 지키는 것, 너와 네 것들을 지키는 것이지. 당신이 여전히 숨 쉬고 있다는 것은 그러한 지킴의 증거이고, 당신이 스스로 습득한 도시의 지혜들, 즉 사격술, 꾸준한 운동, 사업적 안목, 시간 관리, 청결 유지, 그리고 당연히 차량절도 등은 이 모든 것들의 증거이다. 네 자신의 지금 모습을 부끄러워 마라. 당신은 칼 존슨, 씨제이ⓒ, 로스 산토스의 그로브 거리에 있는 흑인 거주구역의 적자이자, 〈그랜드 테프트 오토 : 산 안드레아스〉의 주역이다.

산 안드레아스가 참조한 실제 도시 중 하나는 1990년대 로스앤젤레스이다. 그리고, 크립스 앤 블러드를 포함해 60명쯤 되는 흑인·남미계·아시아계 조폭들은 도시의 그 지역을 마약상과 길거리 깡패들이 맘대로 총질을 할 수 있는 곳으로 만들어 자신들의 세력을 확보하려고 하였다. 반면에, 부패하고 군대화된 경찰력은 유색인종에 대한 저강도 시가전을 시행하고 있었고, 포괄적인 감시 시스템, 민간 경비 인력, 기업 지대와 부유층의 거주지구 등을 위한 건축적 강화를 통해 "공포의 생태환경"을 키워 가고 있었다(Davis 2002, 378). 주민들이 차별, 경제적 피폐, 일상적인 공포를 인내하고 있는 동안, 로스엔젤리스의 거주지구는 제국의 사회적 허구 속에서 예외적인 역할을 점유하게 되었다. 이것은 〈컬러스〉와 〈보이즈 엔 더 후드〉 같은 영화를 통해서뿐 아니라, 좀 더 지속적으로 이 지역에서 나타나고 – 또 복귀한 – 대규모 상업적 청년문화 복합체로 확산된 랩과 힙합 문화를 통해서 이루어졌다.

이런 혼재 속으로 록스타가 끼어들었다. 〈그랜드 테프트 오토〉는 언제나 정체성, 영토, 범죄적 상거래의 폭력적인 상호작용에 관해 다루었다. 이 게임 시리즈의 초기에는 콜롬비아계 카르텔, 레오네 패밀리 마피아, 자메이카계 업타운 야르디, 일본계 야쿠자 등이 등장했고, 〈바이스 시티〉에서는 쿠바계와 아이티계 갱단들이 추가되었다. 그러나 〈산 안드레아스〉에서는 인종화된 주체들에 관한 록스타의 가장 도발적인 탐구가 이루어진다. 아프리카계 미국인이라는 씨제이의 정체성은 스포츠 게임을 제외하고는 모든 장르의 게임이 백인으로 도배되어 있는 게임 문화에서 급진적인 움직임으로 비춰졌다(Leonard 2006, 84). 이러한 코드를 깨기 위해, 록스타는 두 개의 초법적 문화 – 랩과 게임 – 간의 동맹을 구축하였다. 로드리고 바스쿠냥과 크리스티안 피어스(2007, 189)가 말한 바와 같이, 〈산 안드레아스〉의 성공과 더불어 "미국 흑인이나 남미계 캐릭터를 집어넣은" 도시 범죄 게임들은 "힙합 경험의 일부"가 되었다. 〈산 안드레아스〉는 재빨리 자신들을 선동가로 묘사하는 몇몇 래퍼들에 의해 복제되었다. 〈피프티센트 : 불렛프루프〉[6]를 한 예로 들 수 있고, 〈크라임 라이프 : 갱 워〉를 위해 디트웰브[D12]가 작업한 것과 같은 사운드트랙 등이 있다. 이것들

---

6. [옮긴이] 실제 미국의 힙합 래퍼인 '피프티센트'가 주인공으로 등장해 복수를 펼치는 콘솔용 게임.

은 모두 "큰 총들이 …… 지배하는" 그리고 줄거리가 대체로 "예전 악당이 딜레마에 봉착한 후 – 자신의 모든 예전 재주들을 활용해 – 옳은 일을 하는" 공식을 따르는 게임들이었다(191). 이런 템플릿은 씨제이의 무용담, 즉 도시의 조폭이 손을 씻으려고 최선을 다하지만 수많은 적들을 학살한 후 정의의 종말로 가는 극단에서 불법적인 부를 쌓는 것 외에는 다른 선택이 없음이 분명한 사람의 이야기에 기반한 것이다.

록스타의 문화정치적 계략에 대한 의견은 상당히 첨예하게 분열된다. 한편에서는, 〈산 안드레아스〉가 "흑인남성 선동가가 대중적인 호소력을 갖는" 것이 가능함을 보여 주는 게임으로서 찬사를 받는다(Murray 2005, 97). 그들은 백인 게임 사용자들이 미국에서 가장 공포를 자아내도록 인종화된 타자의 신발을 차지하도록 하는 것은 그 자체로 교육적이라고 주장한다. 그러나 그 게임은 동시에 "지독스레 폭력적이고 엄청난 약탈자로서 흑인남성의 전형"을 강화하고 있다는 비판 또한 받는다(Everett and Watkins 2008, 154). 씨제이는 그의 범죄성, 폭력성, 그리고 체격(예를 들어, 임무의 성공은 체육관에서의 운동·식이조절·일정 등의 체력 요법을 요구한다) 등으로 정의되며, 이것은 그에게 또 다른 이상화된 "전형적인 성적 매력을 품고 있으며, 육체에 분명한 근간을 두고 있는" 흑인남성으로 만들었다(Barrett 2006, 98). 더욱이, 산 안드레아스에서의 삶은 "폭력과 공포의 대상이자 원천으로서" 흑인남성이 등장함으로써, "쓰다 버릴만 하고 위험스러운 것으로 낙인찍혔다"(98~99). 소외의 교훈적이고 윤리적인 경험과는 별개로, 씨제이의 주체 위치를 차용한 것은 "디지털 음유"(Everett and Watkins 2008, 148; Leonard 2004) 혹은 흑인의 정체성과 미학이 역사적 이해나 정치적 연대가 없이 가상적으로 시도될 수 있는 "인종적 '슬럼화'"로 비판받았다. 자유적 다문화주의와 수반되는 상업적 기회에 대한 논의에서 폴 길로이는 "문화 산업은 흑인성^{blackness}에 대해 상당한 투자를 준비했는데, 이는 그것이 사용자 친화적이고, 가내에서 훈련되었으며, 시장에 내다 팔 만한 '독해'"를 만들어 낼 것이라는 가정에 따른다고 적었다(2000, 242). 〈산 안드레아스〉에서 테너 히긴의 관찰에 따르면, 사람들은 "대중들의 신화에 따라 역할을 수행하는 곳이라면 어디에서나 아시아인들은 양복을 입고 다니는 삼합회 멤버이며, 이탈리아인들은 갱들이고, 산 안드레아스의 삼림지대에 있는 사람들은 마르고, 놀라 입이 딱 벌어진 촌놈들이다." 그래서 그 게임은 "분명히 다방면으로 이루어지기도 하지만", 그것은 또한 각 집단의 통일된 "범죄와 폭력에 대한 개입"뿐 아니라 "고정관념에 대한 완고한 집착"에 의해서도 "균질화되었다"(2006, 77~78).

이러한 정형화는 씨제이를 넘어 그가 살고 있는 도시공간으로 확장된다. 그의 고향 마을인 로스 산토스는 위험이 도처에 있는 게토 같은 곳이다. 씨제이가 게임 도입부에 그로브 거리^{Grove Street}로 돌아온 것은 폭력의 세계로 돌아왔다는 것과 동의어이다. 차를 몰고 다니며 총질을 하는 것은 (만일 당신이 하고 싶다면) 일상적으로 일어나는 일이고, 마약중독자들이 거리를 활보하고, 갱조직 간의 전쟁이 공원에서 일어나는 곳이기 때문이다. 사실상 거의 모두 잠재적으로 소모품이라 할 수 있는 거주민들은 마치 원래 그런 것처럼 힘없고 폭력에 빠져들 운명에 놓인 것 같은 인상을 준다. 이로 인해, 비평가들은 〈산 안드레아스〉의 "범죄성, 기능

이상성, 문화적 혼란 등으로 규정된" 흑인 지구에 대한 "게토중심적" 비전이 "새로운 인종주의"라는 담론을 확인시켜 준다고 주장한다(Leonard 2006, 64, 65). 상업적 기회들에 대한 〈그랜드 테프트 오토〉의 도시 격자는 인종화된 영토이다. 씨제이가 활보하는 거리에서, 안전과 위험의 구역은 인종으로 구분된다. 친구를 찾을 수도 있고, 장물을 숨겨둘 수도 있으며, 자산을 모을 수도 있는 안전한 곳도 있지만, 멈추지 말고 지나쳐야 하는 곳, 속도를 내서 지나가야 할 곳, 인종이 아주 강력한 통행권이 되는 위험한 곳도 있다. 〈그랜드 테프트 오토〉는 다른 어느 비디오게임에서보다 훨씬 높은 수준으로 다종다양한 도시 생활, 이주민 공동체의 층위들, 현대 미국의 인종적 복합성 등을 각인한 가상의 다문화적 대도시를 제시하고 있다. 그러나 그것은 폭력과 야만적인 세력권 다툼으로 규정되고 있으며 끓고 있는 용광로이다. 도시적 모래상자에 차별을 심어넣음으로써, 〈그랜드 테프트 오토〉는 – 부유함과 빈곤함, 특권과 박탈이 신인종차별주의neoapartheid의 구분선을 따라 각인된 – 실제의 제국적인 도시풍경의 차원을 놀이 속으로 넣었다.

안나 에버랫과 S. 크래이그 왓킨스는 〈그랜드 테프트 오토〉를 특별히 다루었다. 그들은 이러한 가상성들을, 젊은 게임이용자들이 "인종과 종족성ethnicity을 이해하고, 수행하며, 재생산하는", "인종화된 교육적 지대", "강력한 학습 환경"이라고 명명하였다(2008, 142). 게임에 풍부하게 사용된 시각적·음향적 환경은 "인종적으로 흑인과 황인의 공간으로 구분되어 있고" 이는 단순히 "그림을 보여 주는" 것이 아니라 게임이용자을 인종 활동에 참여시킴으로써 인종에 관한 가정 총체를 동원하도록 한다. 〈그랜드 테프트 오토〉는 인종주의의 "난제" 주변에 가상의 도시주의를 형상화하고 그것이 다양한 대응들을 끌어내는 동안, 종족적 정체성의 측면에서 끊임없이 게임이용자들에 대응하는 우스꽝스러운 어젠다를 세운다. 〈그랜드 테프트 오토〉가 소통하는 일련의 고정관념은 인종화된 정체성과 종족으로 구별된 지도가 불변적이고 본질화되며 변혁을 넘어설 뿐 아니라 도시 생활이 이루어지는 바로 그 거리로 견고하게 구분되는 것으로 보이는 가상의 세계를 창조한다.

이러한 인종적 난제가, 도시적 가능성에 대한 〈산 안드레아스〉의 비전을 규정하는 방식은 간단히 "폭동"이라고 불린 게임 미션의 마지막 단계에서 확연히 드러난다. 지금까지 당신은 씨제이로서 수백 시간을 뛰고 총질하는 데 썼는데, 이제는 사실상 이 게임 세계를 규정하는 종족적 세력권을 가로지르는 동맹세력을 모으게 된다. 이를테면, 당신의 동생인 스윗, 당신 여동생의 남미계 남자친구인 세자르, 멕시코계 갱인 카탈리나, 마약중독자 히피인 더트루스 등이다. 당신의 오합지졸 대원들은 지금 당신의 저택 ─ 랩 사업에서 얻은 부수입 덕에 얻은 ─ 에서 텔레비전을 둘러싸고 모여 있다. 텔레비전에서는 뉴스해설자가 세간의 이목이 집중된 프랭크 텐페니에 관한 재판을 생중계로 보내주고 있다. 로스 산토스 경찰서 소속의 부패경찰인 그는 당신을 몇 년째 협박하던 자이다. 그러나 협박부터 마약까지의 기다란 죄목에도 불구하고 그는 핵심 증인의 갑작스런 죽음으로 석방되곤 했다. (당신이라면 어떻게 풀어야 할지 알 수도 있는 미스터리). "저건 정의가 아니지." 스윗이 소리쳤다. "우리 모두 이용당한거야." 당신이 덧붙였다. 갑자기 거리에서 시끄러운 소리가 들려왔다. 세자르가 슬쩍 밖을 살폈다. "도시가 몽땅 들썩이고 있군!" 부패와 억압에 대한 역겨움이 대규모의 도시 폭동으로 분출되고 있는 중이었다. 당신은 그로브 거리로 나는 듯이 달려가 폭도들로부터 그 거리를 지키려 한다. 스윗은 약탈자들에 대해 동정심을 보인다. "나는 집에 앉아서 쇼핑 채널이나 보는 게 나을 거 같아." 당신은 도시의 전경을 볼 수 있는 곳에 도달했다. 헬리콥터들이 도시 상공을 선회하고 있고, 사이렌이 울려 대고, 연기가 자욱해지며, 비명소리가 들리고, 사람들은 뛰어다닌다. "주위를 둘러봐. 씨제이." 쎄자르가 말했다. "도시가 온통 전쟁터야"

당신이 보기에는 이런 문제들의 근원으로 인도할 만한 일이 아직 끝나지 않았다. 그것은 바로 당신의 옛 친구인 빅스모크를 제거하는 일로, 그는 그로브 거리를 파괴한 마약상이다. 〈건스앤로지즈〉의 〈웰컴 투 더 정글〉을 자동차 라디오에 틀어 놓고 그는 스모크의 요새화된 코카인 궁전으로 내달렸다. 그곳을 돌파하기 위해 당신은 ─ 약탈자들을 잡기 위해 주정부가 거리로 끌고 나온 ─ 경찰특공대의 장갑차를 훔쳐서 몇몇 사람들의 정의를 수행하기 위해 쳐들어갔다. 스모크는 펜트하우스 층[7]에 있는 소파에 누워 마리화나 파이프를 옆에 두고는 비디오게임을 하고 있다. 어둑어둑한 상태에서의 싸움이 있은 후, 그는 자신을 코카인 제국으로 이끈 것은 젊어서 비명횡사하기 전에 유산을 남기고자 하는 욕망이었다고 말하며 내려온다. 이것에 대해 생각할 시간이 없다. 마약을 판 돈이 있는 곳에 텐페니가 있다. 그러니 당신은 그가 나타나 현금이 든 가방을 들고 달아나려 해도 놀라지 않는다. "도시의 반이 경찰을 죽이려고 쫓아다니

---

7. [옮긴이] 고급 아파트의 최상층. 보통 가장 넓고 가장 비싼 층.

고 있어, 칼. 난 경찰차에서 끌려 나와 맞아 죽는 꼴을 당하진 않을 거야"
라고 텐페니가 말했다. 맹렬한 거리 추격이 지난 후 당신은 로스 산토스
에서 거의 그를 따라잡지만, 이윽고 당신이 보는 것은 차도 위에서 피를
흘리며 죽은 그의 모습이다. 그걸 지켜보며 더트루스는 자신의 시대에는
실패했던 것을 해낸 데 대해 칭찬을 한다. "넌 짱이야. 그러니까 내 말은
니가 시스템을 부순 거잖아!"

　　이 영화 같은 결말은 실제 도시의 폭동, 1992년 로스엔젤리스 폭동
을 모방한 것이다. 백인 LA경찰들이 [흑인] 로드니 킹을 구타하는 장면이
비디오테이프에 찍힌 이후 3일 동안 계속된 인종 간 폭동이었다. 44명이
죽고 2천 명이 부상을 당했으며 방화와 약탈로 10억 달러의 피해가 발생
했다(Soja 2000, 373을 볼 것). 〈그랜드 테프트 오토〉가 이 사건들을 시
연하고, 수정하고, 재생시킨 방식은 그것의 우스꽝스런 논리에 관해 많은
것을 우리에게 얘기해 준다. 로스엔젤리스에 관한 데이비스의 연구(1990,
1998, 2002)가 말하듯, 1992년 폭동의 사회적 지형은 백인 경찰과 정치적
기반 ─ 그리고 신자유주의화 ─ 의 오랜 인종적 편견이 가장 큰 원인이었다.
지구적인 아웃소싱과 탈산업화는 노동계급 고용과 공공영역의 일자리에
대한 캘리포니아의 중심을 잃게 만들었다. 복지와 사회 서비스에 대한 예
산을 삭감한 레이건-부시의 정책은 부유한 중산층이 로스엔젤리스 중심
부에서 교외로 이동하게끔 만들었다. 이들은 다시 다양한 "주변 도시"로
이동했고 여기에 더해 국경 남쪽에서는 중미의 반혁명전쟁으로 인한 초
국가적 이주의 물결이 일었으며 이는 폭동의 불씨로 작용했다. 계급과 인
종을 가로지르는 불만이 분명하게 드러난 것이다.

〈그랜드 테프트 오토〉 버전에서 폭동은 백인 경찰의 폭력에 의해 촉발되지는 않는다. 텐페니는 아프리카계 미국인이다. 그 게임은 로드니 킹과 관련된 백인의 인종주의를 보편적인 냉소로 회피한다. 즉 흑인 경찰도 부패할 수 있다는 것이다. 더욱 호소력을 갖는 것은 씨제이가 선언한 "시스템"의 패배이다. 그는 다른 종족 간 동맹이나 다른 성별 집단 간의 동맹을 통해 범죄자본가들과 마약상을 자신의 흑인 공동체에서 몰아냈다. 도시의 붕괴를 막기 위해 신자유주의적 정책의 거부가 필요하다는 주장과는 전혀 상관없이, 이 게임이 제시하는 한 가지 유사유토피아적 순간은 잡종화된 자유 기업의 경로가 만들어지는 순간이다. 이 게임의 결론은 LA 폭동 이후의 특수한 시점을 모방한 것이 분명하다. 크립스와 블러드는 휴전을 한 채로 "우리에게 망치와 못을 달라 : 우리가 도시를 재건할 것이다"라는 제목 하에 재건 계획을 발표한다. 이 재건계획의 핵심은 대규모의 공공기금을 공동체 시설, 공원, 보건소, 저렴한 주택 등에 투자하는 것이다. 비록 블러드-크립스 제안이 당국에 의해 묵살되긴 했지만, 폭동 이후 LA의 이야기는 일련의 공동체와 노동자 조직 간의 사회적 투쟁을 드러냈다. 여기에는 〈경비원을 위한 정의〉라거나 "정의 없이 성장도 없다"No Justice, No Growth와 같은 슬로건을 내건 〈새로운 경제를 위한 로스엔젤리스 동맹〉 같은 사례들이 있는데, 이들은 에드워드 소자(2000, 407~15)가 "민주주의와 공간적 정의spatial justice"라고 명명한 것이 제시하는 지령 안에서, 통제되지 않는 시장화와는 거리를 둔 도시 발전을 구성한다. 이것들은 갱스터의 매력과는 아무런 상관이 없는, 체제를 공격하려는 시도들이다. 그리고 〈그랜드 테프트 오토〉의 가상적인 지도그리기의 측면에서 보면 이것들은 완전히 지도 바깥에서 벌어지는 싸움들이다. 고정되고, 본질화되었으며, 정형화된 인종적 정체성을 담은 게임의 배열은 제국 내의 다양한 인종 집단들의 위치를 정하고 규정하는 사회적 과정들과 역사들을 모호하게 만든다. 이로 인해, 인종과 계급이 서로 얽힌 억압에 도전함으로써 이 구조에 실제로 도전할 수도 있는 선택지는 게임의 배열에서 배제될 수 밖에 없다. 〈산 안데르아스〉가 이 인종차별적인 현실에 대해 내리는 평결은 다음과 같은 씨제이의 운명론이다. 게임에서 "폭동" 단계의 주요 장면으로 가는 과정에서 씨제이는 그 만연한 억압에 대해 "그게 이 엿 같은 세계가 생겨먹은 방식이야"라고 설명할 수 있을 뿐이다.

리버티 시티 : 범죄자의 도시

밤의 어둠 속에서 니코 벨릭은 리버티 시티 항에 도착했다. 벨릭의 동유럽 억양을 알아챈 항만노동자들은 "세계 정복"은 딴 데 가서나 하라며 그 이주민을 놀려 댔다. 벨릭은 인신매매를 하던 자신의 범죄자로서의 과거와 보스니아 전쟁에서 자신의 부대를 배반한 예전 동료를 추적하고자 하는 생각으로 이 대도시로 오게 되었다. "인생은 복잡하다. 난 사람들을 죽였고, 밀수하고, 팔아 넘겼다. 아마도 여기는 다르겠지." 벨릭의 희망은 그의 사촌 로만을 통해 생긴 것이다. 사촌 로만은 자신이 이 도시에서 "아메리칸 드림"을 실현했다며, 가득 찬 은행 잔고며, 여자친구를 여럿두고 있다는 등 호화스런 생활상에 대해서 과시하는 편지를 보냈던 것이다. 그렇지만 도착과 동시에 벨릭은 사촌이 자신을 속였다는 것을 깨달 았다. 로만은 영세한 택시 회사에 일하고 있었고, 셋방살이 아파트에 살 고 있었으며, 감당 못할 만큼의 빚도 있었던 데다가, 빚보다 더 감당하기 어려운 적들도 두고 있었다. 2008년 거의 완벽에 가까운 평론을 받으며 출시된 〈그랜드 테프트 오토 IV〉는 이 시리즈의 전작들에서처럼 "최상위 층의 부와 부동산"으로 이루어진 이야기를 반복하는 것이 아니라 "생존 과 실존"의 이야기를 다루고 있다(Doree 2007).

〈그랜드 테프트 오토 : 바이스 시티〉와 〈그랜드 테프트 오토 : 산 안 드레아스〉가 도시 시뮬레이션에 있어서 난공불락의 성과물이긴 하지만, 〈그랜드 테프트 오토 IV〉의 리버티 시티와 뉴욕 시 간의 유사성보다 더 놀라운 것은 없다. 하트와 네그리가 제국 속 "돈"의 정점으로 본 대도시 를 세팅하는 데 소요된 돈이 1억 불이라는 것을 생각하면, 이것은 지금까 지 중 가장 비싼 게임일 가능성이 높다(Androvich 2008b). 이러한 도시 선택을 통해 〈그랜드 테프트 오토〉 게임 시리즈는 가상적 도시주의와 실제적인 도시주의 간의 상호작용에 새로운 차원을 더했다. 이제 우리는 북미의 도시들이 어떻게 〈그랜드 테프트 오토〉 안에서 재현되었는가뿐 만 아니라 록스타 같은 미디어 기업들이 어떻게 자사의 부를 통해 실제의 도시공간을 재현하는지, 그것이 빈번하게 법의 테두리를 벗어남에도 불 구하고 어떻게 일어나는지를 검토할 것이다. 뉴욕 시와 리버티 시티는 진 정한 쌍둥이 도시이다. 하나는 실재이고, 다른 하나는 가상이다. 그럼에 도 그 둘은 범죄 자본을 교환한다.

리버티 시티는 지난 〈그랜드 테프트 오토〉의 환경이 되어 왔다. 그것은 그 시리즈가 3차원 도시 시뮬레이션으로서 믿음을 얻게 해준 게임인 〈그랜드 테프트 오토 III〉의 주요 배경지이고, 그 시리즈의 다른 게임에서 자주 언급되거나 아니면 잠깐 방문되기도 한 공간이다. 이런 반복이 자주 나타난 것은 뉴욕 버전이긴 하지만 가장 포괄적이면서 상세하게 이루어진 것은 〈그랜드 테프트 오토 IV〉에서이다. (록스타 스카티시 스튜디오에서 이루어진) 이 대도시의 디지털 지도그리기 뒤에는 (록스타의 뉴욕 본부에서 운영된) 포괄적인 연구 노력이 있었는데, 여기에는 10만 개가 넘는 장소에서 교통 흐름과 강우, 사진 등을 관리하기 위한 저속촬영 영상 기록들이 포함되었고, 도시 구석구석에서의 종족적 "특성"character을 조사하기 위한 정기 현장 방문 등이 포함되었다(Bowditch 2008; Boyer 2008a). 모의실험화된 도시는 차별성 있는 인구와 건축 양식 등 수많은 도시의 역사적 랜드마크와 장소들을 기준으로 지구별로 나뉘어졌다. 뉴욕의 불균등한 사회적 지형을 반영하며, 이 게임은 브루클린의 보헤미안, 맨해튼의 상업주의, 소호SoHo의 풍요로움, 브롱크스의 어두운 지역 등을 비춰 준다. 고화질의 그래픽은 광고로 가득 찬 타임 스퀘어처럼 익숙한 광경들을 부각시킨다. 사람들은 보도를 따라 바쁘게 움직이고, 취객들이 넘쳐 나며, 지역에 걸맞은 억양들이 들려온다. 어떤 논평자는 이 도시의 소리들이 "우리가 살고 숨 쉬는 것만큼이나 사실적"이라고 확신한다(Doree 2007). 이 게임은 오늘날 도시 의사소통 수단의 활용도 포함시켰다. 이를테면, 도로탐색을 위한 GPS와, 벨릭이 연락을 지속하고 자신의 다음 범죄거리에 대한 지시를 받을 수 있는 휴대폰 인터페이스와 같은 것들이다.

이러한 도시 배경은 〈그랜드 테프트 오토 IV〉의 플롯을 짜고, 대본을 쓰고, 그 환경을 시각화한 사람들과 매우 유사한데, 이들은 뉴욕에 거주하는 수많은 사람들이다. 록스타의 공동창업자인 댄 하우저는 이렇게 말한다.

> 우리는 여기에 여러 해 살았다.…… 우리는 이곳에 사는 경험의 몇몇 측면들을 파악할 수 있었다 – 왜냐하면 당신은 실제로 이 거리를 배회했고 몇몇 변태들도 만나고 있기 때문이다. 그리고 그게 이 게임의 전부이다. 당신이 거리에서 만난 것과 같은 종류의 변태들을 만나는 것, 그리고 화가 난 여피yuppie들을 만나는 것 따위 말이다. 뉴욕 생활의 큰 부분은 거리를 배회하고 이상한 인간들을 만나는 것이다. 그게 바로 우리가 이 게임에 반드시 집어넣으려고 했던 것이다.(Game Informer 2007에서 인용)

실제로, 벨릭의 이야기는 이상스럽게도 그 창조자인 록스타의 이야기와 공명한다. 유사성과 대체의 불가사의한 연극을 통해서 말이다. 그것은 "엄청난 부와 부동산" 그리고 "생존과 실존" 모두에 관한 이야기이다.

벨릭과 마찬가지로, 댄 하우저와 그의 형제인 록스타의 공동설립자 샘 하우저는 뉴욕으로 이주해 온 이주민이다. 그러나 그들은 누추한 거리 출신과는 전혀 상관이 없다. "예비학교 졸업생인 영국인"(Kushner 2007a), 기업가 가정의 자식인 그들은 런던의 엘리트 사립학교를 졸업해서 음악 계통에서 일하다가, 나중에는 독일계 미디어 그룹인 베텔스만 산하의 비엠지BMG 런던 지부 쌍방향 미디어 지부에서 일한다. 비엠지는 〈그랜드 테프트 오토〉의 초기 버전인 자동차 도둑 게임, 〈레이스 앤 체이스〉를 제작한 스코틀랜드 게임 회사를 인수했다. 비엠지의 쌍방향 미디어 지부는, 신출내기 뉴욕 비디오게임 퍼블리셔로, 부유한 언론가문의 자손인 라이언 브랜트가 1998년에 시작한 테이크-투 인터렉티브가 인수하였다. 테이크-투의 우산 아래서, 하우저 형제는 퍼블리셔를 만들기 위해 뉴욕으로 갔는데, 이렇게 해서 설립한 것이 록스타 게임스이다. 록스타는 "꼬뮨Commune이라는 별칭이 붙은, 뉴욕의 소호지구에 있는 바닥이 다 들려 있는 아파트"에서 사업을 시작했다(Kushner 2007a). 하우저 형제들은 닷컴 붐으로 급속하게 변하고 있는 도시의 심장부에서 자신들의 "두 번째 고향"을 발견했고 디지털 산업의 수요를 만나게 되었다. 사실 이 닷컴 붐은 미국 정부가 하우저와 같은 사람들에게 의심 없이 흔쾌히 비자를 발급해 주는 반면에 벨릭과 같은 사람들에게는 그렇지 않았던 시절이다.

빈센트 모스코는 "정보와 오락 사업의 통합된 네트워크의 발전"으로 인해 이 시기 뉴욕에서 작동하던 대변혁을 묘사했다(1999, 107). 1970년대 뉴욕은 재정 붕괴의 위기에 있었는데, 이것은 데이비드 하비가 "금융기관의 쿠데타"라고 묘사한 하나의 영웅담의 종말로, "기업 복지를……사람의 복지"로 대체하고 기업적 관점이 도시 행정에 도입되는 결과를 낳았다(2007, 45, 47). 하비에 따르면, 1980년대와 1990년대 도시 불평등의 악화는 "범죄폭력을 통한 재분배가 빈곤층에게 몇 안 되는 선택지 중 하나가 되었고, 정부당국은 빈곤에 허덕이고 주변화된 주민들의 공동체 전체가 범죄화되는 경험을 하게 되었음"을 뜻한다(48). 1990년대

공화당 출신 시장인 루디 줄리아니는 도시를 사업하기에 안전한 곳으로 만들어 "도시를 깨끗이 하겠다"고 약속했다. 이 모든 것은 새로운 미디어 산업 도시의 단계에 도달하는 과정을 도왔고, "불사조 전설의 사이버 버전, 즉 이 경우에는 산업적 과거의 잿더미에서 부활한 도시"를 약속하는 것처럼 보였다(Mosco 1999, 107). 디지털 이식의 두 가지 핵심은 맨해튼 남쪽 끝에 위치한, 실리콘 앨리로 알려진 첨단 지구와, 타임 스퀘어 미디어그룹 단지이다. 이 두 가지 속에, 그리고 그 둘 사이에는 "광고, 출판, 방송, 통신, 대중오락, 현대 미술, 그리고 패션……의 혼합물"이 "중첩된 지구들districts의 집합"을 침범하며 배양되고 있다.

이러한 유입은 뉴욕의 닷컴 소유주와 노동자들의 거주를 위해 그 도시의 지역들이 재편성됨에 따라 빈민가의 젠트리피케이션이라는 결과를 낳았다. 도시 거주지의 한때 의심스러웠던 명성은 이제 호소력 있는 세련됨으로 인식되었다. 뉴욕의 "고층아파트에서 사는 것"에 드는 돈은 치솟았고, 값싼 작업실 공간을 찾으며 의도치 않게 이러한 새로운 전선에서 선구자적인 역할을 하게 된 예술가들이 부동산 개발에서 쫓겨나는 상황이 빈번하게 발생했다. 이것은 록스타'의 젊은 사업가들이 씨를 뿌리고 열매를 맺게 한 "닷컴 도시주의"의 한 장면이었다(Ross 2004). 하우저 형제가 주최한 "록스타 꼭대기" 판촉 파티, "입장권을 얻는 것 자체가 게임"이라는 이상한 전화 통화와 당황스러운 조사를 요구하는 이 파티는 뉴욕의 새로운 가상 계급의 도시거주자를 위한 멋들어진 행사 코스 중 하나일 뿐이었다(Kushner 2007a). 돈이 흘러들어 옴에 따라, 록스타는 최종적으로 브로드웨이 622번지에 있는 또 다른 꼭대기 공간으로 이동하고자 하였는데, 이곳은 현재 록스타와 테이크-투가 위치하고 있는 곳이기도 하다. 그들이 점유하고 있는 건물은 젠트리피케이션 과정의 대표적인 희생 사례였다. 오랫동안 그곳에 있던 댄스 스튜디오 같은 기존의 입주자들은 한 달 대여료가 1만 달러 이상으로 폭등함에 따라 떠날 수밖에 없었던 것이다(Carr 2001).

모스코가 지적한 바와 같이, 실리콘 앨리 닷컴 기업들의 "새로운 기업가 정신"의 상당 부분은 "시장 가격보다 낮게 최고의 대여공간"을 열어 주고, "부흥하는 닷컴을 경영하는 데 필요한 기술들로 오래된 건물들의 개량을 지원하는" "정부의 금융지원"에 의해 가능해졌다(2003, 15). 이것은 뉴욕 사업향상지구[BIDs] ─ 본질적으로 기업에 의해 통제되는 소지구[mini-municipal] 정부 ─ 의 확산을 낳았다. 사업향상 지구는 "거리를 지키고, 공원을 관리하고, 쓰레기를 실어 나르고, 노숙자를 없애는" 일을 하며, "본질적으로 첨단기술 노동자와 그 가족들의 품위를 높여 주는" 공적 공간을 통제한다(Mosco 1999, 111). 이런 변화는 노숙자와 모든 종류의 혐의자들에 대한 탄압을 동반한다. 길거리 예술가들에게 면허를 부여하고, 거리 악사들을 공격하며, 신문 판매상들을 괴롭히며, 거리 시위자들을 진압하면서, 뉴욕경찰과 사업향상 지구는 "제재, 민영화, 전투적인 반-복지 법제화, 민간목적을 위한 공적 공간의 활용을 위해 대기업에게 비교적 자유로운 통제권을 주기 위한 전반적 지원"을 조합하는 체제를 제도화함으로써 뉴욕을 닷컴 기업에 친화적이 되도록 조합했다(112). 다른 디지털 기업처럼 록스타 역시 개발자들이 게임 속에서 각색하고 찬양한 대도시적 생활의 바로 그러한 측면들을 없애고 주변화하며, 또한 지속하기도 했던 도시적 계급 전쟁의 수혜자였다.

보도된 바에 따르면, 2007년에 댄 하우저는 유명한[wired] 펜트하우스를 6백만 달러에 구입하였다(Abelson 2008). 벨릭의 이야기처럼 록스타의 이야기도 뉴욕 이주자의 기업가주의 중 하나인데, 그것은 매우 상이한 계급적 상황 속에서 작동하였다. "록스타" 대변인의 주장에 따르면, 〈그랜드 테프트 오토 IV〉는 "경제적 활황으로부터 덕을 보지도 못했고, 줄리아니 시장도 없었던" 뉴욕의 "모래알처럼 흩어진 도시적 환경"의 모습을 잡아 냈다(Doree 2007에서 인용). 그러나 록스타는 그러한 경제적 활황, 젠트리피케이션, 줄리아니 시장의 엄격한 법과 질서 체제로 인해 그 모래알을 이용할 수 있었다. 그렇다면, 리버티 시티의 모래알 같은 속성은 계급불평등을 디지털로 갈무리한 것이고, 그 불평등은 인종적으로 상이한 이주 경험에 의해 형성된 것이다. 최근에 미국 시민이 된 샘 하우저는 특권을 얻느라 지칠 대로 지쳐서 이렇게 말한다. "나는 미국인이다. 이제 공식적이다"(Boyer 2008a에서 인용). 현직 시장도 인정하듯이(Bloomberg 2006) 똑같은 사치품이라도 이 도시의 인구 중 등록되지 않은 50만의 거주민들은 구매할 수 없는 것이다. 하지만, 이 50만이 없다면 뉴욕은 "붕괴될 것이다." 〈그랜드 테프트 오토 IV〉의 구성이 그런 것 처럼. 이것은 이주자가 신분상승하는 이야기가 아니다. 미국에서 벨릭의 삶은 빚과 함께 시작하고, 비공식적 경제와 범죄 자본가들의 기괴한 얘기가 돌고 도는, 위태로운 처지의 사람이 매우 위태로운 사람을 착취하는 곳에서 이루어진다. 〈산 안드레아스〉와 〈바이스 시티〉에서처럼, 당신은 점점 더 복합적이 되는 적·친구·배신자들의 사회망을 위해 혹은 그에 대항해 미션을 완수함으로써 돈과 지위를 획득한다. 그 종결부에 이르면, 당신은 어느 정도의 돈을 계좌에 갖고 있을지도 모른다. 그러나 어떤 비평가가 말한 것처럼 "그 이름은 아이러니하다 : 리버티 시티에는 자유란 없다"(Manjoo 2008).

그러나 이것은 결코 벨릭의 리버티 시티와 록스타의 뉴욕 간 이상스런 관계가 끝나는 것을 의미하지는 않는다. 리버티 시티에서 벨릭이 얻고자 애쓰는 돈은 록스타의 모회사인 테이크-투 인터렉티브 소프트웨어 주식회사가 상장된 주식시장인 나스닥에서 1초마다 들락거리는 돈에 비하면 자투리 돈에 불과하다. 〈그랜드 테프트 오토〉의 설계자가 미국에 왔던 닷컴 시절보다 이러한 거래가 더 미쳐 날뛰었던 때는 없었다. 2001년 4월 주식시장의 거품은 폭발하고 있었다. 이때는 수천 개의 닷컴사들이 폐기될 뿐 아니라 휴지조각이 된 주식 매매주문장에 고발의 파도가 밀려오기 시작할 때였다. 비디오게임 사업은 만연된 재앙을 피하기 위한 희소한 정보자본 영역 중 하나였다. 록스타는 이러한 불가해성을 공유한 것처럼 보였다. 배당금의 가치가 한 해에 세 배 가까이 증가했던 것을 보면 말이다. 그러나 〈그랜드 테프트 오토〉 뒤에 있던 중역들 중 몇몇은 엔론과 월드컴의 소유주의 전철[8]을 밟게 될 지경에 있다.

테이크-투는 "수년 간 어떤 구름 아래에서 운영되었다"(Richtel

---

8. [옮긴이] 엔론(Enron)은 미국 텍사스에 근거지를 둔 기업으로, 한때 2만 명의 직원을 거느린 세계적 규모의 전기, 천연가스 등의 공급사였다. 2001년 말 회계부정 등이 알려지면서 같은 해 12월 파산했다. 월드컴(Worldcom)은 미국 통신회사로, 파산 후 MCI Communication과 합병되어 Verizon Communication의 자회사가 되었다. 엔론과 마찬가지로 회계부정 스캔들로 파산했다.

2006). 1993년 이 회사가 설립된 이후로 금융적인 문제와 관계된 여러 가지 조사들이 이루어지고 있다. 그 기업의 주식거래는 2002년에 3주간 정지되었다. 2005년에 이 기업은, 기업의 고정자산을 높이기 위하여 관리자들이 매도된 주식의 양을 허위로 기록한 사건으로 미국 주식거래위원회로부터 7백 50만 달러의 벌금을 선고받았다. 그리고 2006년에는 기업 활동 범위에 대한 정보를 요구하는 형사 대배심에 소환되었고, 이 재판은 내부자 거래 선고 판결을 받았다(Kushner 2007a, 2007b). 그 소환장은 2007년에는 테이크-투 가계의 꼭대기에 있는 사람에 대한 유죄판결로도 이어졌는데, 그 사람은 35세의 창립자 라이언 브랜트였다. 브랜트는 기업의 다른 임원 및 이사들과 함께 스톡옵션을 취득하였다. 비록 각자의 스톡옵션 증여일자는 달랐지만, 이 증여를 받은 중역들은 뜻밖의 행운에 들떠 있었다. 예를 들어, 그 회사의 주식이 2002년에 10달러 안팎에 거래되었고, 2004년에 이르면 미심쩍게도 30달러에 거래되었다는 점을 생각해 보라(Kushner 2007b). 이미 섹시한 이익전망치를 더욱 달콤하게 하면서, 당시 그 회사의 이사장이자 총수였던 브랜트는 불법적으로 스톡옵션 증여의 날짜를 주가가 더 낮게 거래되던 시점으로 돌려놓았다. 그 결과 브랜트와 다른 최고위층 임원들은 부적절하게, "기록되지 않은 보상으로 수백만 달러를 취득하였다"("Video Game CEO" 2007). 그러나 토미 베르세티와는 다르게 브랜트는 차를 몰고 컬러 앤 커프스⁹에 가서 새 옷을 사 입는다고 범죄를 숨길 수가 없었다. 이 일화는 브랜트가 주식 사기

---

9. [옮긴이] 〈그랜드 테프트 오토 : 바이스 시티〉 게임에서 바이스 시티의 오션 비치에 있는 옷 가게 이름. 토마스 베르세티가 옷을 구매하는 곳이다.

로 기소되고, 7백만 달러가 넘는 벌금형을 받으며, 일반 기업체에서 "관리권한"을 갖는 것을 평생 금지당하면서 절정에 이르렀다. 뉴욕 대법원에서 그는 유죄판결을 받고 5년의 집행유예를 선고받았다. 록스타의 문제시되는 모회사에 관한 그의 기분을 질문 받았을 때, 댄 하우저는 그 질문을 무시해 버렸다. "그것은 내가 미국에서 존재하는 방식이다. 기업 드라마라는 것이다"(Fritz 2008).

록스타는 당연히 고유의 드라마를 생산할 능력을 완벽히 갖추고 있다. 테이크-투의 재난은 "핫 커피"Hot Coffee 스캔들로 악화되었다. 2005년에 〈그랜트 테프트 오토〉의 팬이 인터넷에 〈그랜드 테프트 오토 : 산 안드레아스〉에 숨겨져 있던 정사 장면을 여는 패치를 풀었다. 초기에 록스타가 이 장면은 해커에 의해서 만들어진 것이라고 주장했음에도 불구하고, 그 코드는 이미 게임 안에 잠재해 있었음이 이내 분명해졌다. 힐러리 클린턴 같은 정치인사들이 주도한 도덕적 비난의 물결이 〈그랜드 테프트 오토〉의 폭력성에 대한 열광을 넘어섰다. 록스타가 잔혹한 구타 시나리오를 만들어 낸 것에 대해 찬사를 보냈던 비디오게임 산업기구들조차 가상 섹스 장면들에 대해 한 발 물러섰다. 동정을 느낄 만한 유일한 부분은 록스타가 이러한 이중 잣대에 맞서고 있다는 것뿐이었다. 그러나 그러한 장면들이 있는 게임의 출시는 ─ 이에 대한 해명은 부주의함에서 (매우 잘못) 계산된 마케팅 전략에 이르기까지 다양하다 ─ 노골적으로 "나쁜 놈"bad boy 사업을 추구하는 그 회사의 스타일과 일치하는 것이었다. 연방통상위원회가 요구한 리콜은 2백 50만 달러의 비용을 발생시켰고, 테이크-투의 재정에 더욱 피해를 주었다(Kushner 2007a). 이 모든 것들은 정신없이 이루어진 〈그랜드 테프트 오토 IV〉의 개발에 반영되었다. 록스타가 자사의 이미지를 세탁하기 위해 마지못한 변화의 제스처를 취했음에도 불구하고, 그 회사의 미래는 불경스런 〈그랜드 테프트 오토〉 시리즈에 달려 있었던 것이 현실이었다. 즉 리버티 시티의 불법적인 가상성이 기업 범죄를 비호하는 실제 뉴욕의 기업을 구해야만 하게 된 것이다. 즉 리버티 시티의 불법적인 가상성이 기업 범죄를 비호하는 실제 뉴욕 기업을 구해야 하게 된 것이다. 그러나 〈그랜드 테프트 오토 IV〉의 출시가 미뤄짐에 따라, 테이크-투의 상황은 악화되었다. 주주들의 반발로 이사진들이 쫓겨나고, 2008년에 이루어진 주요 인수 경매는 (결국에는 실패했지만) 경쟁 게임 제국인 일렉트로닉 아츠에 의해 개시되었다. 하우저 형제들이 테이크-투와 맺은 계약이 곧 무효가 될 것이라는 사실은 퍼블리셔들의 미래에 불확실성을 더해 주었다.

2008년까지 미국은 또 다른 금융위기의 손아귀에 놓여 있었다. 그것은 인터넷 버블의 붕괴 이후에 불경기에 대한 임시방편으로 미국연방준비은행이 푼 대규모 신용대부에 기인한다. 〈그랜드 테프트 오토 IV〉가 시장을 강타함에 따라, 거주지의 젠트리피케이션과 닷컴 붐에 따른 스튜디오 로프트[10]의 상종가로 재형성된 도시들은 또 다른 종류의 자본주의적 도시기획에 – 서브프라임 모기지 위기로 촉발된 – 의해 난타당했다. 벨릭과 같은 사람들은 클리블랜드에서, 뉴저지에서, 디트로이트에서 담보주택이 차압당함에 따라 거리로 내몰렸다. 관심은 정보 자본가들의 창

---

10. [옮긴이] studio loft. 스튜디오는 일종의 원룸 형태의 집. 로프트는 기존의 공장 등의 건물을 주거용 아파트로 개조한 것을 일컬음.

조적 회계에서 은행과 금융사들의 교묘한 대출 시행으로 옮겨졌다. 베어 스턴스의 몰락과 금융 시스템의 폭발에 버금가는 상황에 반해, 록스타의 문제들은 자본가들의 천상에서는 자질구레한 문제였다. 그럼에도 불구하고 브랜트의 유죄판결은 기업의 과수원에서 소위 말하는 나쁜 사과들 ─ 엔론, 핼리버튼, 에이오엘, 아서 앤더슨 등등 ─ 에 비디오게임 자본가들까지 더 얹은 꼴이 되었다. 그러나 기업자본의 입증된 악행들이, 〈그랜드 테프트 오토〉 게임을 함으로써 발생할지도 모른다는 가정 속의 길거리 범죄에 쏠리는 것보다 훨씬 적은 미디어의 관심을 받는다는 것은 화이트 칼라 범죄에 관련해 잘 알려진 현실이다.

2009년에 자본주의의 위기가 심각해짐에 따라, 테이크-투는 한 평론가가 말한 바에 따르면, "중독에 의한 증가"가 "이익을 창출하는 스릴"이었던 록스타의 상품을 출시했다(Cowan 2009에서 인용). 이것은 〈차이나타운 워〉라는, 애초에 닌텐도 디에스 ─ 이 휴대용 게임기의 주 사용자는 더 젊은 층이었음에도 불구하고 ─ 를 위해 개발되었던 〈그랜드 테프트 오토〉게임의 마약판매 요소를 참조한 것이다. 삼합회 일원인 주인공은 "마약을 팔아서 생활비를 버는 방식으로 게임의 서사를 진행시킨다. 마약상으로서 성공하기 위해서는 싸게 사서 비싸게 팔아야 할 것이다. 수요는 항상 변한다. 그러니 마약을 항상 확보하고 적절한 기회를 기다리는 상황들을 만들어야 한다"(Cowan 2009에서 인용). 이런 얘기는 게임 퍼블리셔의 처지에도 꽤 잘 부합한다. 2008년에 "비디오게임 산업에서 가장 가치가 높은 기업"의 뉴욕 소유주는 일렉트로닉 아츠의 인수 시도를 성공적으로 물리쳤다(Takahashi 2009). 몇몇 투자자들은 테이크-투가 일렉트로닉 아츠의 제안을 거절한 것을 비난했다. 좀 더 최근인 2009년의 한 인터뷰에서 테이크-투의 최고경영자인 스트라우스 젤닉은 매각을 배제해선 안 된다고 주장했다. "우리가 추구하는 것은 경제적 가치의 창출이다. 합병을 통해 가치를 창출할 수 있다면 그 방법을 좇을 것이다. 가치를 만드는 게 중요하다"(Takahashi 2009에서 인용).

젤닉의 이런 주문 같은 읊조림은 테이크-투의 〈그랜드 테프트 오토〉 의존도에 관한 고민 속에서 나타난다. 〈그랜드 테프트 오토 IV〉 같은 게임은 출시 이후 몇 주 간 5억 달러의 매출을 올렸으나, 그 이후에는 필연적으로, 매출이 상대적으로 정체기에 놓이는 시기가 오는데, 이는 금융분석가들로 하여금 더욱 안정적인 기업재정상태를 원하게 한다. 주요 주주들을 만족시키기 위한, 그리고 아마도 또 다른 산업 입찰자들을 유인하기 위한, 최근의 메커니즘은 〈엑스박스 라이브〉를 통해 다운로드가 가능한 소량의 〈그랜드 테프트 오토〉 콘텐츠를 배급하는 것이다. 오토바이 갱단을 중심으로 반복되는 이야기 구조를 가진 〈리버티 시티〉 확장판으로 2009년에 나온 〈로스트 앤 댐드〉가 그 예이다. 이에 따라 다시 한번, 가상적인 것과 실제적인 것이 미끄러져 이어진다. 불법적인 거리 경제를 채택하고 묘사한다. 불법적인 길거리 경제의 비정규직 노동 연결망은 전지구적 불경기로 가는 상황에서 축소하지 않을 것으로 보인다. 동시에, 이 게임들은 세계 자본주의자들이 현재 통제하려고 애쓰고 있는 위기를 조장한 축적에 대해 동일한 열광적 헌신을 강제하고 반복한다.

그것은 테이크-투의 어두운 거래들이 어떤 면에서 게임 퍼블리셔들에게 유희적 범죄세계를 알려 주고 있다는 점을 보여 주고자 한다. 그러나 분명히 도시 테마의 게임들 속에 비춰진 자본과 범죄 간에는 더욱 큰 수준의 연관성이 존재한다. 벨릭 따위는 허구의 별볼일 없는 행동대원에 불과한 초국적 범죄의 고리가 초국적 기업의 도플갱어처럼 번영하였다. 전지구적 범죄조직들은 지구적 자본인 "맥월드"와 공생하는 "맥마피아"이다(Glenny 2008). 이쯤에서 〈그랜드 테프트 오토 IV〉의 테마곡인 "소비에트 커넥션"으로부터 실마리를 찾아보면, 벨릭은 구소련 블록 출신이라는 점을 알 수 있는데, 이것은 구소련 지역이 기업형 범죄 대부들의 고향으로서 미국인들의 상상으로 자리잡고 있음을 보여준다. 이러한 이미지가 잘 정립되는 동안 ― 소련 붕괴 이후 경제의 시장화는 실제로 전례없는 규모의 범죄화된 경제를 탄생시켰다 ― 그것은 동시에 미국 자본 자체의 과두적이고 부패한 경향과는 거리를 두었으며, 세계 경제의 민영화, 탈규제, 금융화 정책을 해방시킴으로써 전지구적 범죄의 폭발로 가는 문을 열게 되었다.

그와 동시에 벨릭과 같은 길거리 수준의 깡패와 브랜트와 같은 주식사기 간에는 거대한 차이가 있다. 어떤 면에서, 거리 범죄에 대한 열광적 관심과 공생하는 게임들은 관심을 화이트칼라의 범죄에서 블루칼라의 범죄로 비껴가도록 한다. 즉 범죄는 양복쟁이로서가 아니라 갱단으로서 나타나고, 권력자의 복도가 아니라 구질구질한 거리에서 나타나며, 스톡옵션이 아니라 마약 거래로 나타나고, 고층아파트가 아니라 폭주족들에게서 나타나는 것이다. 그러나 다른 면에서는, 범죄에 의해 완전히 포위되고 포섭된 〈그랜드 테프트 오토〉의 대도시적 세계 구성은 기업 범죄의 정상화를 수행하기도 한다. 그것의 게임 세계는 범죄가 세상의 존재방식 — 즉 돈이 여러 손을 거치고, 사업이 이루어지며, 사회가 조직화되는 방식이라고 주장한다. 그것이 현실의 본질이라는 것이다. 왜 우리는 세계의 금융지도자들이 법의 사소한 부분들을 무시할 때 분노하는가? 이 모든 것들이 단지 게임의 법칙에 대해 자신들이 갖고 있는 우월함을 드러낼 뿐인데도 말이다. 이로 인해, 리버티 시티에서 범죄의 만연은 제국 안에서 기업 범죄 뉴스를 접할 때 일반적인 태도로서의 무관심을 문화적으로 더욱 심화시키는 기제이다. 데이비드 하비가 관찰한 바와 같이, 그 무관심의 합리적 핵심은 아마도 범죄행위는 "시장에서 영향력을 사고팔고 돈을 버는 정상적인 행위와 쉽게 구별되기가" 거의 불가능하다는 대중의 가정에 있다(2007, 166).

부패한 도시들, 냉소적인 게임들

하트와 네그리는 다음과 같이 썼다.

제국에서, 부패는 어디에나 있다. 그것은 지배의 주춧돌이자 쐐기돌이다. 그것은 제국의 최고 정부와 그 가신 행정기관, 가장 정제되어 있으며 가장 썩은 행정기관인 경찰, 지배 계급의 로비, 부상하는 사회 집단의 마피아, 교회와 종파, 추문의 범죄자와 박해자, 거대 금융 집합체, 매일매일의 상거래 등에서 상이한 형태로 존재한다. 부패를 통해 제국의 권력은 세계에 걸쳐 연막을 펴고, 다중에 대한 지휘는 빛과 진실의 부재를

통해 추악한 구름 속에서 행사된다.(2000, 389)

만일 〈그랜드 테프트 오토〉가 이런 부패한 국가를 묘사한다면, 왜 우리는 그것을 다중의 게임이 아니라 제국의 게임이라고 부르는 것인가? 이러한 조건을 노출시키는 게임은 분명 권력에 대한 일격일 것인가? 이것은 그 게임의 주인공들 ― 베르세티, 씨제이, 벨릭스 등 ― 이 다종족적, 초국가적, 노마드적 프롤레타리아로서 하트와 네그리가 급진적 사회 변혁의 원천으로 본 계급들로부터 차용되었기 때문에 더욱 그 가능성이 높은 것인가?

 록스타가 도시의 대혼란에 대해 품고 있는 호감은 항상 급진적 행동주의와 양가적인 관계를 갖고 있었다. 2000년 전후로 수만 명의 사람들이 〈세계무역기구〉의 각료회의에서 시애틀 전투Battle of Seattle나 미국인들의 자유무역협정에 대항하는 퀘백시 시위 등의 사건에 참가하였다. 이런 사건들은 북미 도시의 거리들을 제국에 대항한 투쟁의 장으로 바꾸었다. 2002년에 이 대도시의 다중들은 도시-폭동 게임인 〈스테이트 오브 이머전시〉에서 가상적으로 부활하였다. 이 게임에서 사용자는 "블랙 블록"black bloc 11 활동가로 분하여 혼란을 극대화한다. 몇몇 반자본주의자 활동가들은 우스꽝스런 인식에 환호했고, 다른 이들은 자의적인 전용에 분개했다. 게임에만 몰두하는 이용자들은 그러한 적용에 대해 그다지 깊은 인상을 받지 못했다. 그 게임은 분명히 제작자[록스타]의 범죄자적 이미지를 가속화하였다. 몇년 후 우리는 게임회사의 중역 한 명과 대화를 나

---

11. [옮긴이] 시위 전략 중 하나로 시위자의 정체를 숨기기 위해 옷과 장신구 등을 모두 검은색으로 해서 전신을 가리는 방법.

누고 있었다. 그는 초현실적인 사수들에 대한 맹렬한 반대 의견^{diatribe}을 쏟아내면서도, 경찰과 싸우는 무정부주의 반자본주의자들을 묘사한 것은 록스타가 "너무 멀리 나간 것"이라고 주장하였다.

정치적으로 좌파인 게임이용자 상당수는 〈그랜드 테프트 오토〉를 좋아한다. 억제되지 않은 자유기업의 특성과 인종적 정형화 ─ 잔혹성은 차치하고 ─ 를 수용함으로써, 이용자들은 그 게임이 극단적일 만치 미국 정치를 희화화해서 노출시키는 데 있어 "최상 이상"이라고 말한다. 급진적인 추앙을 전형적으로 끌어오는 이 게임의 요소 중 하나는 이용자들이 주파수를 맞출 수 있는 게임 속 라디오 방송국인데, 그 방송국의 광고와 토크쇼는 신자유주의적 감성에 대한 신랄한 풍자로 이루어져 있다. 다음은 〈산 안드레아스〉에 나오는 상업방송 사례인데, 『거지들이 부자들이다』라는 책의 저자인 마이크 앤드류스라는 이름의 캐릭터를 홍보한다.

앤드류 : 가난해지는 것도 괜찮다는 걸 이해하세요. 가난한 사람이 될 필요도 있지요. 우리 부자들은 음이고, 당신들은 양입니다. 우린 당신들이 필요해요!

청중 : 앤드류 씨, 저는 사업을 하다가 운이 좋지 않아 실패했어요. 국가가 제가 제자리로 복귀할 있도록 도울 수 있을지 궁금합니다.

앤드류 : 이건 누구에게도 도움이 안 되는 자기집착적인 탐욕이에요. 부정적인 것이지요. 제 프로그램은 당신이 삶의 새로운 모습을 보도록 가

르쳐줄 것입니다. 가난하다는 것에 대해 불평하는 대신에, 그걸 즐기도록 하세요. 텔레비전 보세요. 투표는 하지 말구요. 알게 뭡니까?

청중:하지만 전 노숙자입니다.

앤드류:죄다 당신 잘못이에요. 사회가 당신에게 빚진 건 아무것도 없습니다. 정부들은 더 중요한 일에 대해 고민해야 합니다. 이를테면 죄 없는 사람을 죽이는 것 같은 것이죠. 당신은 이미 필요한 건 모두 가지고 있어요. 당신 삶을 즐기세요.

우리도 마찬가지로 산 안드레아스로의 여정에서 그런 풍자의 순간들을 즐기게 된다. 아니면 리버티 시티에 있는 우리들의 아파트에서 늘어져 있는 동안 〈공화주의자들의 공간〉[12] 한 편을 시청하든가. 그럼에도 불구하고 보편적 부패에 대한 〈그랜드 테프트 오토〉의 전망에는 명확한 반작용적 측면이 있다. 그 가상성에서 배제된 것은 부패함에 대한 무엇이 되었든 간에 대안이다. 〈그랜드 테프트 오토〉에서는 미국 도시의 사람들이 악한 다중으로 나타난다. 이 게임의 단골들은 스피노자의 활력화한 다중이 아니라 보수적인 이론가인 홉스의 다중이다. 홉스의 인간관에 따르면 다중은 만인의 만인에 대한 투쟁 상태에 묶여 있고, 궁극적으로는 갈등적이고 파괴적인 분열로 나아가는데다가, 자신들의 공멸적인 투쟁이 대규모의 훈육적인 국가인 리바이어던Leviathan의 출현에 대해 정통성을 제

---

12. [옮긴이] 〈그랜드 테프트 오토 IV〉와 〈그랜드 테프트 오토 V〉에서 방영되는 만화영화.

공하는, 자동적으로-위험을 야기하는 다중이다. 예외적으로, 물론 〈그랜드 테프트 오토〉에서의 리바이어던은 마약을 거래하는 CIA 요원, 괴기스런 미디어 장치, 스스로를 강화하는 정치 왕조로 부패하였다. 이 게임 속에서 죄 없는 사람은 아무도 없다.

부패, 폭력, "잔혹한 차별"을 피할 곳은 없다(Hardt and Negri 2000, 340). 이 게임은 출구가 없는 상황을 제시한다. 〈그랜드 테프트 오토〉는 북미의 흑인, 남미인, 아시아인, 그리고 여타 이주자와 소수민 공동체 안에서의 급진적 정치의 격렬한 역사적 변화 — 이것은 오로지 그들의 잠재력을 부정하기 위해서이다 — 에 대한 간헐적인 은유를 포함하고 있다. 예를 들면, 〈산 안드레아스〉의 서사구조가 억압에 대한 소수자 동맹의 개별적 순간들을 담고 있기는 하지만, "이런 손에 잡힐 듯하면서도 안 잡히는 가능성들은 실제 게임-활동과는 다르게 결코 실체화되지 않았다"(Redmond 2006, 110). 데니스 레드몬드에 따르면, 이 게임의 "서사 구조상의 딜레마"는 게임 주인공들의 "개인적 구원을 위한 탐험이 신자유주의에 대한 집단적 저항의 본보기로 기능할 수 없다"는 것이다. 실제로 그것은 잔혹화, 인종주의, 탐욕이 만연하는 게임의 악마적인 풍자의 이념적 지속성을 위해 필수적이다. 〈그랜드 테프트 오토 IV〉에서 가장 두드러지는 테마는 매우 가난한 사람을 착취하는 가난한 사람들이다. 다른 선택지도 있을 수 있다. 그러나 당신은 그것을 택할 수가 없다. 그리고 그것이 〈그랜드 테프트 오토〉를 제국의 게임으로 만드는 것이다.

〈그랜드 테프트 오토 IV〉에 관한 인터뷰에서 록스타의 샘 하우저는 이렇게 말했다. "우리는 우리의 게임을 매우 진지하게 받아들입니다. 그렇지만 우리 자신을 그렇게 진지하게 받아들이지는 않습니다. 왜냐하면 제가 생각하기에 우리가 자신을 그렇게 진지하게 받아들일 경우에는 우리의 인생이 위험한 비탈길을 타고 미끌어져 내려갈 것이기 때문입니다. 따라서 우리는 우리 자신을 놀려 주기로 한 것이죠. 그리고 우리는 우리가 생각할 수 있는 것은 뭐든 놀려줄 겁니다. 그것은 일종의 일방적인 공격이죠"(Boyer 2008b에서 인용). 정말로 그렇다. 우리는 〈그랜드 테프트 오토〉 게임 시리즈에 가장 적절한 범주는 냉소주의라고 말할 것이다. 그것은 몇몇 논평가들이 제국의 핵심적 특성으로 보는 태도이다. 슬라보예 지젝은 "이데올로기의 냉소적 기능이 기능하기 위해 이데올로기는 자신을 너무 진지하게 받아들여서는 안 된다"고 얘기했다(Zizek and Daly 2004, 35). "그것은 마치 자본주의 말기의, "말은 중요치 않다, 더 이상 강제력이 없다"는 말과 같다. 즉 그것들은 점차 자신들의 수행능력을 잃어가는 것처럼 보인다. 그리고 뭐라고 말하든 간에 그것은 일반적인 무관심 속에 수장된다. 황제는 벌거벗었고 언론은 이러한 사실에 팡파르를 울린다. 그러나 아무도 진심으로 신경을 쓰는 것 같아 보이지는 않는다. 즉 사람들은 황제가 벌거벗지 않은 것처럼 행동한다"(Zizek 1999, 18). 〈그랜드 테프트 오토〉와 직접적인 연관을 갖는 맥락에서, 벨 훅스(1995)는 쿠엔틴 타란티노의 영화 〈펄프픽션〉을 비평하며, 그 쓰레기들(성차별주의, 인종차별주의, 억압)을 당신이 생각하기에 모든 사람들이 의미를 이해하고 그것 모두가 얼마나 어처구니없는 것인지를 알 수 있을만큼 우스꽝스럽게 만들었다. 하지만, 그 순간 우리는 위험 지대에 들어가는 것이다. 사람들은 그 어처구니없음을 비웃고 그럼에도 불구하고 그것에 매달린다."

〈그랜드 테프트 오토〉는 개인의 과도한 소유욕hyperpossessiveness, 인종적 고정관념, 이런 요소들이 원형대로 유지될 수 있도록 하는 자가무효화self-cancellation 안의 신자유주의적 폭력 등 - 매우 정교한 방식으로 보수적인 구조 - 을 즉흥적으로 비꼬고, 탐닉하며, 정상화하는 냉소적 게임이다. 이러한 냉소주의는 〈그랜드 테프트 오토〉를 의심할 나위 없이 복잡하게 만들며, 〈풀 스펙트럼 워리어〉에서의 제국적 권력에 대한 뻔뻔한 긍정보다 더 양가적이고 흥미롭게 만든다. 록스타가 그리던 지독스러울 만큼 폭력적이고 종족적으로 분리된 갱 전쟁의 모습을 가장 완벽하게 실제화한 세계 도시는 미국 점령상태의 바그다드이다. 한 해병대원이 이라크에서 자신의 도시 경험에 대해 다음과 같이 기록한 것은 전혀 놀랍지 않다. "난 매복에 들어갔을 때 오직 한 가지만 생각했다.…… 〈그랜드 테프트 오토:바이스 시티〉였다. 나는 창문 밖으로 나오는 불꽃들, 거리에서 폭발하는 차량들, 포복자세로 주변을 돌며 우리에게 총을 쏘는 인간들을 보며 마치 꼭 그 게임 안에 있는 것 같이 느꼈다. 그것은 굉장히 흥미로운 것이었다"(Wright 2005에서 인용). 첫 번째 레벨에서 〈그랜드 테프트 오토〉는 제국적인 경제·정치·문화 등의 기초적 작동과 그것들의 위선을 노출시킨다. 그러나 동시에 이러한 진실들을 과잉excess, 조롱, 애매한 말equivocation, 그리고 그러한 진실들과 안전한 간격distance를 유지하기 위한 우스꽝스러운 기능의 형태로 변환시킨다. 이 안전한 간격이란, 대안으로 가는 모든 길을 차단당한 세계 속에서 자신들의 끊임없는 반복을 위해 필요한 간격이다. 그러한 간격은 오늘날의 정치가 갖는 "정서적 상황"을 정의하는 특징으로서 냉소주의의 원인과 결과 모두이다(Virno

2004, 84). 마이크 데이비스는 "분노나 관심조차도 더 이상 성공하지 못하는 부패의 과포화"라고 부른다(1992, 45). 끝없는 기업의 추문들, 정치적 변절, 석유 전쟁, 은행구제 등은 이러한 상황의 생명을 유지해 준다. 산 안드레아스와 리버티 시티 같은 가상의 풍경들도 마찬가지이다. 〈그랜드 테프트 오토〉의 사례에서, 우리는 스피노자와 궤를 같이하고자 한다. 그는 "풍자"를 "인간의 무력함과 비탄 속에서 즐거움을 취하는" 것이라며 반대했던, 다중을 연구하던 초기의 이론가이다(Deleuze 1988, 13). 냉소주의는 그것이 내포하는 현재의 불가피성과 더불어 도시가 갖는 다중의 잠재성으로부터 제국적 도시를 보호하는 가장 강력한 방어막 중 하나이다.

3부

새로운 게임?

7장

다중의 게임

길거리 게임 Street Games

대문 안에서의 반란, 그 너머 사막 안에서의 저항, 인권 침해에 대한 비난, 그리고, 수용소를 운영하는 민간기업으로서는 당황스러운, 성공적인 도주 시도들 – 호주 우메라의 사막에서 거의 1천 5백 명의 난민 신청을 담당하고 있는 이주대응처리센터는 악명이 높았다. 구금은 제국적 통제에서 가장 가혹한 장치들 중 하나이다. 정부가 언론의 접근을 막는 정책을 취한다는 것은 외부인들은 그 센터 안의 생활조건에 대해서는 상상만 할 수 있을 뿐 실제로는 알 수 없음을 의미했다. 누군가 이들의 생활조건을 가상 게임의 주제로 만들 때까지는 말이다. 〈하프라이프〉 스타일로 만들어진 〈이스케이프 프롬 우메라〉는 그 난민캠프의 "밀집성과 공포의 건축"을 재창조하도록 설정된 게임으로 활동가에 의해 만들어졌다.

이것은 대피소를 찾는 동료의 관점에서 "항상 구석에 있는 위험 요소들에 대해 경계하고" 출구를 찾으려고 한다(Wilson 2005, 114). 그 게임은 디지털 설계자, 탐사보도 기자, 이주자인권 활동가 등의 연대로 이루어져 있다(Schott and Yeatman 2005, 84). 단순히 그러한 캠프의 건립을 발표한 것만으로도 호주 내에서 구금에 대한 논쟁을 일으켰고, 특히 그 게임의 초기 단계들이 정부의 예술 기금으로 만들어진 이후 본격화되었다. 〈이스케이프 프롬 우메라〉는 기존의 프로토타입을 발전시키지는 않았다. 그러나 미완성의 시제품으로서 그것은 호주 구금반대 활동을 확산시켰고, 2003년 그 센터를 폐쇄시키는 데 기여하였다.

시간적으로 한 해 뒤, 지리적으로 반구 떨어진 곳으로 가보자. 2004년 8월 28일 어느 늦은 밤, 미국 공화당 전당대회가 뉴욕 시에서 개최되면서, 놀기 좋아하는 모바일 활동가 부대가 거리를 점거했다. 두 명의 여성 사이보그가, 하나는 랩탑을 가지고, 다른 하나는 영상 프로젝터를 갖고서 〈아메리카스 아미스〉의 장면들을 시내의 건물들에 비추었다. 이것은 전세계의 다섯 군데에 위치한 공모자들이 연계하여 그 게임을 실시간으로 해킹함으로써 이루어졌다. 이것은 〈아웃〉Operation Urban Terrain(OUT), 즉 "무선게임을 통한 도시 개입 실황중계"이다. 〈아웃〉은 우리가 〈풀 스펙트럼 워리어〉(4장)에서 시연되는 것을 본 미군의 교범인, 〈마웃〉(도시지역 군사작전)에 대한 언어유희이다. 〈아웃〉의 설계자들은 "미국이 이라크와 중동에서 나가줄 것(아웃)을 요구하였다. 그리고 그 원천이 무엇이든 간에 (석유에 목말라하는 미국 우익 자본주의자들이든 부유한 이슬람 원리주의자들이든), 전세계에 걸쳐 증가하는 군사주의와 폭력이 시민의 삶에서 나가줄 것(아웃)도 요구하였다. 또한, 미 육군과 국방성의 컴퓨터 게임 개발자들은 사춘기 이전 나이의 게임이용자들의 정신에서 '아웃' 해줄 것도 요구하였다." 〈아웃〉은 〈오픈소서리〉Opensorcery(2004)의 발명품이다. 그것은 근 십 년 간 다양한 핵티비즘을 통해 게임 문화의 군사주의 젠더 규범들을 뒤섞어 혼란을 야기한 계획이다. 가장 잘 알려진 예는 다중접속 온라인 슈팅게임인 〈카운터 스트라이크〉에 대한 〈벨벳 스트라이크〉인데, 여기서 이들은 디지털 평화 서명을 하고 게임이용자들로 하여금 가상적으로 서로를 사살하는blow away 대신에 서로에게 구강성교blow job를 해주라고 부추겼다. 지금 이들 미디어 활동가 대원들은 조지 W. 부시의 대통령 재선 출마 후보 추대를 위한 공화당 전당대회 중에 거리에 모여든 80만 명의 시위대들 속에 흡수되었다.

이번에는 다시 그로부터 15개월과 대륙 하나를 건너뛰어서 2005년 가을의 〈포트리스 유럽〉으로 가 보자. 불탄 차들은 이제 겨우 식었고, 최루탄들이 거리에 날리며, 폭동진압경찰들은 파리 교외지역의 이주자 청년들에 의한 4주간의 반란이 재발될 것에 대비해 여전히 대기 중에 있을 때, 반란군의 관점에서 찍힌 영상이 인터넷을 통해 돌고 있었다. 대안적 미디어 메시지들은 정치적 위기와 친숙하다. 그러나 이것은 달랐다. "쿨라마타"라는 가명을 쓰는 스물여섯 살의 알렉스 챈에 의해 만들어진 〈더 프렌치 데모크라시〉는 상용 비디오게임인 〈더 무비스〉를 이용해 만들어졌다. 라이온헤드가 제작한 〈더 무비스〉는 게임이용자들로 하여금 자신의 할리우드 스튜디오를 경영하도록 하고 ("당신의 영화제국을 건설하라"는 그 게임의 마케팅 슬로건 중 하나였다) 게임이용–제작자playerproducer들이 컴퓨터에 의해 실시간으로 생성된 에니메이션 영화들을 기록할 수 있게 해주는 머시니마 도구들을 담고 있다. 라이온헤드사의 판촉전략은 코메디, 드라마, 그리고 다른 연예 장르들을 만드는 것을 강조하였다. 그러나 챈은 13분짜리 정치 다큐멘터리를 만들었다. 그것은 폭동의 시발이 되었던, 경찰 추격 중 두 이주민 소년이 죽은 사건, 인종주의, 실업, 백색 공포와 무관심, 그리고 좀 더 큰 맥락에서 정치인들이 비난해댄 인종화된 공동체의 좌절 등을 드라마화하였다. 인종화된 공동체의 좌절 등을 드라마화하였다. 챈은 자신의 의도를 설명하였다. 즉 "이러한 폭동의 출발점과 몇몇 원인들을 보여 주고자 시도함으로써, 사람들로 하여금 우리의 나라에서 어떤 일이 실제로 일어나고 있는지 생각하도록 하는 것"이다(Musgrove 2005에서 인용). 라이온헤드가 게임이용자들로 하여금 자신들의 제품을 전시하게 함으로써 게임을 홍보하도록 한 웹사이트인 〈더 무비스 온라인〉에 게재된 〈더 프렌치 데모크라시〉는, 단돈 60달러를 들여 만들어진 덕에 공짜로 여러 번 다운로드가 되기도 하고, 유튜브에 업로드됨으로써 언론의 광범위한 주목을 끌기도 하였으며, 영화제에서도 상영이 되었다. 이것은 아마도 대서양을 건너 세계 방방곡곡으로 가기 위해서 파리교외지역에서 할 수 있는 가장 효과적이면서도 유일한 공표 방식이 되었다.

〈이스케이프 프롬 우메라〉, 〈아웃〉, 그리고 〈더 프렌치 데모크라시〉는 게임이용자들이 제국의 게임들에 반격할 수 있고, 또 하고 있음을 보여 준다. 그것들은 상이한 역학의 사례들, 다중의 게임이 가진 역학의 사례들이다.

다중과 미디어

　　다중은 제국의 원동력이자 반대자이고, 엔진이자 적인 사회세력이다 (Hardt and Negri 2000, 2004). 그것은 세 가지의 다르지만 연관된 방식으로 정의될 수 있다.

　　첫째, 다중은 새로운 주체성의 새로운 형식을 뜻한다(Hardt and Negri 2000, 195~97; Virno 2004, 75~93). 그것은 주목을 끌기 시작하는 개인적이고 집단적인 인간의 역량이며, 지구적 자본이 자신의 거대하고 복합적인 제국을 운영하기 위해 필요로 하는 생산·의사소통·협조의 새로운 방법들에 기반한다. 우리의 주제에 중심이 되는 사례는 비디오게임 사업과 같이 비물질적인 산업에 활력을 불어 넣어주는 기술적이고 문화적인 노하우이다. 비록 다른, 그렇다고 관련이 없지는 않은 사례들, 이를 테면 세계경제에 핵심적인 대규모 이주노동의 물결에 대한 코스모폴리탄적 문해능력literacies과 같은 사례들이 있기는 하지만 말이다. 자본은 인간적이 되는 이러한 새로운 방법들을 필요로 하고, 어느 정도까지는 촉진한다. 그러나, 제국은 완전히 양가적인 체계이다. 맑스와 엥겔스(1848, 85~86)의 오랜 은유를 활용하면, 자본은 자신이 완전히 통제할 수 없는 힘을 불러낸 마법사의 제자와 같다. 다수의 주체성은 기술적으로 기민하고 문화적으로 창조적일 뿐 아니라 잠재적으로 전복적이다. 왜냐하면 그 것의 기능과 적성, 욕망들은 제국이 봉쇄하려 했던 활용성을 초과하기 때문이다.

　　이것은 우리들을 다중의 두 번째 현현 ─ 지구적 자본에 반대하는 새로운 운동으로 이끈다(Notes from Nowhere 2003 for an overview를 볼 것). 하트와 네그리의 주요 주제는 제국의 주체들이 그것의 손익계산만을 문제 삼는 논리에 복종하기를 거부하는 방식이다. 세계 시장의 분명한 승리에도 불구하고, 사회적 관계의 전체적 화폐화와 이윤의 최우선시에 대한 거듭된 저항들은 분출된다. 기업의 권력은 사회를 상당히 완벽하게 봉쇄해 왔기 때문에, 반란이 시작되는 지점은 무수히 많다. 예를 들면, 환경·시민권 지위·주택·고용·교육·공공 공간·예술·미디어 등이다. 치아파스의 정글에서부터 퀘벡 시의 거리에까지 기업의 세계화에 반대하는 풀뿌리의 동원, 이라크 침공에 대한 국제적인 저항, 무지위nonstatus 사람들의 투쟁, 지구 온난화를 둘러싼 생태학적 행동주의의 물결 등은 모두 제국과 겨루는 다중의 사례들이다.

그러한 운동들은 다중의 세 번째 차원을 열었다. 즉 제국에 저항할 뿐 아니라 대안을 개발하고, 보호하며 제안하는 능력을 연 것이다. 하트와 네그리(2000, 400)는 다중의 "정치적 계획"은 바로 지구적 자본의 세계와는 다른 세계를 구성하는 그것이라고 말한다. 네그리는 이러한 거대한 업무에 대한 충분한 설명을 제시해 주지 않은 데 대해 – 상당히 – 비판받아 왔다. 그러나 그들은 프로그램의 몇몇 요소들의 밑그림을 만들기도 하였다. 즉 "지구적 시민권", 모든 이를 위한 사회적 급여와 보장된 수입에 대한 권리, 그리고 "지식, 정보, 의사소통, 정동affects" 등으로의 자유로운 접속과 그것들에 대한 통제 등에 관한 밑그림을(396~407) 만들었다. 우리의 논의에서 특별히 중요한 부분은 네그리와 하트가 의사소통 수단에 대한 통제를 자본으로부터 탈취하는 것이 갖는 중요성을 발견한 데 있다. 대항세계화의 "독립미디어"indymedia는 그것의 유명한 슬로건 "미디어를 미워하지 마라, 미디어가 되라"와 더불어 다중의 "지구적 민주주의에 대한 강력한 욕망"을 핵심적으로 표현한다(Hardt and Negri 2004, 305).

다중의 세 개의 차원 모두가 – 주체적 역량, 사회운동, 정치적 계획 – 합체될 때, 하트와 네그리는 그것들이 유토피아적인 화살이 되어 제국 너머 가능한 미래 삶을 향할 것이라고 말한다.

그러나 다중에 대한 이러한 낙관적 설명은 다른 연구자들에 의해 경감된다. 빠올로 비르노 역시 다중의 개념에 대해 연구하였지만, 그는 다중이 전복과 복종 사이에서 흔들릴 수 있다는 점을 강조하였다. 그는 현대의 자본이 매우 명확한 성상파괴적 실천과 관리 기법이자 재정원천으로서 유토피아적 생각들을 채용하는 데 아주 능란하다는 점을 강조한다. 정보-시대, 포스트-포드주의적 기업, 그리고 그것의 참여적 작업장과 사회적 관계구축 등이 함께 그가 "자본의 공산주의" – 팀 정신, 혁명적 변화, 사람들로 하여금 일하도록 만드는 데 더 좋은 개인의 활력화 등을 불러일으키는 이익의 체제 – 라고 명명한 것의 외면을 보여 준다(Virno 2004, 110). 이런 이유로, 비르노는 다음과 같이 말한다. 다중의 어떤 "정서적 음색"(84)은 하트와 네그리가 환호하는 급진적 에너지인 반면에, 그것의 다른 면은 냉소적 기회주의와 회의주의적 체념이라는, 자본이 모든 것을 집어 삼키는 것처럼 보이는 세계에 대한 실용적 타협을 낳은 것들이다.

다중과 미디어 간의 관계에 대해 논의하면서 비르노가 또 하나 강조하는 것은 모호함이다. 그는 스펙타클의 범주에서 시작한다. 로마의 "빵과 써커스"에 대한 투덜거림에서부터 상황주의자들Situationist 이 20세기

"스펙타클의 사회"(Debord 1967)에 가한 해석, 미국의 세계 권력에 스펙타클이 갖는 중요성에 대해 강조한 〈리토르트〉(2005)에 이르기까지, 비평가들은 사회적 질서의 주체들을 흥분시키고, 위협하며, 주의를 흐트러뜨리고, 종국에는 진정시키는 데 있어서, 과장스러운 미디어들이 보여 주는 역할을 오랫동안 지적해 왔다. 그러나 오늘날 스펙타클은 "이중적 본성"을 가졌다고 비르노는 주장한다(2004, 60). 한 부분은 상품 형태에 대한 문화의 종속이고, 다른 하나는 "생산적 의사소통"의 강화이다. 현대 자본주의 내에서 스펙타클을 창조하지만 자신들의 이윤추구적 역학에 의해 움직이는 산업들 – 소위 말하는 문화 혹은 창조 산업 – 은 의사소통의 수단들을 만들고 분산시킨다. 사람들의 관심을 사로잡기 위해, 그리고 새로운 유형의 노동을 포함시키고 착취하기 위해, 그들은 사람들에게 역설적이게도 스펙타클한 권력에 대한 자본의 독점을 감소시키는 방법으로 미디어를 생산하고, 재생산하기 위한 도구들을 제공한다.

이 분석은 분명하게 가상 게임에 적용된다. 쌍방향성은 전통적으로 스펙타클적인 오락을 지켜보는 것과 연관된 수동성과 절연하는 것처럼 보인다. 게임이용자들이 제한된 – 새로운 게임에서는 급속하게 확대되기는 하지만 – 선택사양이라도 선택하도록 하고, 개조 실행·머시니마 제작·다중접속 온라인 게임에 참여할 수 있는 가능성은 네트워크화된 텔레비전 시청자들의 가능성과 비교할 때 개입이란 점에 있어 양자 비약quantum jump이라고 할 만한 것이다. 그러나 우리는 비르노(2006)가 "다중의 양가성"이라고 명명한 것에 관해 주장하고 싶고, 그의 지적을 증폭하고 싶기까지 하다. 서문에서 밝혔듯이, 많은 게임 연구자들은, 쌍방향성이 자동적으로 활력화시켜 주고 민주화시켜 주는 어떤 것이라고 본다. 그러나 비르노가 묘사한 "생산적 의사소통"을 위한 능력이 스펙타클을 극복한다 하더라도, 그것이 반드시 그렇게 된다고 할 수는 없다. 반대로, 그것은 스펙타클적인 권력에 종속될 수도, 그리고 그것을 강화할 수조차 있다. 한 캐나다 병사가 〈하프 라이프 2〉의 개조품인 〈인서전시〉를 만들어 이라크에서 둘 중 한쪽 편을 택할 수 있도록 했을 때, 그것은 테러와의 전쟁의 논리에 도전하는 것이 아니라 문화적 군사화를 풍족하게 하는 것이다. 즉 "만일 당신이 단지 작전에 들어가서 재미를 얻고 싶은 거라면, AK47을 쥐고……게릴라나 민병대들처럼 활보하고 다녀라." 이와 비슷하게, 〈세컨드 라이프〉 사용자들이 자신들의 가상 건축기술을 유명한 광고 대행사로 팔아 가상세계로 브랜드를 알릴 때, 그 결과는 더욱 뚜렷한 상품화이다. 여기서 우리는 현대의 스펙타클한 삶이 "자가−통제된 실재"(2005, 187)라던 〈리토르트〉의 지적을 상기해 본다. 상품화되고 군사화된 체제에 이미 깊이 침윤된 주체들은 자신들의 상품화와 군사화에 생기를 넣고, 그것을 정교화하며, 정제하고 확장하는 수단을 제공받았다. 그들은 그동안 내내 기업 권력의 조수들로부터 쌍방향성을 통한 활력화라는 말을 귀에 못이 박히도록 듣고 있었다. 사람들은 더 이상 단지 "이미지가 되는 수준까지 축적된" 전시자본wartime capital을 보는 것만이 아니라 자기 자신들을 그 이미지 속에 삽입하고, 그 축적 속에서 노동한다. 자가−스펙타클화하는 공동창조자로서 말이다(Wark 2007, para.111). 이것은 스펙타클과의 단절이 아니다. 그것은 스펙타클에 대한, 유례없이 더욱 정서적이고 지적인 투자인 것이다.

2001년 이후 다중과 미디어 간의 관계에 대한 분석은 "독립미디어"에 박수를 쳐주는 데서만 그칠 수가 없다. 오히려, 그것을 위해서는 맛떼오 파스퀴넬리(2006)가 "비물질적 내전"의 조건들로 묘사한 것을 인식해야만 한다(Lovink and Schneider 2003도 참조). 웹 2.0 어플리케이션, 소셜 소프트웨어, 블로고스피어[1], 그리고 당연히 최근 세대의 가상 게임들과 같은 새로운 매체들은 다중의 집단 주체성의 두 측면 – 창조적 반대와 이익에 따른 추종 – 간에 일어나는, 셀 수 없이 많은 디지털 기기와 플랫폼을 가로지르며 하루 24시간 동안 벌어지는, 치열한 전투의 영토이자 상패이다. 다른 한편에는 스티브 베스트와 더글라스 켈너(2004), 헨리 지로(2006)와 같은 이들의 이론이 "쌍방향적인 스펙타클"이라고 명명한 것에 대한 전망이 있다. 여기서는 디지털 기계들의 참여적 역량들이 제국 권력을 재강화하기 위해 포섭되어 있다. 또 다른 한편에는, 스티븐 던컴(2007)이 미디어 드림월드media dream-worlds를 급진적 목표로 전환한 "윤리적 스펙타클"을 위한 기회들을 논할 때 밝힌 가능성들이 있다.

이러한 양가성을 추적하는 것이 이 책의 계획이다. 지금까지 우리는 가상 게임들이 어떻게 실제의 제국을 재강화해 주느냐에 초점을 맞춰 왔다. 그러나 우리의 분석은 이에 더해 처음 게임을 만들었던 개발자들(1장)의 권위를 부여받지 못한 창조성에서부터, 이에이의 배우자의 노동착취에 대한 온라인상의 비난(2장), 그리고 그로부터 〈엑스박스〉 해킹(3장), 게릴라 전쟁 모의실험장치(4장), 다중접속 온라인 게임 사용자들의 탈법

---

1. [옮긴이] blogosphere, 모든 블로그들이 상호연결된 공동체나 사회적 연결망을 표현하기 위해 제시된 개념

(5장), 〈그랜드 테프트 오토〉의 개조에 관한 논쟁들(6장)에 이르는 갈등들을 밝혀내기도 하였다. 게임과 게임이용자들은 기업 군대 스폰서들의 통제에서 벗어난다. 이러한 탈주선line of flight의 많은 수는 게임 자본에 의해 재탈환되었고, 몇몇은 초점 없고 파괴적인 에너지를 가진 블랙홀이 되었다. 그러나 그 모든 것들이 우리에게 알려 주는 것은 아직 "게임 끝"은 분명 아니라는 것이다. 게임 문화는 겉만 번드르르하게 판촉되고 홍보된 "활력화"와 "참여", 그래서 게임 자본에 공짜 노동을 제공하고 매출을 늘려 주는 것으로 가득 차 있다. 그러나 그것 또한 즉시 이용자 자기조직화의 사례들로 가득하게 되었다. 여기에는 와레즈 동호회[파일 공유 사이트들]에서부터 수완 좋은 게임 제작자들까지 다양했고, 제국에 대항한 운동들과 교차되고 있었다. 이 모든 것들에도 불구하고, 하트와 네그리가 말한 것처럼, "제국적 질서의 스펙타클은 철갑을 두른 것은 아니었다. 사실 그 전복에 대한 실제적인 가능성을 열고 있었다"(2000, 324). 제국의 게임은 이렇게 해서 다중의 게임이기도 하다.

이제 우리는 알렉산더 갤러웨이가 "대항게임행위"countergaming라고 호명한 것으로 눈을 돌려 보자. 즉 제국의 게임에 대항하는 ─ 그리고 그것을 넘어서는 ─ 게임행위의 전망 말이다(2006a, 107~26). 우리는 볼 수 있고, 느낄 수 있으며, 혹은 현대 비디오게임 문화의 주변부를 ─ 그리고 종종 그 깊은 핵심을 ─ 고찰할 수 있는 다중적인 활동의 여섯 가지 경로를 조사했다. 대항행위counterplay, 혹은 개별적인 제국의 게임의 이데올로기 내에서의 그리고 그에 대항한 갈등 행위들, 불협화된 개발dissonant development, 소수의 주요 게임 안에서의 비판적 콘텐츠의 등장, 급진적 사회 비판을 확산시키고자 하는 활동가들에 의해 설계된 전술적 게임들, 정치체 모의실험기^{polity} simulator, "기능성 게임" 운동의 교육훈련 계획과 연관된, 특히 다중접속 온라인 게임에서 상업적 제작사와 독립적으로 게임 콘텐츠를 생산하는 사용자들에 의해 자기조직화된 세계, 마지막으로 게임과 관련된 지적 재산에 대한 제한·독점·통제에 도전하는 소프트웨어 공유지 등이다. 빈번하게 교차하는 이들 경로들 모두가 우리가 이 장을 시작했던 "길거리 게임"처럼 확연하게 군사적이지는 않다. 상당수는 시험적이고, 몇몇은 회의론자들의 생각으로는 볼품없다. 그러나 지구적 권력 구조를 넘어뜨리는 데 있어 게임이용자들의 기여가 우리의 짐작처럼 대단치 않을 수는 있지만, 몇몇 사람들의 주장처럼 그렇게 부적절하지도 않다.

대항행위

지구는 전쟁과 생태학적으로 잘못된 관리로 인해 파괴되어 왔다. 인류는 다른 행성으로 날아가 다음과 같은 여러 개의 파벌로 나뉘었다. 스파르타 연방(파시스트 군사주의자), 가이아의 의붓딸들(녹색 평화주의자), 행성대학(학자 출신 기술관료들), 평화유지군(관료 외교관들), 휴먼 하이브(국가사회주의자), 왕의 추종자들(기독교 근본주의자), 모건 인더스트리(신자유주의적 자본주의자). 각각의 파벌은 자신들의 식민지를 확장하고자 혈안이 되어, 정치구조(경찰국가, 민주주의, 혹은 신정정치), 경제체제(자유시장, 계획경제, 혹은 녹색경제), 문화적 가치(부, 권력, 혹은 지식의 우선순위를 정하는) 등을 선택하고 있었다. 승리 – 행성의 헤게모니 – 는 정복, 외교, 경제, 초월(집단 의식), 아니면 협동(파벌 간 동맹)을 통해 달성될 수 있었다. 이러한 선택들의 치환이 시드 마이어의 1999년 작 〈알파 센타우리〉를 다른 문명건설 게임들 중에서도 더 복잡한 것으로 만들었다. 그것이 칵퍼 포볼로키(2002)가 그 게임을 분석하며 "생체-문화적 제국주의"bio-cultural imperialism라고 명명한 것의 전제들 몇을 깊숙이 내재하고 있다는 데는 의심의 여지가 없다. 〈알파 센타우리〉는 무엇보다도 불운하게도 "4x"게임 장르라고 불리는 것 중에 하나인데, "4x"란 탐험eXplore, 확장eXpand, 착취eXploit, 파괴eXterminate를 말한다.

그러나 게임이용자 하나를 상상해 보자. 그는 조합에 속하지 않은 매체 노동자 – 아마도 할리우드의 거대 기업에 대항해 파업 중인 대본작가쯤 될 것인데 – 이지만 반전 운동과 생태적 행동주의에 참여하면서, 정기적으로 〈알파 센타우리〉를 즐긴다. 그녀가 가이아의 의붓녀들, 휴먼 하이브, 행성대학과 동맹을 맺어 모건 인더스트리, 스파르타 연방, 왕의 추종자들의 제국 권력에 대항하는 형태로 게임을 한다고 상상해 보자. 이것은 승리를 위한 최선의 방책은 아닐 수 있다. 그렇지만, 그것은 게임이용자들이 시도해 봄으로써 즐거움을 줄 수도 있고, 그리고 그녀 자신의 실제 행동을 가상적으로 확증해 줄 수도 있을 것이다.

게임은 "주체화"의 장치들이다. 우리가 게임 속 아바타를 가지고 움직일 때, 우리는 일시적으로 어떤 정체성을 모의실험하고 적용하거나 시도해 보게 된다. 다른 문화적 장치들처럼 게임은 우리를 환영하거나 특정한 "주체입장"에서 설명을 요구한다(Althusser 1971). 이러한 주체입장들은 완전히 환상적일 수도 있고, 매우 현실적일 수도 있으며, 아니면 그 중간 어디쯤일 수도 있다. 그러나 그러한 게임 속 정체성은 결코 게임이 놓여 있는, 그리고 그것들의 가상성이 파생되었고 흘러 돌아갈 실제의 사회적 구성으로부터 완전히 분리되지 않는다. 게임의 가상성은 우리들로부터 이러한 실제의 주체입장을 제거하지만, 또한 우리들로 하여금 그것을 준비하도록 한다. 대개 우리가 앞서 많은 부분 할애하여 논의한 것처럼 그것들은 지구적 자본주의 질서의 정상화된 주체성들 — 소비자, 지휘관, 지휘 받는 자, 사이보그, 범죄자 — 을 모의화한다. "유연한 축적"에서 매우 중요하기 그지없는 노동자의 적성인, 정체성 간의 급진적인 발산과 교환은 말할 것도 없고 말이다(Harvey 1989).

　게임 "활력화"에 대해 열광하는 사람들과는 대조적으로, 쌍방향성은 가상의 게임행위가 이데올로기로부터 자유롭다는 것을 의미하지 않는다. 오히려, 그것은 이데올로기가 매우 잘 작동하도록 하는 데 있어 자유의지의 감정을 강화한다. 게임이용자들은 자신들의 선택에 따라 사회적으로 약속된 주체성을 시연한다. 그러한 선택의 범위와 실질성은 장르마다 다양하고, "온어레일"[2] 게임에서 샌드박스 게임까지 다양하다. 가장 개방적인 게임에서조차도, 그것은 단지 하나의 범위일 뿐이다. 그리고 이 책에서 우리의 요점 중 하나는 그 허용범위로 인해 칭송을 받는 몇몇 게임들은 — 다중접속 온라인 게임이나 샌드박스 게임들처럼 — 제국적 주체 입장을 강제하고 그것을 향해 길을 내도록 코드화된다는 점이다. 산업자본

---

2. [옮긴이] on a rail 또는 on rails 게임이란 게임이용자가 기찻길 위에 있는 것처럼 대체로 정해진 경로로 게임이 진행되는 종류의 게임을 말한다.

의 오래된 방송매체는 매우 분명하게 (그리고 빈번히 매우 성공적이지 못하게) 청중들을 훈계하여 특정한 주체 입장으로 가도록 하는 반면에, 쌍방향적 매체는 자신들 고유의 주도권을 가진 사용자들이 그 체계가 요구하는 정체성을 차용하는 더욱 유연한 질서를 천명한다. 이런 점에서, 게임들은 실제로 조립라인 업무의 복종뿐 아니라 비물질노동자들과 지구적 이주자들에게 의무적으로 스스로 시작하는 참여를 요구하는 질서를 갖는 매체의 표본이 된다. 제국은 다중에 의해 움직일 때만 이긴다. 그러나 이러한 내재화된 매체 훈육 모드는 잠재적으로는 시대에 뒤떨어진 교화보다 훨씬 더 강력한 반면에 또한 더 위험스럽기도 하다. 주체성의 형성은 진행 중인 과정이다. 사람들은 다양한 사회화의 장치들에 노출되고 다수의 측면들을 담고 있는데, 그 장치들 중 몇몇은 놀랍게도 활성화될 수도 있다. 더욱이, 진실로 포괄적이 되기 위해서 게임은 빈번히 "나쁜" 주체입장들, 변절자 선택지, 탈법의 가능성 등을 포괄해야 한다. 게임행위의 논리가 이로 인해 재미없어지거나 게임에서 이기는 게 어려워지게 되더라도 말이다.

우리가 가정했던 〈알파 센타우리〉 게임이용자의 경우에서, 그 게임 장치는 비정상적이게도 제국의 주체가 되는 것이 아니라 다중적인 활동가가 되는 더 광범위한 과정에 맞춰졌다. 이것은 윌리엄 스티븐슨(1999)이 다음과 같은 질문을 하며 제안한 과정의 한 예이다. 그는 이렇게 주장한다. "만일 게임이용자가…… 나쁜 주체가 될 사람을 선출한다면 어쩔 것인가? 컴퓨터의 권력은 회의적이고 저항적인 이용자에 의해 사용될 수 있다." 여기서 스티븐슨은 〈알파 센타우리〉나 〈문명〉 같은 제국건설 게임을 생각하고 있다. 이 게임에서는 아주 먼 옛 선조들이 옛 제국의 엘리트들을 훈련하고, 그 엘리트들은 세계지배에서 승리하기 위해 자국의 체계가 갖고 있는 약점과 적의 강점을 알아야만 한다. 그러한 게임들의 포괄적인 사회적, 경제적, 생태적 선택들은 정치적으로 저항적인 게임행위에서 매우 풍요로울 수 있다. 그러나 그것은 다른 장르에서도 마찬가지로 발생할 수 있다. 당신의 17세기 〈유로파 유니버살리스 3〉 영토가 공화국임을 선언하고, 이를 통해 인공지능에 의해 조정되는 모든 귀족들의 적개심을 얻어라. 〈심즈〉에서 당신의 아바타의 성별을 엉망으로 만들어라. 그리고 우월한 무장과 더 나은 "충격과 공포"shock and awe의 유혹을 거부하고, 〈컴뱃 미션〉에서 파시스트로서 역할은 맡지 마라.

그런 게임 선택지들을 제국에 대한 대항행위라고 부른다. 게임이용자들이 항상 제국적 선택지를 받아들이지 않는다는 것은 그들 기저에 있는 "거부" 역량을 반영한다. 게임이용자들은 종종 제국의 게임에서 부호화된 "지배적인 메시지들에 저항할" 뿐만 아니라, 또한 "대안적 표현들을 생산하기 위해……안으로부터 관리"할 수도 있다(Hardt and Negri 2004, 263). 우리는 저항적인 게임활동에 의한 전복을 과장하거나 정치적 게임의 정의를 지나치게 확대시키지는 않는다. 거리로 가져 나가기보다는 대충 반대하는 둥 마는 둥 하는, 놀기 좋아하는 다중을 비웃기는 쉽다. 그러나 이중적 기준들을 버리도록 하자. 단순히 시간을 죽이기 위해 딴짓을 하는 것과 마찬가지로 영화를 읽거나 보는 것을 고심하는 정치 활동가는 거의 없다. 우리는 같은 호의를 게임활동으로 확장한다. 영화, 음악, 문학 이데올로기가 도전받는 것과 마찬가지로, 새로운 주관성들은 합체하고, 자치의 불빛들이 나타나며, 그것은 때때로 게임들과 함께한다. 그러나 그러한 표현의 범위가 그것들의 개발자들에 의해 프로그램화된 콘텐츠에 광범위하게 의존한다는 데는 의심의 여지가 없다. 이제 우리는 바로 이 개발자들로 눈을 돌릴 것이다.

불협화된 개발Dissonant Development

1960년대와 1970년대 사회운동에서 비물질노동이 기원한다는 점과 게임행위 문화가 오늘날에 이르기까지 "반란"의 입장을 필요로 한다는 점을 가정하면, 정치적으로 비판적인 콘텐츠가 종종 주류 게임으로 진입하는 것은 놀라운 일이 아니다. 우리가 잠시 (1인칭 사수게임에서의) 사수들에 초점을 맞춰보면, "사악한 기업"은 게임에 보편적으로 나타나는 비유이다. 〈둠〉에서 사탄의 군대를 해방시킨 책임이 있는 유니온 에이로스페이스 코퍼레이션에서부터 당신이 〈레드 팩션〉에서 항거한 울토르[3] 혹은 〈아머드 코어:라스트 레이븐〉에서 당신이 그토록 무너뜨리려 했던 동맹군 집합체 등에 이르는 것들이 그러한 예이다.[4] 물론, 이것은 그것이 거

---

3. [옮긴이] 〈세인트 로우〉 게임에 등장하는 기업.
4. 이 테마는 다른 장르에서 다시 나타난다. 〈파이널 판타지〉 시리즈라는 롤플레잉 게임은 유사-기사도적 캐릭터 유형들로 가득 차 있어 "스펙타클한" 게임행위의 극단적 사례로 보인다. 그러나 이 시리즈 중 가장 유명한 일곱 번째 편(1997)은 불만을 품은 청년 집단과 다국적 기업그룹인 신라(Shinra, 일본어로 "새로운 로마"를 뜻하는 단어에서 번역된 단어이다) 간을 갈등을 반복한다. 신라그룹은 여기서 "마코"(mako) 에너지(생체에너지의 은유)의 원천을 고갈시키려 하는 무기 개발자로서 활동가들이 저지하기 전까지는 그 에너지 원천을 갖고 세계정부의 지위를 얻을 수도 있고 대규모의 생태적 파괴를 일으킬 수도 있는 능력을

의 힘없는 상투어인 대중문화 안의 평범한 일이다. 다른 미디어에서와 마찬가지로 게임 속에서는, 그것의 전복적인 책무는 자본에 대한 비평이 개인적 영웅주의에 의해 패하는 악당의 일탈에 관한 이야기 정도의 수준으로 낮아지는 서사구조에 의해 폐기된다. 그리고 이것은 단지 서사구조의 문제가 아니라 게임 역학의 문제이기도 하다. 즉 정치적 성찰은 고강도 액션에 의해 무색해지고, 제국에 대한 분석은 저격수의 마지막 한 발로 게임을 끝내야 한다는 당면과제에 빠르게 잊혀진다.

그러나, 1990년대 말, 세계적 기업권력에 반대하는 시위대들이 힘을 얻고 있던 바로 그 시점에, 이 공식은 일단의 "비밀활동" 게임들 속에서 정밀화되었다. 그 예로는, 히데오 고지마의 유명한 〈메탈 기어〉 시리즈, 워렌 스펙터의 〈듀스 엑스〉 시리즈 등을 들 수 있다. 이런 게임들의 사용은 교활함과 협잡을 속도와 폭력만큼이나 강조하고, 뒤죽박죽 복잡한 서사구조는 초국적인 엘리트들의 해로운 책모와 첨단 기술의 역할, 컴퓨터 네트워크, 행성의 권력 체제를 유지하는 가운데에 있는 가상현실들 주변을 맴돈다. 그러한 게임들은 일반적인 차원에서 프레드릭 제임슨의 "음모이론" 허구성에 대한 비평에 명백하게 취약하다. 그는 이러한 음모이론을 "현대 세계 체제의 불가능한 전체성을 생각하려는……타락한 시도"로서 보았으며(1992, 38), 체계의 힘을 희생시키며 비밀스러운 결사조직을 강조하는 오인 속에서 일어나는 행동들이라고 보았다. 그렇지만 직선적인 액션 서사가 게임활동에서 오랫동안 지배적인 자리를 차지해온 맥락 속에서, 이러한 비밀활동 게임들이 가진 암울하고 꾸불꾸불한 속

갖고 있었다.

성은 가상게임 속에서의 신중한 조정과 조화롭지 못한 콘텐츠의 다량 주입을 보여 주는 것이었다.

이러한 반체제적인 잠입은 9·11 이후에 강화되었다. 베스트셀러 리스트에 자주 오르는 "미국의 세계지배를 향한 모험"과 같은 부제를 담고 있는 책들이나(Chomsky 2003), 극장가에서 흥행을 터트리는 마이클 무어의 다큐멘터리 등과 함께, 테러와의 전쟁에 대한 비판적인 관점들도 일단의 게임개발자들 사이에 나타났다. 하나의 예로 〈배드 데이 엘에이〉를 들 수 있는데, 그 게임의 주인공은 할리우드의 감독이었다가 노숙자가 된 사람으로 피해망상에 걸린 로스엔젤리스의 시민들을, 유성우를 비롯하여 "멕시코인들의 침공"에 이르는 모든 종류의 재난으로부터 보호해 준다. 이 게임은 풍자적인 "대항 메시지", "미국의 공포 문화에 대한 비판" 등의 표현을 공개적으로 사용하는 방식으로 판촉이 이루어졌다. 그 게임의 설계자는 그 게임을 둘러싼 대중의 관심을 게임 속 특정한 종족 정체성의 재현에 대한 비판의 기회로 삼았다. 그가 보기에 그 게임 속에서 특정한 종족은 "비디오게임 속에서 총알받이에 불과해 인간 이하의 존재로 재현되고 있다." 그 게임 속에서 그 특정한 종족정체성은 "인간보다 못한데, 왜냐하면 그것들은 비디오게임에서 총알받이에 불과하기 때문이다"(Totilo 2006).

한편, 〈블랙사이트 : 에리어 51〉을 보자. 제국의 역습, 전쟁을 통한 이윤획득, 공공 신뢰의 파괴 등에 맞추어진 1인칭 사수 게임이다. 보병 분대장인 당신은 대량살상무기 수색을 위해 이라크에 파견되었다. 지금 당신은 미국에 있는 고향, 붉은 먼지가 날리는 네바다의 마을로 돌아왔다. 거기서 무언가 괴기스러운 것이 주정부가 관리하는 황무지 변두리에서 나타나고 있다. 그것은 미국 정부에 의해 제작된 것으로, 나라의 빈민들을 리본Reborn이라고 불리는 고도로 군사화된 돌연변이를 만들기 위한 재료로 사용해 왔다. 모병문제에 대한 야심찬 대책이었으나 그 결과는 예측할 수 없었다. "당신이 주로 싸우는 적은 미국 땅에 있는 폭도들이다"라고 블랙사이트의 설계자는 말한다. "그러나 우리는 우리가 지금 싸우라고 군대를 보내고 있는 그 적을 만들었다. 그리고 누군가는 그것으로부터 이익을 얻는다"(Smith, *Edge* 2007a, 34에서 인용). 다시, 그 게임의 논쟁적인 전시 콘텐츠는 개발자에 의해 적극적으로 활성화된다. "우리는 수많은 사람들로부터 말을 듣는다. '난 당신이 이런 주제를 건드렸다는 게 믿기지가 않는군.' 그러면 나는 이런 느낌을 가진다. '난 당신이 안 그랬다는 게 믿기지 않는군' "(Totilo 2007에서 인용).

아마도 더욱 충격적으로 비판적이고 더욱 민감한 것은 이레이셔널 게임스에 의해 제작된 〈바이오쇼크〉라는 슈팅게임으로 2007년 출시 당시 높은 평가를 받은 바 있다. 이 게임의 배경은 유토피아적인 실험이 끔찍한 실패로 나타나고 괴물들을 만들어 낸 바다 속 도시로 설정되어 있다. 그러나 사회 공학이나 유전공학상으로 실패한 이this 실험은 사회주의적 계획의 산물이 아니라 자본주의적 오만의 산물이다. 게임이용자가 랩쳐Rapture — 그 도시의 이름이다 — 의 폐허를 가로질러 가는 동안, 그/그녀는 거기서 일기나 음성기록 등을 찾아낸다. 그것은 전후 미국에서 자유주의자인 앤드류 라이언(살짝 변장한 아인 랜드5)에 의해 발견된 것으로, 그

---

5. [옮긴이] Ayn Rand. 〈바이오쇼크〉에 등장하는 가상의 인물인 앤드류 라이언은 미국의 기업

는 자유 시장의 권력이 자발적인 기술—산업에 기반한 에덴동산적인 미래를 창조할 수 있다고 믿었다. 그 꿈은 천천히 전쟁·암시장·계급투쟁 등으로 오염되었고, 돌연변이 "스플라이서"spplicer들로 가득 찬 썩어가는 바다 속 대형공동묘지를 남겼을 뿐이다. 스플라이서들은 유전자 조작을 통해 "진화한다"는 홍보의 권고에 굴복한 사람들이고, 육체적인 완벽함에 집착한 비정상적인 성형외과의들의 희생자이며, 죽어가는 나무, 썩어가는 채소, 감소하는 산소공급의 생태적 재앙이다. [게임의 배경이] 1960년대로 설정되었음에도 불구하고, 자유시장과 근본주의적 종교라는 랩쳐의 조합은 21세기 초 미국의 신자유주의를 떠올리게 한다. 그리고 그것이 〈바이오쇼크〉의 성공을 태풍 카트리나 이후 부시 정권의 영광이 점차 희미해져 간다는 게임 세계의 신호로 만들어 주었다.

거대 언론들이 자본의 악성에 관한 게임을 만드는 것이 돈이 된다는 것을 알게 되었다는 것은 제국과 적대적 다중 간의 역설적 관계를 보여준다.[6] 『엣지』(2007a, 31) 같은 게임잡지가 〈블랙사이트〉와 〈바이오쇼크〉

인 하워드 휴즈, 러시아계 미국인 소설가 아인 랜드, 그리고 만화영화 제작자 월트 디즈니 등의 인물을 기반으로 창조되었다.

6. 고전적인 게임들조차도 부시 정권 시기에 대한 어두운 회의주의를 분명하게 노출시킨다. 2006년에 출시된 〈저스트 코즈〉를 생각해 보자. 그 게임에서 우리는 낙하산을 타고 내리는 리코 로드리게즈 – 미국이 임명한 CIA 요원 – 를 인도하는데, 그는 살바도르 멘도사 대통령 암살 임무를 위해 산 에스페리토의 수풀 우거진 해안가로 자유낙하를 하는 중이다. 살바도르 대통령은 미국 측에서는 가시 같은 존재가 된 독재자이다. 이 게임에서 승리하는 데 있어 핵심은 산속에 있는 무장한 반정부군과의 협력과, 서로 반목하는 그 나라의 반대파들이 서로 경쟁하게 만드는 것이다. 당신이 마침내 대통령 궁에 도달했을 때는, 임무의 도덕성에 대해서 고심할 만큼 시간이 많지 않고, 어떤 경우이든 당신이 조장한 아수라장은 멈추기에는 너무 강렬하다. 죽이고, 전복하고, "나라를 자유로 이끌어라!"(Eidos 2006, 4). 제국주의의 표준적인 모습? 남미 정치에 대한 미국의 역할에 비판적으로 풍자를 하는 식의 대항행위를 하는 것을 그럴듯하게 보이도록 하기 위해서, 〈저스트 코즈〉 속에는 충분한 아이러

같은 게임의 제작이 "이데올로기, 근대 지정학, 공포의 문화"와 "뻔뻔하고 단호한 1인칭 사수" 둘 다를 반영할 수 있을지에 대해 논의할 때, 그것은 게임 개발의 정치적 바람에서 변화가 일고 있다는 신호이다. 그렇지만 제시된 대답 – 성공은 "달리고 쏘는 것에 지장을 주지 않으면서" 작은 세밀한 것들에서 정치를 전하는 데 달렸다 – 은 그러한 프로젝트들이 상업적 맥락 속에서 맞닥뜨리는 어려움을 보여 준다. 이러한 상업적 맥락 속에서 장르 관습의 지배라는 것은 반체제적인 정치가, 쉽사리 지루해진 구성에 활력을 주는 소설적 풍자 정도로 변질되는 것을 의미한다. 이런 측면에서, 제목 자체를 직접적으로 〈리퍼블릭 : 레볼루션〉[공화국 : 혁명]처럼 지은 대담한 주류 게임이 있다는 것은 흥미롭다. 여기에서 역학은 단순히 "달리고 쏘는 것"이 아니라 민중들이 부정의한 사회 질서를 전복하기 위해 급진적인 조직을 만드는 느린 – 지루하기까지 한 – 과정이다. 이데올로기적 선동, 비밀스런 언론, 군대의 약화, 활동자금의 공급 등이 이 과정에 속하는 것들이다. 그러나 그 환경을 상기해 보라. 〈레볼루션〉은 동유럽에 있는 가상의 구소련 국가인 노비스트라나에 맞춰져 있다. 그 국가는 과거의 몰락한 악의 제국의 자투리이다. 그리고 그런 이유로 인해 가상의 전복을 위해서는 안전한 장소이다. 분명 놀기 좋아하는 오늘날 자본주의 제국에 대한 반대자들을 찾기 위해, 우리는 그것의 오락 장치의 중심에서 한 발

니들이 존재한다 그 배경이 되는 이야기는 테러와의 전쟁이라는 현대의 수사에 잽을 날리는 것으로 읽힐 뿐 아니라 논란이 많은 미국의 군사개입 관련 역사들에 대한 풍자적인 해석으로 읽힌다. 미국 군사개입의 현대판 사례로는 한때는 미국의 동맹이었던 마누엘 노리에가를 축출하고자 1989년에 미군이 파나마를 침공했던 것을 들 수 있는데, 이 군사작전의 암호명은 〈정의로운 대의 작전〉(Just Cause Operation)이었다. 또한 그로부터 몇 달 후 1차 걸프전에서는 공중전술기를 전술적인 시험으로 배치하기도 하였다(Lindsay Poland 2003).

짝 벗어나 지하출판 게임활동으로 옮겨가야 한다.

전술적 게임Tactical Games

조립라인에서 당신 자리를 지나는 모든 박스에 구멍을 뚫어라. 집으로 가라. 기다려라. 핑Zip. 안내 데스크에 앉아 전화와 이메일, 인터콤에 응대하라. 집으로 돌아가라. 기다려라. 핑Zip. 박스들을 옮겨라, 하나씩 하나씩, 트럭에서 컨베이어로. 소리 지르는 감독관에 신경 쓰지는 말아라. 해고 당한다. 길거리서 구걸한다. 다시 시작한다. 물질적인 것과 비물질적인 것 모두의 경우에 더욱 빠른 속도로 단순반복적인 업무를 처리하는 불안정한 직업들이 지리하게 연속되는 흐름이 튜보플랙스인크TuboFlexInc에 의해서 조성되었다. 이 기업은 "직원배치 솔루션"을 운영하는데, 거리를 무시하는 전송기술을 갖고 있어 이를 통해 근로자들을 거의 실시간으로 전송할 수 있다. 이는 필요기반에 따라 노동력이 공급될 수 있는 2010년 기업의 요구를 만족시킨다. 이것이 튜보플랙스TuboFlex라는, 노동유연성의 극대화에 대한 기업의 필요에 기인해 탄생한 영구적 임시직의 뒤죽박죽된 경험을 비꼬는 소품 온라인 게임이다. 이러한 기업의 요구는 상당히 가혹한데, 그러한 요구는, 제국에서의 사회적 삶의 조건들이 점점 더 불안정하게 되는 것에 이의를 제기하는, 노동과 이주의 쟁점들을 함께 묶은 초유럽적인 운동을 부화시켰다.

2000년 이후 지금까지 활동가에 의해 만들어진 게임 – 게임이론가이자 독립 기획자인 곤잘로 프라스카가 "억눌린 자들의 비디오게임"이라고 명명한 것 – 은 점점 더 많은 수가 온라인을 돌아다니게 되었다. 대부분은 초보적인 실험이었지만, 그것들은 게임활동이 "전술적인 매체"의 도구상자로 진입하였음을 재현하는 것이었다(Garcia and Lovink 1997). 이전의 캠코더 활동주의 문화와 같은 기술적 노하우의 진화와, 기술 가격의 하향으로 가능해진 전술적 게임은, 게임행위 문화에 매우 본질적인 자가제작 디지털 활동을 동원한다. 여기에는 〈더 프렌치 데모크라시〉에서 나타난 머시니마 제작, 〈이스케이프 프롬 우메라〉를 가능하게 한 개조 작업, 〈튜보 플렉스〉의 기반이 되는 기술인 〈플래쉬〉 등이 포함된다. 전술적 게임들은 그런 자율적인 게임 제작 능력과 거대 퍼블리셔들의 궤도 밖에서 생존하고자 하는 작은 그룹의 독립 게임 스튜디오들을 통해 제국에 대항하는 급진적인 사회적 비평과 지구적 운동을 연계한다. 우리는 이 장의 도입부에서 그러한 실험들 몇 개를 인용하였다. 이런 실험들은 이외에도 더 많다. 예를 들면, 테러와의 전쟁에서 소위 말하는 부차적 피해의 불가피성을 보여 주는 〈프라스카스 셉템버 12〉, 이라크 침공 여섯 달 전에 출시되어 중동 정치의 혼란스런 실패라는 결과를 예견하게 된 유명한 플래쉬 게임 〈걸프 워 2〉, 우리가 서론에서 언급한 〈문명 IV : 에이지 오브 엠파이어〉 프로젝트 등이다.7 오늘날, 콩그리게이트와 클루닝게임즈와 같이 무료 온라인 게임을 제공하는 웹사이트에 자주 들르는 사람들은 〈레

---

7. 전술적 게임을 추적하고 논의하기 위한 두 개의 중요한 웹사이트 중 하나는 〈워터쿨러 게임즈〉(http://www.watercoolergames.org)로 이안 보고스트와 곤잘로 프라스카가 운영하였다. 다른 하나는 〈셀렉트팍스〉(http://www.selectparks.net)이다.

이드 가자〉처럼 이스라엘의 군사전략을 비판하는 게임이라든가 〈트릴리온 달러 베일아웃〉처럼 경제위기를 자초해 놓고도 국가에 의해 구제된 최고경영자들을 맹렬하게 비난하는 게임, 〈트루스 어바웃 게임 디벨롭먼트〉처럼 게임 회사 자체의 착취 행위를 풍자하는 게임들을 찾을 수 있다. 그러나 전술적 게임들의 논리를 검토하기 위해서 우리는 〈튜보플랙스〉의 제작사인 〈몰레인더스트리아〉의 제품들을 좀 더 살펴볼 것이다.

〈몰레인더스트리아〉는 카톨릭 교회의 소아애pedophilia에 대한 장난스런 비평으로 인해, 2007년에 이탈리아 의회가, 문제시 된 그 게임이 제거될 때까지 그 그룹의 웹사이트를 폐쇄하도록 한 밀라노의 미디어 활동가 집단이다. 활동가들에 의해서 혹은 그들을 위해서 스스로 자가운영되는 사회적 센터로부터 작동하면서, 〈몰레인더스트리아〉는 위험스러운 상태에 있는 노동자, 미디어의 집중, 괴상한 정치, 가두 시위 등 그 집단이 현대 이탈리아의 사회운동에 열중해 있음을 반영하는 주제들을 다루는, 멋지면서도 단순한 온라인 게임의 안내목록을 만들어 왔다. 2004년부터 활동해 오며 "비디오게임 비방자"로 스스로를 명명한 이들은 두 개의 상반된 경향이 교차된 환경에서 나타났다(Molleindustria, n.d.). 한편으로, 그들의 국가 통신 시스템은 수상인 실비오 베를루스코니[8]에 의해 압도적으로 통제되고 있다. 다른 한편으로, 초기의 대항세계화 운동이 디지털 미디어의 활동주의적 잠재성을 보여 주었다. "오락의 독재에 항거하는 급진적 게임"이라는 슬로건을 가지고, 〈몰레인더스트리아〉는 급진적인 비

---

8. [옮긴이] 그는 2011년 총 9년간의 수상직에서 완전히 물러났고, 2013년에 세금포탈 등으로 법원으로부터 4년형을 선고 받았다.

판의 레퍼토리와 사회적 비판의 형태가 가상적 게임행위의 독특한 힘에 의해 어떻게 변화할 수 있는지에 대한 실험에 게임을 덧붙이기 위해 많은 노력을 해 왔다.

예를 들면, 〈몰레인더스트리아〉의 〈맥도날드：비디오게임〉은 "타이쿤" 게임의 장르를 뒤집어 놓았다. 식당, 사령부, 푸줏간, 농장 — 이 네 가지의 지역은 출렁대는 시장 환경에서 세심하게 관리되어야만 한다. 실시간으로 금융적인 계산을 하는 것은 행동방침이다. 토지와 가축 작물 등과 관련된 문제를 보살피는 농장 일을 시작해 보라. 가축을 사고 최근 벌목된 숲에서 방목시킨다. 그리곤 사무실로 돌아와 홍보 전문가에게 남미의 열대우림 파괴에 반대하는 캠페인을 벌인다고 위협하는 환경주의자들과 협상을 명한다. 전선으로 나가 보자. 그곳에서는 계산대 앞에서 늘어선 줄의 길이를 일정하게 유지하기 위해 햄버거 조립공을 고용하고, 그 느린 계산원에게는 미소를 유지하며 신속한 서비스를 보여준 모범사원으로서 별을 수여한다. 사람들로 북적거리는 사업(그리고 광우병 사건)은 그동안 당신의 도축장에 있던 고기들을 모두 치워 버렸고, 그 때문에 스테로이드[근육강화 호르몬제]로 고기덩어리를 통통하게 만들고 새로 유전자조작을 통해 만들어진 콩을 실험용으로 사용하기도 한다. 이 모든 것들이 가상의 경영 복합업무에서는 수 분 안에 이루어진다. 육류와 마케팅의 정치경제학에 대한 연구에 동기를 부여 받은 이 게임은 세계화된 패스트푸드 생산과정과 판매망을 놀이 형식에 집어넣었다. 〈몰레인더스트리아〉의 빠블로 페데르치니는 그것을 "절차적 비판"에서의 실험이라고 부른다(Dugan 2006에서 인용). 그것은 게임 프로그래밍을 통해서 어떤 행동이 허용되고 보상받으며, 어떤 행위가 요구되거나 배제되는지를 정함으로써 그 목표를 추구하고 있다(Bogost 2006b). 게임 〈맥도날드〉는 게임이용자들에게 작전을 짜볼 만한 여지를 주지 않는다. 성장이라는 당면 과제(그리고 그것이 요구하는 신속한 거래들)를 받아들이거나 아니면 당신의 대형 사업을 파산시키는 것만 가능하다.

〈몰레인더스트리아〉의 대항모의실험countersimulation은 게임이용자들을 초대해 "이러한 사건들을 생산하는 시스템"의 속성에 대해 성찰하도록 하는 의도를 갖고 있다(Dugan 2006에서 인용). 이곳의 가장 최근 생산품 중에는 〈프리 컬쳐 게임〉이라는 것이 있는데, 이것은 게임이용자가 디지털 자원을 기업의 수중에서 해방시키고 미디어 공유지들commons에게 뿌리는 "유희적인 이론"이다. 〈올리가르키〉는 게임이용자를 석유 회사의 총수로 만든다. 그리고 "세계를 탐사하고 구멍을 뚫어 댄다. 부패한 정치인들은 대체에너지 사업을 중단시키고 석유 중독을 확대한다"(Molleindustria, n.d.). 그러한 전술적 게임들은 분명히 교훈적이다. 그들의 헐벗고, 그래픽도 유치한 제품은 교훈을 위해 호감을 희생한다. 그 장르는 놀라운 유희적 소외효과와 사회주의적 현실주의 사이를 오간다. 그러나 〈몰레인더스트리아〉와 다른 전술적 게임 제작자들이 정치화된 게임 문화를 구성하기 위해서는 기존의 장르 구분에 대안적인 이미지를 중첩시키는 것에서 보다 더 나아가야 한다. 알렉산더 갤러웨이가 관찰한 바와 같이, "급진적 행위"를 게임 문화에 수립하는 것은 "대안적인 알고리즘"의 창조를 요한다(2006a, 125). 혹은 페데르치니가 몰레인더스트리에 관해 말한 것처럼, "우리는 종종 급진적인 사람들을 즐겁게 해주는 게임을 만드는 게 중요한 게 아니라, 급진적 게임을 만드는 것이 중요하다고 주장한다"(Nitewalkz 2007에서 인용). 20세기 초 노동운동가들이 인쇄한 팸플릿으로부터 21세기 네티즌들이 유지하는 위키류wikis들까지, 대안 매체는 저항적인 지성을 키워 왔다. 이제 게임이 이러한 그룹에 진입하고 있다. 그렇지만 정치화된 게임의 역할이 그러한 선전선동에만 제한되는가? 이에 대한 대답을 위해서 우리는 좀 더 야심차고 좀 더 양가적인 실험으로 눈을 돌려야만 한다.

정치체 모의실험기Polity Simulators

〈조지아 베이신 퓨처 프로젝트〉는 캐나다의 브리티시 컬럼비아 대학에 있는 지속가능한 발전 연구자들에 의해 시작된 "쌍방향적 사회 연구"이다(Robinson and Tansey 2006, 152). 그 구성 중 하나는 윌 라이트의 〈심 시티〉와 〈심 어스〉에서 영감을 얻었다. 밴쿠버와 그 주변 지역의 생태학적인 사회적 외형을 모의화하면서, 〈지비-퀘스트〉GB-QUEST는 게임 이용자들로 하여금 지역 경제발전과 환경 정책에 관해 조세 및 공기오염 수준에서부터 토지활용에 관한 구획 정하기, 교통, 실업 등에까지 이르는 범위의 변수들을 설정하도록 한다. 그러고 나면, 그것은 사용자가 등록한 기호들에 근거했을 때 그 지역이 2040년에 어떤 모습을 보이게 될지에 관한 모형을 생성한다. 〈지비-퀘스트〉는 생태적·사회적·경제적 요소의 조합을 배경음악으로 두고 특정한 행위들의 복합적인 결과를 집중조명한다. 그 게임의 "재구성적인" 특성은 게임이용자들로 하여금 자신들이 바라는 미래에 대상들이 근접하는 조합이 도달할 때까지 선택을 재설정하도록 허용한다. 이러한 플랫폼은 이상적인 미래 시나리오에 관한 사용자들의 기호를 기록할 뿐 아니라 그것들을 지방정부로 향하도록 해서 생태적인 정책에 관한 장난스런 공공 의견 감각을 제공하도록 할 수도 있다. 게임운영자의 설명에 따르면, 이 프로젝트의 목표들은 사용자들이 "그 모형들을 가지고 반복적으로 즐기면서 대안적인 지역의 미래에 포함되어 있는 거래들trade-offs을 탐색해 보도록 하는 것" 그리고 〈지비-퀘스트〉 같은 도구들이 사회적 변화를 위한 지적인 유권자를 만드는 데 사용될 수 있는지를 검토하는 것"이다(Robinson and Tansey 2006, 153).

〈지비-퀘스트〉는 우리가 "정치체 모의실험기"라고 부를 게임의 범위 중 하나이다. 게임이용자들을 공공정책 형성이라는 주제에 참여시킴으로써, 그것들은 최근 게임활동 써클 내에서 "기능성 게임들"로 알려지게 된 것의 부분집합이다. 〈기능성 게임 이니셔티브〉는 워싱턴에 기반을 둔 비영리 기관으로서 게임활동을 위한 다양한 응용프로그램들을 만들어 내고 있다. 게임을 학습의 수단으로 광범위하게 참고함으로써, "기능성 게임들"은 거칠고 포괄적인 명칭이 되었고, 선거 운동에서 보건 관리에 이르는 주제들에 대한 모의실험을 다루게 되었다(Laff 2007). 제국의 훈련 게임들은 이러한 범주에 더욱 가까운데, 우리가 1장에서 논의했던 작업장 어플리케이션들과 군사적 목적으로 활용되는 그 게임들은 이 책의 일관된 주제이다. 그러나 파생적 운동인 〈변화를 위한 게임〉은 더욱 모호하여, 게임이용자들에게 다양한 국제 정치, 생태, 보건의 위기들에 관해 교육하는 것을 목표로 두고 있는 사회계몽적인 소형게임들을 포괄하고 있다(Ochalla 2007). 종종 기술적으로나 시각적으로 매우 단순하고, 대개는 공짜로 온라인을 통해 즐길 수 있는 이러한 게임들은 또한 사회적 이슈에 관한 관련 자료들과 연계를 시키고, 종종 활동가 안내책자를 "해야할 일 목록"에 포함시키기도 한다.

이것은 점차 인기를 더해 가는 게임의 하위영역이다. 〈써드 월드 파머〉는 게임이용자를 고생하고 있는 아프리카 농산물 생산자 가족의 위치에 놓음으로써 세계 빈곤과 식량 공급 사안을 다루고 있다. 〈다르푸르 이스 다잉〉은 수단 난민 캠프에서의 삶과 죽음을 모의화하였다. 〈클라이밋 체인지〉는 기후변화에 관한 〈유엔〉 정부 간 패널의 데이터에 기반해 게임이용자들을 지구온난화에 대한 해법을 찾는 〈유럽연합〉의 대통령의 위치에 놔둔다. 〈푸드 포스〉는 〈유엔 세계식량계획〉에 의해 개발되었는데, 기아구제 임무를 다루고 있다. 〈피스메이커〉는 중동 정치를 모의화한 상용게임으로 게임이용자들로 하여금 이스라엘이나 팔레스타인 지도자 중 하나가 되게 하고 두 국가의 해법을 찾도록 한다. 〈포스 모어 파워풀〉은 〈국제비폭력분쟁센터〉가 개발한 것으로 게임이용자들에게 불복종 전략을 훈련시킨다. 〈카르마 타이쿤〉은 사업 모의체험에 대한 진보적인 모형으로 게임이용자들을 이윤을 위해 일하는 것이 아닌 기관의 관리자로 설정한다.

이런 게임의 대부분은 비정부적 기구와 같은 시민단체들과 게임 산업과 학계 내에서 그들에 대한 지지자들의 고민에서 나타났고 그것을 반영한다. 군–산업 축을 벗어난다 하더라도, 비정부기구들은 제국의 장치

중 일부가 되는 일이 잦고, 그것의 끝없는 전쟁과 구조적 재앙에 대한 임시방편을 적용하는 주체가 되기도 한다(Hardt and Negri 2000, 35~36). 기능성 게임들은 이것을 반영한다. 대부분은 신자유주의적 가정들을 코드화한다. 예를 들면, 〈푸드 포스〉는 게임이용자들을 지구적 기아라는 이슈와 묶지만 세계 시장의 구조에 대해서는 전혀 진지하게 살펴보지 않는다. 다른 기능성 게임들은 명백히 위선적인 기업의 자선을 통해 자금지원을 받는다. 지속가능성을 다루는 게임인 〈플래닛 그린 게임〉은 단일문화의 상징인 스타벅스의 기금지원을 받으며, 〈카르마 타이쿤〉은 제이피모건 체이스라는, 엔론의 회계부정사건에 개입된 대규모 투자은행(책임성 있는 자금 관리는 게임의 교육적 자산 중 하나로 추앙받고 있다)의 지원을 받는다. 〈포스 모어 파워풀〉은 〈국립민주주의재단〉에 연계되어 있는데, 이 기관의 "혁명적인" 동유럽 자유시장 민주화 프로젝트는 미국 의회의 지원을 받는다(Barker 2007).

그러나 수많은 현재의 기능성 게임들이 가지고 있는 타협적 속성이 그 장르가 급진적 잠재성을 결여하고 있음을 의미하는 것은 아니다. 모의체험 도구에 대한 군-산 복합체의 독점을 붕괴시키고, 아무리 그것이 시시하더라도 생태론자들·평화주의자들·도시계획자들에 의해 그 활용을 창출하는 것은 환영할 만한 발전이다. 활동가들에 의해 만들어진 전술적 게임들이 제국의 재앙적인 절차적 논리들을 드러내는 동안, 정치체모의실험기는 대안적 절차들을 상상하기 위한 발걸음을 내딛을 수 있다. 제국의 깊숙한 변화에 대한 비판적인 논의들은 계획이라는 사안에 너무 자주 반대한다는 것이 우리의 믿음이다. 이것은 분명히 소련 시기의 중앙

집중적 계획 경제에 대한 공포에서 비롯되었다고 이해할 수 있다. 그러나 그렇든 그렇지 않든, 지구온난화와 같은 위기들은 고삐가 풀린 신자유주의 시대의 시장이 제거하려고 하는 바로 그것을 다시 논의의 석상에 올려놓는 것이다. 그것은 바로 대규모의 사회적 계획이다. 난관이 있다면 국가사회주의의 권위주의를 피하고 재래식 대의민주주의를 극복하기 위한 계획의 형태를 찾아내는 것이다. 우리는 대항-제국 프로젝트가 참여적인 통치성이라든가 장기적 계획수립 — 유토피아적인 상상까지도 — 등과 같은 사안들에 더욱 많은 관심을 가질 필요가 있다고 생각한다. 많은 활동가들이 통상적으로 허용하는 것보다도 말이다. 또한, 우리는 급진적인 정치를 다루는 기능성 게임들이 이런 일에 기여할 수 있다고 생각한다.

물론 정치체 모의실험기는 설계상의 문제를 처리해야 한다. 〈풀 스펙트럼 워리어〉 같은 군사 모의실험기들이 허구적인 전제들(점령지 내에 자살폭탄테러는 없다)에서 출발함으로써 없느니만 못하게 만든 것과 마찬가지로, 시민사회 게임들도 "비폭력은 언제나 성공한다", "개인의 재활용이 지구를 구할 수 있다", "자선적인 기부는 빈곤을 해결한다"와 같이 확신할 수 없는 가정을 내재할 수 있다. 그러나 이안 보고스트(2006a, 108~9)가 주장한 것처럼 게임의 교육적인 가치가 게임이용자들이 가상(그리고 실제) 세계를 프로그래밍한 전제들에 의문을 제기하는 "모의실험 열병"을 유도하는 데 있다면, 사용자들로 하여금 그러한 척도들을 수정하고 개조하도록 허용하는 게임들은 — 〈지비-퀘스트〉에서와 같이 — 단순히 자체의 선입견들을 사용자에게 부여하는 게임들보다 더욱 정치적으로 교육적일 수 있다. 따라서 〈지비-퀘스트〉가 학문적인 실험이었기는 하지만, 동시에 그것은 어떤 한 지역에 영향을 주는 정치적·경제적·생태적 사안들을 둘러싼 광범위한 상향식의 참여적 계획을 수립하는 데 있어 그러한 플랫폼이 우리가 활용할 수 있는 여러 수단들 중 하나가 될 수 있는가라는 질문을 갖게 한다. 이런 질문을 하는 데 있어 우리는 걱정할 필요가 없다. 〈심즈〉의 설계자인 윌 라이트는 그 누구보다 적절한 인물인데, 그는 자신의 잠정적 프로젝트에 대해 논평하면서 다음과 같은 고민들을 보여 주었다. "만일 당신이 단지 모든 사람들로 하여금 자기들 주위의 세상에 대해, 그리고 그것이 어떻게 작동하는지에 대해 좀 더 깨닫도록 하고, 그들의 반응을 세계가 움직이는 규칙으로 향하게 할 수 있다면, 게임행위는 그 체계를 움직이는 데 있어 믿을 수 없을 만큼 강력한 메커니즘이 될 수 있다"(Morgenstern 2007에서 인용). 우리는 가상적인 시연rehearsal이 재시동된 시스템에 어떻게 연계될 수 있는가라는 질문으로 돌아올 것이다. 그러나 우선 또 다른 종류의 가상세계 구축을 살펴볼 것이다.

자기조직화된 세계

"그들의 세계는 삭제될 것이다"라는 안내가 있었다. 상업은 그것이 더 이상 유효하지 않다고 선언했다. 급작스러운 삭제에 대해 3백 명의 거주자들이 모여 자신들이 고생스럽게 노동하여 만든 – 실제로도 그들 집단의 소유인 – 사회를 유지하기 위해 무엇을 해야 할지를 의논하였다. 자신들의 의지와는 상관없이 그들은 떠났고 다른 땅에 자리를 잡았다. 그렇지만, 그들의 이전 영주는 원래의 영토를 파괴하지 않았고, 그냥 쉬는 땅으로 남겨 두고는 좀 더 돈이 될 만한 것에 정신을 쏟았다. 쫓겨난 사람들은 그를 찾아갔다. 그들은 자신들의 능력에 대해 얘기하면서, 자신들의 복귀에 대해 협상하였다. 도움 같은 것에 대해서는 거의 기대하지 않기로 하면서. 그리고 그들은 가능한 한 많이 자신들의 사회를 자가 조직하고 스스로 창조할 것이다.

가상적 사건에 대한 실제 이야기, 이 일화는 실리아 피어스(2006)가 "게임 간 이주"라는, 다중접속 온라인 게임인 〈우루〉의 퍼블리셔가 게임의 서버를 정지시킨 후 일단의 게임이용자들이 다른 다중접속 온라인 게임으로 이동한 현상을 연구하면서 다룬 주제이다. 한 숙련이용자 길드 – 이미 다른 영구적 세계에 풍부한 이주자 문화를 세운 – 는 싸이언으로부터 서버 통제권을 이전 받고, 이로써 자신들의 "고향땅"으로 돌아갈 수 있게 되었다. 그 결과는 "게임이용자들이 정말 말 그대로 그것을 획득하였고, 자신들의 것으로 만들었으며, 새로운 수준으로 격상시켰다"(Pearce 2006, 23). 일단의 상습적 게임이용자들이 이런 식으로 〈우루〉에 무단정착하였다는 것은 피어스가 "자가유희적 문화"(23) – 혹은 우리가 자기조직화된 가상 게임 행위라고 부르게 될 것, 그러나 자가제작 게임 문화에서 한층 확장된 것 – 라고 명명한 것에 대한 증명이다. 피어스를 따라, 우리는 다중접속 온라인 게임의 영역에서 일어나는 자본과 다중 간의 다툼들에 초점을 맞출 것이다. 다중접속 온라인 게임은 그 사용자 다중들의 집단적 노력에 의해 실질적으로 만들어진 디지털 영토이다.

우리는 이미 기업에 의해 소유된 가상세계에서 나타난 정치적 분쟁들을 살펴보았다. 결론은 한 가지라기보다는 여러 가지가 뒤섞이긴 했지만 말이다. 〈월드 오브 워크래프트〉(5장)에서의 골드 경작은 퍼블리셔들의 온라인 다중에 대한 통제가 얼마나 위태로운 상태인지, 그러면서 동시에 규율을 지키지 않는 이용자들의 참여가 세계의 기본적인 시장 구조화에 의해 움직임으로써 미시상품화microcommodification를 어떻게 심화시키는지를 분명히 보여 주었다. 〈세컨드 라이프〉(서론)에서는 낸시 스콜라(2006)가 "아바타 정치"라고 부른 것과 관련된 몇몇 사건들, 이를테면 아이비엠 노동자들의 파업을 살펴보았다. 기업이 소유한 다중접속 온라인 게임이 대담한 온라인 행동주의의 장이 되고 있다는 데는 의심의 여지가 없다. 〈세컨드 라이프〉에 관련된 예를 하나 더 들어보자면, 프랑스의 이주자에 반대하는 신나치주의 정당인 〈프론트 나시오날〉에 의한 가상의 사무실이 개소하였는데, 이것은 분홍색 바다 지대를 휩쓸어 버린 "피그 그리네이드"pig grenade의 폭발로 최고조에 이른 시위에서 반인종주의 현수막을 펼쳐 든 시위대들에 의해 아주 가혹한 카니발 형태의 인사를 받게 되었다(Au 2007d). 따라서 우리는 상업적인 가상세계 안에서 반제국적인 시위를 생성시킨다는 전망을 완전히 배제하지는 않는다.[9] 그러나 이

---

9. 2005년에 우리는 "제국의 게임"(de Peuter and Dyer-Witheford 2005)에 관한 초기적인 글을 게임 〈세컨드 라이프〉 안에 있는 커뮤니티가 운영하는 공간인 포트(Port)에서 가상적으로 출판되는 학술지 『플랙 어택』(*Flack Attack*)에 기고하였다. 자치라는 주제에 관한 초판에 있던 다른 논문들은 〈세컨드 라이프〉의 "프로슈머들"(prosumers, 자가생산하는 소비자들)"의 상황과 그들의 조직화 필요성, 가상세계 안의 성 커뮤니티(sex community)들의 입장, 자발적인 복종과 노예상태에 대한 욕망, 위키피디아(Wikipedia)의 발칸화(balkanization), 지적 재산법의 회색 지대에 있는 공유지의 설립 등에 대해 논하고 있었다. 그 학술지의 전체적인 지향은 가상세계 속에서 "누군가 다른 사람의 게임 코드와 사업전략 틀 내에서 비판적이거나 전복적으로 행동할" 가능성들을 모색하는 것이었다. 그 조직가들은 "사용자 집단이 자발적으로 자신들의 소비를 만들어 내고, 삶의 모든 것이 노동의 논리 내에

러한 폭동들에도 불구하고 주류 다중접속 온라인 게임의 아바타 정치 대다수는 그다지 열의가 있어 보이지 않는다. 이것은 〈세이브 더 칠드런〉처럼 돈을 벌기 위해 가상의 야크Yak를 파는 데서부터 자신의 선거운동을 지원하기 위해 "마을 회관"을 지으려 하는 미국 민주당 의원에 이르기까지 별 차이는 없어 보인다. "정당 장치"party apparatus(Scola 2006)의 가상적 인수는 가상의 자유민주주의를 〈세컨드 라이프〉의 가상 시장경제에 대한 자연적 보완물로 삼음으로써 단계를 높여 가는 정치의 통상적인 속성과 너무나 비슷하게 들린다.

그러나 더욱 흥미진진한 전망이 게임이용자들이 가상세계에 대한 기업 소유권의 기본 구조들에 도전하면서 나타나게 된다. 한 가지 유명한 실례가 소니와 루카스아츠의 〈스타워즈 : 갤럭시즈〉에서 나타났다. 2003년에 만들어진 이 게임은 원래는 전략적 선택과 심오한 기술체계를 강조하는 복합적인 가상세계여서, 세밀한 아바타 창조를 권장하였다. 2005년에 이 게임의 느린 이윤창출에 만족하지 못한 퍼블리셔는 그 게임을 개조하였는데, 그것은 그 구조에 근본적인 변화를 가져온 것이었다. 소위 말하는 신 게임 강화New Game Enhancement는 구조조정 프로그램과 같은 비디오게임처럼 실행되어 〈갤럭시즈〉를 훨씬 단순한 조준하고-클릭하는 point-and-click 전투 시스템으로 변화시켰다. 이것은 미친 듯한 총격전을 만들어 내고 좀 더 어린 게임이용자들을 불러 모으도록 기획되었고, 캐릭

포함되는 '사회적 공장'에 대한 네오맑시스트적 인식과 관계되는 상황을 명확히 인식한다 (Goldin and Senneby 2007). 『플랙 어택』은 단명한 것으로 보이지만, 그것이 제기하는 쟁점들은 이 책의 중심적인 고민들이다.

터의 모든 집단들을 제거하였다. 초기 게임이용자의 상당수는 이 게임을 포기하였다. 이로 인해, 그들은 게임 속 정체성을 만드느라 투자한 며칠, 몇 주, 몇 달의 시간을 날려 버렸다. 포기한 사람들 모두가 조용히 떠나 버린 것은 아니다. 자신들의 손실을 기억하고 자신들의 불만을 표출하기 위해 만든 웹사이트들은 〈스타워즈 : 갤럭시즈〉를, 따르지 말아야 할 디지털 공동체의 나쁜 사례로 만들었다. 이런 그들의 행동은 특히 소니가 출시한 이 게임의 개정판이 완벽한 실패를 함으로써 더욱 힘을 얻게 되었다(Varney 2007을 보라). 대표적인 반대 웹사이트가 〈임페리얼크랙다운[제국의붕괴]닷컴〉imperialcrackdown.com이라는 이름으로 더욱 명확해졌듯이 〈스타워즈〉의 신화체계 — 저항군 대 제국 — 의 기본적 비유를 따르고 있었다는 것을 생각하면, 이 일화는 특히나 뼈아픈 것이었다.

이 일화가 다중접속 온라인 게임 문화에서 전설이 되어 갔지만, 그럼에도 불구하고 가상세계에 대한 통제에 균열을 일으키기에는 역부족이었다. 또 다른 집단이 성공에 몇 센티미터 정도 더 가까이 갔다. 2006년 다중접속 온라인 게임 〈리좀〉의 프랑스계 개발사 네브락스가 파산하였다. 〈무료 리좀 캠페인〉이라는 제목을 걸고, 전직 근무자와 충성스런 게임이용자들, 그리고 사이버자유주의자들cyberlibertarians들이 동맹을 이루어 그 게임을 구매하기 위해 모금을 하였다. 이 캠페인을 주도했던 사람들은 〈리좀〉을 비독점적인 "무료 소프트웨어"로 재배포하겠다고 약속하였고, 그렇게 해서 사용자들이 그 게임의 프로그래밍에 접속하고, 수정하며, 강화할 수 있도록 하였다. 또한, 하드웨어 — 게임 서버 — 는 비영리 기관에 맡기기로 계획하였다(BBC 2006b). 서약에 따라 20만 달러를 모금하였음에도, 그들의 제안은 상업적인 제안에 패배하였다. 그들의 노력은 그럼에도 불구하고 그것이 〈무료 소프트웨어 운동〉Free Software Movement에 더욱 가까이 가게 해주었다는 점을 지적하는 수많은 지지자들에 의해 승리로 여겨졌다. 무료 소프트웨어 운동은 무료 다중접속 온라인 게임의 개발을 자신들의 운동에서 "높은 우선순위의 프로젝트"로 보는 운동이다(Free Software Foundation 2006). 〈무료 리좀 캠페인〉은 그 이후 〈가상 시민권 회의〉(2007)로 변형하여 "가상세계는 게임이용자 모두의 것이어야 한다"는 선언을 하고, 플로스FLOSS : Free/Libre Open Source Software[무료 오픈소스 소프트웨어] 원칙에 근거한 다중접속 온라인 게임 프로젝트뿐 아니라 게임 노동의 가상적 그리고 실제 공간 안 모두에서 "참여 민주주의"의 선봉에 서고자 한다.

그 다음 단계는 반기업적인 게임이용자들을 위한 것으로, 이것은 단지 항쟁하고 기업의 가상적 세계로부터 탈퇴하는 것뿐 아니라 자신들만의 세계를 창조하기 위한 것이다. 이 단계는 지금껏 진행되어 오고 있다. 2004년에 시작된 〈아고라엑스체인지〉는 정치이론가인 쟈클린 스티븐스와 게임 예술가인 나탈리 북친에 의해 고안된 대안적 다중접속 온라인 게임 프로젝트의 가제로, 2007년 이후로 캘리포니아 대학교의 기금지원을 받은 프로토타입도 존재하고 있다(Devis, n.d.). 이 가상세계 안에서는, 규칙이 바뀐다. 상속은 오랫동안 계급의 특권을 유지하는 메커니즘이 되어 왔고, 더욱 평등적인 사회로 가는 데 장애물이 되어 왔다. 죽은 사람이 남긴 개인의 부는 깨끗한 물과 같은 자원에 대한 인간의 기본적 욕구를 보장하는 지구적 재분배를 그 임무로 하며 투명하게 운영되는 국제기관으로 가게 될 것이다. 그리고 더 이상 억압으로부터의 탈출이나 가족과의 상봉을 찾아가는 이주민이 억류나 추방, 혹은 그보다 더 나쁜 일에 대한 공포감을 갖지 않을 것이다. 국경은 난민의 물결에 개방될 것이다. 단순히 상품의 물결만이 아니라 사람들도 이 물결에 합류할 것이다. 토지는 국가의 신탁에 맡겨지고, 개인과 사업체에 대여될 것이다.

스티븐스와 북친은 다른 많은 사람들처럼 다중접속 온라인 게임을 다양한 모델의 사회 조직에 대한 실험과 새로이 출현하는 정치 행태를 연구하기 위한 훌륭한 실험실이라고 보았다. 그 게임이 조제한 규범들은 초기 참여자들 간에 논쟁의 주제가 되어 왔다. 그러나 〈아고라엑스체인지〉가 이러한 논의를 시작한 것은 우리의 관점에서 볼 때 새로운 사회 질서를 기획하기 위한 플랫폼으로서 연결망으로 이루어진 게임이용 기술들을 효율적으로 사용하도록 할 수 있는 상당히 유망한 다중적 발전이다. 기존의 제도들이 가진 전제를 내재화하거나 아니면 매우 실현불가능한 시나리오를 제출하는 것 중 하나를 선택하는 대신에, 아고라 프로토타입은 "현실 세계의 실현 가능한 대안적 모형"에 기반하고, "그 거주자들의 창의적 참여를 통해 그 세계가 미래에 가질 모습 – 동맹, 공감대, 갈등 들이 야기시킬 수도 있는 것 – 을 목도해야 한다"(Devis n.d에서 인용).

가상세계가 실제의 사회적 혁신의 시험장이 될지도 모른다는 생각은 최근 통용되어 온 것이다(Castronova 2007). 2008년에 캘리포니아의 비영리기관인 〈미래연구소〉는 〈슈퍼스트럭트〉라는 "최초의 대규모 다중접속 예측 게임"을 출시했다. 2019년을 배경으로, 그 게임은 지구멸망 인지 시스템이 2042년경에 다섯 개의 동시다발적 "초 위험"super threats의 결과로 인류가 자멸할 것이라는 예측을 하는 상황을 다루고 있다. 그 다섯 가지 초위협이란, "악화되는 보건 상태와 전국적인 전염병"의 결과로서의 격리, 세계 식량 시스템의 지구적 붕괴인 탐욕, "국가들이 에너지 주도권을 위해 싸우고 세계는 대안적인 에너지 해결책을 찾아 나서는 데 따른" 권력 투쟁, 그리고 증가하는 감시와 자유의 상실 등을 포괄하는 무법행성, 마지막으로 "난민의 대규모 증가"를 동반하는 세대 탈주가 그것들이다(Institute for the Future 2009). 그 목적은 게임이용자들로 하여금 협동하게 하고 게임에서뿐만 아니라 이메일·블로그·소셜네트워크 등을 통해서도 소통함으로써 이러한 문제들에 대한 해결책들을 고안하도록 하는 것이다. 우리는 〈슈퍼스트럭트〉가 내놓을 대답들을 어떤 식으로든 변호할 필요가 없다. 이미 밝혔듯이, 게임활동의 지구적 인구통계학은 상당한 범위의 편견을 예견하고 있다. 그러나 기본적인 논점은 남는다. 만일 펜타곤과 월스트리트가 가상세계를 이용해 제국을 계획한다면, 꼬뮌 지지자들이 자신들의 탈출 경로를 심사숙고하는 데 그것들을 이용하지 못할 게 무엇인가?

〈아고라엑스체인지〉는 천 년이 바뀌는 시기 대항세계화 운동이 동반한 "자본주의 이후의 삶"에 대한 글의 홍수로부터 영향을 받은 가상세계이다(Albert 2003). 〈슈퍼스트럭트〉는 지구온난화와 생태적 재앙에 대한 현재의 고민의 물결에 기반한 것이 분명하다. 그러한 실험들은 최근 『싸이언스』지에 기고된 유명한 컴퓨터 과학자의 제안을 현실화시킨 것인데, 그 과학자의 주장에 따르면 온라인 게임은 "일반적인 사회에서는 거의 불가능한" 대안적 정부 체제에 대한 대규모 연구를 가능하게 한다는 것이다. 이를테면, "개인들이 공공재의 생산을 위해 협동하도록 유도하는 방법" 등에 대한 탐색 같은 연구가 가능해진다는 것이다. 그러나, 집단재 collective-goods 생산에 대한 게임의 잠재적 기여를 살펴보기 위해서는, 지적 재산권에 대한 투쟁에 다중의 게임이 하고 있는 개입을 검토할 필요가 있다.

소프트웨어 공유지

온라인 게릴라전은 대규모 기업 복합체를 위기로 던져 넣었고, 그 섹터 중 몇몇을 붕괴 직전까지 가져갔으며, 다른 것들에게는 자신들의 전략을 재고하지 않을 수 없도록 한 데다가, 격렬한 대응을 불러 내었다. 그럼에도 불구하고 온라인 게릴라전은 난공불락으로 남아 있다. 이러한 내용은 공상과학 게임 시나리오도 아니고 급진적인 판타지도 아니다. 이것은 이드 소프트웨어 사장 토드 헐렌스헤드가 2007년 〈게임개발자회의〉에서 가상놀이 사업의 현 상태를 설명한 방식이다(Radd 2007에서 인용). 물론 그는 불법복제에 대해 언급하고 있었다. 북미의 퍼블리셔들이 해적판으로 인해 30억 달러의 연간 손실을 보고 있다는 〈전자소프트웨어협회〉(ESA 2007b)의 평가를 인용하면서, 헐렌스헤드는 게임의 불법복제가 컴퓨터와 관련된 디지털 활동을 위기로 몰고 있다고 주장하였다. 그러한 평가는 모든 해적판 게임들이 불법복제되지 않으면 시장가격에 팔릴 것이라는 가능성 없는 가정을 하고 있다는 점에서 의심스러운 것이다(Tetzalf 2000). 그러나 헐렌스헤드는 "게릴라전"에 대해서만은, 적어도 게임 산업의 대항봉기counterinsurgency 수단들에 관해서는 완전히 과장을 했다고 볼 수는 없었다. 국제경찰의 단속, 수백만 달러의 벌금, 무거운 형량, 그리고 디지털 권리 관리 시스템에 의해 정기적으로 검색되는 게임이용자의 하드웨어 등을 직면한 해적판들을 통해, 법적인 강제가 놀이공간play-space 안에서 위협하고 있는 중이다.

상용게임들은 음악이나 영화산업처럼 추출–복제rip-and-burn 디지털 문화의 손아귀에서 고통을 받고 있는 중이다. 이것은 억압받은 자들의 귀환이다. 즉 게임 산업이 상품화한 해커의 지식이 새로운 소비자세대가 상품을 복제하고 돈을 지불하지 않은 채 다른 이에게 넘겨 주는 법을 배우게 됨에 따라 복수의 칼날이 되어 돌아온 것이다. 콘솔을 끼고 사는 "유목민 게임이용자"(3장)를 통해 보았듯이, 해적판은 대규모의 이익추구 활동에서부터 기술적 도전과 반기업 정치에 영감을 받은 와레즈 네트워크, 그리고 거기서 소규모의 게임 교환 활동까지의 범위를 포괄한다. 우리는 불법복제를 단순화하거나 낭만화시키지 않을 것이다. 예산이 암시장으로 흘러가는 것을 지켜보는 독립 게임개발자들에 대한 동정심이 없는 것은 아니다. 그러나 게임산업의 게릴라 전쟁은 싸움이라는 형식에 쉽사리 혹은 생산적으로 봉쇄되지 않는 네트워크화된 창조성의 새로운 형식으로서 하나의 증상이다.

이 전쟁은 셀 수 없이 많은 갈등과 변칙 들을 생성하여 왔다. 예를 들면, 게임 문화의 보존과 보관의 상당 부분은 더 이상 상업적으로는 판매되지 않는 오래된 온라인 게임을 쓸모 있게 만드는 "어벤던웨어" 사이트에 의해서 운영된다(Costikyan 2000). 이 모든 사이트들은 엄격히 보면 불법이다. 미국의 저작권이 95년 간 지속되기 때문에, 어떠한 게임 저작권도 아직 만료되지 않았다. 그러나 퍼블리셔와 개발사들은 – 획득되고, 합병되고, 다시 팔린 – 게임 고전과 희귀품들에 대한 자신들의 소유권에 대해 인지하지 못하거나 아니면 무관심할 수도 있다. 기소하겠다는 주기적인 위협에도 불구하고, 어벤던웨어의 운영자들은 게임 세계의 해적판 사서들처럼 합법적인 중간지대에서 활동한다. 그 사이에 반불법복제 기술의 사용이 사생활 침해와 부차적 피해 둘 다에 관한 이슈들을 만들어냈다. 악명 높은 사례 하나는 〈스타포스 디지털 라이츠 매니지먼트〉로 많은 게임이용자들의 컴퓨터 성능을 떨어뜨리는 데 성공함으로써 집단소송을 야기하고 결국에는 대형게임 퍼블리셔들에 의해 포기되었다(Loughrey 2006).

유사한 불확실성들이 새로운 콘텐츠의 창조 위에 잔존해 있다. 폭발의 계기는 게임 개조행위(1장을 보라)와 개조자들이 다수의 게임들과 다른 매체들로부터 콘텐츠를 혼합하는 행위였다. 처음으로 알려진 개조자에 대한 지적 재산권 관련 기소는 20세기 폭스사가 〈퀘이크〉의 〈에일리언 대 프레데터〉 개조판을 폐쇄하면서 일어났다. 폭스사는 개조팀들과 접촉하여, 생산을 포기하라고 요구하며, 웹사이트를 제거하고, 파일들을 없애버리고, 복사품들을 파기하며, 회원들의 이름과 주소를 공개함으로써 악명을 떨치게 되었다. 새로운 용어 – "폭스질"foxing – 이 게임이용자들의 단어장에 들어가게 되었다(Kahless 2001). 그러나 다른 기업들은 소송에 동참하였다. 〈퀘이크〉, 〈마리오〉, 〈모탈 컴뱃〉 등의 개조는 완전한 폐쇄에서 개명에 이르는 수준으로 폭스질당했다. 최근 세간의 관심을 받은 사례는 저작권이 붙은 만화책의 캐릭터들을 슈퍼영웅 게임인 〈프리덤 포스〉에 등장시킨 것이었다. 강제의 유형이 상당히 고르지 않은 반면에, 그 사안들은 개조와 머시니마 모두의 창의성에 대한 잠재적인 조절 기제로 남아 있다.

반면에 불법복제 전장의 다른 부분에서는, 몇 건의 기소 사례들이 네트워크화된 소프트웨어에 대한 기업의 통제 범위에 대해 상당히 광범위한 쟁점들을 제기하였다. 블리자드의 초기작 〈워크래프트〉는 온라인 사용을 위해 설계되지 않았다. 그러나 사용자들이 독자적으로 쉐어웨어[10]를 만들어 그것을 가능하도록 만들었다. 그 후 블리자드는 자사 독점의 다중접속자 모임 장소인 베틀넷을 만들었다. 일단의 사용자-프로그래머들이 신속하게 베틀넷 소프트웨어를 역이용하여 대안적인 네트워크인 비넷디BnetD를 만들었다. 블리자드는 비넷디가 해적판의 사용을 가능하게 한다는 주장을 하며 소송을 제기하였다. 비넷디의 제작자들은 자신들의 목적은 오로지 충돌이나 느린 응답, 만연된 속임수 등의 악명 높은 베틀넷의 문제들을 피하는 것뿐이었다고 말했다. 〈전자전선재단〉이 공동피고인으로 참석하였는데, 리버스 소프트웨어 엔지니어링[11]을 불법화하는 것은 새 프로그램이 구 버전의 프로그램과 연동되는 것을 막을 수 있고, 이로 인해 기업들로 하여금 자사의 제품과 연동되는 타사의 제품들을 제거하도록 허용하는 효과를 나을 수 있다고 주장했다. 법원은

---

10. [옮긴이] shareware. 보통 기간제한을 두고 시험용으로 배포하는 소프트웨어.
11. [옮긴이] 소프트웨어의 코드를 분석하여 기술적 원리를 발견하는 것.

블리자드의 손을 들어주었고, 새로운 매체에 대한 새로운 규제에 중추적인 것으로 보이는 결정을 내렸다(EFF 2005; Miller 2002; Wen 2002).

미디어 기업들이 채산성의 범주 내에서 디지털 문화를 포괄하고자 애쓰는 동안, 다중적인 대항구상counterinitiative은 그 반대의 방향을 택하고, 합법적으로 집단적이고 지성적이며 예술적인 행동의 영역을 확대하고 "지식 공유지들"을 확대하고자 하였다(Mute 2005). 두 개의 사례가 있는데, 하나는 〈프리/리브르 오픈 소스 소프트웨어: 플로스 운동〉이고 다른 하나는 〈크리에이티브 커먼스 이니셔티브〉이다. 플로스는 자유주의적인 정신을 가진 프로그래머들이 자발적으로 협동하여 운영체제를 개발하고 소스 코드가 무료로 활용될 수 있도록 하는 소프트웨어를 개발하는 운동이다. 그누GNU 일반 공중 라이선스나 카피레프트로 알려진 다른 변종들과 같은 법적 수단들은 사용자들에게 복제, 변경, 그리고 소프트웨어의 재배포를 허용한다. 그들도 다음 사용자들에게 똑같은 자유를 허용한다면 말이다. 플로스가 많은 내부 분과와 파벌을 갖고 있기는 하지만, 그것은 디지털 지식에 관한 기업의 엄격한 감금에 대항하는 세계적으로 중요한 대항세력이 되고 있다(Stallman 2005). 크리에이티브 커먼스는 전통적인 저작권 안에 함께 묶여 있던 특권들을 분리하는 라이선스들의 증가에 대해 말하고 있다. 이러한 이용허락[라이선스]는 권한이 있는지 없는지, 상업적인 목적인지 비상업적인 목적인지 등의 다양한 허락조건의 조합을 통해서 이에 따른 작업들에 대한 허용조건을 제시한다(Lessig 2004).[12] 그것은 저작권의 대안적 형태로서, 사용자들에게 당신이 만

---

12. [옮긴이] CC(크리에이티브 커먼스) 라이선스의 다양한 방식에는 다음과 같은 것들이 있다.

든 콘텐츠를 가지고 무엇을 할 수 있는지에 관해 어떤 구체적인 허용치를 제공한다. 단순히 "무단 사용을 금함"이라고 주장하는 대신에 말이다. 그러한 라이선스들은 이제 영화제작자들, 예술가들, 작가들, 블로거들, 그리고 음악가들의 수백만 개의 문화적 산물들에 적용되고 있다. 오픈 소스와 크리에이티브 커먼스 라이선스의 정치가 모두 모호하고, 기업의 새로운 환경에 전혀 면역되어 있지 않은 반면에, 이 둘 모두는 지적/문화적 삶에 대한 기업의 통제에 대한 깊은 불안감을 표현한다. 또한, 이 둘은 어떤 저술가가 『뉴욕 타임스』에 "이 세기 들어 처음으로 나타난 새로운 사회운동"이라고 선언한 지적 재산권 행동주의의 일부이기도 하다.

플로스와 크리에이티브 커먼스는 게임에 단지 제한된 영향을 미쳤을 뿐이다. 앞 절에서 언급한 리좀 무료 소프트웨어 구상은 오픈 소스 습격의 한 예이고, 〈소스포지〉 같은 오픈 소스 프로젝트들의 온라인 납골당은 수백 개의 게임 제안서와 과거 코드 문장들, 그래픽 등과 함께 어질러져 있다. 대부분은 시시한 것들에서 폐기된 것들 사이의 범주에 있기는 하지만 말이다. 그러나 플로스 공동체의 가장 유명한 산물인 리눅스 운영체계는 게임 퍼블리셔들의 지지를 받는 일이 굉장히 드물다. 사실 가상 게임 행위에 대한 리눅스 운영체계의 푸대접은 그것이 보다 광범위하게 적용되는 데 있어 주요한 장벽이다. 이 장의 앞부분에서 논의된 수많은 전술적 게임 그리고 기능성 게임들은 크리에이티브 커먼스 라이선스

---

1) CC 라이선스는 원저작물의 출처 표시(attribution)를 의무화할 수 있고, 의무화하지 않을 수도 있다. 2) CC 라이선스는 영리목적 사용(commercial use)을 허용하거나 불허할 수 있다. 3) CC 라이선스는 원저작물이 다양한 방식으로 변형된 파생물(derivative works)들을 허용할 수도 있고 불허할 수도 있다.

를 쓰고 있다. 그러나 상업 퍼블리셔들에 의한 주류 게임 생산의 통제는 라이선스의 부여가 여전히 표준 저작권과 〈최종사용권자라이선스규약〉에 대한 클릭 행위에 의해 지배된 채로 있음을 확인시켜 준다.

몇몇 더욱 혁신적인 게임 퍼블리셔들은 그럼에도 이러한 새로운 개발을 자신의 것으로 흡수하고자 시도했다. 〈세컨드 라이프〉에서 린든 랩은 사용자에 의해 생성된 콘텐츠에 부여된 저작권 외에도, 크리에이티브 커먼스 라이선스를 부여하는 것도 함께 허용한다(Mia Wombat 2006). 더욱 최근에 린든 랩은 게임이용자들이 〈세컨드 라이프〉에 참여할 수 있게 하는 뷰어의 소스코드들을 배포하였고, 그 이후인 2007년 4월에는 서버 소프트웨어가 오픈-소스가 될 것이라고 발표하였다. 이러한 움직임의 정치학은 복합적이다. 앤드류 허먼과 그의 공저자(2006)가 주장한 바에 따르면, 가상의 재산권에 대한 소유권을 게임이용자들에게 주는 린든 랩의 초기 움직임은 일정 부분 가상세계에서의 무임노동과 관련된 불만에 대응을 한 것이었다. 그러나 그것은 신자유주의적 자본주의가 의존하고 있는 사적 재산권이라는 바로 그 개념들을 통해 이 사안을 다루고 있기도 하다. 크리에이티브 커먼스와 플로스의 조항들 중 몇몇을 그 혼합물 속에 집어넣는 것은 린든 랩의 더욱 광범위한 기업 전략의 일부이자 꾸러미이다. 즉 가상의 재산권을 팔고 세금을 부과함으로써 돈을 버는 반면에 소스를 개방하는 것이다. 이런 측면에서 볼 때, 이것은 사용자들의 코드화된 지식을 동원하는 아직까지는 새로운 또 하나의 방법이다. 오픈 소스를 재흡수하기 위해 전체적인 인터넷 섹터를 가로지르는 더 큰 기업의 움직임 중 일부라 할 수 있다(Hardie 2006을 볼 것). 기업 게임 전략의 말단은 이런 이유로 바로 그 구상들을 부분적으로 권장하는 데 그친다. 다시 말해, 만일 그것들이 "통제 밖"에서 운영된다면, 이는 반자본주의 실험을 유도하게 될 것이다. 이는 우리가 제국과 다중 간의 상호 연결된 관계로부터 예상하는 것과 정확히 일치하는데, 이러한 상황에서는 누가 주도권을 잡을 것인지와 같은 쟁점들이 오랜 기간 동안 모호하게 남아 있게 된다.

그러나 우리의 논점은 게임 문화 안에서 카피레프트 라이선스 부여가 대거 일어날 것이라는 예상을 하는 데 있지 않다. 비록 그 움직임은 더욱 빈번해지고 있기는 하지만 말이다. 우리의 논점은 그러한 공유지 프로젝트들이 디지털 제작과 기존 재산법의 실제 조건 사이에 있는 깊은 불평등disparity의 조짐이라는 주장을 하는 데 있다(Coleman and Dyer-Witheford 2007을 볼 것). 영화, 음악, 모든 디지털 예술과 마찬가지로 게임 제작도 창조성이 기존의 작업들로부터 일탈함으로써 확보되고, 생산자와 소비자 간의 경계가 수평선을 따라서 희미해지며, 불법복제와 배포에 대한 제한은 사생활에 대한 심각한 침해와 기술적 역량에 대한 제한을 통해서만 달성될 수 있는 조건을 예시하고 있다. 간단히 말하면, 이러한 조건들은 고도로 사회화된 생산의 조건으로, 엄격한 법적 지적 재산권과 조화되지 않는 사실상의 공유지들이다. 우리가 주장하듯이 게임 문화는 실제적인 오픈 소스와 크리에이티브 커먼스의 실천들에 대한 전형적인 예를 보여준다. 비록 그것이 전통적인 지적 재산권 규제들에 의해 통제되고 있음에도 불구하고 말이다. 그것은 제국의 오랜 법에 의해 통치되는 다중의 구체적 현실이다. 이것은 "불법복제와의 전쟁"을 소유자와 사용자 모두에게 당황스러운 것으로 만든다.

미디어 자본이 자가제작DIY 디지털 문화를 억압하거나 선출하기 위해 애쓰고 있는 동안, 상품화에 있어서 이러한 시도들은 산업혁명 직전에 "새로 발명된 동력 직조기"에 십일조를 부과하려고 애쓰는 일단의 봉건영주들의 모습과 닮았다(Boyle 1996, xiv). "닷커뮤니스트"Dot. communist(Barbrook 2001)의 디지털 창조와 배포 행위들, 게임에서뿐 아니라 피투피13, 전술적 미디어14, 그리드 컴퓨팅15, 미세가공16 등에서의 활동은 생산 세력 안에서의 깊은 구조적 변화가 나타나고 있다는 신호이다. 이런 관점에서, 공유지들의 논리는 한물간 해커 문화의 시대착오적인 찌꺼기가 아니라 아직–등장하지–않은 "공유주의자"commonist 생산양식의 전조를 보여 주는 분신이다(Dyer-Witheford 2002; Strangelove 2005를 볼 것). 그러한 변화는 장기적인 위기로 나타날 수도 있다. 이런 위기에서는 지적재산을 강화하는 정책이 불법복제의 확대를 마주하게 되는 상황, 프리웨어와 오픈소스 프로그래밍의 확산, 그리고 게임에서 창의적인 사람들뿐 아니라 일반적인 디지털 문화에서 혁신적인 이들의 상당수가 "자치 구역"과 "다크넷"17으로 이주하는 상황을 마주하게 된다(Bey 2003; Biddle et al. 2002). 만들고, 행하고, 살아가는 사회적 방식들을 재조직화

---

13. [옮긴이] P2P, Person to Person의 약자. 메신저와 같이 개인과 개인 또는 단말기와 단말기 간 직접적 정보/데이터 교환.
14. [옮긴이] 미디어를 수단으로 사용해 저항, 비평 등의 활동을 하는 운동.
15. [옮긴이] grid computing. 병렬 컴퓨팅의 일종. 여러 개의 서로 다른 컴퓨터들을 연결해 가상의 대용량 컴퓨터를 구성해 사용하는 것.
16. [옮긴이] 마이크로칩 제조와 같은 미세한 구조물과 관련된 공정작업.
17. [옮긴이] dark nets, 저작권 보호 대상 디지털 파일을 발각되지 않고 공유할 수 있게 해주는 네트워크와 기술.

하는 이러한 잠재성 모두는 더욱 광범위한 사회적 관계들의 변화, 하트와 네그리가 제안한 다중의 정치 프로젝트와 같은 바로 그런 종류의 맥락에서만 실현될 수 있다.

결론: 신기한 장치contraption

하트와 네그리의 다중 개념은 급진적인 프랑스 철학자이자, 정신분석가, 그리고 활동가인 펠릭스 가따리의 강력한 존재를 부각시킨다. 실제로 1980년대에 가따리와 네그리는 "통합된 세계 자본주의"에 대한 논의를 통해 『제국』의 핵심주제를 예견하는 책(Guattari and Negri 1990, 47~56)을 공동저술하였다. 가따리와 네그리의 협업을 특징짓는 것은 저항, "투쟁의 새로운 장치", "다른 식으로 생각하고 살아야 할" 급박한 필요성 등에 대한 강조였다(131). 죽음이 거의 가까이 왔을 때인 1992년 가따리(1996a)는 「사회적 실천의 재건」이라는 제목의 에세이를 썼는데, 이것은 우리가 지금 제국이라고 부르는 것을 넘어서는 사유와 행동을 위한 자신의 오랜 제안들 중 몇몇을 짧고 급진적으로 통합한 것이었다. 결론적으로 여기서 우리는 그 속에서 제시된 몇몇의 생각들, 관계된 문헌들, 이 장에서 검토한 다중의 게임들 서로 간에 강력한 친밀감이 있다고 생각한다. 대항행위, 불협화된 개발, 전술적 게임들, 정치체 모의실험기, 자기조직화된 세계, 소프트웨어 공유지들은 유희적 실천을 재건하는 사회적 활동의 여섯 가지 서로 얽힌 경로들이다.

가따리는 "기계들과의 새로운 동맹"을 전망하였다. 이 동맹은 과학과 기술을 "인본적인 가치들에 참여시키는" 동맹이다(1996a, 267, 264). 이것은 그가 "원격-관람자"tele-spectator로 부른 것, "스크린 앞에서 수동적인" 소비자로 환원된 개인이라는 주체성을 흐트러뜨릴 것을 요구한다(263). "사회적 실험과 조합된 기술적 진화"는, 그가 상상했던 것처럼, "탈미디어" 시대, 오늘날 우리의 미디어-기계media-machines를 지배하는 시장 가치에 대항하는 "미디어의 활용에 대한⋯⋯ 재전유"로 특징지어지는 시대로 나아갈 것이다(Guattari 1996b). 늘어나는 생태적 재앙과 정신적 불안정들을 보며, 가따리는 근본적으로 "인간성의 미래를 모색하는" 것, 아마도, "유토피아"적이기까지 한 사회적 실천의 재건을 서술하였다(1996a, 264). 게임 문화의 단면들은 이러한 해방되고 자체생산적인 주체들의 "탈미디어 시대"라는 생각과 강하게 공명한다(1996b, 106~11). 그러나 가따리는 또한 통합된 세계 자본주의 자체가 우리들로 하여금 식물처럼 지내는 것이 아니라 참여하도록 한다는 점도 인지하였다. 그는 통합된 세계 자본주의가 "작업시간의 측정을 느슨하게 하면서" 단지 "여가의 정치를 시행하려는 것만이 아니라⋯⋯ 더 나은 식민화를 위해 더욱 '개방'하고자 하는 것"이라고 주장한다(206). 가상 게임 행위는 양가적이다. 한쪽은 게임의 삶과 채산성을 연장하기 위해 급여를 받지 않는 "놀이노동자"playbor를 기업이 점점 더 흡수하는 방향으로 가고 있고, 또 다른 쪽에서는 주기적이지만 점차 빈번해지는 갈등의 충돌과 반기업적 게임 행동주의의 발발과 함께 자율적 생산을 강화하는 방향으로 전환하고 있다.

그러나 우리는 동료 활동가들에게 "상황에 대한 굽히지 않는 거부와 냉소적 수용 간에 선택해야만 하는 딜레마로부터 벗어나려는 시도"를 해 보라는 가따리의 주장에 동의한다(1996a, 95). 다중의 게임에 대한 우리 의 도박은 게임이용자들이 게임 도중 반제국적 선택지를 택하는 완연히 사소한 순간에서 시작되었다. 이러한 자율성의 상황 – "고유의 좌표들을 규 정하는" 목소리(Guattari 1996a, 96) – 은 합의의 생산, 즉 제국적 상식의 생산 을 방해한다. 우리가 적었듯이, 그러한 가능성은 대체로 상용 개발자들 에 의한 게임 프로그래밍에서 코드화된 알고리즘상의 선택으로부터 나 타나고, 또 그것에 달려 있다. 비판적인 정치적 관점들이 몇몇 게임 스튜 디오에서 등장한 것은 한편으로는 게임 설계자들이 손익계산상의 장애 물과 장르상의 관례 등에 따르면서도 종종 비물질노동을 하고 있는 와 중에 창의적인 자율성을 어느 정도는 즐겼다는 사실을 상기시켜줄 뿐만 아니라, 통합된 세계 자본주의의 문화적 합의로부터 탈퇴하는 행위로서 의견차이^{dissensus}를 드러내 주는 것이기도 하다(Guattari 2000, 50).

그러나 진정으로 "새로운 참조의 우주"(Guattari 2000, 50)로 열린 대안들을 게임으로 즐기는 것은 주로 게임행위 공장 밖으로부터 온다. 2000년 이후 전술적 게임들의 출현과 더불어, 디지털 게임행위의 가상성 들은 처음으로 사회운동의 실제 저항으로 연계되었다. 영구적 임시직의 사무실에서, 구금 센터의 밖에서, 반전 시위 안에서 말이다. 전술적 게임 들이 매개된 저항을 위한 다중들의 병참의 일부로 기능해온 동안, 기능 성 게임의 정치체 모의실험기는 모순들로 가득 차 있기는 하지만 대항계 획^{counterplanning}과 참여적 통치성의 대안적 형태에 대한 전망을 제시한다. 게임은 대안적인 사회적 가능성들의 상상력을 배양하는 것만이 아니다.

그것은 그것의 실현에 유용할 수도 있는 구체적인 도구도 제공한다. 전술적 게임, 정치체 모의실험기, 그리고 자기조직화된 다중접속 온라인 게임의 세계들은 모두 디지털 문화를 코드화하고, 변화시키며, 복제하는 능력이 확산되는 더 넓은 자가유희적 문화의 일부로 등장한다.

그러한 분배된 창조성은 게임이용자 지성player intelligence, 창조적 욕망, 자가제작 설계 도구, 관계망으로 연결된 협동을 위한 플랫폼들이 더욱 강력하게 함께 엮임에 따라 가상의 세계를 독립적으로 설계하기 위해 인상적인 능력을 장착한 신흥주체성을 반영한다. 이것은 다중의 능력 중 핵심적인 부분이다. 그것은 인지자본주의가 모순적이게도 비자본주의적 가상성의 숙주와 "자율적 생산"의 숙주 모두에 의존한다는 점을 보여 준다(Hardt and Negri 2000, 276; Thoburn 2001). 이것은 정확하게 우리가 〈우루〉의 이주와 〈무료 리좀 캠페인〉에서 그 낌새를 챈 것이다. 즉 창조적으로 가상세계를 재생하는 자신들의 능력을 공표한 첩보원들의, 지리적으로 확산된 연결망으로, 여기엔 자본주의 기업의 중개가 없다. 좀 더 먼 지평선에서 볼 때, 세계 자본주의를 넘어가는 프로젝트는 유토피아적 상상력의 부활을 필요로 한다. 〈아고라엑스체인지〉 같은 프로젝트는 게임행위의 본질적 가상성을 지닌 대항실제화counteractualization로서 이해될 수 있다. 다시 말하면, 이것은 "특정한 요구들로부터의 도피이자 가능성들에 대한 모색"이다(Schott and Yeatman 2005, 93). 만일 시장의 단기적 이익에 대한 강조가 인간성을 보존할 수 있는 시간의 다른 개념에 의해 대체되어야 한다면, 미래지향적 시각은 가따리가 강조하듯이 아주 중요한 것이 되고, 그러한 프로젝트들은 이러한 미래지향적 시각에 힘을 보태는 것이다.

그러나 다중의 게임행위는 여전히 제국의 게임 내부에 갇혀 있다. 이러한 감금의 메커니즘은 디지털 혁신에 대한 법적 통제의 모든 카드를 기업의 손에 쥐어 주는 지적 재산 체제이다. 이러한 체제가 디지털 문화의 현실에 부적절하다는 점은 엄청난 자원의 낭비, 그리고 기술적 역량에 대한 금지와 인간의 창의성에 대한 금지를 수반하는, 불법복제에 대한 헛된 전쟁을 통해 확연히 드러난다. 이것은 자기조직화된 문화의 완전한 가능성이, 상품화를 더욱 공유적이고 개방된 디지털 자원의 활용에 부합하도록 유연화시키는 시스템 속에서만 실현화될 수 있음을 의미한다. "공유지"는 (물, 대기, 어장, 삼림과 같은) 생태적 공유지와 같이 다양한 필수불가결의 영역에 대해, 사적이고 금권적이라기보다는 집단적이고 민주적인 소유권을 다중들이 갖도록 하기 위한 수많은 운동의 열망을 요약한 개념이다. 필수불가결의 영역들이란 생태적 공유지(물, 대기, 어업, 그리고 살림 등으로 이루어진), 사회적 공유지(공공영역에 의한 복지, 보건, 교육 등의 제공), 그리고 여기서 제안했듯이, 연결망으로 이루어진 공유지(소통 수단에 대한 접속으로 이루어진)를 의미한다.

다중의 게임에 대해 말하는 것은, 이렇듯 가상 게임 행위의 가능성이 그것의 제국적 현현을 넘어선다는 것을 확증하며, 많은 게임이용자들의 욕망이 그들에 대한 판매자들의 캐리커처를 넘어선다는 것을 확증한다. 실제로 여기서 우리는, 제국의 게임들을 특징짓는 가상-실제의 트래픽과는 다른, 다중들에 의해 영양을 공급받고 다중들에게 영양을 공급하는 가상게임들을 목격하였다. "다중의 게임"을 제안함으로써 우리는 가따리가 집단적 인간성에 물었던 것, 즉 "집단적 인간성은 어떻게 자기 자신의 방향을 재설정할 수 있는 나침반을 찾을 수 있을 것인가?"라는 질문을 디지털 유희에 물을 수 있게 되었다(1996a, 262). "사회적 실천의 재건"을 통한 그의 응답은 이미 진행 중인 변혁을 독해하는 것 속에 자리 잡고 있었다. 가따리의 개념적 용어에 따르면, 다중의 게임은 "분자 혁명"molecular revolution 으로서 "새로운 종류의 투쟁, 새로운 종류의 사회를 재건하는 데 도움이 되는 것이라면 무엇도 놓치지 않으려는 노력"을 담고 있다(1996b, 90). 무엇도 놓치지 않음에는 가상 게임도 포함된다. "이상한 장치들, 당신은 나에게 말할 것이다, 이러한 가상의 장치들, 변종의 인식과 감성들, 반객체half-object, 반주체half-subject로 이루어진 이러한 블록들," 가따리는 혼자 중얼거렸을 것이다. 아마도 (누가 알겠는가?) 비디오 게임 콘솔에 대해서 골똘히 생각하면서 말이다. 그러나 그는 어쩌면 이렇게 주장한 것일 수도 있다. 그러한 "이상한 장치들"은 "세계를 인식하는 다른 방법들을 생성하고, 사물들의 새로운 얼굴을 생성하며, 심지어는 사건의 다른 전개를 생성하는" 데 "매우 중요한 수단들"이라고 말이다(1995, 92, 97).

8장

대탈주

메타버스와 광산

메타버스Metaverse 1

온라인으로 이용가능한 동영상에서 유명한 게임개발자인 윌 라이트가 앰비언트ambient 음악의 선구자인 브라이언 이노와 대화를 하고 있다(ForaTV 2006). 그들은 그 당시 출시예정이었던 라이트의 게임 〈스포어〉에 대해 얘기하고 있었는데, 이노가 그 배경음악을 작곡하기로 했던 것이다. 그것은 서사적인 진화형 게임으로 게임이용자는 하나의 완전한 종species을 창조하고 조정하여, 단세포 유기체에서 사회적 동물로 성장시켜, 세계적 규모의 문명을 건설하고 종국에는 성간interstellar 탐사까지도 하게 만든다. 라이트가 이노에게 설명한 것처럼, 〈스포어〉는 "절차 생성"procedural generation 프로토콜을 사용하는데, 이것은 개발 중에 모든 것

---

1. [옮긴이] 메타버스에 대한 자세한 내용은 서문 각주 23번을 참조하라.

이 완결되도록 하는 것보다 게임행위 과정에서 "활동 중에" 콘텐츠를 만드는 것을 가능하게 한다. 이것은 〈스포어〉의 우주를 위해 광대한 범위와 열린 결말을 약속한다. 사용자에 의해서 만들어진 피조물·건물들·발명품들은 자동적으로 네트워크에 업로드되고, 그런 후에는 다른 이용자들의 게임에 거주하기 위해 재분배된다. 사용자들이 조우한 많은 문명들은 이로 인해 사실상 다른 게임이용자들에 의해 설계될 것이다. 이러한 상호작용은 원본의 운명을 바꾸지는 않을 것이다. 그것은 애초에 설계자의 컴퓨터나 콘솔에 계속 남아 있을 것이다. 오히려, 게임이용자들은 제작자의 게임행위 스타일을 흉내 낸 인공-지능 기술들을 가지고 최초 창조물의 복제품에 개입한다. 그러나 각 이용자들은 자신들의 세계와 다른 이들의 상호작용들 — 적대적이거나 우호적인, 협조적이거나 파괴적인 — 에 관해 그리고 각각의 유사한 복제된 존재 내에서의 결과물들에 대해 보고를 얻는다. 이렇게 해서 그 게임은 "비동시적인 메타버스"를 구성하고 셀 수 없이 많은 잠재적 종들의 경로를 탐사하게 된다.

라이트는 이러한 특성들을 설명하면서 게임행위를 보여 주는데, 여기서는 아메바 모양의 진균 같은 것에서 초기술적인 배양균에 이르기까지 점차 여러 개의 다리를 갖고 있는 양서류로 보이는 것을 만드는 과정이다. 그는 자신들의 우주선을 지구처럼 생긴 행성으로 안내하는데, 이 행성에 좀 더 이전부터 있던 원시거주민들은 처음에 별똥별 같은 불꽃놀이의 광경에 의해 위협을 받아 침략세력을 억지로 경배하게 된다. 그러나 그런 후 요령 없는 납치가 관계를 망친다. 식민지인들이 반격을 하고 놀라울 정도로 효과를 거둠에 따라, 라이트는 자신이 "행성 간에 전쟁을 일으킨" 것 같다며 안타까워한다. 여기서 이노가 치고 들어온다. "미국인들은 그런 일 항상 하잖아요." 그의 견해에 대해 라이트는 "그것은 권리에 관한 것입니다.…… 거기에 대해서는 코멘트하지 않겠습니다"라고 당황한 빛이 역력한 채로 얘기한다. 그의 손은 이제 최근 발견된 천상의 문명을 날려 버리는 일로 분주하다. "매듭을 짓고 떠나야 할 시간입니다." 행성이 붕괴되어 가자 그가 말했다. "예." 이노가 대답한다. "첩보가 틀렸군요." 황폐화에 대해서 조사하면서, 라이트는 자신이 해놓은 것을 없애는 게 낫겠고, 몇몇 주요 영토형성 활동을 시작하는 게 낫겠다고 제안한다. 바다가 솟아나고 불에 탄 땅을 뒤덮는다. "이것은 지구온난화의 빨리 보기 편입니다." 화면이 줌아웃되면서 대참사의 현장은 뒤로 하고 다른 수많은 행성들과 이동하는 혜성, 그리고 거대한 은하 구름 위로 흩어져 있는 다른 수많은 행성들과 태양계 등으로 이루어진, 게임 속 우주의 전경이 비춰진다. 이 부정할 수 없는 아름다운 장면은 연합한 다른 게임이용자-제작자들에 의해 창조된 빛나는 상상의 세계로 가득 차 있다.

매력적인 게임 판촉의 일부로서 시끌벅적한 소란을 일으키기 위해 곧 있을 온라인 출시에 대해 얘기함으로써, 라이트와 이노의 대화 역시 게임과 제국 간의 교차와 관계된 쟁점들을 제기하고 있다. 〈스포어〉의 테마 – 모든 문명과 진화의 계통을 만들고 재구성하는 것 – 는 오늘날 전지구적 자본주의가 우리들 종의 조건을 근본적으로 바꾸고 있는 방식하에서의 사회적·경제적·기술적 대변혁의 크기를 보여 주고 있다. 라이트와 이노는 자신들의 게임 행성이 연기 피어나는 폐허로 변하는 것을 지켜보며 이라크에서의 전쟁이라거나 전지구적 기후위기와 같은 현대의 사건들에 대한 풍자적 암시를 건넨다. 또한, 이들의 풍자적인 암시는 이러한 대변혁들이 파괴적인 과정에 있을지도 모른다는 걱정이 만연되어 있는 징후를 나타내는 것이기도 하다. 그러나 이러한 이해와 더불어, 이 동영상의 마지막 장면들은 집단적 문화 창조라는 새로운 역량에 관한 감사할 만한 낙관론을 가져오고 있기도 한데, 여기에는 〈스포어〉 자체가 한 예이기도 한 네트워크화된 조립품 등이 포함되어 있다.

그러나 2008년 출시 당시, 〈스포어〉는 제국의 시대를 위해 또 다른 정치적 우화를 이야기하려고 했다(BBC 2008a, 2008c). 불법복제에 대한 기업 차원의 전쟁을 진행하면서, 게임 개발사이자 퍼블리셔인 일렉트로닉 아츠는 자사의 디지털 권한 안에, 구매자들이 게임을 오로지 세 번만 설치할 수 있도록 하는 관리 시스템을 심어 놓고, 한 사용자당 하나의 대화명만을 사용할 수 있도록 하였다. 이것은 여러 대의 기기를 사용하고, 빈번하게 게임을 지우고 재설치하는 현대의 기술적 현실과 교환하고 공유하는 문화 전체를 부정하는 것이었다. 게임이용자들은 광분했다. 게임이용자들은 그 디지털권한관리DRM가 게임을 "판매용이 아닌 대여용"으로 만들었다며 불만을 표출했다. 아마존닷컴Amazon.com의 게임 섹션에서 별 하나짜리 평가는 거의 보편적으로 복제방지 시스템에 초점이 맞춰졌다. 그리고 수백 건의 불만들이 〈스포어〉의 팬 사이트와 게임이용자 웹사이트에 게시되었는데, 여기에는 일렉트로닉 아츠의 공식 토론방도 포함되어 있었다. 그리고 말할 것도 없이 그 게임의 복제방지 시스템은 거의 즉각적으로 붕괴되었고, 그 게임은 광범위하게 불법복제되었다 ─ 파일공유 네트워크를 통해 출시 후 며칠 사이 17만 1천 건이 넘는 다운로드가 이루어졌고, 디지털권한관리 수단에 반대하는 반응에 직접적으로 기인하는 것으로 보이는 강도 높은 불법적 환영welcome이 이루어졌다(Greenberg and Irwin 2008). 한 달도 되지 않아 일렉트로닉 아츠는 디지털권한관리 제재를 완화할 수밖에 없었고, 설치는 5회, 대화명은 다섯 개까지 가능하도록 변경하였다. 인지자본의 조건에 관한 사례로, 사유화된 지적재산권의 공격적인 방어를 통해서, 자가제작종do-it-yourself species을 개발하려는 라이트의 야심찬 비전을 방해하려는 시도만한 것도 없다. 이것은 몬산토 같은 생명공학기업들이 유전자 특허를 갖고 있는 "터미네티어 시드"2을 통해 착취하는 것과 같은 기분 나쁜 기억을 떠오르게 한다. 이런 시도들은 게임이용자 다중들에 의해 공개적으로 거부되거나 효과적으로 사보타주되었다. 우리는 유적존재, 대탈주, 그리고 일반지성 같은 개념을 사용하여 이것들에 대해 자세히 살펴볼 것이다.

유적존재, 대탈주, 일반지성

"유적존재"는 그 자체의 본성을 변화시키는 인간성의 집단적 능력을 지칭한다. 150년 전, 청년 맑스(1844)가 유적존재에 대해 썼을 때, 그는 전통적인 농경사회에서 산업자본주의로의 이행과 동반한 거대한 변혁들에 대해 생각하였다. 그가 보기에 산업자본주의는 시장교환이 새로이 중심의 자리에 있게 되고, 공장 노동, 도시화, 철도, 전신, 그리고 삶의 조건

---

2. [옮긴이] 한번 수확된 씨앗을 파종하면 열매를 맺지 못하는 씨앗.

을 심대하게 바꾸게 될 수많은 다른 격변들이 출현하는 것이었다. 그러나 인류가 급진적인 자기변화를 위한 사회적 역량을 갖고 있다는 것은 정보 기술의 시대에 더욱 적용이 될 만한 생각이다. 그리고 이것이 왜 최근 유적존재 개념에 대해 새로운 관심이 생기는지에 대한 설명이 될 수 있을 것이다(Dyer-Witheford 2004; Harvey 2000;Spivak 1999). 예를 들면, 인간 게놈 프로젝트와 생명공학은 우리의 종 구성을 변화시키는 능력을 가져왔으며, 동시에 지구온난화는 우리가 우리 자신의 생태계를 과거에는 상상할 수도 없는 방식으로 지구화terraforming하고 있음을 보여 준다. 이 것은 〈스포어〉류의 게임들이 통제된 진화와 설계된 행성이 투사된 환상 속에서 유희를 즐기는 실제이다.

그러나 이러한 인간의 종-변화 능력이 잘 드러날 것이라는 보장은 딱히 없다. 맑스에게 중요한 쟁점은 그 방향이 자원에 대한 사적 소유와 종의 협동적 권력에 대한 자본주의의 통제에 의해서 강탈되거나 "소외되는" 방식이었다. 몬산토와 같은 생명공학 회사, 메르크와 같은 제약회사, 브리티시페트롤륨와 같은 에너지 공룡, 록히드-마틴와 같은 무기제조사들에 의해 지배되는 제국 안에서, 이 쟁점은 그 어느 때보다 더욱 현실에 맞닿아 있다. 오늘날의 기술과학장치는 넓은 범위의 탈인간적, 몰인간적, 인간이하의 조건들을 실현시킨다. 그 방향을 인지적 자본주의와 세계 시장에 위탁함으로써, 제국은 인류를 몇몇 매우 잘 보이는 암초들로 인도한다. 즉 기후변화에 따른 생태계 재앙, 지구적 전염병으로 인한 건강의 위기, 에이즈와 같은 문제, 그리고 무서운 무기들의 씨앗이 뿌려진 세계를 가르는 거대한 사회적 불평등으로 인도하는 것이다. 라이트와 이노처럼 우리는 붕괴의 소용돌이로, 천천히 아니면 급작스럽게, 끌려가는 행성을 목격(그러나 우리의 경우에는 또한 살고 있기도 한)하는 중일 수도 있다. 그것이 바로 우리가 서술한 다중의 봉기를 자극하는 사안들이고, 장기적으로 봤을 때 많은 사람들에게 대탈주를 생각하도록 만들 사안들이다.

대탈주란 우주선을 타고 다른 행성으로 도망간다는 의미가 아니라 제국을 벗어나는 사회적 변혁을 뜻한다. 그것은 권력을 쥠으로써 제국을 극복하는 것이 아니라 그 제도들로부터의 지원을 제거하고, 동시에 다른 것들을 만들어냄으로써 극복하는 과정을 제안한다. 지배적인 질서는 "강력하게 머리를 가격함으로써가 아니라 그 근거지로부터 대인원이 철수하고 지원의 수단들을 철거해 버림으로써" 파괴된다(Virno 1996a, 198). 그러나 이러한 "철수의 정치는 또한 동시에 새로운 사회, 새로운 공화국을 구성한다." 그것은 "약속된 철수 혹은 작별을 고하는 것으로, 둘 다 사회적 질서를 거부하고 대안을 구성하는 것들이다"(Virno and Hardt 1996, 262). 네그리와 하트(2000, 212)는 대탈주를 제국으로부터의 "태만"이라고 묘사한다. 여기서 태만은 부정적인 의미에서만이 아니라 재구성 프로젝트이기도 하다. 즉 "긍정적인 행위들의 복합적인 앙상블이다"(Virno 1996a, 198).

대이동에 대한 청사진 같은 것은 없다. 많은 사람들은 그것이 도식적인 계획에 반대하는 계획이라고 말할지도 모른다. 그러나 포스트자본주의 사회가 어떤 모습일지에 대해 신중한 밑그림을 그려내는 숫자가 점차 많아지고 있다. 자주 등장하는 것 중 몇몇은 덜-자유로운 시장, 더욱 탈

집중화된 민주적인 공공 계획, 적어진 상품화와 많아진 공유지, 적어진 임노동과 더욱 많은 자영업, 감소한 위태로움과 증가한 기본적 삶의 욕구에 대한 보편적 제공 등이다(*Turbulence* 2007을 볼 것). 제국 너머의 세계에 대한 이러한 얼개를 검토하고 평가하는 것은 이 연구 범위에서 완전히 벗어난 것이다. 그러나 우리는 게임행위 문화와 특별히 관련이 있는 한 측면에 대해서 언급할 것이다. 그것은 "일반지성"이다.

일반지성은 자율주의자들이 맑스에게서 끌어온 또 다른 개념으로 "집단지성" 혹은 "사회적 지식"이라고 불리기도 한다. 집단 노동력이 많은 역사적 생산양식에 필수적이었던 것과 마찬가지로, 오늘날 집단지성의 역능power은 점차 직접적인 생산력으로서 채용되고 있다(Virno 1996b를 볼 것). 이 과정은 인터넷 같은 통신기술에 의해 가능해졌는데, 통신기술은 유례가 없는 규모로 공동작업과 지식의 공유를 가능하게 한다. 제국은 일반지성이 자본주의 "지식경제" 안의 세계 시장 구조 안으로 동화될 것이라는 데 도박을 걸었다. 그러나 이러한 과정은 갈등의 새로운 지점을 열었다. 불법복제나 네트워크 행동주의 같은 것들 말이다. 네트워크화된 소통의 집단지성이 세계시장과 그것의 영리우선주의를 넘어서는 방법들을 통해 사용될 수 있음은 명백하다. 무료 오픈소스 소프트웨어의 생산과 분배, 다양한 형태의 연대적 경제학을 구성하기 위한 디지털 네트워크의 활용, 그리고 민주적인 환경적·사회적 기획들 안에서 조력하기 위한 모의실험들의 배치가 모두 그 사례들이다. 앞 장에서 우리는 게임들이 그러한 궤적에 기여할 수도 있는 여섯 갈래의 길을 제안하였다. 이제 우리는 이러한 개발의 특정한 갈래들에서 한 발짝 물러나 좀 더 일반적인 수준에서 왜 비디오게임들이 이 프로젝트의 유망한 조합인가에 대해 숙고해 보고자 한다.

다른 세계

"다른 세계는 가능하다"는 말은 21세기의 벽두에 인기 있는 활동가들의 슬로건이었다. 그것은 또한 다른 측면에서는 게임이용자들의 슬로건이기도 했는데, 그것은 모든 게임들이 가능한 세계의 사회적 생산을 담고 있었기 때문이다. 이것은 소위 〈스포어〉와 같은 갓God 게임3의 명시적인 주제로, 라이트가 인정하였듯이 이런 넓은 장르의 많은 다른 게임들의 요소들에 의지하고 그것들을 조합한 것이다. 여기에는 게임이용자 자신의 도시계획과 가정생활을 담고 있는 〈심〉류의 게임들, 시드 마이어의 〈문명〉 게임들, 피터 몰리뉴의 부족과 신들의 〈파퓰러스〉 영웅전설, 그리고 다양한 종류의 공상과학 "포 엑스4x"(엑스플로어eXplore[모험], 엑스팬드eXpand[확장], 엑스플로잇eXploit[착취], 엑스터미네이트eXterminate[파괴]) 게임 등이다.

그러나 어떤 면에서 모든 게임 속에, 매우 간단한 게임 속에서조차, 세계는 있다. 게임을 하는 것은 하나의 우주를 이해하는 것이다. 실험적으로 학습하는 시스템, 프로그램화된 생태계, 그리고 간단한 알고리즘이 다소간 복잡한 사건을 만들어 내는 코드 신진대사 등에 대한 요구 등

---

3. [옮긴이] 게임이용자가 신과 같이 전지전능한 입장에서 게임을 진행하는 류의 게임.

을 얻기 위해서, 그것들은 〈스페이스 인베이더〉에서 외계인의 공격의 물결이 되고, 〈소닉 더 헤지혹〉에서의 에메랄드 탐험, 아니면 〈기타 히어로〉에서의 메탈 솔로가 된다. 어떤 사람들은 그것의 논리가 더 넓은 영역들로 전송될 수도 있다고 주장한다. 20년 전 빌 니콜스는 "사이버네틱 재생산 시대의 문화의 작동"에 대한 자신의 연구에서 비디오게임이 해방적인 측면을 갖고 있다고 주장하며, 그것은 "우리 자신을 더 넓은 전체의 일부로 바라보는" 게임이용자의 경험에서 일어난다고 주장하였다. 그에게 그 게임이용자들의 경험은 어떤 개인의 행위가 "미리 정의된 제약들에 순응하기 위해 더 높은 수준에서 규제되는" 활동 안에서 시작된다(1987, 112~13). 니콜스의 관점에서 보면, 이것은 "질서 자체를 통제하는 체계적 원칙의 집합"과의 약속이다. 체계의 구성적이고 법치적인 속성에 대한 통찰은 그에 따르면 "사회적 질서의 상대주의"에 대한 직관적 일별을 제공하는 해방적 잠재성을 가지고 있다.

십 년 후 테드 프리드먼(1995, 1999)은 윌 라이트와 크리스 크로포드 같은 게임 설계자의 작업에 의존하여 시스템 인지로서의 유희라는 테마를 살펴보았다. 프리드먼에 따르면, 디지털 게임들은 게임이용자들로 하여금 "복합적인 상호관계" — 그것이 〈테트리스〉의 공간기하학이든 아니면 〈심시티〉의 도시계획이든 — 를 인식하기 위해 그들의 인식을 재조직화할 것을 요구한다. 〈심시티〉의 도시계획의 경우에, "일단 그 게임이 끝나고 당신이 밖으로 나오면, 그 결과물은 해석하고, 이해하며, 당신을 둘러싼 도시에 관해 인지적으로 지도를 그려 보는 새로운 템플릿이 된다." 프리드먼은 맑스주의 이론가인 프레드릭 제임슨(1991)으로부터 "인지 지도그리기"

라는 용어를 택하는데, 제임슨은 세계화된 자본 – 우리가 제국이라고 부르는 – 하에서 반대운동의 전제요건은 "인지 지도그리기의 미학, 개별적인 주체에게 세계 시스템 안에서 어떤 장소에 대한 어떤 새로운 감각을 제공하려고 하는 교육적인 정치 문화"이다. 프리드먼은 확연하게 제임슨의 개념에 기반하여 "모의실험을 행하는 것은 원인과 결과의 무수한 선을 열결하는 체계적인 논리 속에 빠져드는 것을 의미한다"고 주장하였다. 모의실험은 일종의 시간 속 지도로서 움직이고, 시각적으로나 본능적으로 (게임이용자가 게임의 논리를 내재화함에 따라) 많은 상이한 사회적 결정들의 영향과 상호연관성을 보여 준다"(1995, 86). 그는 소련의 혁명적 전위 영화감독 세르게이 에이젠슈타인이 맑스의 『자본론』을 영화로 만들어보고 싶어 했던 소망이, 할리우드의 이야기구조 관습에 의해 뒤죽박죽이 된 반면에, "『자본론』에 기반을 둔 컴퓨터게임은 상상하기 쉽다"(86)는 것을 관찰함으로써 정치적으로 급진적인 함축을 명확하게 하는 일을 계속하였다.

더욱 최근의 게임 이론가들은 이 점을 증폭한다. 알렉산더 갤러웨이는 "게임이용자가 아무 기준 없이 이것 아니면 저것 식으로 역사적 모의실험을 단순히 택해서 놀이감으로만 보는 것은 아니다." 그 대신에 "배우고, 내재화하며, 매우 여러 가지 부분의 전지구적 알고리즘과 친밀해진다. 그 게임을 갖고 노는 것은 그 게임의 코드를 갖고 논다는 뜻이다. 이긴다는 것은 그 시스템을 안다는 뜻이다"(2006a, 90~91). 그는 이것이 "정치적 통제의 문제를 …… 전체적인 게임과 거의 동일하게 하고 …… 비디오게임들은 독특한 유형의 정치적 투명성을 달성한다"(92). 디지털 놀이가 "모의실험 열병" – 게임의 원천 시스템 논리와 그 논리에 대한 게임이용자의 주체적 이해 간의 격차 – 에 의해 작동한다는 이안 보고스트(2006a)의 주장은 비슷한 역학을 지적한다.

가능한 세계로서의 게임이라는 개념 – 단지 갓 게임만이 아니라 모든 게임들의 – 은 이렇게 해서 장기적인 지속력을 갖게 되었다. 그러나 이 생각은 새로운 차원을 획득하는 중이다. 니콜스와 프리드만이 쓴 바대로, 게임활동은 점차 세계와 함께 노는 것뿐만이 아니라 그것의 생산도 포함한다. 그러한 생산 – 게임 설계자의 기술 – 은 당연하게도 항상 게임 스튜디오에서 일하는 비물질노동 집단의 기술이었다. 게임 속에 한층 더욱 사려 깊은 편집도구를 포함하는 것, 개조와 머시니마 문화의 부상, 사용자에 의해 생성된 콘텐츠를 향한 강력한 움직임은 10년 전보다도 훨씬 더 큰 강도로, 게임이용자들이 기성 게임세계의 인지지도를 작성하는 데 개입하는 것만이 아니라, 그것의 형성에도 참여함을 의미한다. 형성까지는 아니더라도 최소한 기존 게임세계의 논리에 약간 변경을 가하는 데에 참여하게 되는 것이다.

더욱이 이러한 활동은 상당히 집단적이다. 만일 게임 스튜디오 안에서 "외로운 늑대 개발자"가 수백 명의 구성원을 보유한 개발팀의 조력을 받아 왔다면, 게임들은 이제 전체로서의 게임 문화 내에서 변화되고, 생성되며, 강력하게 협조적이며 네트워크화된 환경 안에서 기본적인 도구들로부터 만들어진다. 이러한 활동의 최고점은 물론 〈월드 오브 워크래프트〉 같이 수백만 명의 게임이용자 다중이 복합적인 세계의 공동창조자인 다중접속 온라인 게임이다. 그러나 다른 양식으로 이루어진 다른 예들도 있다. 〈스포어〉의 비동시적인 메타버스도 그중 하나이다. 또 다른 예로 세계형성의 논리를 명확히 도해하는 반면에 동시에 우주적인 미래주의에 대한 기묘한 반대를 제시하는 것으로 소니의 〈리틀빅플래닛〉이 있다. 이 게임은 큰 세계에 있는 소인들이라는 테마에 기반해 있다. 이상한 휴머노이드-동물 잡종의 팀이 복합적인 환상적 환경에서 자신들의 길을 헤쳐 나간다. 장애물을 들어 던지기 위해 용수철·밧줄·레버·원동기 등을 가지고 내려놓거나, 수정하고, 변형하며, 회전시키고 상호작용하는 데 수정도구들을 사용하면서, 협동적으로 자신들의 패치를 세계의 서버를 통해 공유하는 것이다.[4] 사용자에 의해 생성된 콘텐츠로의 이러한 전환은 게임 자산에 대한 기업의 통제와 모순적인 관계에 있다. 그것은 부분적으로는 비용을 절감하고, 산개된 놀이노동자playbor의 노동력을 착취하기 위한 움직임에서 나타난 것이다. 또한 그것은 놀이노동자와 퍼블리셔들 간의 전선을 생성하였다. 그러나 동시에 통제의 이양, 생산수단의 사회화로 발전한다.

이로서 게임 문화는, 가능한 세계의 사회적 생산을 중심으로 잡고 순환하게 된다. 게임이 가능한 세계의 집단적 구성과 탐색을 위한 수단

---

4. 그러나 〈리틀빅플래닛〉은 세계 시장으로 그 게임을 내보내는 데 장애에 부딪혔다. 그것의 가상적 테마의 실제 버전 그리고 제국 문화가 혼종성의 모습으로 전지구화된 데 대한 충격적 모습 속에서, 거대 기업인 소니는 그 게임의 역사를 바꾸는 한 통의 편지를 받았다. 〈리틀빅플래닛〉이 유럽에 출시된 직후, 북미 출시를 며칠 앞둔 이때에 그 퍼블리셔는 그 게임의 배경에 나오는 음악(아프리카 뮤지션이자 무슬림인 투마니 디아바테가 연주한)이 코란을 인용한 가사를 담고 있으며, 그 편지의 내용을 인용하면 무슬림들에게 "상당히 불쾌한" 내용을 담고 있다는 불만을 접수하게 된 것이다(Chloe 2008에서 인용). 소니는 지체하지 않고 이미 판매에 들어간 곳에서 이 게임을 리콜하였고, 북미에서의 출시를 연기하였다. 그리고 이 노래의 연주곡 버전을 담은 디스크를 다시 찍었다. 그 수량이 얼마나 되는지는 밝히지 않은채.

이라면, 왜 게임활동 문화가 사회 변화에 호감을 갖고 있는지 이해하기는 쉽다. 이로써 "제국에 대항하는 게임이용자들!"은 지향할 만한 행복한 슬로건이 될 것이고, 생각보다 조금 덜 허황된 생각으로 보이게 될 것이다.

광산

본문에서 주장한 바와 같이, 비디오게임 문화는 많은 방식으로 매우 상반된 그림을 제시한다. 디지털 게임이 지구적 자본주의에 깊이 박혀 있다고 말하는 것은 완곡한 화법이다. 자동차에서 운동화에 이르는, 그리고 랩탑에서 에스프레소 기계에 이르는, 학자들에게 사랑받는 모든 소소한 설비들을 포함한 모든 상품에 대해서도 똑같은 이야기를 하는 것이 가능하다. 그러나 비디오게임의 순전한 무상성gratuitousness에 무언가가 있다. 이를테면, 비디오게임이, 매우 절대적으로 그리고 극도로 재미만을 위한 것이라는 사실이 그것을 소비 자본주의의 전형으로 만든다. 그런 모든 상품과 마찬가지로 게임들에도 가격이 매겨진다. 그리고 이 가격이 의미하는 바를 상기하기 위해, 콘솔의 선조, 역사상 가장 성공적인 게임 기계인 〈플레이스테이션 2〉에 대한 일화 두 편을 살펴볼 필요가 있다.

2000년 크리스마스였다. 쇼핑객들은 소니가 열심히 광고한 새로운 게임기에 흥분되어 있었기에 그것이 품귀되었다는 상황에 당황하였다(Vick 2001). 그 원인은 콜탄(콜럼바이트–탄탈라이트)이라는 휴대폰·휴대용 라디오·컴퓨터·게임기 등에 사용되는 전자컨덴서에 핵심적인 광물의 공급 차단 때문이었는데, 닷컴 붐으로 인해 물량 공급이 부족해진 광물이기도 하다(Montague 2002, 105). 세계 콜탄 매장량의 80퍼센트는 콩고민주공화국에 있는데, 이곳은 빈곤, 에이즈, 오랜 전쟁으로 파괴된 세계화의 재앙지대였다.

1990년대에 우간다, 르완다, 그리고 그들의 꼭두각시 반군들은 천연자원이 풍부한 콩고민주공화국의 동부지역을 점령하기 위해 침공하였다. 금·다이아몬드·구리·코발트·목재 등도 중요한 품목이었지만, "그 어떤 광물자원보다도" 콜탄이 "침략군을 유혹하였고, 그들에게 본격적인 상업활동을 할 수 있도록 유혹하였다." 이로 인해, 그들은 지역 반군 지도자들과 야전 사령관을 지명하여 작전을 수행하도록 하였고, 중간상인을 고용하여 벡텔 같은 거대 서구기업들과 관계를 형성하도록 하였다(Montague 2002, 104; Vick 2001도 볼 것). 콜탄 추출은 콩고에서의 표현으로는 비록 돈벌이가 꽤 되기는 했지만, 더럽고 어려운 삽질이었다. 보통의 일꾼들이 한 달에 10달러를 버는 반면에 콜탄 광부들은 어디에서든 일주일에 10달러에서 50달러를 벌었다(Delewala 2001). 아동 노동은 흔했다. 그 지역 아동의 3분의 1이 땅을 파기 위해 학교를 그만두었다(*Seeing is Believing* 2002). 이주민 광부들의 채광 캠프는 에이즈가 창궐하는 지역으로 악명이 높았는데, 군벌들에 의해 감시되고 경쟁집단으로부터 보호되었다. 이곳의 군벌들은 대개 Ak-47과 로켓포를 두른 10대 병사들로 이루어졌고, 그들은 콜탄 수입에서 순번에 따라 수당을 받았다.

소니는 콩고의 콜탄 사용에 대해 부인하였지만, 와이라갈라 아카비(2004)에 따르면 대형수송기가 러시아와 우크라이나 출신의 용병들의 비호 아래 유럽에서 날아와 노키아·소니·컴팩·델·에릭슨 등 기업의 생산 체인으로 가는 우회로를 찾아 돌아갔다. 〈플레이스테이션〉 생산에 의해 생긴 공급 압박이 비록 간접적일지라 하더라도 콜탄 붐에 영향을 미쳤을 것이 분명하다. 이 영향이 어느 정도인지에 관한 〈유엔 안전보장 이사회〉 보고서의 추산에 따르면, 르완다의 경우 채굴 중인 광구에서 매해 3억 2천만 달러 상당의 매출을 낸다고 하며, 이는 군사비의 80퍼센트에 해당된다(Nolen 2005). 그 이후 위태위태한 중앙 아프리카의 평화협정들에 대한 협상이 이루어졌고, 콜탄의 가격은 급락하였으며, 서구에서 고조된 공공연한 우려들, 특히 광산지대에서의 고릴라와 코끼리의 멸종에 대한 우려는, 몇몇 수입상들로 하여금 자신들의 자원에 대해 신중해지도록 만들었다. 그리고 2004년에 르완다의 재침공은 콜탄이 계속 취약하고 비극적인 지역에서 갈등을 일으키는 자원이라는 사실을 확실히 보여 주었음에도, 상당한 콜탄의 생산이 호주와 이집트로 이동하였고, 최신 세대 게임기 안에 있는 희소한 자원의 원천은 불투명한 채로 남겨졌다.

〈플레이스테이션 2〉의 콜탄은 게임 문화에서 확실한 오명을 얻게 되었다. 그러나 또 다른 추문, 즉 콘솔의 라이프 사이클에서 다른 단계 — 생산이 아니라 폐기 — 에 관한 추문이 관심을 점진적으로 끌고 있었다. 〈플레이스테이션 3〉, 〈엑스박스 360〉, 〈위〉 등은 소매점 선반을 접수하였고, 수백만 대의 구형 게임기, 주로 〈플레이스테이션 2〉와 같은 것들은 지구의 곳곳으로 흩뿌려졌다. 그것들은 한동안 사용되다가, 아마도 게임이용자에 의해 어린 사촌에게 넘겨질 것이다. 그것들이 북미와 유럽, 일본에서 인기를 확연히 잃은 지 한참 지나서, 〈플레이스테이션 2〉는 브라질처럼 게임행위가 오랫동안 더욱 부유한 지역의 중고 기계에 의존해온 나라들에서 계속 사용될 것이다. 그러나 결국 〈플레이스테이션 2〉는 수백만 개의 다른 게임기들·컴퓨터·휴대용기기 등과 함께 쓰레기가 되어 세계 곳곳, 특히 아프리카·인도·중국 같은 국가들에 있는 산더미 같은 쓰레기장에 정기적으로 옮겨지는 매우 독성이 강한 전자폐기물e-waste의 일부가 된다. 이러한 쓰레기 지대들은 지하수·토양·공기를 오염시킬 뿐 아니라 제국의 저소득 지대에 있는 절망적인 노동 조건에 놓인 다른 지대도 오염시키는데, 이곳의 공동체들은 독가마 가운데에 있는 전자제품의 무덤에서 다시 쓸 만한 물건들을 골라내어 생계를 유지한다.

환경운동과 노동운동으로부터의 압력으로 인해, 전자회사들은 생태적인 인간의 공포를 막기 위해 자신들의 생산 주기 단계들을 점진적으로 수정하고 있지만, 이것은 또한 매우 느리고 지난한 저항이 있은 후의 일이다. 〈그린피스〉(2007a, 2007b)는 생산에서 위험한 물질을 제거하고 더 이상 쓸모가 없는 장치들의 반납과 재활용을 소개하는 데 있어서 전자회사들의 진전을 평가하는 보고서를 발간하였다. 그 보고서는 소니에 썩 좋지 않은 점수(13개 회사 중 아홉 번째)를 주었을 뿐 아니라 유럽에서는 다시 이용되지만 미국에서는 저항을 받고 있는 "생산자 책임성"을 지원하는 "기업에 대한 이중 기준"을 드러내기 위해 "벌점"을 줌으로써, 실제로 소니의 순위를 더 낮추었다. 그럼에도 불구하고, 소니의 대표들은 전자폐기물을 쓰레기장에 놔두는 대신 버려진 광구에 두는 혁신 계획을 제안하였다. 이것은 전통적인 채광기술을 이용해 재처리하는 방법이었다. 이것이 진보적인 생각인 것처럼 보였을 수도 있겠지만, 이런 방법을 택한 목적 중 하나는 전자폐기물을 전통적으로 광산폐기물에 적용되던 최악의 기준들 밑으로 묻어버림으로써 전자폐기물의 독성에 관해 커지는 우려를 피하고자 했던 것으로 보인다. 그것이 "전통적인 전자제품 재활용보다 비용이 덜 드는" 반면에, 비평가들은 그것이 "광업이 갖는 환경에 대한 재앙적 영향"을 더 악화시킬 수 있다고 말한다(Mayfield 2002). 그리고 물론 이 아이디어가 가장 많이 유용하게 쓰이는 곳은 인도 같은 나라들의 빈곤 지역들인 것 같다(Kukday 2007). 이로 인해, 압제받은 자들의 기이한 귀환 속에서 〈플레이스테이션 2〉의 콜탄 원천 어딘가에 있을 환경 파괴적이고 노동착취적인 광산은 전자폐기물의 여정에서 종착역에 다시 나타나게 된 것으로 보인다.5 게임의 가능성이 〈스포어〉의 메타버스 내에 모든 종류의 탈인간적 가능성들을 열어 놓고 있는 반면에, 아프리카의 콜탄 굴과 인도의 쓰레기처리장 노동자들을 위해 실현된 유적존재 선택지들은 [그 가능성들과] 매우 상이한 종류들이다.

---

5. 게임 회사를 겨냥한 좀 더 최근의 보고서에 따르면, 〈그린피스〉는 게임이용자들에게 소니·마이크로소프트·닌텐도 등을 설득하여 자사의 게임기를 더욱 환경친화적으로 만들게 할 것을 요청하였다. 이 환경 운동 단체에 따르면, 게임기 제조사들은 지금까지 "자사 제품의 독성을 줄이는 데 실패하였다"(Greenpeace 2007c). 이 단체는 마이크로소프트, 닌텐도 그리고 소니가 휴대용 전화기나 컴퓨터 제조업체에 비해 뒤처지고 있다고 비난하였다. 이 보고서에 따르면, 소니는 마이크로소프트나 닌텐도에 비해 재활용 정책에 있어서는 낫지만 ― 이전의 비판 이후로 빠른 진전을 보여 주고 있다 ― 〈위〉나 〈엑스박스〉에 비해서 〈플레이스테이션3〉의 전력사용은 높다. 〈그린피스〉는 이 보고서와 함께 웹사이트에 닌텐도의 〈마리오〉, 마이크로소프트의 마스터 치프, 소니의 크라토스 같은 상징적 캐릭터들을 보여 주는 동영상을 게재하였는데, 소니의 크라토스는 여기서 자신의 조물주인 회사의 오염행위들에 대해 이렇게 얘기한다. "한 개의 게임기는 위협처럼 들리지 않을지 모릅니다. 그러나 6백만 대라면 어떻겠습니까"(Greenpeace 2007c).

돈 : 〈스톡 마켓 게임〉

메타버스와 광산 사이를 순환하는 것은 물론 돈이다. 이 책을 마무리 하던 시점에, 제국은 대공황에 비견될 만한 수준의 재정위기 형태로 온 충격 – 그리고 아마도 경기부양 – 을 겪고 있었다. 재정적인 붕괴는 분명 지구적 자본주의에는 타격이다. 왜냐하면, 가장 큰 기업 중 몇은 증발해 버렸고, 진지하고 치명적일 수 있는 의심이 카지노 스타일의 상업에 쏟아지고 있었기 때문이다. 그러나 좀 덜 확실한 것은 그것이 종국에는 경기부양을 증명해 보일 것이라는 점이다. 대규모 자산 평가절하가 축적의 갱신을 위한 무대를 깨끗하게 할 것이기 때문인데, 이는 수많은 세계 경제 대국의 지도자들이 적절한 전지구적("제국적"으로 읽는다) 규제 장치를 만들 필요가 있다는 주장을 할 것이고, 이것을 영구적인 임대 연장에 대한 희망 안의 금융 시스템을 위해 쓰고자 할 것이기 때문이다.

의견은 금융위기가 어떻게 지구의 놀이 공장에 영향을 줄 수 있는가를 두고 나뉘어졌다. 한편으로, 비디오게임 산업이 "침체의 증거"이던 지난 경제 슬럼프 기간 동안 그 영역의 성과에 기반한 긍정적인 전망이 있다(Frazier, Kalning 2008에서 인용). 이러한 분열에 관해 인용된 이유들 중 하나는 어려운 경제적 시기가 더욱 더 많은 사람들이 나가서 돈을 쓰느니 집에서 밤을 보내려는 방콕 효과cocooning effect를 유발한다는 데 있다. 이런 맥락에서 게임행위는 개인적인 재정 불안 상태가 주는 스트레스로부터의 즐거운 "심심풀이"가 될 수도 있다(Frazier, Kalning 2008에서 인용). 우리는 이 책의 도입부에서 제기했던 논점 중 하나를 돌이켜 보고 싶은 유혹을 느끼는데, 그것은 제국들이 빵과 서커스[6] 문화이론에 대해서 오랫동안 익숙해져 왔다는 사실이다.

　다른 한편, 금융위기가 조만간 게임 산업의 비용을 무리하게 요구할 것이라는 우울한 전망도 있다(Kalning 2008). 어떤 관측에 따르면 신용제한이 ― 가장 실험적인 게임을 만들어 내는 위험요소를 갖고 있는 벤처기업들의 ― 게임 원형을 만들거나 생산하는 데 자금을 대는 모든 중요한 선금에 독립적인 개발자들이 접근하는 것을 더욱 어렵게 만들 것이다. 몇몇 논평가들의 예상에 따르면, 더 큰 스튜디오에서는 불확실성의 환경이 심지어는 더욱 강력하게 "기존의 이윤 창출기전들(이를테면, 속편)에 초점을 맞추게 하고 반면에, 혁신적인 …… 프로젝트에는 덜 관심을 갖게 할" 것이라고 한다(Erickson 2008). 다른 주장들 중에는 긴 기간의 고용확대 이후 일렉트로닉 아츠 같은 주요 제작사들과 아발란쉬 같은 중규모 개발사들이 수백 명씩 감원을 하고 있다는 것도 있다(Erickson 2008). 금융위기가 해고의 촉매재가 되느냐 아니면 단지 장기적인 계획에 따른 기업의 구조조정에 대해 시기가 맞아떨어진 설명이 되느냐는 논쟁의 여지가 있다(Gaither and Pham 2008). 여전히 다른 사람들은 게임 콘솔이 값비싼 소비형 기계라고 생각하고, 노동자들로 하여금 허리띠를 졸라맬 수밖에 없게 하기 때문에, 콘솔 시장은 더욱 천천히 팽창할 것이고, 산업 전반의 성장은 저해할 것이라고 주장한다.

　이러한 교차로에서 가상 게임 행위가 정보전쟁의 시대와 비물질노

---

6. [옮긴이] 우민화 정책에 대한 비유. 먹을 것과 오락거리만 주면 대중들은 정치에 관심을 갖지 않는다는 발상.

동으로부터 나타났을 뿐만 아니라 카지노 경제로부터 나타났다는 점을 기억해둘 만한 가치가 있다. 자신의 책 『무관심의 제국』에서 랜디 마틴 (2007)은 전쟁의 정보적 위기관리 전략과 금융 자본을 연계한다. 비디오게임은 활용의 일부이다. 그것의 황금기는 레이건의 선제 핵공격 옵션[7]의 시기뿐 아니라 은행의 탈규제와 정크본드, 부채 상승, 주식시장 포퓰리즘의 시기이기도 했다. 금융을 가지고 노는 것은 초기 비디오게임과 컴퓨터게임의 반복되는 주제였다. 〈월 스트리트 키드〉, 〈인사이드 트레이더〉, 〈월 스트리트 레이더〉, 〈스페큘레이터 : 미래 시장 게임〉, 〈블랙 먼데이〉 등의 게임들 모두에서는 실제의 투자 행위가 게임화되었는데, 투자행위들 자체는 국방성 네트워크에 버금갈 만큼 정교한 네트워크 내에서 순환되는 전지구적 자본으로 가상화되고 있다. 한편으로 이런 게임들은 "일상생활의 금융화"를 조장하는 소프트웨어 수단들과 자연스럽게 섞인다(Martin 2002) : 아타리는 히트작들을 출시하면서 〈본드 어낼리시스〉[채권 분석]와 〈스톡 차팅〉[주식 기록]도 함께 제작하였다.(Kaltman 2008을 볼 것). 다른 한편으로 이러한 거래 게임들은 상업적인 제국 건설 타이쿤 장르의 게임과 연속선상에 있다. 또한, 오랜 활황 상태의 미국에서 투자를 받은 계급들을 위한 완벽한 가상의 이야기라는 형태로 소비가 노동으로 부터 분리되어 진행되는 〈심즈〉의 세계와도 연속선상에 놓여 있다. 이뿐만 아니라, 디지털 플래티넘, 골드, 린든 달러 등 가상적인

---

7. [옮긴이] 냉전 시 핵전쟁 상황에서는 반격을 받게 되면 승리여부와 상관없이 큰 피해를 얻기 때문에, 먼저 공격하여 상대의 반격 능력을 제거하는 것이 가장 좋은 공격방법이라는 가정에서 택한 전략.

자본을 중심으로 구축된 다중접속 온라인 게임의 완벽히 화폐화된 경제들과도 연속선상에 있다. 우리는 20세기 초 "가상 거래"가 온라인 주식시장에서의 투기이자 디지털 게임 상품을 사고파는 것 모두를 의미한다는 것이 결코 우연의 일치가 아니라고 생각한다.

반면에 닷컴의 법석거림, 인터넷 거품, 주택건설에 대한 대규모 소비 등을 통해 돈을 뜯어낸 금융 자본은 군대와 마찬가지로 게임에 매료되었다. 1997년 게임과 유사한 독일 금융기관의 모의실험기에서 훈련받은 신참 중개인이 13만 건의 채권 선물을 온라인에 게시하였는데, 그는 판매를 단지 실습이라고 생각했다. 그러나 그 행위는 실제였다. 그는 "버튼을 잘못 눌렀고", 금융 〈엔더스 게임〉의 시나리오를 만들었다. 그의 회사는 1억 6천만 달러의 손실을 입었다. 주식거래상인 아메리트레이드는 〈다윈: 적자생존〉이라는 게임을 만들었다. 이 게임은 고객들에게 온라인 거래 교육을 하기 위해 무상으로 배포되었는데, 2001년의 금융위기를 생각하면 적절한 대응이었다. 거대한 몰락을 목전에 두었을 때, 월스트리트의 금융분석가들은 옵션 분석과 파생상품이나 담보 증권 등에 필요한 수학이 가득 든 응용프로그램의 속도를 높이기 위해 비디오 게임에 들어가는 처리 장치를 사용하고 있었다(Schmerken 2008).

그들은 또한 금융화를 위한 미래 계획도 준비해 두었다. 2008년 붕괴의 시점에 1년짜리 〈스톡 마켓 게임〉이 북미의 학교들에서 시작되었다(Levitz 2008). 월 스트리트에서 가장 큰 거래 집단인 〈증권산업금융시장협회〉가 자금을 지원한 이 게임은 게임이용자들이 "가상의 10만 달러를 가지고 주식 채권이나 뮤추얼 펀드에 투자하고" 모의실험화된 거래를 위한 컴퓨터 시스템에 대한 접속 등을 가지고 "황소와 곰 트로피"를 줄 팀을 선정하는 "학술 경연대회"를 위한 "교과과정"을 제공한다(Levitz 2008). 다우존스가 역사상 최악의 주를 보내면서, 4등급에서 12등급까지의 70만 명의 참가자가, 트로피를 타는 것과 시장의 시간을 재는 것, 그리고 곧바로 파는 것 등의 시도를 하였다. 전국대회 후원사들 중 두 곳인 메릴린치와 와코비아는 재정위기의 광풍 속에 사라져 버렸다. 그들은 가상 게임 활동이 "다음 세대의 소비자들을 대비시킬 것이라고" 확신하였다. 몇몇 학생들은 다른 수업을 배웠다. 13세 학생은 이렇게 고백했다. "이런 일들이 있기 전에, 저는 엄마에게 크리스마스 선물로 주식을 사 달라고 말했어요." 그러나 〈스톡 마켓 게임〉의 대학살을 경험한 이후로는 "그러지 말라고 말했어요." 그리고 "대신에 앵무새를 사 달라고 했어요"(Levitz 2008). 새를 사러 가지 않은 수백만 명은 "게임 다시 시작하기"를 찾을 수 없음이 분명한 유흥자본주의에 의해 손해를 봤다.

제국은 자본의 재앙적인 과잉에 대해 자조적인 해결책을 지원함으로써 그러한 교육 기회에 대응할 만반의 준비가 갖추어져 있었다. 〈스톡 마켓 게임〉이 최고 인기를 구가하던 그때에, 『뉴욕 타임즈』는 재무부가 "거의 모든 종류의 신용대부로 인해 발생한 경제적 혼란을 정리하기 위해 납세자의 돈 수십억 달러를 투입하려고 하며", 소비자들을 〈배드 크레딧 호텔〉(나쁜 신용의 호텔)이라는 온라인 게임에 들어오게 하여 "좋은 신용을 유지하기 위한 기본 지식을 배우도록"하는 홍보 캠페인을 시작하였다고 보도하였다. 이 위기에서 최고의 성과는 보여준 게 아무 것도 없는 시스템의 대가가 제공한 절제에 대한 훈계조의 권고로 인해, 다중들이 거대한 금융자본의 전지구적 게임으로부터 등을 돌려 다른 - 가상과 실제 모두의 - 선택지로 가는 발걸음을 재촉하였다는 것이다.

제국의 게임

디지털 게임들이 생산과 소비 그 자체로, 전자쓰레기 채광꾼에서 골드 광부, 이에이의 배우자에서 게임 퍼블리셔 주주에 이르는, 다양한 불평등의 층위를 - 필요시에는 무력으로 - 분할하고 통제하는 것에 자체의 생산성이 달려 있는 세계 시장의 일부이기 때문에, 그렇게 많은 산업의 가상성들이 제국의 실제들을 재생산하고 재확인한다는 것은 그리 놀랄 일이 아니다. 우리가 이 책 전체에 걸쳐서 주장해 왔듯이, 전부는 아니더라도 게임이 모색하는 대부분의 다른 세계들은 군대 안에 있고, 축적적이며, 인종적 논리들을 갖고 있고, 전지구적 자본의 확장·공명·심화를 담고 있다.

그러나 제국은 사회적 에너지에 의존하는 갈등적 시스템으로 남아 있다. 제국은 이러한 사회적 에너지를 통제하에 두어야 하지만, 그 에너지는 끊임없이 제국의 훈육으로부터 벗어난다. 이러한 저항들 중 몇몇은 회귀적 근본주의들이다. 다른 것들은 급진적 민주주의 운동들이다. 게임문화는 비록 지구적 군-산업 구조에 의해 지배되고는 있지만 반대하는 영향에 의해 교차되고 있고, 부분적으로는 그것의 첨단기술 메트릭스의 핵심에서 게임이용자의 해킹활동의 오랜 계보학에서 나타났으며, 부분적으로는 대항세계화, 전쟁 반대, 생태적 행동주의의 생체정치적 운동으로부터 영향을 주었다. 반복하지만, 모든 제국의 게임은 다중의 게임이기도 하다. 그것은 상투적인 이데올로기적 인습의 가운데서 사회적 실험과 기술정치적 잠재성으로 가득 차 있다.

이러한 역설을 이해하기 위해, 혹자는 이렇게 말할 수도 있다. 게임이 군사화되고 시장화된 연예 상품으로서 반동적인 제국적 콘텐츠가 되는 경향이 있는 반면에, 또한 그 게임들은 협동적이고, 구성적이며, 실험적인 디지털 생산품으로서 급진적이고 다중적인 형식이 되는 경향도 있다고 말이다. 이런 도식화는 대략적이고 단순화되었다 ─ 그러나 그것은 비디오게임 문화의 심각한 양가성을 지적하고 있다.

그러한 모호함은 상이한 해석을 가능하게 한다. 게임행위 문화는 다양한 방식으로 새로운 기술과 비물질노동의 문화적 역량을 포섭하고 "정상영업중" 따위를 유일한 표어로 삼고 있는 질서의 재생산자들로서 그러한 기술과 역량을 포함시키는 데 있어 제국이 성공하였다는 점을 보여준다. 정보적이고, 포스트-포드주의적인 사업이, 그렇게 많은, 분명히 성상파괴적이고 유토피아적인 아이디어들을 채용하고 그것들을 경영기법이자 재원으로서 동화시키는 방식을 접하면서, 빠올로 비르노는 "자본주의의 공산주의"라고 쓰고 있다(2004, 110). 팀 생산, 개조, 머시니마 예술가, 다중접속 온라인 게임의 대중, 디지털 분배, 동료 간 네트워크 등을 채용하고자 쇄도하는 게임 자본은 이러한 제국 내의 과정에 대한 좋은 사례이다.

그러나 이것은 두 개의 길로 나아가는 문이다. 이러한 포섭 과정에서 제국은 그 통제범위를 넘어설 수도 있는 역량들을 배양하였다. 이런 측면에서 그렇게 수많은 게임들이 담고 있는 제국적인 콘텐츠는 게임 형식이 가진 더욱 급진적인 가능성들이 결국에는 분출되어 나올 껍질에 불과함이 밝혀질 것이다. 디지털 행위의 가능한 세계가 가진 유토피아적 잠재성을 단순히 집어삼키기보다, 상용게임 문화는 시스템-모의실험적이고, 자기조직화되었으며, 세계 시장의 경계를 넘어서는 미래에 대한 조망 능력을 갖춘, 해커-게임이용자를 협동적으로 만들어 내는 문화를 동시에 배양할 수 있다. 비디오 게임만큼이나 분명히 사소한 인공적 산물이라는 맥락에서, 그러한 시스템-변혁적 전망을 제기하는 것은 총체적으로 불균형적인 것처럼 보인다. 그러나 네드 로시터가 환기시킨 바와 같이, 제국, 다중, 대탈주라는 이슈들은 "급진적 지성의 환상" 속에서 결정되는 것이 아니라, 수백만 명의 일상적이고 상투적이며 빈번하게 "끔찍스러울 정도로 둔한" 실천에 의해 결정된다(2007, 214~15). 지구상의 수많은 사람들에게 이러한 일상적인 실천들은 콜탄 광부와 전자폐기물 수집인, 그리고 무엇보다도 매일매일의 반복적인 작업들과 같은 생사의 생존 투쟁들로 이루어진다. 그리고 여기에, 이러한 공포와 둔함의 한가운데에서, 그리고 그것들에도 불구하고, 사람들이 자신들을 재창조하는 열정적인 놀이와 상상적인 발명들도 동반된다. 컴퓨터·게임기·휴대기기들에서의 게임은 이제 상하이에서 토론토 그리고 카이로에 이르기까지 청년 다중들과 그 외의 수십억 명의 사람들에 의해, 지구 전반에 걸쳐 그렇게 즐겨지고, 불법 복제되며, 생산되는 재창조물들이다. 두 번째, 세 번째, 네 번째, 그리고 n번째의 삶을 곱해 가는 이런 무수한 가상-실제 상호작용들은, 지구적인 디지털 네트워크를 가로질러 진행되는 더 광범위한 일반지성의 재조합의 일부이다. 그리고 이것은 생명공학과 생태계에서의 변화와 더불어, 산업자본주의에 의해 생성되는 변화에 규모 면에서 필적하는 21세기의 유적존재상의 대규모 변화에서 한 부분을 차지한다. 이러한 변형은 전례가 없는 제국의 강화를 가리킬 뿐 아니라, 동시에 그것으로부터의 대탈주를 가리키기도 한다. 그 변형이 성공한다는 전제 하에서 말이다. 가상 게임들은 이러한 결정할 수 없는 집단적 변이에서 하나의 분자적 구성이며, 그것은 광구에서부터 메타버스에 이르기까지 삶에 혁명적인 변화를 일으키고 있다. 이런 점에서, 그 가상게임들은 이겨야 할[혹은 얻어야 할] 세계와 함께 있다.

::감사의 말

닉 다이어-위데포드는 서부 온타리오 대학의 정보미디어학 교수진
에게 이 책『제국의 게임』이 태어나도록 훌륭한 학술 프로그램을 만들어
주신 데 대해 감사를 드린다. 그중에서도 톰 카마이클과 캐서린 로스가
전·현직 학장으로서 보여준 리더십은 특별한 것이었다. 글로리아 랙키는
부학과장으로서 마법 같은 조언을 주었고, 제임스 콤튼과 번드 프로만은
수년간 학문적 동지가 되어 주었다. 팀 블랙모어, 재클린 버클, 조나단 버
스튼, 그랜트 캠벨, 노마 코우츠, 에드 카머, 캐롤 파버, 아만다 그르집, 앨
리슨 헌, 키어 케이틀리, 샌디 스맬쩌, 대니얼 로빈슨, 대니엘라 스네포바, 데
이빗 스펜서, 사샤 토레스, 샘 트로소는 탐구와 제안, 대화들로 협조해 주
었다. 이 책의 구성에 있어서 필수불가결한 부분은 대학원생들에 의해 만
들어졌다. 그들은 이 프로젝트의 많은 부분을 위한 실험실이 되었던 "제국
의 게임" 세미나에 연구조교 혹은 참가자로 활동하였다. 사라 콜만은 초
기에 온라인 가상세계에 대한 뛰어난 안내자가 되었다. 데릭 눈은 게임의
진정성integrity과 지성을 갖춘 연구자의 모범이다. 그의 통찰력은 이 책의
여러 곳에서 나타났다. 제프 프레스틴은 페라리 랩탑을 위해 너무나 소
중한 추천을 해준 당사자이다. 트렌트 쿠르즈와 젠 마틴의 연구는 중국
에서의 가상 게임 행위에 대한 분석에 근거를 보태 주었다. 스테판 스웨
인은 스포츠 게임에 관해 중독될 만큼 매혹적인 사실들을 제공해 주었

다. 헨리 스벡은 독립적인 제작이 이루어진 다중의 게임으로서 〈기타 히어로〉에 관해 훌륭한 분석을 이루어냈다. 마이클 쉬말즈는 자신 스스로 선도적인 기업가로 활동하고 있는 산업에 관해 맑스주의적 분석을 하는 일을 감당해 주었다. 오웬 리버모어는 게임과 독일 표현주의 간의 불길한 연관들을 지적해 주었다. 브라이언 브라운은 신속하게 비디오게임과 더욱 광범위한 웹2.0 미학과 정치학 간의 연관성을 만들어 냈다. 이 책은 정치적 프로젝트이다. 이런 이유로 〈대항스트라이커〉Counter Stryker 집단의 학생과 교수 회원들에게 인사말을 건넨다. 이라크에서 미국 육군을 위한 경무장 항공기 스트라이커Stryker의 생산에 서부 온타리오 대학이 참여한 데 대한 이들의 반대는 우울한 시기에 제국 안에서 그리고 제국에 대항하는 투쟁에 힘이 되는 사건이었다. 이 모든 감사의 말들에 앞서, 닉은 그의 아내 앤에게 감사한다. 그녀는 이 책을 구성하는 동안의 어려움들을 견뎌내 주었을 뿐 아니라 삶의 동반자로서 함께 해주었다.

그릭 드 퓨터는 마크 코테, 리차드 데이, 데이빗 퍼먼, 샬라 사바 등에게 수많은 기억할 만한 것들에 감사하고, 상당한 영감을 준 밴쿠버의 독해 그룹들에게 감사한다. 유에지 자오에게는 사이먼 프레이저 대학 커뮤니케이션 스쿨에서 그의 박사논문 지도교수로서 이 책을 준비하는 내내 변함없는 지원을 준 것에 감사한다. 아드리안 블랙웰, 크리스틴 쇼, 마르셀로 비에타에게는 토론토 학파의 창의성과 탐구 프로젝트의 맥락에서 이론과 정치에 관해 훌륭한 대화를 해준 데 대해 감사드린다. 엔다 브로피에게는 그가 많은 연구를 해 왔던 자율주의자들의 사유에 관해 계속적인 토론을 해준 것에 감사한다. 로버타 뷔아니, 태너 멀리스, 토드 파슨즈, 스캇 우즐만 등에게는 이 책을 이끄는 이론의 현황들이 검토되고 도전받은 독서그룹을 통해 도움을 준 데 대해 감사한다. 윌프리드 노리어 대학 커뮤니케이션 연구 학과의 정치경제학 수강생들은 이 책의 초본을 읽고 피드백을 주었다. 앨버트 베이너지는 끊임없이 용기를 북돋아 주었고, 그의 부모님들은 자식의 한량 같아 보이는 탐구에 엄청난 지원을 해주었다. 무엇보다도 그릭은 셰일라에게 감사한다. 그녀는 이루 말할 수 없는 기여를 해주었다. 우리의 아들 키란은 비록 이 게임에 늦게 참여했지만, 놀이작업으로부터 벗어나려고 끊임없이 노력함으로써 우리에게 유토피아적인 기쁨을 맛보게 해주었다.

닉과 그릭은 함께 스티븐 클라인에 감사한다. 그는 우리의 전작 『디지털 놀이』에 도움을 주었다. 자신들의 작업과 산업에 대해 우리들에게 얘기하는 데 시간을 할애해 준 수많은 캐나다의 게임개발자들에게 감사드린다. 캐나다의 〈사회과학 및 인문학 연구위원회〉는 이 책에 정보를 제공해 준 연구 중 일부를 위해 재정적인 지원을 하였다. 티모시 르누아르와 자흐 포그는 우리를 초대해 듀크 대학의 게임 연구실에서 우리들의 작업을 소개하고 열정적인 토론을 하도록 해주었다. 캐더린 맥커처와 빈센트 모스코는 우리의 연구를 다른 환경에서 출판할 수 있게 해주었다. 시오반 멕메너미은 우리의 초고에 굉장히 유용한 논평을 해주었다. 세바스챤 버젠, 마이클 하트, 피터 아이브스, 존 K. 씸쓴, 스티븐 슈카이티스는 자신들의 삶을 통해 다양한 방향에서 이 프로젝트를 지원했다. 마크 포스터와 다른 "일렉트로닉 미디에이션" 시리즈 편집자에게는 우리의 첫 제안서를 열렬히 환영해 준 데 대해 감사드린다. 미네소타 대학 출판부의 알베르토 토스카노 그리고 이름 모를 서평자들에게 원고에 대한 교훈적인 논평들을 해준 데 감사드린다. 마지막으로, 우리의 편집자인 더글라스 아마토, 그리고 편집조교인 대니얼 카스프작에게는 이 책을 그토록 좋은 집으로 들여보내준 것에 대해 감사할 뿐만 아니라 출판과정 전반에 걸쳐 보여준 너그러움에 대해 감사드린다.

2007년 당시 역자는 서아프리카 시에라리온의 수도 프리타운에 있었다. 그곳에서 건너 건너 알게 된 교민으로부터 '희한한 얘기'를 듣게 되었는데, 본인이 영국에서 가져온 사업아이템에 관한 것이었다. 내용을 간단히 요약하면, "프리타운의 십대 애들 몇 명을 모아다가 하루 종일 게임을 시키고, 거기에서 발생한 사이버 머니를 현금화시킨다"는 것이었다. 벌이는커녕 삼시 세끼만 먹어도 축복인 애들에겐 인건비 대신 밥만 주고, 인터넷 사용 자체가 굉장한 '특권'이어서 해 볼 만하다는 얘기였다. 당시에 그 교민이 말하던 '비즈니스 모델'을 난 정확히 이해하지 못했다. 고스톱 사이트에서 번 사이버 머니가 조도 아닌 경 단위 정도로 쌓이면 소액의 현금화가 가능하다던 친구의 얘기를 떠올리며 비슷한 개념이라고 이해한 게 전부였다. 그보다는 전기도 제대로 안 들어오는 이곳에서 게임으로 돈을 벌다니 '그게 되겠어?'라는 의심과 아이들에게 임금을 지급하지 않고 노동을 착취하는 그 교민 '개인의 부도덕성'에 대한 어렴풋한 불쾌함 정도만 머리에 갖고 있었다.

2010년 9월 번역 의뢰를 받고 이 책 『제국의 게임』을 처음 보게 되었을 때, 시에라리온에서의 그 기억이 머리에 번쩍 떠오른 것은 당연했다. 그리고, 그것이 단지 업자 개인의 '부도덕한' 비즈니스 모델이 아니라, 소위 말하는 전지구적 자본주의가 발현되고 있는 최말단의 모습이었다는 사실은 나에게 놀라움과 당혹스러움을 주었다. 역자가 현재 몸담고 있는 국제개발협력 분야에서 정보통신분야를 다룰 때 가장 핵심적인 지표 중 하나는 '정보접근성'Information Accessibility의 향상이다. 개도국의 척박한 정보통신 상황이 주민들의 정보접근성을 제한하고 이는 결과적으로 정보를 통해 생산할 수 있는 부의 창출도 제한함으로써 빈부격차를 악화시킨다는 논리구조이다. 하지만, 정보접근성의 증대가 수반된 노동이 동시에 착취를 증가시키는 매개가 되는 상황이라면 이는 어떻게 바라봐야 할 것인가. 밥을 굶는 아이들보다는 나은 상황이니 정보접근성을 확보함으로써 부를 창출했다고 해야 하는 것일까. 아니면 얻게 되는 끼니를 무시하고 '노동 착취'의 필터로서 이러한 새로운 노동 시장을 이해하고 대응해야 하는 것일까.

게다가, 정보화 시대에 창출되는 새로운 가치들은 생산활동의 주체들에게 적절히 분배되고 있는 것인가에 대한 의문도 든다. 사실은 정보화 시대라고 해도 창출되는 새로운 가치의 혜택을 받는 것은 기존의 상위 계급일 뿐이며, 하위의 계급 위치에 놓여 있는 사람들은 이전과 동일한 물질적 가치만을 대가로 받고 있는 것은 아닐까. 정보화 시대라느니 사이버 세계니 하는 것들은 포장일 뿐 인류 사회의 생산 양식과 분배 방식은 초기 자본주의 시대와 본질적으로 변한 게 없는 것은 아닐까. 사실, IT기기에 들어갈 콜탄을 채취하는 콩고의 채광꾼이나 현금화시키기 위해 열심히 골드 경작을 하는 중국과 인도의 노동자들의 모습은 한국의 1960~1970년대 봉제 공장의 노동자들의 모습과 다름이 없어 보인다. 단지 재봉틀이나 프레스가 컴퓨터로 석탄이 콜탄으로 바뀐 것으로 보일 뿐이다. 여기에서 우리는 어떠한 '탈주'의 단초를 찾을 수 있을까.

번역 초안이 전달되고 2년에 가까운 시간이 흘렀다. 그 과정에서 공동번역으로 시작했던 것이 단독번역으로 바뀌는 우여곡절이 있었고, 초벌번역본의 수정과 재수정에 다시 1년이 걸렸다. 책의 난이도와 양을 고려할 때 너무 긴 시간이 걸린 것임엔 분명하다. 개인적으로는 일상과 전혀 별개의 영역에 있는 번역 작업을 진행하는 것이 쉽지 않았지만, 이로 인해 여전히 남아 있는 번역상의 문제는 전적으로 역자의 몫이라는 데에 변명을 댈 생각은 없다. 무엇보다 끈질기게 기다리고 격려해준 갈무리 출판사와 김정연 편집자에게 감사하다. 특히 편집자의 꼼꼼한 가이드가 없었다면 이 책의 번역은 훨씬 더 많은 난관을 거쳐야 했을 것이다.

그럼에도 가장 아쉬운 점은 시의성인데, 이와 관련해 두 가지 점을 언급하고 싶다. 첫째, 이 책이 출판된 2009년은 한국의 게임 시장이 하나의 '전환기적인 변화'를 맞이한 시기다. 바로 아이폰이 한국에 처음 들어왔고, 이를 통해 스마트폰 시대가 급속화되었다. 다중접속 온라인 게임이 창출하는 가상공간이 컴퓨터와 콘솔을 매개로 여전히 마니아적 요소를 갖고 있다면, 스마트폰은 양적인 측면에서 볼 때 획기적으로 게임이용자의 숫자와 범위를 넓혔다. 스마트폰의 시대에 게임은 더 이상 '남자/아이'의 전유물이 아니게 되었다. 계급/층과 나이 등의 다양성에 따른 접근성의 제한도 컴퓨터나 콘솔 시절보다 혁명적인 수준으로 줄어들었다. 하지만, 이 책은 스마트폰으로 인해 창출된 새로운 가상공간은 다루지 못하고 있다. 물론 이것은 누구의 잘못도 아니다. 2009년 당시에는 몇 년 후에 이렇게 거대한 스마트폰 생태계가 만들어질 것이라 확신한 사람은 아마도 지구상에서 스티브 잡스 한 명뿐이었을 테니 말이다. 그럼에도 저자들이 만일 이 책의 후속편을 쓰고자 한다면, 새로운 가상세계영역에 대해서도 다루어 주길 소망한다. 스마트폰의 등장은 저자들이 주장하는 게임의 제국으로부터의 탈주적 가능성이라는 측면에서 제국과 다중 중 어느 쪽에 더 유리한 기회가 될까.

둘째는 이보다는 좀 더 책임 소재가 분명한 사안이다. 번역이 처음 시작되던 때에 〈와우〉WoW가 한국을 휩쓸고 있었으니 한국어판의 출간이 좀 더 빨랐다면 이 책의 사례들은 거의 주간지 수준의 정보를 줄 수도 있었다. 그만큼 한국 독자들의 관심을 끌어 내기도 보다 용이했을 것이다. 하지만, 번역 과정을 거치는 불과 몇 년 만에 〈롤〉LoL의 시대가 되었다. 아마도 이 시대도 곧 저물 것이다. 하지만, 지금까지 그래 왔듯 어떤 플랫폼인지와 상관없이 가상공간을 향한 인간의 욕망은 더욱 공고화될 것이고, 그만큼 제국과 다중에게 주어지는 가능성은 계속 유효할 것이다.

그런 면에서 이 책의 시의성은 여전히 유효하다. 과연, 제국의 게임과 다중의 게임, 제국과 다중 간의 게임에서 승자는 누가 될까. 누군가의 승리가 가능하다면, 그것은 가상공간에서일까 아니면 현실공간에서일까. 가상과 현실의 구분은 언제까지 유효할까.

2015년 4월 13일
남청수

:: 참고문헌

Aarseth, Espen. 2001. "Computer Game Studies, Year One." *Game Studies* 1 (1). http://www.gamestudies.org.

Abelson, Max. 2008. "Grand Theft Auto Mogul Prefers 'Vacuous' Neighborhoods." *New York Observer*, 2 May. http://www.observer.com.

Acohido, Byron. 2003. "Hackers Use Xbox for More than Games." *USA Today*, 15 May. http://www.usatoday.com.

Adair, Bill. 2005. "Did the Army Get Out-Gamed?" *St. Petersburg Times*, 20 February. http://sptimes.com.

Albert, Michael. 2003. *Parecon : Life after Capitalism*. London : Verso [마이클 앨버트, 『파레콘』, 김익희 옮김, 북로드, 2003].

Alexander, Leigh. 2007. "EA Gets Social Networking Dev Super Computer." *Gamasutra*, 8 October. http://gamasutra.com.

_____. 2008a. "EA Layoff Plans Reach 1,000." *Gamasutra*, 19 December. http://gamasutra.com.

_____. 2008b. "EA to Open $20 Million Korean Studio." *Gamasutra*, 14 January. http://gamasutra.com.

_____. 2009. "EA's Riccitiello : 'Nintendo Isn't Trying to Dominate the Platform.' " *Gamasutra*, June 9. http://gamasutra.com.

Allen, Thomas B. 1987. *War Games : The Secret World of the Creators, Players, and Policy Makers Rehearsing World War III Today*. New York : McGraw-Hill.

Allerfeldt, Kristofer. 2003. "Race and Restriction : Anti-Asian Immigration Pressures in the Pacific North-west of America during the Progressive Era, 1885-1924." *History* 88 (1) : 53-73.

Alliance NumériQC. 2003. *Analyse de positionnement de l'industrie du jeu interactif au Québec*. Montréal : SECOR.

Allison, Anne. 2006. *Millennial Monsters : Japanese Toys and the Global Imagination*. Berkeley : University of California Press.

Alloway, Nola, and Pam Gilbert. 1998. "Video Game Culture : Playing with Masculinity, Violence, and Pleasure." In *Wired Up : Young People and the Electronic Media*, ed. Sue Howard, 95-114. London : Routledge.

Althusser, Louis. 1971. *Lenin and Philosophy and Other Essays*. Trans. Ben Brewster. New York : Monthly Review Press.

Andersen, Nate. 2007. "Video Gaming to Be Twice as Big as Music by 2011." *Ars Technica*, 30 August. http://arstechnica.com.

Anderson, Craig A. 2004. "An Update on the Effect of Playing Violent Video Games." *Journal of Adolescence* 27 (February) : 113-22.

Anderson, Craig A., and Brad J. Bushman. 2002. "Human Aggression." *Annual Review of Psychology* 53 : 27-51.

Androvich, Mark. 2008a. "D.I.C.E. 2008 : Says Riccitiello." *Gamesindustry.biz*, 2 August. http://www.gamesindustry.biz.

_____. 2008b. "GTA IV : Most Expensive Game Ever Developed?" *Gamesindustry.biz*, 1 May. http://www.gamesindustry.biz.

_____. 2008c. "Industry Revenue $57 Billion in 2009, Says DFC." *Gamesindustry.biz*, 30 June. http://www.gamesindustry.biz.

Arrighi, Giovanni. 2003. "Lineages of Empire." In *Debating Empire*, ed. Gopal Balakrishnan, 29-43. New York : Verso [조반니 아리기, 「제국의 계보」, 『제국이라는 유령』, 고팔 발라크리슈난 엮음, 김정한 옮김, 이매진, 2007].

Asakura, Reiji. 2000. *The Revolutionaries at Sony : The Making of the Sony PlayStation and the Visionaries Who Conquered the World of Video Games*. New York : McGraw-Hill [아사쿠라 레이지, 『소니를 지배한 혁명가』, 이종천 옮김, 황금부엉이, 2003].

Associated Press. 1998. "Trader in Training Pushes Wrong Button." *London Free Press*, 20 November.

Atkinson, Rowland, and Paul Willis. 2007. "Charting the Ludodrome : The Mediation of Urban and Simulated Space and the Rise of the *Flâneur Electronique*." *Information, Communication, and Society* 10 (6) : 818-45.

Au, Wagner James. 2002a. "Weapons of Mass Distraction." *Salon*, 4 October. http://www.salon.com.

_____. 2002b. "It's Fun to Kill Guys Wearing Acid-Wash and Members Only Jackets." *Salon*, 11 November. http://www.salon.com.

_____. 2007a. "Surveying Second Life." New World Notes blog, 30 April. http://nwn.blogs.com.

_____. 2007b. "Offshoring Second Life." New World Notes blog, 18 June. http://nwn.blogs.com.

_____. 2007c. "Avatar-Based Workers Unite?" New World Notes blog, 17 September. http://nwn.blogs.com.

_____. 2007d. "Fighting the Front." New World Notes blog, 15 January. http://nwn.blogs.com.

Auletta, Ken. 2002. *World War 3.0 : Microsoft vs. the U.S. Government, and the Battle to Rule the Digital Age*. New York : Broadway.

Bainbridge, William Sims. 2007. "The Scientific Research Potential of Virtual Worlds." *Science* 317 (July) : 472-76.

Balakrishnan, Gopal, ed. 2003. *Debating Empire*. New York : Verso [고팔 발라크리슈난 엮음, 『제국이라는 유령』, 김정한 옮김, 이매진, 2007].

Barber, Benjamin. 1995. *Jihad versus McWorld : How Globalism and Tribalism Are Reshaping the World*. New York : Ballantine Books.

Barboza, David. 2005. "Boring Game? Hire a Player." *International Herald Tribune*, 9 December. http://www.iht.com.

Barbrook, Richard. 2001. "Cyber-Communism : How the Americans Are Superseding Capitalism in Cyberspace." Hypermedia Research Centre Web site. http://www.hrc.wmin.ac.uk.

Barbrook, Richard, and Andy Cameron. 1996. "The Californian Ideology." *Science as Culture* 6 (1) : 44-72.

Barker, Michael. 2007. "A Force More Powerful : Promoting 'Democracy' through Civil Disobedience." *State of Nature* (Winter). http://www.stateofnature.org.

Barrett, Paul. 2006. "White Thumbs, Black Bodies : Race, Violence, and Neoliberal Fantasies in Grand Theft Auto : San Andreas." *Review of Education/Pedagogy/Cultural Studies* 28 (1) : 95-119.

Bascuñán, Rodrigo, and Christian Pearce. 2007. *Enter the Babylon System : Unpacking Gun Culture from Samuel Colt to 50 Cent*. Toronto : Random House.

Bateman, Chris, and Richard Boom. 2006. "Twenty-first Century Game Design : Designing for the Market." *Gamasutra*, 10 November. http://www.gamasutra.com.

BBC. 2003a. "Games at Work May Be Good for You." *BBC News*, 7 November. http://news.bbc.co.uk.

_____. 2003b. "Sony in 'Shock and Awe' Blunder." *BBC News*, 16 April. http://news.bbc.co.uk.

_____. 2005. "Cost of Games Set to Soar." *BBC News*, 17 November. http://news.bbc.co.uk.

_____. 2006a. "Venezuelan Anger at Computer Game." *BBC News*, 26 May. http://news.bbc.co.uk.

_____. 2006b. "Gamers Aspire to Take Over World." *BBC News*, 1 December. http://news.bbc.co.uk.

_____. 2007a. "*Halo 3* Sales Top £84m in 24 Hours." *BBC News*, 27 September. http://news.bbc.co.uk.

_____. 2007b. "The Entertainment Industry in Figures." *BBC News*, 27 September. http://news.bbc.co.uk.

_____. 2007c. "Thousands Riot in China Protest." *BBC News*, 12 March. http://news.bbc.co.uk.

_____. 2008a. "Copyright Row Dogs Spore Release." *BBC News*, 10 September. http://news.bbc.co.uk.

_____. 2008b. "Poor Earning Virtual Gaming Gold." *BBC News*, 22 August. http://news.bbc.co.uk.

_____. 2008c. "Spore Copyright Control Relaxed." *BBC News*, 22 September. http://news.bbc.co.uk.

Beck, John C., and Wade Mitchell. 2004. *Got Game : How the Gamer Generation Is Reshaping Business Forever*. Boston : Harvard Business School Publishing.

Beller, Jonathan. 2006. *The Cinematic Mode of Production : Attention Economy and the Society of the Spectacle*. Hanover, N.H. : Dartmouth College Press.

Berardi, Franco (Bifo). 2007. "From Intellectuals to Cognitarians." Trans. Enda Brophy. In *Utopian Pedagogy : Radical Experiments against Neoliberal Globalization*, ed. Mark Coté, Richard J. F. Day, and Greig de Peuter, 133-44. Toronto : University of Toronto Press.

Bergen, Peter L. 2006. *The Osama bin Laden I Knew : An Oral History of Al Qaeda's Leader*. New York : Free Press.

Best, Steve, and Douglas Kellner. 2004. "Debord, Cybersituations, and the Interactive Spectacle." Illuminations Web site. http://www.uta.edu/huma/illuminations.

Bettig, Ronald V. 1997. "The Enclosure of Cyberspace." *Critical Studies in Mass Communication* 14 (2) : 138-57.

Beverley, John, and David Houston. 1996. "Notes on Miami," *boundary* 2 23 (2) : 19-46.

Bey, Hakim. 2003. *T.A.Z. : The Temporary Autonomous Zone, Ontological Anarchy, Poetic Terrorism*. New York : Autonomedia.

Biddle, Peter, Paul England, Marcus Peinado, and Bryan Willman. 2002. "The Darknet and the Future of Content Distribution." UCLA Department of Economics, Levine's Working Paper Archive. http://www.dklevine.com/archive/dark net. pdf.

Blackmore, Tim. 2005. *War X : Human Extensions in Battlespace*. Toronto : University of Toronto Press.

Bloomberg, Michael R. 2006. "Enforceable, Sustainable, Compassionate." *Wall Street Journal*, 24 May. http://www.opinionjournal.com.

Bogenn, Tim. 2002. *Grand Theft Auto : Vice City : Official Strategy Guide*. New York : Brady Games.

Bogost, Ian. 2006a. *Unit Operations : An Approach to Videogame Criticism*. Cambridge, Mass. : MIT Press.

———. 2006b. "Playing Politics : Videogames for Politics, Activism, and Advocacy." Special issue, *First Monday* 7. http://www.firstmonday.org.

———. 2007. *Persuasive Games : The Expressive Power of Videogames*. Cambridge, Mass. : MIT Press.

Bogost, Ian, and Dan Klainbaum. 2006. "Experiencing Place in Los Santos and Vice City." In *The Meaning and Culture of Grand Theft Auto : Critical Essays*, ed. Nate Garrelts, 162-76. Jefferson, N.C. : McFarland.

Bollier, David. 2002. *Silent Theft : The Private Plunder of Our Common Wealth*. New York : Routledge.

Boron, Atilio. 2005. *Empire and Imperialism : A Critical Reading of Michael Hardt and Antonio Negri*. London : Zed Books.

Bowditch, Gillian. 2008. "*Grand Theft Auto* Producer Is Godfather of Gaming." *Times Online*, 27 April. http://www.timesonline.co.uk.

Boyer, Crispin. 2008a. "Sweet Land of Liberty." 1UP.com Web site. http://www.1up.com.

———. 2008b. "Motormouth : A GTA Q & A : A Rare Sit-Down with Rockstar Games Founder Sam Houser." 1UP.com Web site. http://www.1up.com.

Boyle, James. 1996. *Shamans, Software, and Spleens : Law and the Construction of the Information Society*. Cambridge, Mass. : Harvard University Press.

Brand, Stewart. 1972. "Spacewar : Fanatic Life and Symbolic Death among the Computer Bums." *Rolling Stone*, 7 December. http://www.wheels.org/spacewar/stone/rolling_stone.html.

Brandon, Boyer. 2007. "Blizzard, Vivendi File Suit against WoW Bot Creator." *Gamasutra*, 22 February. http://www.gamasutra.com.

Breeze, Mary-Anne. 1998. "Attack of the CyberFeminists." *Switch* 9. http://switch.sjsu.edu.

Brenner, Neil, Jamie Peck, and Nik Theodore. 2005. "Neoliberal Urbanism : Cities and the Rule of the Market." Jamie

Peck, faculty page, Department of Geography, University of Wisconsin-Madison. http://www.geography.wisc.edu/faculty/peck/Brenner-Peck-Theodore_Neoliberal_urbanism.pdf.

Brophy, Enda. 2006. "System Error: Labour Precarity and Organizing at Microsoft." *Canadian Journal of Communication* 31 (3): 619-38.

Brown, Janelle. 1998. "A Bug Too Far." *Salon*, 19 August. http://www.salon.com.

———. 2000. "Volunteer Revolt." *Salon*, 21 September. http://www.salon.com.

Brown, Russell. 2003. "He Shoots, He Scores." *New Zealand Listener* 190, no. 3302 (23-29 August). http://www.listener.co.nz.

Buchanan, Elizabeth. 2000. "Strangers in the 'Myst' of Videogaming: Ethics and Representation." *Computer Professionals for Social Responsibility Newsletter* 18 (1). http://cpsr.org.

Bulik, Beth Snyder. 2007. "In-game Ads Win Cachet through a Deal With EA." *Advertising Age* 78 (30).

Buncombe, Andrew. 2006. "Bono Drawn into Dispute over Computer Game." *Independent*, 6 July. http://news.independent.co.uk.

Burns, Simon. 2006. "World of Warcraft Profits Tumble in China." *PC Authority*, 22 November. http://www.pcauthority.com.au.

Burrill, Derek. 2008. *Die Tryin': Videogames, Masculinity, Culture*. New York: Peter Lang.

Burston, Jonathan. 2003. "War and the Entertainment Industries: New Research Priorities in an Era of Cyber-Patriotism." In *War and the Media: Reporting Conflict 24/7*, ed. Daya Kishan Thussu and Des Freedman, 163-75. London: Sage.

Caillois, Roger. 1958. *Man, Play, and Games*. Trans. Meyer Barash. Urbana: University of Illinois Press, 2001.

Caoili, Eric. 2008. "World of Warcraft Reaches 11.5 Million Subscribers Worldwide." *Gamasutra*, 23 December. http://www.gamasutra.com.

Carless, Simon. 2006a. "Inside China's Game Outsourcing Biz." *Gamasutra*, 27 July. http://www.gamasutra.com.

———. 2006b. "IGE: Inside the MMO Trading Machine." *Gamasutra*, 25 August. http://www.gamasutra.com.

Carr, Darrah. 2001. "Manhattan Rent Hikes Put the Squeeze on Downtown Dance." *Dance Magazine*, June. http://www.findarticles.com.

Carr, Nicholas. 2006. "Avatars Consume as Much Electricity as Brazilians." Rough Type blog, 5 December. http://www.roughtype.com.

Cassell, Justine, and Henry Jenkins, eds. 1998. *From Barbie to Mortal Kombat: Gender and Computer Games*. Cambridge, Mass.: MIT Press.

Castells, Manuel. 2000. *End of Millennium*. Oxford: Blackwell [마누엘 카스텔, 『밀레니엄의 종언』, 이종삼 · 박행웅 옮김, 한울, 2003].

Castronova, Edward. 2001. "Virtual Worlds: A First-Hand Account of Market and Society on the Cyberian Frontier." In *The Gruter Institute Working Papers on Law, Economics, and Evolutionary Biology*, vol. 2. http://www.bepress.com/giwp.

———. 2005a. *Synthetic Worlds: The Business and Culture of Online Games*. Chicago: University of Chicago.

———. 2005b. "The Horde Is Evil." Terra Nova blog, 24 December. http://terranova.blogs.com.

———. 2007. *Exodus to the Virtual World: How Online Fun Is Changing Reality*. New York: Palgrave Macmillan.

"Catching the Gold Farmers." 2007. Google Video, 5 January. http://video.google.ca.

Cawood, Stephen. 2005. *Halo 2: Tips and Tools for Finishing the Fight*. New York: O'Reilly Media.

———. 2006. *The Black Art of Halo Mods*. New York: Sams.

Chairmansteve. 2005. "Game Sales Charts/Computer and Video Game Market Sales." Posted to PCV forum, 1 June. http://forum.pcvsconsole.com.

Chan, Dean. 2005. "Playing with Race: The Ethics of Racialized Representations in E-Games." *International Review of Information Ethics* 4 (December): 25-30.

————. 2006. "Negotiating Intra-Asian Games Networks: On Cultural Proximity, East Asian Games Design, and Chinese Farmers." *Fibreculture Journal* 8. http://journal.fibreculture.org.

"Chinese Gold Farmers Must Die." 2006. YouTube, 19 November. http://www.youtube.com.

Chomsky, Noam. 2003. *Hegemony or Survival: America's Quest for Global Dominance*. New York: Metropolitan Books [노암 촘스키, 『패권인가 생존인가』, 황의방 · 오성환 옮김, 까치, 2004].

Christensen, Natasha Chen. 2006. "Geeks at Play: Doing Masculinity in an Online Gaming Site." *Reconstruction* 6, no. 1 (Winter). http://reconstruction.eserver.org.

Chung, Emily. 2005. "Dream Jobs in Hell." *Toronto Star*, 15 August.

Clarren, Rebecca. 2006. "Virtually Dead in Iraq." *Salon*, 16 September. http://www.salon.com.

Cleaver, Harry. 1977. *Reading Capital Politically*. Brighton, UK: Harvester [해리 클리버, 『자본론의 정치적 해석』, 권만학 옮김, 풀빛, 1996].

Cody, Edward. 2006. "In Face of Rural Unrest, China Rolls Out Reforms." *Washington Post*, 28 January. http://www.washingtonpost.com.

Cohen, Scott. 1984. *Zapped! The Rise and Fall of Atari*. New York: McGraw-Hill.

Cohoon, J. McGrath, and William Aspray, eds. 2006. *Women and Information Technology: Research on Under-representation*. Cambridge, Mass.: MIT Press.

Colás, Alejandro. 2007. *Empire*. Cambridge, UK: Polity.

Cole, David. 2006. "Is It Possible to Surpass World of Warcraft?" *Gamasutra*, 29 August. http://www.gamasutra.com.

Coleman, Sarah, and Nick Dyer-Witheford. 2007. "Playing on the Digital Commons: Collectivities, Capital, and Contestation in Videogame Culture." *Media, Culture, and Society* 29 (6): 934-53.

Connelly, Joey. 2003. "Adventure: An Interview with Warren Robinett." Posted to the Jaded Gamer Web site, 13 May. http://www.thejadedgamer.net.

Conroy, Britt. 2005. "Full Spectrum Welfare: How Taxpayers Paid for One of the Nation's Most Profitable Video Games." Taxpayers for Common Sense Web site. http://www.taxpayer.net.

Cooper, Joel, and Diane Mackie. 2006. "Video Games and Aggression in Children." *Journal of Applied Social Psychology* 16 (8): 726-44.

Costikyan, Greg. 2000. "New Front in the Copyright Wars: Out-of-Print Computer Games." *New York Times*, 18 May.

Coté, Mark, Richard J. F. Day, and Greig de Peuter, eds. 2007. *Utopian Pedagogy: Radical Experiments against Neoliberal Globalization*. Toronto: University of Toronto Press.

Cover, Rob. 2004. "New Media Theory: Electronic Games, Democracy, and Reconfiguring the Author-Audience Relationship." *Social Semiotics* 14 (2): 173-91.

Cowan, Danny. 2009. "Critical Reception: Rockstar's *Grand Theft Auto: Chinatown Wars*." *Gamasutra*, 18 March. http://www.gamasutra.com.

Crandall, Jordan. 2004. "Armed Vision." *Multitudes* 15. http://multitudes.samizdat.net.

Dalla Costa, Mariarosa, and Selma James. 1972. *The Power of Women and the Subversion of the Community*. Bristol, UK: Falling Wall Press.

Dash, Eric. 2008. "Consumers Feel the Next Crisis: It's Credit Cards." *New York Times*, 29 October. http://www.nytimes.com.

Davis, Juliet. 2005. "Considerations of the Corporeal: Moving from the Sensorial to the Social Body in Virtual Aesthetic Experience." *Intelligent Agent* 5 (1-2): 1-5. http://www.intelligentagent.com.

Davis, Mike. 1992. *City of Quartz : Excavating the Future in Los Angeles*. New York : Vintage.

_____. 1995. "Beyond *Blade Runner* : Urban Control, Ecology of Fear." *Mediamatic*. http://www.mediamatic.net.

_____. 1998. *The Ecology of Fear : Los Angeles and the Imagination of Disaster*. New York : Henry Holt.

_____. 2002. *Dead Cities and Other Tales*. New York : New Press.

_____. 2004. "The Pentagon as Global Slumlord." *Z Magazine*, 19 April. http://www.zmag.org.

Dawson, Ashley. 2007. "Combat in Hell : Cities as the Achilles' Heel of U.S. Imperial Hegemony." *Social Text* 25 (2 91) : 169-80.

Debord Guy. 1967. *Society of the Spectacle*. Detroit, Mich. : Black and Red [기 드보르, 『스펙타클의 사회』, 유재홍 옮김, 울력, 2014].

Defense Advanced Research Projects Agency (DARPA). 2007. "BAA 07-56 Deep Green Broad Agency Announcement (BAA)." http://www.defenseindustrydaily.com.

Delaney, Kevin J. 2004a "Is It Real … or Is It Madden? A Videogame Makes It Hard to Tell the Difference." *Wall Street Journal*, 20 September.

_____. 2004b. "Electronic Arts Goes to School on Videogames." *Wall Street Journal*, 22 March.

Deleuze, Gilles. 1988. *Spinoza : Practical Philosophy*. San Francisco : City Lights Books [질 들뢰즈, 『스피노자의 철학』, 박기순 옮김, 민음사, 2001].

_____. 1992. "Postscript on the Control Societies." *October* 59 : 3-8.

_____. 1995. *Negotiations, 1972-1990*. New York : Columbia University Press [질 들뢰즈, 『대담 1972-1990』, 김종 호 옮김, 솔, 1993].

Deleuze, Gilles, and Félix Guattari. 1983. *Anti-Oedipus*. Vol. 1 of *Capitalism and Schizophrenia*. Trans. Robert Hurley et al. Minneapolis : University of Minnesota Press [질 들뢰즈 · 펠릭스 가타리, 『안티 오이디푸스』, 김재인 옮김, 민음사, 2014].

_____. 1987. *A Thousand Plateaus*. Vol. 2 of *Capitalism and Schizophrenia*. Trans. Brian Massumi. Minneapo-lis : University of Minnesota [질 들뢰즈 · 펠릭스 가타리, 『천 개의 고원』, 김재인 옮김, 새물결, 2001].

_____. 1994. *What Is Philosophy?* New York : Columbia University Press [질 들뢰즈 · 펠릭스 가타리, 『철학이란 무엇인가』, 이정임 · 윤정임 옮김, 현대미학사, 1995].

Deleuze, Gilles, and Claire Parnet. 2002. *Dialogues II*. London : Continuum [질 들뢰즈 · 클레르 파르네, 『디알로그』, 허희정 · 전승화 옮김, 東文選, 2005].

Delewala, Imtiyaz. 2001. "What Is Coltan? The Link between Your Cell Phone and the Congo." *ABC News*, 7 Sep-tember. http://www.abcnews.com

Delwiche, Aaron. 2005. Post to Terra Nova blog, 14 November. http://terranova.blogs.com.

DeMaria, Rusel, and Johnny L. Wilson. 2002. *High Score : The Illustrated History of Electronic Games*. Berke-ley : McGraw-Hill.

Department of Defense Game Developers' Community (DODGDC). 2005. Department of Defense Game Develop-ers' Community Web Site. http://www.dodgamecommunity.com.

de Peuter, Greig, and Nick Dyer-Witheford. 2005. "Games of Empire : A Transversal Media Inquiry." *Flack Attack* 1. http://www.flackattack.org.

Der Derian, James. 2001. *Virtuous War : Mapping the Military-Industrial-Media Entertainment Network*. Boulder, Colo. : Westview Press.

Deuber-Mankowsky, Astrid. 2005. *Lara Croft : Cyber-Heroine*. Minneapolis : University of Minnesota Press.

Devis, Juan. n.d. "Independent Games." KCET Online Web site. http://www.kcet.org.

DFC Intelligence. 2006. "Is It Possible to Surpass World of Warcraft?" San Diego, Calif. : DFC Intelligence Web site, 29 August. http://www.dfcint.com.

Dibbell, Julian. 2006. *Play Money : Or How I Quit My Day Job and Struck It Rich in Virtual Loot Farming*. New

York : Perseus Books.

Dobson, Jason. 2006. "Estimate : China to Export $250 Million in Game Accessories." *Gamasutra*, 29 March. http:// www.gamasutra.com.

_____. 2007. "EA Invests $105 Million in Korean Dev Neowiz." *Gamasutra*, 20 March. http://www.gamasutra. com.

Doctorow, Cory. 2006. "Chinese Censors Get Played." *Globe and Mail*, 25 February. http://www.theglobeandmail. com.

Dominick, Joseph R. 1984. "Videogames, Television Violence, and Aggression in Teenagers." *Journal of Communication* 34 (2) : 136-47.

Doree, Adam. 2007. "Welcome to Grand Theft Auto IV." Kikizo Web site, 25 May. http://games.kikizo.com.

Dowling, Amanda, Rodrigo Nunes, and Ben Trott, eds. 2007. *Ephemera* 7 (1). http://www.ephemeraweb.org.

Ducheneaut, Nicolas, Nick Yee, Eric Nickell, and Robert J. Moore. 2006. "Building an MMO with Mass Appeal : A Look at Gameplay in World of Warcraft." *Games and Culture* 1 (4) : 281-317.

Dugan, Patrick. 2006. "Hot off the Grill : La Molleindustria's Paolo Pedercini on the McDonald's Video Game." *Gamasutra*, 27 February. http://www.gamasutra.com.

Duncomb, Stephen. 2007. *Dream : Re-imagining Progressive Politics in an Age of Fantasy*. New York : New Press.

Dunn, Kevin C. 2004. "Africa's Ambiguous Relation to Empire and *Empire*." In *Empire's New Clothes : Reading Hardt and Negri*, ed. Paul A. Passavant and Jodi Dean, 143-62. London : Routledge.

Dyer-Witheford, Nick. 1999. *Cyber-Marx : Cycles and Circuits of Struggle in High-Technology Capitalism*. Urbana : University of Illinois Press [닉 다이어-위데포드, 『사이버-맑스』, 류현 · 신승철 옮김, 이후, 2003].

_____. 2001. "Empire, Immaterial Labor, the New Combinations, and the Global Worker." *Rethinking Marxism* 13 (3-4) : 70-80.

_____. 2002. "E-Capital and the Many-Headed Hydra." In *Critical Perspectives on the Internet*, ed. Greg Elmer, 129-64. Lanham, Md. : Rowman and Littlefield.

_____. 2004. "1844/2004/2044 : The Return of Species-Being." *Historical Materialism* 12 (4) : 1-23.

Dyer-Witheford, Nick, and Zena Sharman. 2005. "The Political Economy of Canada's Video and Computer Game Industry." *Canadian Journal of Communication* 30 (2) : 187-210.

EA Academy. 2005. http://www.ea.com.

Eakin, Emily. 2001. "What Is the Next Big Idea? The Buzz Is Growing." *New York Times*, 7 July. http://www.nytimes.com.

EA Spouse. 2004. "EA : The Human Story." EA Spouse blog, 10 November. http://ea-spouse.livejournal.com.

Economist. 2007a. "World of Dealcraft." *Economist*, 6 December. http://www.economist.com.

_____. 2007b. "Video-Games Industry : More than a Game." *Economist*, 4 December. http://www.economist. com.

_____. 2007c. "Electronic Arts : Looking Forward to the Next Level." *Economist*, 8 February. http://www.economist.com.

_____. 2009a. "Internet Use : China Is Number One." *Economist*, 26 January. http://www.economist.com.

_____. 2009b. "Intangible Value : Online Gaming in China." *Economist*, 2 April. http://www5.economist.com.

_____. 2009c. "Nintendo : Playing a New Game." *Economist*, 16 April. http://www.economist.com.

Edge Magazine. 2003. "The Modern Age." *Edge Magazine* 126:58-67.

_____. 2005. "A World Apart." *Edge Magazine* 152:75-81.

_____. 2007a. "BlackSite." *Edge Magazine* 178:34-35.

_____. 2007b. "A First-Person Philosophy : The Mainstream Shooters with Allegorical Messages." *Edge Magazine* 178:31.

_____. 2007c. "Who Dares Wins." *Edge Magazine* 177:63-71.

_____. 2007d. "The Console Piracy Squeeze." *Edge Magazine*, 4 July. http://www.edge-online.com.

Edwards, Paul. 1997. *The Closed World : Computers and the Politics of Discourse in Cold War America*. Cambridge, Mass. : MIT Press.

EFF (Electronic Frontier Foundation). 2005. "Federal Court Slams Door on Add-On Innovation." Electronic Frontier Foundation Web site. News release, 1 September. http://www.eff.org.

Eperjesi, John R. 2004. "*Crouching Tiger, Hidden Dragon* : Kung Fu Diplomacy and the Dream of Cultural China." *Asian Studies Review* 28 (1) : 25-39.

Erickson, Kris. 2008. "Economic Crisis Hits Game Studios." *PS3 Informer*, 4 November. http://www.ps3informer. com.

ESA (Entertainment Software Association). 2007a. "Top Ten Facts." Electronic Software Association Web site. http:// www.theesa.com.

_____. 2007b. "Anti-Piracy Frequently Asked Questions." Electronic Software Association Web site. http://www. theesa.com.

_____. 2008a. "2008 Sales, Demographics, and Usage Data : Essential Facts about the Computer and Videogame Industry." http://www.theesa.com.

_____. 2008b. "Game Player Data." Electronic Software Association Web site. http://www.theesa.com.

Everett, Anna. 2005. "Serious Play : Playing with Race in Contemporary Gaming Culture." In *Handbook of Computer Game Studies*, ed. Joest Raessens and Jeffrey Goldstein, 311-26. Cambridge, Mass. : MIT Press.

Everett, Anna, and S. Craig Watkins. 2008. "The Power of Play : The Portrayals and Performance of Race in Video Games." In *The Ecology of Games : Connecting Youth, Games, and Learning*, ed. Katie Salen, 141-66. Cambridge, Mass. : MIT Press.

"Eyewitness : Farmer's Market." 2005. *PC Gamer Magazine*, 17 July.

Federici, Silvia. 2006. "The Restructuring of Social Reproduction in the United States in the 1970s." *Commoner* 11. http://www.commoner.org.uk.

Feldman, Curt. 2004a. "China Backs Local Game Developers." *GameSpot*, 21 October. http://www.gamespot.com.

_____. 2004b. "Employees Readying Class-Action Lawsuit against EA." *GameSpot*, 11 November. http://www. gamespot.com.

_____. 2005. "EA Settles Labor-Dispute Lawsuit." *GameSpot*, 5 October. http://www.gamespot.com.

Fernandez, Maria, and Faith Wilding. 2002. "Situating Cyberfeminisms." In *Domain Errors! Cyberfeminist Practices*, ed. Maria Fernandez and Faith Wilding, 17-28. New York : Autonomedia.

Festinger, Jon. 2005. *Video Game Law*. Markham, Ontario : LexisNexis Butterworths.

Flanagan, Mary. 2002. "Hyperbodies, Hyperknowledge : Women in Games, Women in Cyberpunk, and Strategies of Resistance." In *Reload : Rethinking Women + Cyberculture*, ed. Mary Flanagan and Austin Booth, 424-54. Cambridge, Mass. : MIT Press.

Florian, Ellen. 2004. "Six Lessons from the Fast Lane." *Fortune Magazine*, 6 September. http://www.cnnmoney. com.

Fora TV. 2006. "Will Wright and Brian Eno : Spore Metaverse." Google Video. Presentation at the Long Now Foundation, San Francisco, 26 June. http://video.google.ca.

Fortunati, Leopoldina. 1995. *The Arcane of Reproduction : Housework, Prostitution, Labor, and Capital*. New York : Autonomedia [레오뽈디나 포르뚜나띠, 『재생산의 비밀』, 윤수종 옮김, 박종철출판사, 1997].

_____. 2007. "Immaterial Labor and Its Machinization." *Ephemera* 7 (1) : 139-57.

Foucault, Michel. 1990. *The History of Sexuality : An Introduction*. Trans. Robert Hurley. New York : Vintage [미셸 푸코, 『성의 역사 ― 제1권 지식의 의지』, 이규현 옮김, 나남출판, 2010].

_____. 2002. "Governmentality." In *Power : Essential Works of Michel Foucault, 1954-1984*, ed. James D. Faubion, 201-22. London : Penguin.

_____. 2003. *Society Must Be Defended : Lectures at the College de France, 1975-76*. New York : Picador [미셸 푸코, 『사회를 보호해야 한다』, 김상운 옮김, 난장, 2015].

Frasca, Gonzalo. 2004. "Videogames of the Oppressed : Critical Thinking, Education, Tolerance, and Other Trivial Issues." In *First-Person : New Media as Story, Performance, and Game*, ed. Noah Wardrip-Fruin and Pat Harrigan, 85-94. Cambridge, Mass. : MIT Press.

Frauenheim, Ed. 2004. "Electronic Arts Promises Workplace Change." *ZDNET News*, 3 December. http://www.zdnet.com.

Free Software Foundation. 2006. "Freeing a MMORPG-Updated." Free Software Foundation Web site. News release, 21 December. http://www.fsf.org.

Friedman, Ted. 1995. "Making Sense of Software : Computer Games and Interactive Textuality." In *CyberSociety : Computer-Mediated Communication and Community*, ed. Steven G. Jones, 73-89. Redwood, Calif. : Sage.

_____. 1999. "Civilization and Its Discontents : Simulation, Subjectivity, and Space." In *On a Silver Platter : CD-ROMs and the Promises of a New Technology*, ed. Greg M. Smith, 135-50. New York : New York University Press.

Fritz, Ben. 2008. "Dan Houser's Very Extended Interview about Everything 'Grand Theft Auto IV' and Rockstar." Cut Scene blog, 19 April. http://weblogs.variety.com/thecutscene.

Full Spectrum Warrior Instruction Manual (FSWIM). 2004. Los Angeles : Pandemic Studios.

Funk, McKenzie. 2007. "I Was a Chinese Internet Addict." *Harper's Magazine* (March) : 65-72.

Gaither, Chris, and Alex Pham. 2008. "Game Giant Electronic Arts Posts Losses, Plans Job Cuts." *Los Angeles Times*, 30 October. http://latimesblogs.latimes.com.

Gallaugher, John, and Greg Stoller. 2004. "Software Outsourcing in Vietnam : A Case Study of a Locally Operating Pioneer." *Electronic Journal of Information Systems in Developing Countries* 17 (1) : 1-18.

Galloway, Alexander R. 2006a. *Gaming : Essays on Algorithmic Culture*. Minneapolis : University of Minnesota Press.

_____. 2006b. "*Warcraft* and Utopia." *CTheory*, 16 February. http://www.ctheory.net.

_____. n.d. "A Report on Cyberfeminism : Sadie Plant Relative to VNS Matrix." *Switch* 9. http://switch.sjsu.edu.

Game Informer. 2007. http://www.ruthlesstoonimation.com/gta4.htm.

Game Politics. 2007. "Ebay Bans Virtual Item Auctions." Game Politics Web site, 30 January. http://gamepolitics.com.

Garcia, David, and Geert Lovink. 1997. "The ABC of Tactical Media." E-mail to nettime mailing list, 16 May. http://www.nettime.org.

Gaudiosi, John. 2007. "Electronic Arts Shifts NASCAR 09 to New North Carolina Studio." *GameDaily*, 24 October. http://www.gamedaily.com.

Gerbner, George. 1996. "The Hidden Side of Television Violence." In *Invisible Crises : What Conglomerate Control of Media Means for America and the World*, ed. George Gerbner, Hamid Mowlana, and Herbert Schiller, 27-34. Boulder, Colo. : Westview Press.

Ghattas, Kim. 2002. "Syria Launches Arab War Game." *BBC News*, 31 May. http://news.bbc.co.uk.

Gibson, Elie. 2005. "Microsoft Announces Xbox 360 Manufacturers." *Gameindustry.biz*, 17 August. http://www.gamesindustry.biz.

Gilroy, Paul. 2000. *Against Race : Imagining Political Culture beyond the Color Line*. Cambridge, Mass. : Belknap Press.

Giroux, Henry A. 2006. *Beyond the Spectacle of Terrorism : Global Uncertainty and the Challenge of the New Media*. Boulder, Colo. : Paradigm.

Giumetti, Gary W., and Patrick M. Markey. 2007. "Violent Video Games and Anger as Predictors of Aggression." *Journal of Research in Personality* 41 (6) : 1234-43.

Glenny, Misha. 2008. *McMafia : Crime without Frontiers*. London : Random House [미샤 글레니, 『(국경 없는 조폭) 맥마피아』, 이종인 옮김, 책으로 보는 세상, 2008].

Goldin, Simon, and Senneby, Jakob. 2007. "Enclosure and Enthusiasm : Or Looking for Autonomy in the 'Social Factory.' " goldin+senneby Web site, 31 January. http://www.goldinsenneby.com.

Goldman, Michael. 1998. "Introduction : The Political Resurgence of the Commons." In *Privatizing Nature : Political Struggles for the Global Commons*, ed. Michael Goldman, 1-19. London : Pluto.

Gordon, Larry. 2007. "Virtual War, Real Healing." *Los Angeles Times*, 9 February. http://www.latimes.com.

Gorenfeld, John. 2003. "Get Behind the MULE." *Salon*, 18 March. http://www.salon.com.

Graft, Kris. 2007. "Pearl : Be Wary of Outsourcing Expenses." *Next Generation*, 22 January. http://www.next-gen.biz.

Graham, Stephen. 2007. "War and the City." *New Left Review* 44 (March-April) : 121-32.

Greenberg, Andy, and Mary Jane Irwin. 2008. "Spore's Piracy Problem." *Forbes*, 12 September. http://www.forbes.com.

Greenpeace. 2007a. "Guide to Greener Electronics." Version 8. Greenpeace International Web site. http://www.greenpeace.org.

———. 2007b. "Nintendo, Microsoft, and Philips Flunk Toxic Test." Greenpeace International Web site, 27 November. http://www.greenpeace.org.

———. 2007c. "Clash of the Consoles." Greenpeace International Web site. http://www.greenpeace.org.

Griffiths, Mark. 1999. "Violent Video Games and Aggression : A Review of the Literature." *Aggression and Violent Behaviour* 4 : 203-12.

Griggers, Camilla. 1997. *Becoming Woman*. Minneapolis : University of Minnesota Press.

Grossman, David. 1996. *On Killing : The Psychological Costs of Learning to Kill in War and Society*. New York : Back Bay Books.

Grossman, Dave, and Gloria DeGaetano. 1999. *Stop Teaching Our Kids to Kill : A Call to Action against TV, Movie, and Video Game Violence*. New York : Crown.

Gouskos, Carrie, with Jeff Gerstmann. 2008. "The Greatest Easter Eggs in Gaming." *GameSpot*. http://www.gamespot.com.

The GTA Place. 2008. "Assets." GTA Place Web site. http://www.thegtaplace.com.

Guattari, Félix. 1995. *Chaosmosis : An Ethico-aesthetic Paradigm*. Trans. Paul Bains and Julian Pefanis. Bloomington : Indiana University Press [펠릭스 가타리, 『카오스모제』, 윤수종 옮김, 東文選, 2003].

———. 1996a. *The Guattari Reader*. Ed. Gary Genosko. Oxford : Blackwell.

———. 1996b. *Soft Subversions*. New York : Semiotext(e).

———. 2000. *The Three Ecologies*. Trans. Ian Pindar and Paul Sutton. London : Athlone [펠릭스 가타리, 『세 가지 생태학』, 윤수종 옮김, 東文選, 2003].

Guattari, Félix, and Antonio Negri. 1990. *Communists like Us : New Spaces of Liberty, New Lines of Alliance*. Trans. Michael Ryan. New York : Semiotext(e) [펠릭스 가타리·안또니오 네그리, 『자유의 새로운 공간』, 조정환 편역, 갈무리, 2007].

Gunter, Barrie. 2004. "Psychological Effects of Video Games." In *Handbook of Computer Game Studies*, ed. Joest Raessens and Jeffrey Goldstein, 145-61. Cambridge, Mass. : MIT Press.

Gwap. 2008. "About Gwap." Gwap Web site. http://www.gwap.com/gwap/about.

Haines, Lizzie. 2004a. *Why Are There So Few Women in Games?* Manchester, UK : Media Training North West. International Game Developers Association Web site. http://www.igda.org.

―――――. 2004b. *Women and Girls in the Game Industry*. Manchester, UK : Media Training North West. International Game Developers Association Web site. http://www.igda.org.

Halbfinger, David M., and Steven A. Holmes. 2003. "A Nation at War : The Troops; Military Mirrors a Working-Class America." *New York Times*, 30 March. http://www.nytimes.com.

Hall, Kenji. 2006. "The Big Ideas behind Nintendo's Wii." *Business Week*, 16 November. http://www.businessweek.com.

Halter, Ed. 2006a. *From Sun Tzu to X box : War and Video Games*. New York : Thunder's Mouth Press.

―――――. 2006b. "Islamogaming : Looking for Video Games in the Muslim World." *Fox News*, 11 September. http://www.foxnews.com.

―――――. 2006c. "Play to Pray : A History of Christian Video Games." *Games for Windows* (December) : 44-46.

Haraway, Donna. 1985. "Manifesto for Cyborgs : Science, Technology, and Socialist Feminism in the 1980s." *Socialist Review* 80:65-108.

Hardie, Martin. 2006. "Change of the Century : Free Software and the Positive Possibility." *Mute Magazine*. http://www.metamute.org.

Hardt, Michael, and Antonio Negri. 2000. *Empire*. Cambridge, Mass. : Harvard University Press [안토니오 네그리 · 마이클 하트, 『제국』, 윤수종 옮김, 2001].

―――――. 2004. *Multitude : War and Democracy in the Age of Empire*. New York : Penguin [안토니오 네그리 · 마이클 하트, 『다중』, 정남영 · 서창현 · 조정환 옮김, 세종서적, 2008].

Hart-Landsberg, Martin, and Paul Burkett. 2006. "China and the Dynamics of Transnational Capital Accumulation : Causes and Consequences of Global Restructuring." *Historical Materialism* 14 (3) : 3-43.

Harvey, David. 1989. *The Condition of Postmodernity : An Enquiry into the Origins of Cultural Change*. Oxford : Blackwell [데이비드 하비, 『포스트모더니티의 조건』, 구동회 · 박영민 옮김, 한울, 2013].

―――――. 2000. *Spaces of Hope*. Berkeley : University of California Press [데이비드 하비, 『희망의 공간』, 최병두 옮김, 한울, 2009].

―――――. 2001. *Spaces of Capital : Towards a Critical Geography*. London : Routledge.

―――――. 2004. "A Geographer's Perspective on the New American Imperialism." Interview with Harry Kreisler. *Conversations with History*. Institute of International Studies, University of California, Berkeley, 2 March. http://globetrotter.berkeley.edu.

―――――. 2005a. *The New Imperialism*. Oxford : Polity [데이비드 하비, 『신제국주의』, 최병두 옮김, 한울, 2005].

―――――. 2005b. "Last Days of the U.S. Empire?" *Socialist Worker Online*, 30 July. http://www.socialistworker.co.uk.

―――――. 2007. *A Brief History of Neoliberalism*. Oxford : Oxford University Press [데이비드 하비, 『신자유주의』, 최병두 옮김, 한울, 2009].

Hasselback, Drew. 2000. "Brain Drain Puts Jobs on Hold." *National Post* (Toronto), 10 April.

Heeks, Richard. 2008. "Current Analysis and Future Research Agenda on 'Gold Farming' : Real-World Production in Developing Countries for the Virtual Economies of Online Games." Development Informatics Working Paper Series No. 32. http://www.sed.manchester.ac.uk/idpm/research/publications/wp/di/documents/di_wp32.pdf.

Hefflinger, Mark. 2007. "Sony : Virtual Game Item Marketplace Does $1.87 Million in First Year." *Digital Media Wire*, 7 February. http://www.dmwmedia.com.

Herald News Service. 2008. "Electronic Arts to Expand Online in Asia." *Calgary Herald*, 6 June. http://www.canada.com/calgaryherald.

Herbst, Claudia. 2005. "Shock and Awe : Virtual Females and the Sexing of War." *Feminist Media Studies* 5 (3) : 311-

24.

Herman, Andrew, Rosemary J. Coombe, and Lewis Kaye. 2006. "Your *Second Life*? Goodwill and the Performativity of Intellectual Property in Online Digital Gaming." *Cultural Studies* 20, nos. 2-3 (March-May): 184-210.

Herman, Leonard. 1997. *Phoenix: The Fall and Rise of Videogames*. Union, N.J.: Rolenta Press.

Hermida, Alfred. 2004. "Xbox Live Aims for a Million Gamers." *BBC News*, 8 January. http://news.bbc.co.uk.

Herz, J. C. 1997. *Joystick Nation: How Videogames Ate Our Quarters, Won Our Hearts, and Rewired Our Minds*. Boston: Little, Brown.

Hesseldahl, Arik. 2005. "Microsoft's Red-Ink Game." *Business Week*, 22 November. http://businessweek.com.

Higgin, Tanner. 2006. "Play-Fighting: Understanding Violence in Grand Theft Auto III." In *The Meaning and Culture of Grand Theft Auto: Critical Essays*, ed. Nate Garrelts, 70-87. Jefferson, N.C.: McFarland.

Hill, Dan. 2004. "Los Angeles: Grand Theft Reality." City of Sound blog, 20 December. http://www.cityofsound.com.

Hill, Logan. 2002. "Why Rockstar Games Rule: The Badboys of Rockstar Games." *Wired* 10 (7): 119-21.

Himanen, Pekka. 2001. *The Hacker Ethic and the Spirit of the Information Age*. New York: Random House.

Hobsbawm, Eric. 1998. *Uncommon People: Resistance, Rebellion, and Jazz*. London: Abacus [에릭 홉스봄, 『저항과 반역 그리고 재즈』, 김정한·정철수·김동택 옮김, 영림카디널, 2003].

Hochschild, Arlie R. 1983. *The Managed Heart: The Commercialization of Human Feeling*. Berkeley: University of California Press [앨리 러셀 혹실드, 『감정노동』, 이가람 옮김, 이매진, 2009].

Hochschild, Arlie R., with Anne Machung 1990. *The Second Shift*. New York: Avon [알리 러셀 혹실드, 『돈 잘 버는 여자 밥 잘 하는 남자』, 백영미 옮김, 아침이슬, 2001].

Hof, Robert D. 2007. "The End of Work as You Know It." *Business Week*, 20 August. http://www.businessweek.com.

Hogan, Jenny, and Barry Fox. 2005. "Sony Patent Takes First Step towards Real-Life Matrix." *New Scientist*, 7 April. http://www.newscientist.com.

Holmes, Brian. 2007. "Disconnecting the Dots of the Research Triangle: Corporatisation, Flexibilisation, and Militarisation in the Creative Industries." In *My Creativity Reader: A Critique of Creative Industries*, ed. Geert Lovink and Ned Rossiter, 177-89. Amsterdam: Institute of Network Cultures.

Holmstrom, Nancy, and Richard Smith. 2000. "The Necessity of Gangster Capitalism: Primitive Accumulation in Russia and China." *Monthly Review* 51 (9). http://www.monthlyreview.org.

hooks, bell. 1995. "Cool Tool." *ArtForum* 38, no. 7 (March): 63-66, 110.

Hoover's Company Records. 2008. "Electronic Arts." Hoover's Company Records database, 10 June.

Howard, Pat. 1988. *Breaking the Iron Rice Bowl: Prospects for Socialism in China's Countryside*. New York: M. E. Sharpe.

Howie, Hank. 2005. "Making Great Games in 40 Hours per Week." *Gamasutra*, 31 January. http://www.gamasutra.com.

Huifeng, He. 2005. "Chinese 'Farmers' Strike Cyber Gold." *South China Morning Post*, 25 October. http://english.cri.cn.

Huizinga, Johan. 1921 [1996]. *The Autumn of the Middle Ages*. Chicago: University of Chicago Press [요한 하위징아, 『중세의 가을』, 이종인 옮김, 연암서가, 2012].

———. 1944 [1950]. *Homo Ludens: A Study of the Play-Element in Culture*. Boston: Beacon Press [요한 하위징아, 『호모 루덴스』, 이종인 옮김, 연암서가, 2010].

Humphreys, Sal. 2004. "Commodifying Culture: It's Not Just about the Virtual Sword." In *Proceedings of the Other Players Conference*, ed. J. Heide Smith and M. Sicart. Copenhagen: IT University of Copenhagen.

_____. 2005. "Productive Players : Online Computer Games' Challenge to Conventional Media Forms." *Journal of Communication and Critical/Cultural Studies* 2, no. 1 (March) : 37-51.

Hyman, Paul. 2005. "Unionize Now?" *Gamasutra*, 22 March. http://www.gamasutra.com.

_____. 2008. "Quality of Life : Does Anyone Still Give a Damn?" *Gamasutra*, 13 May. http://www.gamasutra.com.

IGDA (International Game Developers Association). 2004a. *Quality of Life in the Game Industry : Challenges and Best Practices*. International Game Developers Association Web site. http://www.igda.org.

_____. 2004b. "Quality of Life Issues Are Holding Back the Game Industry : Open Letter from IGDA Board of Directors." International Game Developers Association Web site. 16 November. http://www.igda.org.

_____. 2005. *Game Developer Demographics : An Exploration of Workforce Diversity*. International Game Developers Association Web site. http://www.igda.org.

Institute for Creative Technologies (ICT). 2004. University of Southern California, Institute for Creative Technologies Web site. http://www.ict.usc.edu.

_____. n.d. "Post-traumatic Stress Disorder Assessment and Treatment." University of Southern California, Institute for Creative Technologies Web site. http://www.ict.usc.edu.

Institute of the Future. 2009. "Superstruct." http://www.superstructgame.org.

Irwin, Mary Jane. 2009. "Riccitiello's Three Rules for Recession." *Edge*, 19 February. http://www.edge-online.com.

Jade, Charles. 2005. "Blizzards Bans a Gold Rush." *Ars Technica*, 15 March. http://www.arstechnica.com.

Jakobsson, Mikael, and T. L. Taylor. 2003. "The Sopranos Meet EverQuest : Social Networking in Massively Multiplayer Online Games." In *Proceedings of the 5th International Digital Arts and Culture Conference*. Melbourne : School of Applied Communication, RMIT, Melbourne, 19-23 May. http://hypertext.rmit.edu.au/dac.

James, C. L. R. 1966. *Beyond a Boundary*. London : Hutchinson.

Jameson, Fredric. 1981. *The Political Unconscious : Narrative as a Socially Symbolic Act*. Ithaca, N.Y. : Cornell University Press.

_____. 1988. "Cognitive Mapping." In *Marxism and the Interpretation of Culture*, ed. Cary Nelson and Lawrence Grossberg, 347-57. Chicago : University of Illinois Press.

_____. 1992. *Postmodernism, or The Cultural Logic of Late Capitalism*. New York : Verso.

Jana, Reena. 2006. "On-the-Job Video Gaming." *Business Week*, 27 March. http://www.businessweek.com.

Jenkins, David. 2005. "China Promotes 'Patriotic' Online Games." *Gamasutra*, 24 August. http://www.gamasutra.com.

_____. 2007. "Report Predicts $1.3 Billion Games Market in China." *Gamasutra*, 27 January. http://www.gamasutra.com.

_____. 2008a. "EA Acquires Napster Founder's Gaming Social Network." *Gamasutra*, 4 June. http://www.gamasutra.com.

_____. 2008b. "EA's Riccitiello : Balance of Power Shifting from Games to Films." *Gamasutra*, 14 April. http://www.gamasutra.com.

_____. 2008c. "EA Expands Massive in-Game Advertising Deal." *Gamasutra*, 18 March. http://www.gamasutra.com.

Jenkins, Henry. 1992. *Textual Poachers : Television Fans and Participatory Culture*. New York : Routledge.

_____. 1999. "Professor Jenkins Goes to Washington." *Harper's Magazine*, July, 19-23.

_____. 2003. "From Barbie to Mortal Kombat : Further Reflections." In *New Media : Theories and Practices of Digitextuality*, ed. Anna Everett and John T. Caldwell, 243-54. New York : Routledge.

_____. 2005. "Games : The New Lively Art." In *Handbook of Computer Game Studies*, ed. Joest Raessens and Jeffrey Goldstein, 175-92. Cambridge, Mass. : MIT.

_____. 2006a. *Fans, Bloggers, and Gamers : Exploring Participatory Culture*. New York : New York University [헨

리 젠킨스, 『팬, 블로거, 게이머』, 정현진 옮김, 비즈앤비즈, 2008].

_____. 2006b. "National Politics within Virtual Game Worlds : The Case of China." Confessions of an Aca-fan blog, 2 August. http://www.henryjenkins.org.

Jenkins, Henry, with Mary Fuller. 1995. "Nintendo and New World Travel Writing : A Dialogue." In *Cybersociety : Computer-Mediated Communication and Community*, ed. Steven G. Jones, 57-72. Thousand Oaks, Calif. : Sage.

Jhally, Sut. 1989. "Cultural Studies and the Sports/Media Complex." In *Media, Sport, and Society,* ed. Lawrence Werner, 70-93. Newbury Park, Calif. : Sage.

Jin, Dal Yong. 2010. *Korea's Online Gaming Empire*. Cambridge, MA : MIT Press.

Jin, Ge. 2006. "Chinese Gold Farmers in the Game World." *Consumers, Commodities, and Consumption : A Newsletter of the Consumer Studies Research Network* 7 (2). https://netfiles.uiuc.edu/dtcook/www/CCCnewsletter/7-2.

Johne, Marjo. 2006. "Prize for Playing the Game : A Career." *Globe and Mail* (Toronto), 26 April.

Johns, Jennifer. 2006. "Video Games Production Networks : Value Capture, Power Relations, and Embeddedness." *Journal of Economic Geography* 6 : 151-80.

Johnson, Steven. 2005. *Everything Bad Is Good for You : How Today's Popular Culture Is Actually Making Us Smarter*. New York : Riverhead [스티븐 존슨, 『바보상자의 역습』, 윤명지·김영상 옮김, 비즈앤비즈, 2006].

Joint Chiefs of Staff. 2000. *Joint Vision 2020*. Washington : U.S. Government Printing Office. http://www.dtic.mil/jointvision/jvpub2.htm.

Kahless. 2001. "The Foxing of Mods." 3DactionPlanet Web site, 28 April. http://www.3dactionplanet.com.

Kahney, Leander. 2003. "Games Invade Hollywood's Turf." *Wired*, 9 July. http://wired.com.

Kalning, Kristin. 2008. "Is the Video Game Industry Recession-Proof?" MSNBC, 7 March. http://www.msnbc.com.

Kaltman, Eric. 2008. "Financial Woes." Eric Kaltman's blog. http://www.stanford.edu/group/htgg/cgi-bin/drupal.

Kent, Steven. 2001. *The Ultimate History of Video Games*. Roseville, Calif. : Prima Publishing [스티븐 켄트, 『게임의 시대』, 이무연 옮김, 파스칼북스, 2002].

Kerr, Aphra. 2006. *The Business and Culture of Digital Games : Gamework/Gameplay*. London : Sage.

Kiat, Ong Boon. 2008. "Electronic Arts Eyes Asian Growth." *Business Times*, 10 March.

Kim, Kyung Hyun. 2004. *The Remasculinization of Korean Cinema*. Durham, N.C. : Duke University Press.

Kinder, Marsha. 1991. *Playing with Power in Movies, Television, and Videogames : From Muppet Babies to Teenage Mutant Turtles*. Berkeley : University of California Press.

Kinsella, Sharon. 1998. "Amateur Manga Subculture and the *Otaku* Panic." Sharon Kinsella's Web site. http://www.kinsellaresearch.com. Originally published in *Journal of Japanese Studies* 24 : 289-316.

_____. 2000. *Adult Manga : Culture and Power in Contemporary Japanese Society*. Honolulu : University of Hawaii Press.

_____. 2005. "The Nationalization of Manga." Japan Society Lecture, School of Oriental and African Studies, London, 11 October. Japan Society of the UK Web site. http://www.japansociety.org.uk/lectures.

Klein, Naomi. 2000. *No Logo : Taking Aim at the Brand Bullies*. Toronto : Knopf [나오미 클라인, 『슈퍼 브랜드의 불편한 진실』, 이은진 옮김, 살림Biz, 2010].

_____. 2007. *The Shock Doctrine : The Rise of Disaster Capitalism*. Toronto : Knopf [나오미 클라인, 『쇼크 독트린』, 김소희 옮김, 살림Biz, 2008].

Kline, Stephen, Nick Dyer-Witheford, and Greig de Peuter. 2003. *Digital Play : The Interaction of Culture, Technology, and Marketing*. Montreal and Kingston : McGill-Queen's University Press.

Kohler, Chris. 2004. *Power Up : How Japanese Video Games Gave the World an Extra Life*. New York : Brady Games.

_____. 2009. "EA CEO: Recession Is a 'Blessing' for Game Biz." Wired Gamelife blog, 19 February. http://www. wired.com/gamelife.

Koo, Shang. 2006. "The Chinese MMO Cola Wars." *Gamasutra*, 27 November. http://www.gamasutra.com.

_____. 2007a. "Game Safety." *Gamasutra*, 22 January. http://www.gamasutra.com.

_____. 2007b. "The9." *Gamasutra*, 12 February. http://www.gamasutra.com.

_____. 2007c. "Perfect Worlds, Golden Flowers." *Gamasutra*, 8 January.http://www.gamasutra.com.

Korris, James. 2004. "Full Spectrum Warrior: How the Institute for Creative Technologies Built a Cognitive Training Tool for Xbox." University of Southern California, Institute for Creative Technologies Web site. http://www.ict. usc.edu.

Kraemer, Kenneth, and Jason Dedrick. 2001. "Creating a Computer Industry Giant: China's Industrial Policies and Outcomes in the 1990s." Center for Research on Information Technology and Organizations, University of California, Irvine. http://www.crito.uci.edu/git.

Krotoski, Aleks. 2004. *Chicks and Joysticks: An Exploration of Women and Gaming*. Entertainment and Leisure Software Publishers Association Web site. http://www.elspa.com.

Kücklich, Julian. 2005. "Precarious Playbour: Modders and the Digital Games Industry." *Fibreculture Journal* 5. http://journal.fibreculture.org.

Kukday, Kavita. 2007. "Making Profit from Mining of E-Waste." *Times of India*, 8 June. http://timesofindia. indiatimes.com.

Kuma Games. 2006. "Kuma Reality Games Sparks Virtual Dialogue with Iran over Nuclear Arms Dispute." Kuma Games Web site. News release, 9 June. http://www.kumawar.com.

Kuma War. 2007. Kuma Games Web site. http://www.kumawar.com.

Kushner, David. 2003. *Masters of Doom: How Two Guys Created an Empire and Transformed Pop Culture*. New York: Random House [데이비드 커시너, 『둠: 컴퓨터 게임의 성공 신화』, 이섬민 옮김, Media2.0, 2006].

_____. 2004. "Hot Geeks." *Rolling Stone*, 19 August, 100.

_____. 2007a. "Road to Ruin: How Grand Theft Auto Hit the Skids." *Wired*, 29 March. http://www.wired.com.

_____. 2007b. "The Ups and Downs of Take-Two Interactive's Stock Price." *Wired*, 29 March. http://www.wired. com.

Laclau, Ernesto. 2004. "Can Immanence Explain Social Struggles?" In *Empire's New Clothes: Reading Hardt and Negri*, ed. Paul A. Passavant and Jodi Dean, 21-30. London: Routledge.

Laff, Michael. 2007. "Serious Gaming: The Trainer's New Best Friend." *T+D* (January): 52-57.

Lake, Chloe. 2008. "Little Big Planet Delayed by Koran Quotes." *News.com.au*, 20 October. http://www.news.com/ au/technology.

Lappe, Anthony, and Dan Goldman. 2007. *Shooting War*. New York: Warner Books.

Lastowka, Greg. 2005. "You Will Rule the Planes of Power!" Terra Nova blog, 25 June. http://www.terranova.blogs. com.

_____. 2006. "Cultural Borrowing in WoW." Terra Nova blog, 16 May. http://terra nova.blogs.com.

Laurel, Brenda. 2001. *Utopian Entrepreneur*. Cambridge, Mass.: MIT Press.

Lazarus, Eve. 1999. "New Game." *Marketing* 104, no. 20 (24 May): 9-10.

Lazzarato, Maurizio. 1996. "Immaterial Labour." Trans. Paul Colilli and Ed Emory. In *Radical Thought in Italy Today*, ed. Paolo Virno and Michael Hardt, 133-47. Minneapolis: University of Minnesota Press [마우리찌오 랏짜라또, 「비물질노동」, 『비물질노동과 다중』, 안또니오 네그리 외 지음, 자율평론번역모임 외 옮김, 갈무리, 2005].

_____. 2002. "From Biopower to Biopolitics." Trans. Ivan A. Ramirez. *Pli* 13:100-111.

_____. 2004. "From Capital-Labour to Capital-Life." Trans. Valerie Fournier, Akseli Virtanen, and Jussi Vähämäki.

Ephemera 4 (3) : 187-208. http://www.ephemeraweb.org.

Lee, James. 2005. "Wage Slaves." 1UP.com Web site. http://www.1up.com.

Lenoir, Timothy. 2000. "All but War Is Simulation : The MilitaryEntertainment Complex." *Configurations* 8 (3) : 289-335.

Lens, Sidney. 2003. *The Forging of the American Empire : From the Revolution to Vietnam : A History of American Imperialism*. London : Pluto Books.

Leonard, David J. 2003. " 'Live in Your World, Play in Ours' : Race, Video Games, and Consuming the Other." *Studies in Media and Information Literacy Education* 3 (4) : 1-9.

_____. 2004. "High Tech Blackface : Race, Sports Video Games, and Becoming the Other." *Intelligent Agent* 4 (2). http://www.intelligentagent.com.

_____. 2005. "To the White Extreme : Conquering Athletic Space; White Manhood and Racing Reality." In *Digital Gameplay : Essays on the Nexus of Game and Gamer*, ed. Nate Garrelts, 110-30. New York : McFarland.

_____. 2006. "Virtual Gangstas, Coming to a Suburban Home Near You : Demonization, Commodification, and Policing Blackness." In *The Meaning and Culture of Grand Theft Auto : Critical Essays*, ed. Nate Garrelts, 49-69. Jefferson, N.C. : McFarland.

Lessig, Lawrence. 2004. *Free Culture : How Big Media Uses Technology and Law to Lock Down Cultures and Control Creativity*. New York : Penguin [로렌스 레식, 『자유문화』, 이주명 옮김, 필맥, 2005].

Levitz, Jennifer. 2008. "Playing the Market, These Kids Are Losing a Lot of Play Money." *Wall Street Journal*, 29 October. http://www.online.wsj.com.

Lévy, Pierre. 1998. *Becoming Virtual : Reality in the Digital Age*. New York : Plenum.

Li, Cao, and Jiao Xiaoyang. 2005. "Gamer Slays Rival after Online Dispute." *China Daily*, 30 March. http://www.chinadaily.com.

Lindenschmidt, James W. 2004. "From Virtual Commons to Virtual Enclosures : Revolution and Counter-revolution in the Information Age." *Commoner* 9. http://www.commoner.org.uk.

Lindsay-Poland, John. 2003. *Emperors in the Jungle : The Hidden History of the U.S. in Panama*. Durham, N.C. : Duke University Press.

Linebaugh, Peter, and Marcus Rediker. 2000. *The Many-Headed Hydra : Sailors, Slaves, Commoners, and the Hidden History of the Revolutionary Atlantic*. New York : Verso [피터 라인보우 · 마커스 레디커, 『히드라』, 정남영 · 손지태 옮김, 갈무리, 2008].

Littlemore, Richard. 1998. "The Totally Awesome Mr. Wong." *B.C. Business Magazine* 26, no. 6 (June) : 36-42.

Logan, Tracey. 2004. "Gaming Helps Traders Score Big-Time." *BBC News*, 10 October. http://news.bbc.co.uk.

Loughrey, Paul. 2006. "UbiSoft No Longer Using Starforce Protection." *Gamesindustry.biz*, 18 April. http://www.gamesindustry.biz.

Lovink, Geert, and Florian Schneider. 2003. "A Virtual World Is Possible : From Tactical Media to Digital Multitudes." Makeworlds Web site. http://www.makeworlds.org.

Lowenstein, Doug. 2005. "Electronic Entertainment Expo 2005 : State of the Industry Address." Entertainment Software Association Web site. http://www.theesa.com.

Lowood, Henry. 2005. "Real-Time Performance : Machinima and Game Studies." *International Digital Media and Arts Association Journal* 1, no. 3 (Spring) : 10-18.

Lucarelli, Stefano, and Andrea Fumagalli. 2008. "Basic Income and Productivity in Cognitive Capitalism." *Review of Social Economy* 66, no. 1 (March) : 71-92.

Lukic, Kristian. 2005. "The Enclosure of Societal Changes." In *Alternative Economies, Alternative Societies*, ed. Oliver Ressler and Aneta Szylak, 13-16. Gdansk, Poland : Wyspa Institute of Art.

Luthje, Boy. 2004. "Global Production Networks and Industrial Upgrading in China : The Case of Electronic Contract

Manufacturing." *East-West Center Working Papers* 74. East-West Center Web site. http://www.eastwestcenter. org.

Macedonia, Michael R. 2002. "A View from the Military." *Defense Horizons* 11 (April) : 6-8.

Mahajan, Rahul. 2003. *Full Spectrum Dominance : U.S. Power in Iraq and Beyond*. New York : Seven Stories.

Malaby, Thomas. 2006. "Parlaying Value : Capital in and beyond Virtual Worlds." *Games and Culture* 1 (2) : 141-62.

Manjoo, Farhad. 2008. "Grand Theft Auto IV Is a Dark Urban Masterpiece." Machinist blog, 9 May. http://machinist. salon.com.

Manufactured Landscapes. 2007. DVD. Directed by Jennifer Baichwal. Toronto and Ottawa : Foundry Films, Mercury Films, and National Film Board of Canada.

Maragos, Nich. 2005a. "Study Shows Gaming Gender Equality in Asia." *Gamasutra*, 18 July. http://www.gamasutra. com.

_____. 2005b. "Korean MMOs See Shrinking Chinese Market Share." *Gamasutra*, 6 October. http://www. gamasutra.com.

_____. 2006. "Chinese Government Quantifies Online Gaming Surge." *Gamasutra*, 12 January. http://www. gamasutra.com.

Marielo. 2006. "Year 2005 : History of Lightning's Blade." *World of Warcraft forum*, 1 January. http://www. worldofwarcraft.com.

Markoff, John. 2005. *What the Dormouse Said : How the Sixties Counterculture Shaped the Personal Computer Industry*. New York : Viking.

Marks, Robert. 2004. "Robert Marks on the Pearl River Delta." *Environmental History* 9 (2) : 296-99.

Marriott, Michael. 1999. "Blood, Gore, Sex, and Now Race : Are Game Makers Creating Convincing New Characters or 'High-Tech Blackface'?" *New York Times*, 21 October.

Martin, Randy. 2002. *The Financialization of Daily Life*. Philadelphia : Temple University Press.

_____. 2007. *An Empire of Indifference : American War and the Financial Logic of Risk Management*. Durham, N.C. : Duke University Press.

Marx, Karl. 1844. *The Economic and Philosophical Manuscripts*. New York : International, 1962 [칼 마르크스, 『경제학-철학 수고』, 강유원 옮김, 이론과실천, 2006].

_____. 1858. *Grundrisse*. London : Penguin, 1973 [칼 마르크스, 『정치경제학 비판 요강』 1~3, 김호균 옮김, 그린비, 2007].

_____. 1867. *Capital : A Critique of Political Economy, Volume 1*. New York : Vintage, 1976 [카를 마르크스, 『자본론』 1-(상), 김수행 옮김, 비봉출판사, 2005].

Marx, Karl, and Friedrich Engels. 1848. *The Communist Manifesto*. New York : Penguin, 1985 [칼 마르크스 · 프리드리히 엥겔스, 『공산주의 선언』, 김태호 옮김, 박종철출판사, 1998].

Massumi, Brian. 1998. "Requiem for Our Prospective Dead (Toward a Participatory Critique of Capitalist Power)." In *Deleuze and Guattari : New Mappings in Politics, Philosophy, and Culture*, ed. Eleanor Kaufman and Kevin Jon Heller, 40-64. Minneapolis : University of Minnesota Press.

_____. 2002a. "Translator's Foreword : Pleasures of Philosophy." In *A Thousand Plateaus : Capitalism and Schizophrenia*, by Gilles Deleuze and Félix Guattari, trans. Brian Massumi, ix-xv. Minneapolis : University of Minnesota Press.

_____. 2002b. *Parables for the Virtual : Movement, Affect, Sensation*. Durham, N.C. : Duke University Press [브라이언 마수미, 『가상계』, 조성훈 옮김, 갈무리, 2011].

_____. 2006. "Fear (The Spectrum Said)." *Multitudes* 23 (January). http://multitudes.samizdat.net.

Matthews, Glenna. 2003. *Silicon Valley, Women, and the California Dream : Gender, Class, and Opportunity in the Twentieth Century*. Stanford, Calif. : Stanford University Press.

Mayfield, Kendra. 2002. "New E-Waste Solution a Mine Idea." *Wired*, 7 June. http://www.wired.com.

McLoud, Scott. 2006. *Making Comics : Storytelling Secrets of Comics, Manga, and Graphic Novels*. New York : Harper [스콧 맥클라우드, 『만화의 창작』, 김낙호 옮김, 비즈앤비즈, 2008].

Menzies, Heather. 1996. *Whose Brave New World : The Information Highway and the New Economy*. Toronto : Between the Lines.

_____. 2005. *No Time : Stress and the Crisis of Modern Life*. Toronto : Douglas and McIntyre.

Mia Wombat. 2006. "Mia Wombat : Age of the Conducer." Creative Commons Wiki, 20 April. http://wiki.creativecommons.org.

Michael, David, and Sande Chen. 2006. *Serious Games : Games That Educate, Train, and Inform*. Boston : Course Technology.

Midnight Notes. 1992. *Midnight Oil : Work, Energy, War, 1973-1992*. New York : Autonomedia.

Miller, Ernest. 2002. "Analysis of Blizzard vs. BnetD." *LawMeme*, 26 February. http://research.yale.edu/lawmeme.

Mo, Honge. 2006. " 'Gold Farmers' in Virtual World Make Fortune in Reality." *China View*, 21 September. http://news3.xinhuanet.com.

Molleindustria. n.d. Molleindustria Web site. http://www.molleindustria.org.

Montague, Dena. 2002. "Stolen Goods : Coltan and Conflict in the Democratic Republic of Congo." *SAIS Review* 22, no. 1 (Winter-Spring) : 103-18.

Moore, David. 2001. "Africa : The Black Hole at the Middle of Empire?" *Rethinking Marxism* 13, nos. 3-4 (September) : 100-118.

Morgenstern, Steve. 2007. "The Wright Stuff." Interview with Will Wright. *Popular Science*, 2 August. http://www.popsci.com.

Morini, Christina. 2007. "The Feminization of Labour in Cognitive Capitalism." *Feminist Review* 87:40-59.

Mortensen, Torill Elvira. 2006. "WoW Is the New MUD : Social Gaming from Text to Video." *Games and Culture* 1 (4) : 397-413.

Mosco, Vincent. 1996. *The Political Economy of Communication : Rethinking and Renewal*. London : Sage.

_____. 1999. "New York.Com : A Political Economy of the 'Informational' City." *Journal of Media Economics* 12 (2) : 103-16.

_____. 2003. "Whose Ground Zero? Contesting Public Space in Lower Manhattan." Université du Québec à Montréal, GPB Advanced Seminars in Communication Web site. http://www.er.uqam.ca/nobel/gricis/gpb.

moviebob. 2007. "Super Mario : Working Class Hero." YouTube, 22 May. http://www.youtube.com.

Mumford, Lewis. 1970. *The Myth of the Machine : The Pentagon of Power*. New York : Harcourt Brace [루이스 멈포드, 『기계의 신화 2 : 권력의 펜타곤』, 김종달 옮김, 경북대학교출판부, 2012].

Muoio, Anna. 2001. "Man with a (Talent) Plan." *Fast Company* 42. http://pf.fastcompany.com.

Murray, Soraya. 2005. "High Art/Low Life : The Art of Playing Grand Theft Auto." *PAG* 27, no. 1 (May) : 91-98.

Musgrove, Mike. 2005. "Game Turns Players into Indie Movie Makers." *Washington Post*, 1 December.

Mute Magazine. 2005. "Underneath the Knowledge Commons." *Mute Magazine* 2 (1). London : Mute Publishing.

narcogen. 2005. "Is XBL a Breeding Ground for Sexism." Comment posted to Rampancy forum, 22 June. http://rampancy.net.

Neesan, J. M. 1993. *Commoners : Common Right, Enclosures, and Social Change in England, 1700-1820*. Cambridge, UK : Cambridge University Press.

Negri, Antonio. 1991. *Marx beyond Marx : Lessons on the Grundrisse*. Trans. Harry Cleaver, Michael Ryan, and Maurizio Viano. New York : Autonomedia [안토니오 네그리, 『맑스를 넘어선 맑스』, 윤수종 옮김, 중원문화, 2012].

_____. 1999. *Insurgencies : Constituent Power and the Modern State*. Trans. Maurizia Boscagli.

Minneapolis : University of Minnesota Press.

_____. 2002. "The Multitude and the Metropolis." Trans. Arianna Bove. Generation Online Web site. http://www.generation-online.org.

_____. 2005. "First Meeting." Multitude and Metropolis blog, 28 November. http://parisgabriel.blogspot.com.

Negri, Antonio, Constantin Petcou, Doina Petrescu, and Anne Querrien. 2007. "What Makes a Biopolitical Space? A Discussion with Toni Negri." *Eurozine*, 17 September. http://www.eurozine.com.

Neubauer, Deane. 2004. "Mixed Blessings of the Megacities." *YaleGlobal*, 24 September. http://yaleglobal.yale.edu.

Newman, James. 2004. *Videogames*. London : Routledge [제임스 뉴먼, 『비디오 게임』, 박근서 외 옮김, 커뮤니케이션북스, 2008].

News Services. 2007. "EA to Buy Developers from Bono's Firm." *Washington Post*, 12 October. http://www.washingtonpost.com.

Ni, Ching-Ching. 2005. "Game Aims to Make Vintage Communism a Hit with Children." *Concordia Monitor Online*, 5 November. http://www.concordmonitor.com.

Nichols, Bill. 1987. "The Work of Culture in the Age of Cybernetic Systems." *Screen* 29 (1) : 22-46.

Nieborg, David B. 2006. "Mods, Nay! Tournaments, Yay! The Appropriation of Contemporary Game Culture by the U.S. Military." *Fibreculture Journal* 8. http://journal.fibreculture.org.

Nijman, Jan. 1997. "Globalization to a Latin Beat : The Miami Growth Machine." *Annals of the American Academy of Political and Social Science* 551 (1) : 164-77.

Nitewalkz. 2007. "An Interview with Paolo Pedercini of Molleindustria." Culture Jamming Web site. http://www.culture-jamming.de.

Nolen, Stephanie. 2005. "Is the 'Genocide Credit' Used Up?" *Globe and Mail*, 22 January.

Notes from Nowhere. 2003. *We Are Everywhere : The Irresistible Rise of Global Anticapitalism*. New York : Verso.

Nutt, Christian. 2007. "EA CEO Riccitiello Talks Game Pricing, Creativity." *Gamasutra*, 31 October. http://www.gamasutra.com.

Ochalla, Bryan. 2007. "Who Says Video Games Have to Be Fun? The Rise of Serious Games." *Gamasutra*, 29 June. http://www.gamasutra.com.

O'Dea, Allan. 2009. "How Do Massive Multi-player Online Games (MMOs) Make Money?" *Simple Life Forms*, 12 March. http://www.simplelifeforms.com.

Oliver, Julian. 2004a. "First Person(s) : 'Under Siege' and the New Virtual War." SelectParks Web site, 4 September. http://selectparks.net.

_____. 2004b. "Interview with Radwan Kasmiya of AFKARMedia." SelectParks Web site, 7 September. http://selectparks.net.

Opensorcery. 2004. "OUT : Operation Urban Terrain." Opensorcery Web site. http://www.opensorcery.net.

Overby, Stephanie. 2003. "Staff Alert." *CIO*, 11 June. http://www.cio.com. au.

Ow, Jeffrey, A. 2000. "The Revenge of the Yellowfaced Cyborg : The Rape of Digital Geishas and the Colonization of Cyber-coolies in 3D Realms' Shadow Warrior." In *Race in Cyberspace*, ed. Beth Kolko, Lisa Nakamura, and Gilbert Rodman, 51-68. New York : Routledge.

Paradise, J. 2005. "Confessions of a Girl Gamer." DailyGame Web site, 22 June. http://www.dailygame.net.

Passavant, Paul A., and Jodi Dean, eds. 2004. *Empire's New Clothes : Reading Hardt and Negri*. London : Routledge.

Pasquinelli, Matteo. 2005. "Radical Machines against the Techno-Empire : From Utopia to Network." Trans. Arianna Bove. *Eurozine*, 19 July. http://www.eurozine.com.

_____. 2006. "Immaterial Civil War : Prototypes of Conflict within Cognitive Capitalism." Rekombinant Web site. http://www.rekombinant.org!ImmCivilWar.pdf.

Paul. 2005. "Secrets of Massively Multiplayer Farming." Posted to Game Guides Online. http://www.

gameguidesonline.com.

Pausch, Randy. 2004. *An Academic's Field Guide to Electronic Arts : Observations Based on a Residency in the Spring Semester of 2004*. Electronic Arts Web site. http://www.info.ea.com/company/summit/ea_fieldguide.pdf.

Pearce, Celia. 2006. "Productive Play : Game Culture from the Bottom Up." *Games and Culture* 1 (1) : 17-24.

Peck, Michael. 2007. "Constructive Progress : U.S. Army Embraces Games-Sort Of." *Training and Simulation Journal*, 24 December. http://www.tsjonline.com.

Perelman, Michael. 1992. *The Invention of Capitalism : Classical Political Economy and the Secret History of Primitive Accumulation*. Durham, N.C. : Duke University Press [].

Pfanner, Eric. 2007. "Internet Pushes the Concept of 'Free' Content." *International Herald Tribune*, 17 January. http://www.iht.com.

Phillips, David. 2009. "New Game in Electronic Arts' Lineup : 'Financial Crisis.' " *BTNet Media*, 8 June. http://industry.bnet.com.

Pieterse, Jan Nederveen. 2004. *Globalization or Empire?* London : Routledge.

Pilieci, Vito. 2008. "Free Gaming Coming Soon." *Leader Post* (Regina), 8 March.

Pinckard, Jane. 2001. "Marketing the X." *Mindjack*, 12 November. http://www.mindjack.com/feature/xad.html.

PlayOn. 2007. "WoW Data Archives." PlayOn blog, 2 March. http://blogs.parc.com/playon.

Poblocki, Kacper. 2002. "Becoming-State : The Bio-cultural Imperialism of Sid Meier's Civilization." *Focaal : European Journal of Anthropology* 39:163-77.

Pomerantz, Dorothy. 2003. "Top of Their Game." *Forbes*, 1 June. http://www.forbes.com.

Poole, Steven. 2000. *Trigger Happy : The Inner Life of Video Games*. London : Fourth Estate.

Portes, Alejandro, and Alex Stepick. 1996. *City on the Edge : The Transformation of Miami*. Berkeley : University of California Press.

Provenza, Eugene. 1991. *Video Kids : Making Sense of Nintendo*. Cambridge, Mass. : Harvard University Press.

Rabinow, Paul, and Nikolas Rose. 2003. "Thoughts on the Concept of Biopower Today." Molecular Sciences Institute Web site. http://www.molsci.org/files/Rose_Rabinow_Biopower_Today.pdf.

Radd, David. 2007. "Piracy Is Big Business." *Business Week*, 13 March. http://www.businessweek.com.

Raessens, Joest, and Jeffrey Goldstein, eds. 2005. *Handbook of Computer Game Studies*. Cambridge, Mass. : MIT Press.

Ratliff, Evan. 2004. "Sports Rule!" *Wired* 11 (1). http://www.wired.com.

Read, Jason. 2003. *The Micro-politics of Capital : Marx and the Prehistory of the Present*. Albany, N.Y. : State University of New York Press.

Redmond, Dennis. 2006. "Grand Theft Auto : Running and Gunning for the U.S. Empire." In *The Meaning and Culture of Grand Theft Auto : Critical Essays*, ed. Nate Garrelts, 104-14. Jefferson, N.C. : McFarland.

Retort. 2005. *Afflicted Powers : Capital and Spectacle in a New Age of War*. New York : Verso.

Reuters. 2007. "Vivendi Full Year 2006 Revenues Reach EUR 20 Billion." Reuters news agency, 31 January. http://today.reuters.com.

———. 2008. "China Claims Sweet Spot in Tech Food Chain." *China Daily*, 26 May. http://www.chinadaily.com.

———. 2009. "Update 4 : World of Warcraft to Help Vivendi Weather Crisis." *Reuters*, 2 March. http://www.reuters.com.

Richards, Birgit, and Jutta Zaremba. 2004. "Gaming with Grrls : Looking for Sheroes in Computer Games." In *Handbook of Computer Game Studies*, ed. Joest Raessens and Jeffrey Goldstein, 183-200. Cambridge, Mass. : MIT Press.

Richtel, Matt. 2006. "Game Maker Discloses a Subpoena." *New York Times*, 27 June. http://www.nytimes.com.

_____. 2008a. "Bid for Game Maker Seen as Effort to Buy Innovation." *New York Times*, 26 February. http://ww.nytimes.com.

_____. 2008b. "Electronic Arts Lowers Forecast and Cuts Its Work Force." *New York Times*, 30 October. http://www.nytimes.com.

Rider, Shawn. 2006. "A Bridge Too Far." GamesFirst! Web site, 26 May. http://www.gamesfirst.com.

Roberts, Dexter. 2006. "How Rising Wages Are Changing the Game in China." *Business Week*, 27 March. http://www.businessweek.com.

Robertson, Margaret. 2008. "How Games Will Change the World." *BBC News*, 28 May. http://news.bbc.co.uk.

Robinson, John, and James Tansey. 2006. "Co-production, Emergent Properties, and Strong Interactive Social Research : The Georgia Basin Futures Project." *Science and Public Policy* 33, no. 2 (March) : 151-60.

Ross, Andrew. 2004. "Dot-com Urbanism." In *Mediaspace : Place, Scale, and Culture in a Media Age*, ed. Nick Couldry and Anna McCarthy, 145-62. London : Routledge.

_____. 2006. *Fast Boat to China : High-Tech Outsourcing and the Consequences of Free Trade; Lessons from Shanghai*. New York : Vintage.

Ross Sorkin, Andrew, and Seth Schiesel. 2008. "Game Maker Bids $2 Billion to Take Over Competitor." *International Herald Tribune*, 26 February.

Rossiter, Ned. 2007. *Organized Networks : Media Theory, Creative Labour, New Institutions*. Rotterdam : NAi Publishers.

RTP (Research Triangle Park). 2008. "Business Climate." Research Triangle Park Web site. http://www.rtp.org.

Rubens, Paul. 2007. "Three Hacker Teams Unlock the PSP." *BBC News*, 26 February. http://news.bbc.co.uk.

Ruberg, Bonnie. 2005. "I'm the Pink One : Women on Xbox Live." Gamegal Web site, 15 August. http://www.gamegal.com.

Rustin, Michael. 2003. "Empire : A Postmodern Theory of Revolution." In *Debating Empire*, ed. Gopal Balakrishnan, 1-18. New York : Verso [마이클 러스틴, 「제국 — 탈근대적 혁명이론」, 『제국이라는 유령』, 고팔 발라크리슈난 엮음, 김정한 옮김, 이매진, 2007].

Ryan, Nick. 2009. "Gold Trading Exposed : The Sellers." *Eurogamer*, 25 March. http://www.eurogamer.net.

Sassen, Saskia. 2001. *The Global City : New York, London, Tokyo*. Princeton, N.J. : Princeton University Press.

Schiesel, Seth. 2003. "Some Xbox Fans Microsoft Didn't Aim For." *New York Times*, 10 July. http://www.nytimes.com.

_____. 2005. "Conqueror in a War of Virtual Worlds." *New York Times*, 6 September. http://www.nytimes.com.

_____. 2007. "A Global Vision from the New Man at EA Sports." *New York Times*, 5 September. http://www.nytimes.com.

_____. 2008a. "A Company Looks to Its Creative Side to Regain What It Has Lost." *New York Times*, 19 February. http://www.nytimes.com.

_____. 2008b. "Grand Theft Auto Takes on New York." *New York Times*, 28 April. http://www.nytimes.com.

Schiller, Dan. 2007. *How to Think about Information*. Urbana : University of Illinois Press.

_____. 2008. "An Update on China in the Political Economy of Information and Communications." *Chinese Journal of Communication* 1 (1) : 109-16.

Schleiner, Anne-Marie. 2002. "Velvet-Strike : War Times and Reality Games." Opensorcery Web site. http://www.opensorcery.net.

_____. 2004. "Female-Bobs Arrive at Dusk." In *CyberFeminism : Next Protocols*, ed. Claudia Reiche and Verena Kuni, 119-32. New York : Autonomedia.

Schmerken, Ivy. 2008. "Trading Desks Turn to Video Game Technology to Speed Analytics." *Wall Street and Technology*. http://www.wallstreetandtech.com.

Schor, Juliet. 1993. *The Overworked American : The Unexpected Decline of Leisure*. Boston : Basic Books.

Schott Gareth and Bevin Yeatman. 2005. "Subverting Game-Play : JFK Reloaded as Performative Space." *Australasian Journal of American Studies* 24, no. 2 (December) : 82-94.

Scola, Nancy. 2006. "Avatar Politics : Social Applications of Second Life." Nancy Scola, personal Web site. http://www.nancyscola.com.

Second Life. 2007. "Economic Statistics." Second Life Web site. http://secondlife.com.

Seeing Is Believing : Handicams, Human Rights, and the News. 2002. DVD. Directed by Katerina Cizek and Peter Wintonick. Montreal : Necessary Illusions Productions.

Seth, Sanjay. 2003. "Back to the Future." In *Debating Empire*, ed. Gopal Balakrishnan, 43-51. New York : Verso [산제이 세스, 「미래로 귀환하기?」, 『제국이라는 유령』, 고팔 발라크리슈난 엮음, 김정한 옮김, 이매진, 2007].

Sheff, David. 1999. *Game Over : How Nintendo Zapped an American Industry, Captured Your Dollars, and Enslaved Your Children*. New York : Random House [데이비드 셰프, 『닌텐도의 비밀』, 김성균 · 권희정 옮김, 이레미디어, 2009].

Sheffield, Brandon. 2006. "EA LA's Neil Young on Emotion, IP, and Overtime." *Gamasutra*, 22 May. http://www.gamasutra.com.

Sherry, John L. 2001. "The Effects of Violent Games on Aggression : A≈Meta-Analysis." *Human Communication Research* 27, no. 3 (July) : 409-31.

Shields, Rob. 2003. *The Virtual*. London : Routledge.

Shinkle, Eugénie. 2005. "Corporealis Ergo Sum : Affective Response in Digital Games." In *Digital Gameplay : Essays on the Nexus of Game and Gamer*, ed. Nate Garrelts, 21-33. New York : McFarland.

Silberman, Steve. 2004. "The War Room." *Wired* 12 (9). http://www.wired.com.

Simon, Bart. 2006. "Beyond Cyberspatial Flaneurie : On the Analytic Potential of Living with Digital Games." *Games and Culture* 1 (1) : 62-67.

Sinclair, Brendan. 2006. "Activision Faces Labor Suit." *GameSpot*, 20 July. http://www.gamespot.com.

Singer, P. W. 2009. *Wired for War : The Robotics Revolution and Conflict in the Twenty-first Century*. New York : Penguin Press [피터 W. 싱어, 『하이테크 전쟁』, 권영근 옮김, 지안, 2011].

Singh, Greg. 2006. "*San Andreas* : Agency, Movement, and Containment; or, How the West Is (Frequently) Won." *Aesthetics of Play : Online Proceedings*. Bergen, Norway, 14-15 October 2005. http://www.aestheticsofplay.org.

Siwek, Stephen E. 2007. *Video Games in the 21st Century : Economic Contributions of the U.S. Entertainment Software Industry*. Entertainment Software Association Web site. http://www.esa.com.

Smith, Charlie. 2006. "The Videogame Explosion." *Georgia Straight*, 5 November. http://www.straight.com.

Smith, David. 2004. "EA Faces Class-Action Overtime Suit." 1UP.com, 11 January. http://www.1up.com.

Smith, Neil. 2002. "New Globalism, New Urbanism : Gentrification as Global Urban Strategy." In *Spaces of Neoliberalism : Urban Restructuring in North America and Western Europe*, ed. Neil Brenner and Nik Theodore, 80-104. Oxford : Blackwell.

Smythe, Dallas. 1983. *Dependency Road : Communications, Capitalism, Consciousness, and Canada*. New York : Ablex.

Soja, Edward W. 2000. *Postmetropolis : Critical Studies of Cities and Regions*. Oxford : Blackwell.

Spivak, Gayatri Chakravorty. 1999. *A Critique of Postcolonial Reason : Toward a History of the Vanishing Present*. Cambridge, Mass. : Harvard University Press [가야트리 스피박, 『포스트식민 이성 비판』, 태혜숙 · 박미선 옮김, 갈무리 2005].

Stallabrass, Julian. 1993. "Just Gaming." *New Left Review* 198:83-106.

_____. 1996. *Gargantua : Manufactured Mass Culture*. New York : Verso.

Stallman, Richard. 2005. "GNU's Not Unix! Free Software, Free Society: Why 'Open Source' Misses the Point of Free Software." Free Software Foundation Web site. http://www.gnu.org.

Steinkuehler, Constance. 2006. "The Mangle of Play." *Games and Culture* 1 (3): 199-213.

Stephenson, William. 1999. "The Microserfs Are Revolting: Sid Meier's Civilization II." *Bad Subjects* 45. http://bad.eserver.org.

Stern, Eddo. 2002. "A Touch of Medieval: Narrative, Magic, and Computer Technology in Massively Multiplayer Computer Role-Playing Games." *Proceedings of Computer Games and Digital Cultures Conference*, ed. Frans Mäyrä, 257-76. Tampere, Finland: Tampere University Press.

Stockwell, Stephen, and Adam Muir. 2003. "The Military-Entertainment Complex: A New Facet of Information Warfare." *Fibreculture Journal* 1. http://journal.fibreculture.org.

Strangelove, Michael. 2005. *The Empire of Mind: Digital Piracy and the Anti-capitalist Movement*. Toronto: University of Toronto Press.

Sunder, Madhavi. 2006. "IP3." *Stanford Law Review* 59:257-332.

Svensson, Christian. 2005. "Team Structure." *Next Generation*, 21 June. http://www.next-gen.biz.

Takahashi, Dean. 2000. "Electronic Arts Game Plan Is Looking like a Winner." *Wall Street Journal*, 4 May.

―――. 2002. *Opening the Xbox: Inside Microsoft's Plan to Unleash an Entertainment Revolution*. New York: Prima [딘 다카하시, 『마이크로소프트의 도전』, 허준석 옮김, 푸른미디어, 2003].

―――. 2004. "Video-Game Workers Sue for Overtime Pay." *San Jose Mercury News*, 12 April. http://www.mercurynews.com.

―――. 2005. "Profile: India's Game Developers Target Outsourcing." *San Jose Mercury News*, 5 July. http://blogs.mercurynews.com.

―――. 2006. *The Xbox 360 Uncloaked: The Real Story behind Microsoft's Next-Generation Video Game Console*. New York: Lulu Press.

―――. 2009. "Take-Two's Strauss Zelnick Talks about Games beyond Grand Theft Auto." *GamesBeat*, 17 June. http://www.games.venturebeat.com.

Taylor, Chris. 1999. "Best Companies to Work for in BC." *BC Business Magazine* 27 (11): 31-51.

Taylor, T. L. 2006a. *Play between Worlds: Exploring Online Game Culture*. Cambridge, Mass.: MIT Press.

―――. 2006b. "Does WoW Change Everything? How a PvP Server, Multinational Player Base, and Surveillance Mod Scene Caused Me Pause." *Games and Culture* 1 (6): 318-37.

―――. 2003. " 'Whose Fame Is This Anyway?': Negotiating Corporate Ownership in a Virtual World." Paper presented at the annual meeting of the International Communication Association, San Diego, Calif., May 27.

Terranova, Tiziana. 2000. "Free Labor: Producing Culture for the D1g1tal Economy." *Social Text* 18 (2 63): 33-58.

Tetzlaff, David. 2000. "Yo-ho-ho and a Server of Warez: Internet Software Piracy and the New Global Information Economy." In *The World Wtde Web and Contemporary Cultural Theory*, ed. Andrew Herman and Thomas Swiss, 77-99. New York: Routledge.

Thoburn, Nicholas. 2001. "Autonomous Production? On Negri's 'New Synthesis.' " *Theory, Culture, and Society* 18 (5): 75-96.

Thompson, Clive. 2007. "Playing the Master Race." *Wired*, 12 March. http://www.wired.com.

Thompson, Jack. 2005. "Open Letter to the Members of the Entertainment Software Association." Voodoo Extreme Web site, 14 July. http://www.ve3d/ign.com.

Thompson, Jason. 2008. *Manga: The Complete Guide*. New York: Random House.

Thompson, Tony. 2005. "They Play Games for 10 Hours-and Earn £2.80 in a 'Virtual Sweatshop.' " *Guardian*, 13 March. http://www.theguardian.co.uk.

Thorsen, Tor. 2005a. "Elevation, BioWare, Pandemic Joining Forces." *GameSpot*, 3 November. http://www.

gamespot.com.

_____. 2005b. "Spot On : The Road to the 360." *GameSpot*, 12 May. http://www.gamespot.com.

_____. 2006. "Vivendi Rolling in World of Warcraft Gold." *GameSpot*, 27 July. http://www.gamespot.com.

_____. 2007. "Report : Online Game Revs Tripling by 2012." *GameSpot*, 30 May. http://www.gamespot.com.

_____. 2008. "Game Stocks Bloodied in Market Meltdown." *GameSpot*, 9 October. http://www.gamespot.com.

_____. 2009. "28 Million Xbox 360s Sold, 17 Million on Xbox Live." *GameSpot*, 6 January. http://www.gamespot.com.

Todd, B. 2003. "Million Dollar Mods." *Computer Games* (September) : 24-25.

Torill, Elvira Mortensen. 2006. "WoW Is the New MUD : Social Gaming from Text to Video." *Games and Culture* 1 (6) : 397-413.

Totilo, Stephen. 2006. "Controversial 'Bad Day L.A.' " MTV News, 30 August. http://www.mtv.com.

_____. 2007. " 'BlackSite' Pushes Buttons." MTV News, 13 February. http://www.mtv.com.

Trotsky, Leon. 1962. *The Permanent Revolution and Results and Projects*. New York : Pioneer [레온 뜨로츠끼, 『영구혁명 및 평가와 전망』, 정성진 옮김, 신평론, 1989].

Turbulence Collective. 2007. *Turbulence* 1. "What Would It Mean to Win?" http://www.turbulence.org.uk.

Turkle, Sherry. 1997. "Seeing through Computers : Education in a Culture of Simulation." *American Prospect* 31 (March-April) : 76-82.

Turner, Fred. 2006. *From Counterculture to Cyberculture : Stewart Brand, the Whole Earth Network, and the Rise of Digital Utopianism*. Chicago : University of Chicago Press.

Varney, Allen. 2006. "Red Blindness." *Escapist* 49 (13 June). http://www.esca pistmagazine.com.

_____. 2007. "Blowing Up Galaxies." *Escapist* 101 (12 June). http://www.escapistmagazine.com.

Venezuelan Solidarity Network. 2006. "U2's Bono Backs Insidious Propaganda : Videogame with Venezuela Invasion Theme." Venezuela Solidarity Network Web site. Press release, 7 July. http://www.vensolidarity.org.

Vercellone, Carlo. 2005. "The Hypothesis of Cognitive Capitalism." Paper presented at "Towards a Cosmopolitan Marxism," Historical Materialism Annual Conference, 4-6 November, Birkbeck College and School of Oriental and African Studies.

_____. 2007a. "Cognitive Capitalism and Models for the Regulation of the Wage Relation : Some Lessons from the Anti-CPE Movement." E-mail to the edu-factory mailing list, 18 April.

_____. 2007b. "From Formal Subsumption to General Intellect : Elements for a Marxist Reading of the Thesis of Cognitive Capitalism." *Historical Materialism* 15 : 13-36.

Verklin, David, and Bernice Kanner. 2007. *Watch This, Listen Up, Click Here : Inside the 300 Billion Dollar Business behind the Media You Constantly Consume*. New York : Wiley.

Vick, Karl. 2001. "Vital Ore Funds Congo's War." *Washington Post*, 19 March. http://www.washingtonpost.com.

"Video Game CEO Convicted of Stock Fraud." 2007. *North Country Gazette*, 15 February. http://www.northcountrygazette.org.

Virno, Paolo. 1996a. "Virtuosity and Revolution : The Political Theory of Exodus." Trans. Ed Emory. In *Radical Thought in Italy : A Potential Politics*, ed. Paolo Virno and Michael Hardt, 189-210. Minneapolis : University of Minnesota Press.

_____. 1996b. "Notes on the 'General Intellect.' " Trans. Cesare Casarino. In *Marxism beyond Marxism*, ed. Saree Makdisi, Cesare Casarino, and Rebecca E. Karl, 265-22. New York : Routledge [빠올로 비르노, "'일반지성'에 관하여」, 『비물질노동과 다중』, 안또니오 네그리 외 지음, 자율평론번역모임 외 옮김, 갈무리, 2005].

_____. 2004. *A Grammar of the Multitude*. Trans. Isabella Bertoletti, James Cascaito, and Andrea Casson. New York : Semiotext(e) [빠올로 비르노, 『다중』, 김상운 옮김, 갈무리 2004].

_____. 2006. *Ambivalencia de la multitud : Entre la innovacion y la negatividad*. Buenos Aires : Tinta Limón.

Virno, Paolo, and Michael Hardt, eds. 1996. *Radical Thought in Italy : A Potential Politics*. Minneapolis : University of Minnesota Press.

Virtual Citizenship Association. 2007. "Virtual Worlds, Real Citizens." Virtual Citizenship Association Web site. http://www.virtualcitizenship.org.

Vitka, William, and Chad Chamberlain. 2005. "Game Speak : Jack Thompson." *CBS News*, 25 February. http://www.cbsnews.com.

Vivendi. 2002. "Environment Strengthens Presence in China with Two New Contracts." Press release, 16 December. http://www.secinfo.com.

VNS Matrix. 1991. "VNS Matrix Cyberfeminist Manifesto for the 21st Century." OBN Web site. http://www.obn.org/reading_room.

Wakabi, Wairagala. 2004. "The Arms Smugglers." *New Internationalist* 367 (May). http://www.newint.org.

Warcraft Realms. 2007. "WoW Census." Warcraft Realms Web site. http://www.warcraftrealms.com/census.

Ward, Mark. 2005a. "Deadly Plague Hits Warcraft World." *BBC News*, 22 September. http://news.bbc.co.uk.

_____. 2005b. "Warcraft Maker in Spying Row." *BBC News*, 31 October. http://news.bbc.co.uk.

_____. 2006. "Gay Rights Win in Warcraft World." *BBC News*, 13 February. http://news.bbc.co.uk.

Wardrip-Fruin, Noah, and Pat Harrigan, eds. 2004. *First Person : New Media as Story, Performance, and Game*. Cambridge, Mass. : MIT Press.

Wark, McKenzie. 2004. *A Hacker Manifesto*. Cambridge, Mass. : Harvard University Press.

_____. 2007. *Gamer Theory*. Cambridge, Mass. : Harvard University Press.

Waters, Darren. 2008. "Brain Control Headset for Gamers." *BBC News*, 20 February. http://news.bbc.co.uk.

Webber, Michael, and Ying Zhu. 2005. "Primitive Accumulation, Transition, and Unemployment in China." *SAGES Working Papers in Development*, March. School of International Development, University of Melbourne. http://www.sages.unimelb.edu.au.

Wen, Howard. 2002. "Battle.net Goes to War." *Salon*, 18 April. http://www.salon.com.

Whyte, Murray. 2007. "(Virtual) Reality Bites." *Toronto Star*, 11 March. http://www.thestar.com.

Williams, Dimitri. 2002. "Structure and Competition in the U.S. Home Video Game Industry." *International Journal on Media Management* 4 (1) : 41-54.

Williams, Dimitri, Nicolas Ducheneaut, Li Xiong, Nick Yee, and Erik Nickell. 2006. "From Tree House to Barracks : The Social Life of Guilds in World of Warcraft." *Games and Culture* 1 (6) : 338-61.

Williams, Raymond. 1976. *Keywords : A Vocabulary of Culture and Society*. London : Fontana Press [레이먼드 윌리엄스, 『키워드』, 김성기 · 유리 옮김, 민음사, 2010].

Wilson, James. 2005. "Indie Rocks! Mapping Independent Video Game Design." *Media International Australia* 115 (May) : 109-22.

Wilson, Trevor. 2007. "Game Developer's Top Twenty Publishers." *Gamasutra*, 8 January. http://www.gamasutra.com.

Wingfield, Nick. 2007. "EA Chief Cites Need for More Innovative Games." *Wall Street Journal*, 9 July. http://online.wsj.com.

_____. 2008. "Electronic Arts Sees Its Revenue Growing by Half." *Wall Street Journal*, 13 February. http://www.online.wsj.com.

Wingfield, Nick, and Robert A. Guth. 2004. "Workers at EA Claim They Are Owed Overtime." *Wall Street Journal*, 19 November. http://www.online.wsj.com.

Wolf, Mark J. P. 2001. *The Medium of the Video Game*. Austin : University of Texas Press.

Wood, Ellen Meiksins. 2003. "A Manifesto for Global Capital?" In *Debating Empire*, ed. Gopal Balakrishnan, 61-82. New York : Verso [엘린 메익신즈 우드, 「전지구적 자본을 위한 선언?」, 『제국이라는 유령』, 고팔 발라크리슈난

엮음, 김정한 옮김, 이매진, 2007].

Woodcock, Bruce. 2005. MOGCHART Web site. http://mmogchart.com.

_____. 2008. "Total MMOG Active Subscribers." *MMOG.Chart.Com*. An Analysis of MMOG Subscription Growth. Version 23. 9 April. http://www.mmogchart.com/Chart4.html.

Wright, Evan. 2005. *Generation Kill : Devil Dogs, Iceman, Captain America, and the New Face of American War*. New York : Penguin.

Wright, Lawrence. 2006. *The Looming Tower : Al-Qaeda and the Road to 9/11*. New York : Knopf [로렌스 라이트, 『문명전쟁 : 알 카에다에서 9 · 11까지』, 하정임 옮김, 다른, 2009].

Wright, Steve. 2002. *Storming Heaven : Class Composition and Struggle in Italian Autonomist Marxism*. London : Pluto.

Xinhua News Agency. 2003. "China Encourages Mass Urban Migration." *People's Daily Online*, 28 November. http://english.people.com.

_____. 2006. "China Has 26.34m Subscribers Paying for the Online Games Legend." *China View*, 11 January. http://news.xinhuanet.com/english.

Yardley, Jim. 2004. "Farmers Being Moved Aside by China's Real Estate Boom." *New York Times*, 8 December. http://www.nytimes.com.

Ye, Juliet. 2009. "World of Warcraft on Hiatus in China." *China Journal*, 8 June. http://blogs.wsj.com/chinajournal.

Yee, Nick. 2005. "Guild Involvement." PlayOn blog, 13 June. http://blogs.parc.com/playon.

_____. 2006a. "The Labor of Fun : How Video Games Blur the Boundaries of Work and Play." *Games and Culture* 1:68-71.

_____. 2006b. "Yi-Shan-Guan." Daedalus Project Web site, 4 January. http://www.nickyee.com.

_____. 2007. "WoW Basic Demographics." Daedalus Project Web site, 23 March. http://www.nickyee.com.

Yoshimi, Shunya. 2000. "Consuming 'America' : From Symbol to System." In *Consumption in Asia : Lifestyles and Identities*, ed. Chua Beng-Huat, 202-24. New York : Routledge.

Young, Jeffrey R. 2007. "The Mud-Wrestling Media Maven from MIT." *Chronicle of Higher Education*, 14 September. http://www.chronicle.com.

Zacharias, Yvonne. 2008. "Inside the EA Magic Factory." *Vancouver Sun*, 15 March. http://www.canada.com/vancouversun.

Zhao, Yuezhi. 2008. *Communication in China : Political Economy, Power, and Conflict*. Lanham, Md. : Rowman and Littlefield.

Zizek, Slavoj. 1999. "The Spectre of Ideology." In *Mapping Ideology*, ed. Slavoj Zizek. New York : Verso.

Zizek, Slavoj, and Glyn Daly. 2004. *Conversations with Zizek*. Cambridge, UK : Polity.

본문에 참고한 이미지 출처

3쪽 : https://www.flickr.com/photos/thx_1139_gallery_flickr/

64쪽 : https://www.flickr.com/photos/ruthanddave/

387쪽 : http://www.molleindustria.org/blog/page/2/